ŒUVRES
DE
CHATEAUBRIAND

Mélanges politiques et littéraires

TOME DIX-SEPTIÈME

PARIS
DUFOUR, MULAT ET BOULANGER, LIBRAIRES-ÉDITEURS
6, RUE DE BEAUNE, PRÈS LE PONT-ROYAL
(Ancien hôtel de Nesle)

M DCCC LVI

ŒUVRES
DE
CHATEAUBRIAND

TOME XVII

LAGNY. — TYPOGRAPHIE DE VIALAT

RÉCIT DE CHACTAS

ŒUVRES

DE

CHATEAUBRIAND

Mélanges politiques et littéraires

TOME DIX-SEPTIÈME

PARIS

DUFOUR, MULAT ET BOULANGER, ÉDITEURS

6, RUE DE BEAUNE, PRÈS LE PONT-ROYAL

(Ancien hôtel de Nesle)

M DCCC LVIII

POLITIQUE

OPINIONS ET DISCOURS

(SUITE.)

OPINION

SUR LE

PROJET DE LOI RELATIF AU RECRUTEMENT DE L'ARMÉE

PRONONCÉE A LA CHAMBRE DES PAIRS, DANS LA SÉANCE DU 2 MARS 1818.

Messieurs, la loi qui vous est présentée est une de ces lois qui peuvent perdre ou sauver les empires, et qui font peser sur la tête du législateur la plus effrayante responsabilité.

Elle offre à votre sagesse trois sujets principaux de discussion : le recrutement, la réserve formée des légionnaires vétérans, l'avancement ; division naturelle que tous les orateurs ont suivie et que je vais suivre à mon tour.

En prenant la loi par ordre de matières, parlons d'abord du mode de recrutement.

Le projet de loi porte qu'il aura lieu par des enrôlements volontaires, et, en cas d'insuffisance, par des appels.

L'enrôlement volontaire ne peut être là que comme une parole de consolation qui ne tire pas à conséquence ; car l'appel anéantit de fait l'enrôlement volontaire : il ne s'agit donc réellement que d'examiner le principe des appels.

Je dois, avant de commencer cet examen, répondre à une question faite dans un discours que j'aurai souvent occasion de citer : on a demandé « s'il était bien utile, s'il était bien patriotique, quand une institution est reconnue nécessaire, de s'appliquer à lui conserver ou à lui rendre un nom justement odieux. »

Un bon citoyen, Messieurs, n'est point à l'abri des interprétations défavorables que l'on peut donner à ses sentiments : fort de sa conscience, il dit hautement ce qu'il croit utile de dire, sans être arrêté par des craintes personnelles. Plus la vérité est importante, moins il doit la déguiser ; ce n'est pas quand il y va du salut de l'État qu'il faut se montrer timide. De quelle nature sont donc les appels, si l'on craint que la seule discussion aux Chambres rende l'exécution de ces appels impossible?

La milice, a-t-on dit, était la conscription, sauf l'égalité. J'adopte cette définition. Elle renferme d'une manière piquante et concise le plus grand éloge de la milice considérée dans ses rapports avec la monarchie : plus on examine les institutions de Louis XIV, plus on est forcé d'admirer ce grand roi. La belle définition de la milice par M. le ministre de la guerre va me fournir celle de la conscription : la conscription est la milice avec l'égalité. Je crois faire ici la plus sévère critique de la conscription appliquée à la monarchie, puisque cette définition montre immédiatement à quel genre de constitution politique appartient la conscription.

La conscription, Messieurs, reproduite sous le nom d'appel, est à la fois le mode naturel de recrutement du despotisme et de la démocratie, et ne peut appartenir, par cette double raison, à la monarchie constitutionnelle : elle est le mode de recrutement sous le despotisme, parce qu'elle lève les hommes de force, viole les libertés politiques et individuelles, et est obligée d'employer l'arbitraire dans la forme de son exécution.

Elle est le mode de recrutement dans la démocratie, parce qu'elle ne compte que l'individu, et établit une égalité métaphysique qui n'existe point dans la propriété, l'éducation et les mœurs.

Ainsi, quand on étudie les discours des orateurs qui ont parlé contre le mode des appels forcés, on croit remarquer qu'ils se réfutent les uns par les autres, ceux-ci disant que la conscription attaque la liberté, ceux-là prétendant qu'elle favorise la tyrannie. La vérité est qu'ils ont également raison. Rien n'est plus naturel que la conscription qui convient au despotisme convienne aussi à la démocratie : il y a une grande analogie entre la tyrannie de tous et la tyrannie d'un seul. Le despote est niveleur comme le peuple. Aussi la conscription décrétée sous la république par le Directoire, passa comme un héritage naturel à l'empire sous Buonaparte.

La conscription tend à détruire la monarchie représentative de deux manières, ou en augmentant trop la prépondérance de la partie démocratique de la Constitution, ou en livrant à la couronne une force capable d'opprimer la liberté publique. Ces dangers augmentent du côté de la démocratie, si dans les autres articles de la loi il se trouve des principes directement opposés à ceux de la monarchie. La loi actuelle, par exemple, attaque la prérogative de la couronne : elle coupe les familles par la tige ; elle ne sauve de la conscription ni les fils aînés, ni même les fils uniques, excepté ceux de la veuve, du père aveugle et du vieillard septuagénaire. Elle fait plus, elle établit une sorte de privilège pour les cadets, elle leur transporte pour ainsi dire le droit d'aînesse en exemptant du tirage tout jeune homme qui a un frère sous les drapeaux. Or, comme c'est évidemment l'aîné de la famille qui arrive le premier à l'âge conscriptible, s'il tombe au sort, il libère à ses dépens tous ses puînés. Quel renversement du droit civil, du droit naturel et de toute idée de famille et de monarchie ! La loi ajoute donc, par les dispositions précitées, une force énorme au principe républicain de la conscription. D'une autre part, la loi envahit et blesse, par le mode de son exécution, toutes les libertés de la Charte, et vous voulez qu'une monarchie à peine rétablie résiste à tant de secousses, surmonte tous les obstacles que vous faites naître autour d'elle ! Cette monarchie n'a presque rien encore de ses propres éléments, hors son roi ; sa partie aristocratique n'est encore pour ainsi dire qu'une fiction. Et vous lui refusez son mode naturel de recrutement, et vous affaiblissez sa prérogative royale, et vous lui donnez pour ses élections une loi démocratique ! Que voulez-vous donc qu'elle devienne ?

Voyons comment la loi actuelle pourra marcher avec la Charte.

Si les droits garantis aux citoyens ne sont pas une illusion, la Charte résistera à la conscription, ou la conscription anéantira les principaux articles de la Charte.

Prétendez-vous vous renfermer dans les moyens coercitifs légaux, vous n'obtiendrez rien par les appels forcés. Sortirez-vous de ces moyens, vous retombez malgré vous dans le code pénal de la conscription, et la monarchie représentative est détruite. Pourrez-vous mettre des garnisaires dans les villages sans violer la constitution entière ? Rendrez-vous les pères responsables pour leurs fils ? Voilà donc quarante mille pères de famille taxés arbitrairement ou privés de leur liberté individuelle ; voilà quarante mille familles qui, tous les ans, seront mises hors de la Charte par la plus terrible loi d'exception.

Et si quelques-uns de ces pères en appellent aux tribunaux, s'ils réclament leurs droits de citoyens par des pétitions aux Chambres, comment ferez-vous ? N'avons-nous pas vu à Paris, en 1814, un général se cantonner dans sa maison, et menacer de s'y défendre, la Charte à la main ?

Si le conscrit déserte, s'il ne se présente pas aux appels, avez-vous la gendarmerie de Buonaparte, les huit cent mille hommes de Buonaparte, la terreur qu'inspirait Buonaparte, pour faire exécuter votre loi? Prenez bien garde de vous donner l'odieux de la conscription sans en recueillir les avantages.

L'enrôlement volontaire en temps de paix, augmenté, si besoin est, par des appels en temps de guerre, tel est le mode naturel de recrutement dans une monarchie libre et constitutionnelle. L'Assemblée nationale elle-même reconnut ce principe.

Ce n'est pas que l'enrôlement volontaire, sous l'ancienne monarchie, fût exempt de tous reproches. M. le ministre de la guerre a fait une peinture frappante, mais peut-être un peu vive, des abus auxquels cet enrôlement donnait lieu. J'ignore, par exemple, ce que veulent dire *les conséquences notoires en fait* de l'enrôlement volontaire pour notre ancienne armée. Admirons les prodiges de nos nouveaux soldats, mais ne soyons pas injustes envers nos anciens défenseurs. Les victoires de Fornoue, de Marignan, de Lens, de Fribourg, de Fontenoy, sont réellement *notoires en fait;* nous avons été quelquefois battus avec la conscription, comme nous l'avons été avec l'enrôlement volontaire. Je sais encore que, du temps de l'enrôlement volontaire, les femmes de Paris étaient comme les femmes de Sparte : elles n'avaient jamais vu la fumée d'un camp ennemi. Dans tous les cas, il n'est pas toujours trop mal d'être arrivé de défaite en défaite, avec l'enrôlement volontaire, depuis Charles VII jusqu'à Louis XIV, depuis Dunois jusqu'à Turenne. Dieu veuille que la conscription nous conduise aussi loin de victoire en victoire!

Nous ne donnerons plus, dit-on, dans tous les villages de la France le scandale du spectacle de l'enrôlement volontaire! Non, mais nous y donnerons celui de la conscription.

Ouvrez, Messieurs, le code pénal de la conscription; là vous verrez avec effroi tout ce que deux tyrans, la nécessité et Buonaparte, inventèrent pour torturer l'espèce humaine et dévorer les générations. On me répondra ce qu'on a déjà répondu, qu'on n'a point à craindre, sous un gouvernement paternel, les abus d'un gouvernement usurpateur. Sans doute ce gouvernement paternel ne voudra rien que de miséricordieux et de juste; sans doute les ministres ont les intentions les plus humaines et les plus pures; malheureusement il n'est pas en leur pouvoir de changer la nature des choses.

Les difficultés et le nombre des appels, augmentant, obligeront à augmenter les mesures de rigueur : peu à peu la conscription amènera la violence dont elle est inséparable, ou cette conscription sera nulle. Je vois bien que le code pénal de la conscription est abrogé par le titre v de la présente loi; mais la rédaction obscure de l'article 25 laisse au moins quelques doutes, et semble remettre la chose en question. D'ailleurs, je le répète, vous aurez la main forcée : qui veut la fin, veut les moyens. Or, point d'appels sans contraintes, et contraintes nécessairement croissantes en raison de la résistance progressive.

On prétend que ce qui distingue essentiellement les appels de la conscription de Buonaparte, c'est que sous le règne de celle-ci la classe entière des conscrits de l'année était solidaire, et qu'elle cesse de l'être par les appels.

Mais pourquoi donc avoir conservé le tirage par numéros, et non par billets blancs et noirs? N'est-ce pas qu'on a senti que, si le conscrit appelé ne se présentait pas, il faudrait bien en prendre un autre, sous peine de n'avoir point d'armée?

Je trouve, au reste, très-simple qu'on n'avoue pas cette conséquence forcée du projet de loi : quand on défend une cause, on dit ce qu'on peut en sa faveur, on masque les endroits qu'on ne veut pas laisser voir, on passe sur les parties faibles ; c'est à l'adversaire à saisir la vérité, et à rétablir les choses dans leur état naturel.

En vain soutiendrait-on que les appels ne sont pas la conscription ; en vain voudrait-on dire que la Charte, en déclarant la conscription abolie, n'a entendu parler que du mode de la conscription de Buonaparte, et non pas du principe même de la conscription. Je lis aussi dans la Charte que *la confiscation est abolie :* que diriez-vous, Messieurs, si, donnant plus d'extension au droit *d'amendes* reconnu par nos lois, je vous proposais de rétablir, sous le nom d'amendes, une véritable confiscation? Les appels forcés sont à la conscription ce que seraient les amendes à la confiscation.

Quel est aujourd'hui le premier devoir du ministère? C'est de faire aimer le gouvernement du roi. Il faut donc éviter, autant que possible, toute mesure impopulaire. Déjà dans les provinces on répand que la conscription va être rétablie. Ceux qui ont plutôt subi que désiré la restauration ne manquent pas de dire : « On vous avait promis la liberté individuelle et la liberté des opinions, et ces libertés vous ont été ravies. La Charte abolissait la conscription, et vous aurez la conscription. » On sent tout le parti que peuvent tirer de ces propos les ennemis de la légitimité.

S'il est vrai que nous ayons inoculé la conscription à l'Europe ; s'il est vrai que nous soyons obligés de conserver pour nous défendre le fléau que Buonaparte employa pour attaquer, au moins fallait-il mûrement examiner comment on pourrait mettre en contact la conscription et la Charte. Si l'on croyait être dans l'impossibilité de rejeter entièrement le recrutement par le sort, il fallait le renvoyer à un temps plus heureux, alors que, débarrassés des obstacles qui nous environnent, on aurait le loisir de combiner les ressorts d'un recrutement forcé et d'une constitution libre, d'une institution républicaine et d'un gouvernement royal. Il est hors de doute que, dans ces premières années, avec une population croissante par la paix, et les vieux soldats qui nous restent, les enrôlements volontaires auraient suffi. Mais si, dans cet espace de temps, la France était menacée? Eh bien ! dans un malheur imprévu on suspendrait l'article de la Charte qui abolit la conscription, et la France serait sous la protection de sa population entière : elle est mieux gardée par les flots de cette population belliqueuse, que l'Angleterre par l'Océan qui l'environne.

Je passe, Messieurs, au titre des légionnaires vétérans.

L'illustre maréchal, rapporteur de votre commission, ne m'a rien laissé à dire touchant le rappel des militaires qui ont dû se considérer définitivement libérés du service. Jamais la raison, par la bouche de l'honneur, n'a parlé avec plus d'autorité. Un autre noble pair, M. le marquis de Lauriston, dans un excellent discours, a traité le même sujet. Ce point de la question étant parfaitement éclairci, je passe à l'examen de quelques autres.

On prétend qu'une armée de légionnaires vétérans ne pourrait être dangereuse aux libertés publiques, puisque la loi amendée ne permet pas d'assembler cette armée en temps de paix.

A la vérité, Messieurs, l'armée de réserve n'est plus une armée au drapeau, mais c'est une armée en cantonnement.

De deux choses l'une : ou on laissera les légionnaires vétérans sans les classer, sans les organiser, sans leur nommer des commandants, des officiers et des sous-officiers, sans leur préparer des équipements et des armes, ou on fera tout ce que je viens de dire. Dans le premier cas, rien ne sera prêt pour la réserve au moment du danger; dans le second, vous sortez, pour ainsi dire, de la loi, et l'argument par lequel vous voulez nous rassurer sur les libertés publiques perd sa puissance.

M. le ministre de la guerre a dit : « Des craintes d'une autre nature, mal déguisées, bien qu'exprimées avec une sorte d'embarras, ont porté quelques orateurs à repousser l'institution des légionnaires vétérans. » Je l'avoue, je ne m'étais pas aperçu que les orateurs opposés au projet de loi eussent rien dissimulé; mais enfin il faut qu'ils aient enveloppé leurs pensées, puisqu'on leur en fait le reproche. Il est tout simple d'être franc avec un franc militaire. Je vais donc parler clairement.

J'ai toujours pensé, Messieurs, que le soldat français est le premier soldat du monde : irrésistible dans le succès, patient, quoi qu'on en ait dit, dans les revers; plein d'intelligence, de générosité et d'honneur, une marque d'estime suffit pour l'enflammer et le conduire au bout de la terre. Et que serions-nous aujourd'hui, Messieurs, sans le courage de notre armée? Elle a étendu le voile de sa gloire sur le tableau hideux de la révolution; elle a enveloppé les plaies de la patrie dans les replis de ses drapeaux triomphants; elle ne participa point à la mort du plus vertueux des rois; elle refusa de fusiller les émigrés et les Anglais prisonniers; elle ne put, il est vrai, prévenir tous nos excès, mais du moins elle jeta sa vaillante épée dans un des bassins de la balance pour servir de contre-poids à la hache révolutionnaire.

Est-ce là, Messieurs, être injuste, être ingrat envers l'armée? Mais ici finit la question militaire, et commence la question politique.

Placez individuellement les valeureux soldats dont vous voulez faire des légionnaires vétérans : ouvrez-leur les rangs de la garde et de l'armée active; incorporez-les à la masse des autres militaires et des autres citoyens : rien de plus utile.

M. le ministre de la guerre a demandé : « *Si nous appellerons encore à la défense de la patrie les soldats qui ont fait sa gloire. Notre salut,* ajoute-t-il, *ne réside point dans l'oubli de tant de services, dans la méfiance de tant de courage.* » Je m'applaudis, Messieurs, d'avoir dit au roi, dans son conseil à Gand, ces paroles qui ont le singulier bonheur de ressembler à celles du grand capitaine que je viens de citer : « Non, sire, disais-je, l'infidélité de quelques chefs et la faiblesse d'un moment ne peuvent effacer tant de gloire; les droits de l'honneur sont imprescriptibles, malgré les fautes passagères qui peuvent en ternir l'éclat. »

Telles étaient, Messieurs, mes paroles au moment même où nous étions victimes de ces fautes passagères. Rien donc encore une fois de plus utile, de plus équitable même, que d'employer individuellement les braves qui ne parurent jamais sur un champ de bataille sans remporter des victoires ou des blessures; mais les réunir dans un corps séparé, cette mesure est-elle d'une sage politique?

On a dit qu'il s'agissait de savoir s'il existait parmi nous deux armées, deux nations; mais n'est-ce pas en établissant les légionnaires vétérans que l'on crée deux armées, deux nations? Quand on parlait des armées royales de l'Ouest, on répondait qu'on ne connaissait point d'armées ayant un nom, une existence et des intérêts à part; on se défiait des Vendéens, de ces laboureurs héroïques qui, en traçant leurs sillons, trouvent, non la dépouille du soldat étranger, mais les ossements de leurs pères morts pour le roi; on repoussait la race de ces paysans guerriers, tour à tour armés de la faucille et de l'épée, qui, le matin, moissonnaient le champ dans lequel le soir ils étaient eux-mêmes moissonnés. Et après avoir rejeté le principe d'une armée à part, formée dans des intérêts à part; après avoir préconisé la fusion des opinions, des choses et des hommes, nous irions aujourd'hui composer un corps militaire isolé! Est-ce agir, est-ce raisonner conséquemment? Messieurs, nous sommes trop près de l'expérience pour en mépriser la leçon; admirons les vertus, mais souvenons-nous que les vertus mêmes sont fragiles. Les sentiments les plus généreux ont leurs illusions et leurs chimères : l'amour de la patrie peut égarer; on peut être emporté au delà de la borne légitime par l'exaltation de l'honneur : Biron oublia l'amitié de son royal compagnon d'armes, et la France eut à gémir sur le vainqueur de Rocroi. En rappelant la mémoire du grand Condé et de l'ami de Henri IV, j'ai voulu fournir une consolation à l'erreur, et une comparaison à la gloire.

Quittons, Messieurs, un sujet trop pénible, admettons le sage et juste amendement proposé par votre commission.

Je n'examine point les articles du titre vi, parce que je n'en admets point le principe. Par ce principe, la prérogative royale est dangereusement attaquée : on ne le nie pas ; mais on se retranche dans ce raisonnement reproduit de cent manières ; savoir : que « la royauté est entre les mains du roi un trésor qu'il fait valoir pour le bien des peuples, et non un dépôt stérile qu'il soit simplement chargé de transmettre à ses descendants. » Ce raisonnement, Messieurs, est-il aussi solide qu'il est brillant et ingénieux ? Je ne le pense pas. Il y a des trésors inaliénables dont ne peut jamais se départir celui qui en a la garde et la jouissance. Au nombre de ces trésors sont les pouvoirs politiques. La couronne ne peut pas plus se dépouiller que les Chambres ne peuvent abandonner le principe qui les constitue. Il plaît à la couronne aujourd'hui de nous faire part d'un de ses droits les plus sacrés, celui de nommer aux emplois de l'armée : mais si demain il lui plaît encore de livrer aux Chambres le droit de paix et de guerre ; si de concessions en concessions elle énerve l'autorité royale et finit par nous investir de sa puissance, alors la souveraineté passe aux Chambres, de là au peuple, et nous tombons dans la démocratie.

Si, au contraire, ce sont les Chambres qui cèdent tout à la couronne, qui la laissent lever l'impôt sans leur concours, disposer à son gré de la liberté individuelle et de la liberté de la presse, alors tout se concentre dans la couronne, et nous arrivons au despotisme.

Il est donc évident qu'aucun des trois pouvoirs constitutifs n'a le droit, quelle que soit sa volonté, de remuer la borne qui marque ses limites ; car si chaque pouvoir peut renoncer à ce qu'il est, il n'y a plus de constitution. Il est donc évident encore que ce n'est pas pour les intérêts seuls de la couronne qu'elle doit conserver sa prérogative, mais pour les intérêts de tous. Il ne restera aucune garantie de la Charte, ni des droits des citoyens, si rien n'est fixe dans les trois branches de l'autorité politique. Non-seulement le roi est inviolable, mais les pouvoirs constitutionnels le sont ; on ne peut attenter sur eux ; ils ne peuvent attenter sur eux-mêmes. Aider par notre vote la couronne à se dépouiller, ce n'est pas partager un trésor, c'est favoriser un suicide dont les conséquences amèneraient la ruine de la société.

Et que sera-ce, Messieurs, qu'une armée indépendante de la couronne? Que sera-ce qu'une armée qui devra son avancement à une loi? qu'une armée raisonnant sur ses pouvoirs légaux, approuvant ou critiquant la loi, délibérant dans ses casernes? On nous parle des droits des soldats : si ces droits sont autres que ceux qu'ils ont au respect, à l'estime, à la reconnaissance, aux bienfaits, à l'admiration de la patrie, c'en est fait de nos libertés. Et par quelle fatalité ceux qui sont les défenseurs généreux de ces libertés, favorisent-ils un système qui tend à constituer au milieu de la France un état militaire indépendant? Ne se souvient-on plus de ce qui arriva à Saint-Cloud? A-t-on déjà oublié les grenadiers qui chassèrent les représentants du peuple? Ceux qui ne nous trouvent pas assez libres, qui voudraient répandre plus de principes populaires dans nos institutions, semblent vouloir, pour y parvenir, introduire en attendant la démocratie dans les camps. Mais le Directoire avait beau crier que la force armée est essentiellement obéissante, la force armée très-démocratiquement n'en mettait pas moins à la porte le conseil des Cinq-Cents : une république militaire ne souffre guère d'autres républiques. Les Gaulois, Messieurs, adoraient leur épée. Nous avons retenu cette superstition : malheureusement c'est par la gloire que les peuples libres sont menés à l'esclavage.

A ces raisons sans réplique contre l'article 6 de la loi, on oppose une petite raison de détails, qui elle-même est sans force. On dit que si l'avancement n'est pas réglé par une loi, et qu'il ne soit fixé que par une ordonnance, les ministres ne pourront résister à l'influence de la faveur. Les ministres se jugent avec trop de modestie. D'ailleurs on conçoit bien que la faveur ne pourra plus s'étendre à ceux qui seront placés en dehors de la loi. Mais n'arrivera-t-elle pas à ceux qui se trouveront renfermés dans les limites de cette loi? De deux hommes ayant les conditions nécessaires pour passer à un grade supérieur, ne pourra-t-on pas choisir l'un plutôt que l'autre, préférer le plus incapable au plus méritant? Vous ne faites donc, par une loi, que déplacer la faveur; vous ne la détruisez pas.

Une ordonnance ne suffit pas pour régler l'avancement? Et pourquoi non, Messieurs? Distinguons deux sortes d'ordonnances : les unes viennent après la promulgation d'une loi, afin d'en déterminer l'application ; les autres émanent directement de la prérogative de la couronne. Les premières sont moins puissantes, et ne sont qu'administratives ; les secondes peuvent être mal rédigées par les ministres, et fautives par le texte ; elles peuvent venir mal à propos, offrir des contradictions, produire des malheurs. On peut en montrer le danger, en rejeter le blâme sur des conseillers trompés ou perfides ; mais, après tout, elles n'en ont pas moins force de loi. Par exemple, une ordonnance qui dissout la Chambre des députés est une véritable loi ; une ordonnance qui déclare la guerre est une véritable loi ; il faut obéir ; ne pas se séparer comme député, ne pas prendre les armes comme soldat, c'est rébellion, parce que les ordonnances ne sont que l'exercice des prérogatives de la couronne ; mais si une ordonnance commandait de lever un impôt qui n'aurait pas été voté ni consenti par les Chambres, cette ordonnance n'aurait aucune force, parce que la couronne ne peut lui communiquer un pouvoir qu'elle n'a pas.

Ces vérités, Messieurs, sont incontestables. Or, une ordonnance réglant l'avancement dans l'armée est de la nature des ordonnances qui ont force de loi, par la raison que le commandement de l'armée est une des plus importantes prérogatives de la couronne. Donc une telle ordonnance commande l'obéissance absolue ; donc on ne peut la violer, ou y résister sans prévarication ou rébellion ; donc elle fixe, tout aussi bien qu'une loi, l'avancement dans l'armée, puisqu'elle est elle-même une véritable loi, et qu'elle a l'immense avantage sur la loi de conserver intacte la prérogative royale. Le roi ne rend pas la justice comme magistrat, il n'administre pas comme ministre, et pourtant il nomme à toutes les places de la magistrature et de l'administration. Ne serait-il pas étrange qu'étant le chef suprême de l'armée, que portant l'uniforme, donnant l'ordre, déclarant la guerre, il ne conférât que les emplois de l'armée qu'il commande en personne, tandis qu'il nomme aux fonctions civiles qu'il n'exerce pas. Le roi peut se faire tuer sur un champ de bataille ; et c'est une loi votée par des hommes, dont un grand nombre sont étrangers au métier des armes, qui lui aura nommé le capitaine dont les fautes l'auront perdu, l'officier qui ne se sera pas fait tuer à ses côtés ! Dans les républiques même, à Athènes, à Sparte, à Rome, jamais l'avancement militaire n'a été le résultat d'une loi. Ce serait une chose curieuse que, tandis que le président des États-Unis nomme aux places de l'armée, le roi de France éprouvât des difficultés pour faire un caporal. L'idée de l'avancement militaire en vertu de la loi fut en France une des mille erreurs produites par la révolution. Mais alors la loi avait à peine le temps de naître, que déjà elle ne trouvait plus la société pour laquelle elle avait été faite : alors les paroles du législateur à la tribune passaient moins vite que les générations. Alors on voulait mettre en tête de la loi militaire cette déclaration : *Le roi des Français est le chef de l'armée,* et on la fit en cette autre : *Le roi est le chef suprême des forces nationales,* parce que, disait-on, la nation française a un roi et non pas un souverain, *la souveraineté résidant essentiellement dans le peuple.* Voilà, Messieurs, où l'on va par cette route.

Une ordonnance royale pour l'avancement de l'armée règle tout, maintient tout, sans troubler l'harmonie des pouvoirs. Une loi sur le même sujet va vous jeter dans des embarras inextricables. Y reconnaîtra-t-on un défaut, on ne pourra le corriger qu'avec une peine infinie. Pressez un peu les conséquences, et voyez ce qui advient.

Tout ce qui découle d'une loi, tout ce qui arrive en vertu d'une loi est matière légale, et, par une conséquence immédiate et nécessaire, est passible des tribunaux.

Supposez maintenant qu'il arrive un cas d'avancement où la loi ait été violée : la partie lésée aura le droit incontestable d'appeler la partie adverse en réparation. Ainsi on pourra voir un militaire d'un grade inférieur plaider contre son colonel, contre le ministre, contre le roi même, puisque le roi est le chef suprême de l'armée. Autrefois le roi avait souvent des procès pour le domaine ; souvent aussi il les perdait. Sera-t-il donc aujourd'hui traduit devant les tribunaux par un sous-lieutenant qui lui disputera quelque point d'avancement ? Je passe le chapitre des pétitions aux Chambres.

Et quels seront, Messieurs, les tribunaux compétents ? Vous faites une loi sur l'avancement ; mais avez-vous ce qui en est la suite, un code des délits contre cette loi et des magistrats pour juger ces délits ? Les causes seront-elles renvoyées au ministre ? Il sera donc juge et partie ; vous refuserez donc justice ; on se plaindra donc en vain lorsqu'on aura transgressé votre loi. Alors, pourquoi dire qu'il faut une loi pour empêcher les abus de la faveur, puisque, s'il y a abus, il n'y a rien pour les redresser ? Toute loi entraîne une législation pour en régler l'exécution, et il n'y a point de législation derrière votre loi. Ou la loi, qui donne nécessairement le droit d'appel devant des juges institués à cette fin, détruit toute subordination militaire, et vous conduit à l'absurde par la nature des causes et des parties ; ou cette même loi, étant sans législation, laisse exister ni plus ni moins qu'une ordonnance l'arbitraire de la faveur. Vous ne sortirez point de ce dilemme.

Et voyez comme tout s'enchaîne : le principe d'avancement par la loi attaque la prérogative royale. Mais voulez-vous être conséquents, il faut, si le titre VI est maintenu, admettre l'amendement par lequel nul officier ne pourra être destitué sans un jugement ; car, si c'est la loi qui avance, c'est la loi seule qui doit arrêter : autrement la loi placerait, et les hommes destitueraient ; la loi ne permettrait qu'un avancement progressif, et, quand on se serait soumis à la lenteur de sa marche, le caprice d'un ministre vous ferait perdre en un moment le fruit de votre longue persévérance ; la loi serait au commencement de la carrière militaire, l'arbitraire, à la fin, comme une mort subite après une vie pénible ; le roi, qui ne pourrait rien en faveur de l'homme qui répand son sang pour lui, pourrait tout contre la fortune de cet homme ; le droit de grâce attaché à la couronne se convertirait, pour le soldat, en droit de condamnation, et le nom du chef suprême de l'armée ne serait connu des militaires que par des destitutions. Mais si, pour mettre plus d'accord dans votre loi, vous introduisez l'amendement de la destitution par jugement, vous attaquez de nouveau la prérogative royale. Voyez,

Messieurs, dans quel cercle de difficultés vous tournez, et les vices frappants de ce système.

On répliquera qu'en droit je puis avoir raison, mais qu'en fait il n'en sera pas de la sorte ; que d'abord on ne transgressera jamais la loi ; que, dans tous les cas, si quelque officier se croyait lésé ou voulait plaider contre ses supérieurs, le gouvernement serait toujours assez fort pour empêcher un pareil scandale ; qu'il est impossible à un simple officier de lutter contre un ministre, lequel a toujours mille moyens d'étouffer les plaintes, surtout quand il peut répondre à une réclamation par une destitution. D'ailleurs, pourra-t-on ajouter encore, l'avancement par rang d'ancienneté s'étendant à toute l'armée, si l'on fait quelque passe-droit, il demeurera inconnu ; il sera presque impossible à celui qui aurait à se plaindre de prouver que le militaire qu'on lui a préféré n'avait pas toutes les conditions voulues par la loi. On conclura de ce raisonnement que toute crainte de procès est chimérique.

Je réponds à ceux qui distinguent ainsi le fait du droit, qu'ils ont peut-être raison à leur tour ; mais alors je reviens à ma vieille question : je demande à quoi bon une loi pour empêcher la faveur, s'il est reconnu d'avance qu'on ne commettra point d'injustice, ou si, en cas d'injustice, la plainte peut devenir illusoire et la preuve du délit impossible ?

On veut une loi, dit-on, pour sortir du régime des ordonnances. J'ai été un des premiers à m'élever contre ce régime mis en place et lieu du pouvoir de la Charte ; mais si l'on fait des ordonnances quand il faut des lois, et des lois quand il faut des ordonnances, c'est réparer un mal par un plus grand mal.

Tournez les choses dans tous les sens, considérez-les sous tous les rapports, vous ne trouverez jamais rien qui puisse faire préférer, en matière d'avancement militaire, une loi à une ordonnance. Aucun intérêt particulier ne peut animer ceux qui défendent ou qui attaquent cette loi ; car les premiers pourraient obtenir plus facilement ce qu'ils veulent par une ordonnance, et les seconds voir paraître une ordonnance moins favorable encore à leur système que le présent projet de loi. Il ne reste donc réellement que la question générale et politique touchant la prérogative royale, puisque, encore une fois, sur le fait même de l'avancement, une ordonnance vaut une loi, a toute la force d'une loi, donne autant de garantie qu'une loi, et une loi a mille inconvénients que n'a pas une ordonnance. C'est à vous, Messieurs, à décider si nous avons le droit de dépouiller la couronne, si elle-même a le droit de se dépouiller, et si le pouvoir monarchique a tant de force qu'il soit utile de l'affaiblir. Pour nous engager à recevoir le don qu'on nous offre, on nous dit qu'il n'y a pas d'exemple d'assemblées législatives qui se soient jamais opposées à la cession que la couronne veut bien faire d'une partie de son pouvoir ; puisse la couronne rencontrer toujours des Chambres qui refusent de pareils présents !

Je n'ai point parlé, Messieurs, du vote annuel, parce que je pense que ce n'est pas le moment d'examiner cette proposition ; je remarquerai seulement qu'il n'y a point de contradiction, comme on l'a pensé, dans l'opinion d'un noble pair qui a défendu la prérogative royale, en même temps qu'il a parlé favorablement du principe du vote annuel ; on ne se contredit point parce qu'on pénètre au fond des questions constitutionnelles et qu'on montre un jugement libre et impartial.

J'ai parcouru, Messieurs, dans ses principaux détails le grand sujet qui vous occupe ; mais ce n'est pas assez de le considérer isolément, il faut le placer dans l'ensemble des choses. Une loi est meilleure ou pire, selon l'état où se trouve la société au moment de la promulgation de cette loi. Un coup d'œil rapide jeté sur notre position vous montrera ce que cette position peut ajouter de dangereux au projet actuel de recrutement, et comment celui-ci peut augmenter à son tour l'embarras de notre position.

Nous ne pouvons plus nous le dissimuler, Messieurs, si les bons Français, les amis du trône, de l'ordre, de la paix, veulent prévenir les dangers de la patrie, il est temps qu'ils se réunissent. Tout se détériore autour de nous : l'esprit fatal qui a produit nos malheurs renaît de toutes parts, on rappelle les questions vaines, on ressuscite le langage et les erreurs de l'anarchie ; les mots avec lesquels on a dépouillé, égorgé les propriétaires et conduit Louis XVI au supplice se font entendre de nouveau. Nous semblons retourner sur nos pas, et reprendre le chemin des abîmes.

On nous console par l'espoir de voir bientôt les étrangers quitter nos frontières. Ah ! sans doute, quiconque a une goutte de sang français dans les veines, quiconque est sensible à l'honneur, doit désirer de toute la force de son âme, doit être prêt à acheter, par tous les sacrifices, l'affranchissement de son pays. Nos cœurs palpiteront de joie quand le drapeau blanc flottera sur toutes les cités de la France ! Mais, rendus au premier des biens pour un peuple, à un bien sans lequel il n'y en a point d'autres, à la dignité de notre indépendance, nous n'en aurions pas moins à guérir les plaies qu'un faux système nous a faites. Tâchons, Messieurs, que la loi qu'on nous présente aujourd'hui ne vienne pas augmenter les difficultés de l'avenir.

La Chambre des pairs est par sa nature spécialement chargée de défendre la prérogative royale : c'est une digue élevée pour arrêter la multitude au pied du trône ; c'est contre cette digue que doivent venir se briser les efforts de la démocratie. On ne peut affaiblir la couronne sans affaiblir la pairie, qui prend sa source et sa puissance dans la couronne. La pairie constitutionnelle n'a point encore en France l'ancienneté de l'existence, la grande propriété, les honneurs nécessaires à l'affermissement de son institution ; c'est donc de nous-mêmes que nous devons tirer aujourd'hui toute notre force ; c'est par notre sagesse que nous devons suppléer à cette autorité qui vient du temps et qui s'attache aux antiques monuments des hommes.

De votre opinion, Messieurs, dépend peut-être en ce moment le sort de la France ; vous allez disposer des générations futures. La monarchie est pour ainsi dire en jugement devant vous. Au nom de vos enfants, séparez bien vos intérêts réels et ceux de la patrie de vos penchants particuliers. Un vote funeste est bientôt donné, et quand on en voit les résultats, on les déplore toute sa vie. Inutiles regrets ! Dans l'ordre des choses humaines, un repentir ne rend pas ce qu'une faute a fait perdre.

Je vote, Messieurs, pour l'amendement que votre commission propose de faire à l'article 24, titre IV du projet de loi.

Je vote pour le rejet du titre VI, parce qu'il viole l'article 14 de la Charte, parce qu'il attaque la prérogative royale, parce qu'il n'a aucun rapport au recrutement, et qu'il offre une loi à la suite d'une loi.

DISCOURS

SUR

UNE PROPOSITION DE M. LE COMTE DE CASTELLANE,

TENDANTE

A SUPPLIER SA MAJESTÉ DE PROPOSER UNE LOI PORTANT RÉVOCATION DE CELLE DU 9 NOVEMBRE 1815, SUR LES CRIS ET ÉCRITS SÉDITIEUX.

Mars 1819.

Messieurs [1], si la loi des *cris* et *écrits séditieux* rappelle une époque mémorable pour la France, me sera-t-il permis de dire qu'elle réveille en moi des souvenirs honorables et pénibles : honorables, parce que c'est à propos de cette loi que j'ai paru pour la première fois à cette tribune ; pénibles, parce que c'est aussi à propos de cette même loi que j'ai eu le mal-

---

[1] M. le comte de Castellane avait fait à la Chambre des pairs une proposition tendante à supplier Sa Majesté de proposer une loi portant révocation de celle du 9 novembre 1815, sur les *cris et écrits séditieux*. La Chambre des pairs, dans sa séance du 23 mars 1819, ajourna la discussion de la proposition de M. le comte de Castellane. Voici le discours que j'avais préparé sur cette matière, et qui ne put être prononcé en raison de l'ajournement *.

* Extrait du *Conservateur*.

heur de me trouver pour la première fois en opposition avec les ministres de Sa Majesté ? Le temps n'ayant point changé mon opinion, il est tout naturel que je vienne aujourd'hui soutenir la proposition qu'un noble comte vous a faite.

Le rapporteur de votre commission [1] a déduit, avec autant de talent que de clarté, les raisons générales qui motivent la demande de l'abrogation de la loi sur les *cris* et *écrits séditieux*. Je me contenterai donc de vous montrer, par quelques détails, la nécessité de faire cesser le plus tôt possible les effets de cette loi d'exception.

Dans les six derniers mois de 1816, cent vingt jours d'audience, à Paris, ont produit cent trente-sept jugements en police correctionnelle, la plupart rendus en vertu de l'article 8 de la loi des *cris séditieux*, article qui établit ce que, dans l'examen de cette loi, j'avais appelé une sorte de *crime de gazette*. Les personnages condamnés sont des marchands de vin, des paysans, des maçons, des porteurs d'eau, des domestiques, des ferblantiers, des cochers, des perruquiers, des cordonniers. Le 3 juillet 1816, Bouquier, fileur, débite, dans la boutique d'un épicier, de fausses nouvelles : six mois d'emprisonnement, trois ans de surveillance, 50 francs d'amende, 200 francs de cautionnement punissent son indiscrétion. Manguier, menuisier, tient des propos équivoques ; il est condamné à dix mois de prison et à deux ans de surveillance. Un nommé Renaud, dans un état d'ivresse, la femme Sénéchal, pareillement prise de vin, une marchande de vieux souliers, une fille publique, alarment les citoyens sur le maintien de l'autorité royale ; et toujours six, dix et treize mois de prison, plusieurs années de surveillance, des amendes et des cautionnements viennent punir ces commérages, qui sont souvent la seule distraction et la seule consolation de la misère.

Il faudrait gémir, Messieurs, sur la faiblesse de nos nouvelles institutions, si elles pouvaient être renversées par de pareils délits. Si l'on punissait d'ailleurs tous ceux qui répandent de fausses nouvelles, on n'en finirait pas. Dans tous les temps et dans tous les rangs de la société, il s'est trouvé bien des coupables de cette espèce. Lorsque le duc de Mayenne fut battu à Arques, et ensuite à Ivry, il fit publier dans Paris que le Béarnais avait été pris ou tué. On broda, dans la rue des Lombards, de faux étendards royaux, que l'on montra comme des trophées à la populace : ces nouvelles ne nuisirent point à la cause du héros légitime. Vous avez entendu naguère à cette tribune un ministre vous annoncer une agitation qui marchait dans les départements ; un autre noble pair vous a parlé de cocardes vertes et d'un grand royaume s'établissant *incognito* dans la petite Bretagne : si je

---

[1] J'étais membre de cette commission.

ne me trompe, ce sont là des nouvelles tendantes *à alarmer les citoyens*, cas prévu par ce fameux article 8 qui établit le *crime de gazette*. J'espère donc que mes nobles collègues se joindront à moi, dans l'intérêt de leur sûreté personnelle, pour demander l'abrogation de la loi des *cris séditieux*.

L'article 9, principalement relatif à la provocation indirecte, est tout à fait intolérable : « Sont encore déclarés séditieux, dit cet article, les discours et écrits mentionnés dans l'article 5 de la présente loi, soit qu'ils ne contiennent que des provocations indirectes, soit qu'ils *donnent à croire que les délits de cette nature seront* commis. » Voilà, Messieurs, comme j'eus l'honneur de vous le dire en 1815, de quoi punir une pensée, une parole, un soupir.

Ce sont des définitions aussi vagues qui ont produit les arrêts divers dont la France a retenti. Je vais vous montrer, par des exemples, quelles conclusions opposées, quelles sentences contradictoires peuvent donner les avocats les plus instruits, peuvent porter les juges les plus intègres, lorsque la loi, ne spécifiant pas le délit, abandonne le magistrat à la faiblesse de la raison humaine.

Lorsque, le 2 mai 1818, le tribunal de police correctionnelle eut condamné l'auteur d'un écrit remarquable, et que cette sentence eût été confirmée le 20 juin de la même année, le ministère public s'exprima de la sorte : « Nous regrettons, dit-il, que la loi ne nous accorde pas le *pouvoir discrétionnaire*, qui nous eût permis, selon les circonstances, de réduire cette peine à une modique amende, ou même à la simple suppression de l'ouvrage. Au moyen de cette *loyale modification* (continue le ministère public, en s'adressant aux juges), vous ne seriez pas aujourd'hui dans l'alternative de condamner à trois mois de prison et à 50 francs d'amende un homme que la nature de son caractère et de ses opinions semblait devoir préserver d'une pareille condamnation, ou d'absoudre son écrit, qui est réprouvé par une loi que vous devez appliquer, parce que c'est une loi, et que vous êtes magistrats. »

Tel fut, Messieurs, le jugement prononcé, et tels furent les motifs de ce jugement. Or, maintenant, écoutez bien ceci : le même 30 juin 1818, fut commencée à la police correctionnelle l'affaire relative à la gravure intitulée *l'Enfant du régiment*. L'avocat de l'accusé, après avoir écarté de son client toute intention volontaire d'avoir fait allusion au fils de l'usurpateur, convint que la gravure, innocente en elle-même, pouvait cependant présenter quelques dangers. Il consentit, au nom de son client, à ce que la gravure fût détruite. D'après cette offre, le ministère public, qui avait conclu contre le graveur à trois mois de prison et à 200 francs d'amende, s'en rapporta à la discrétion des juges. Le tribunal ordonna la suppression de la planche ainsi que des exemplaires saisis, et renvoya de la plainte tous les prévenus.

Vous voyez ici clairement, Messieurs, la difficulté d'expliquer la provocation indirecte ; le ministère public l'a reconnue, et ne l'a pas reconnue le même jour dans les deux cas d'un écrit et d'une gravure. Il regrette, d'un côté, de ne pouvoir pas demander la simple suppression de l'écrit, de ne pouvoir faire ainsi, par cette suppression, une *loyale modification* aux trois mois de prison et aux 50 francs d'amende ; il affirme que les juges doivent appliquer la loi, parce que c'est une loi. D'un autre côté, il s'en rapporte à la discrétion des juges pour la gravure : une *loyale modification* est faite aux trois mois d'emprisonnement et aux 200 francs d'amende ; et les portes de la même prison s'ouvrent pour laisser entrer l'auteur et sortir l'artiste.

Dans une autre occasion, le 17 juillet 1818, un autre auteur, accusé d'écrits séditieux, est condamné à 200 francs d'amende, sans emprisonnement, le tribunal usant de la faculté à lui donnée par l'article 463 du Code pénal, de modérer la peine prononcée par l'article 367, c'est-à-dire la faculté d'appliquer à l'auteur la loi contre les écrits calomnieux, au lieu de la loi contre les *cris* et les *écrits séditieux*.

Pourquoi le tribunal n'aurait-il pas usé de la même faculté en faveur du premier auteur dont le ministère public lui-même avait loué les intentions et les principes? Tout cela vient, encore une fois, du vague de la provocation indirecte. Joignez-y les articles du Code pénal, qui, se mêlant aux articles de la loi des *cris séditieux*, laissent aux juges la faculté de choisir entre deux lois, et d'appliquer deux peines différentes à des délits de même nature, vous sentirez, Messieurs, combien il est urgent de faire cesser une pareille confusion.

Il est arrivé d'ailleurs ce qui arrive toujours à une mauvaise loi : le ministère public, chargé de la faire exécuter, les tribunaux, convaincus des dangers qu'elle offrait dans son application, se sont vus forcés de reculer devant elle. On a d'abord presque tout jugé; aujourd'hui on ne juge presque plus rien. Par exemple, Messieurs, on porte dans Paris des cannes fort curieuses. Elles renferment dans la pomme, qui s'ouvre à volonté, une petite statue de Buonaparte. Pourquoi la police n'a-t-elle pas saisi ces cannes? pourquoi les tribunaux n'ont-ils pas jugé ceux qui les portent? Parce que la petite statue a pu être faite *sans malice*, comme le portrait de *l'Enfant du régiment*. On peut trouver aussi qu'elle ne ressemble pas parfaitement au modèle : tous les yeux ne voient pas de la même manière. Voilà, Messieurs, ce que c'est que la provocation indirecte : au moyen de cette provocation tout peut être blanc ou noir. Le magistrat qui, ne voyant point le délit spécifié, est obligé de chercher la règle de son jugement dans sa conscience, finit par s'épouvanter de cette effrayante responsabilité :

dans la crainte de punir l'innocence, il aime mieux absoudre le crime, ou plutôt il préfère ne pas appliquer la loi.

Je dois maintenant parler des deux opinions qui se sont manifestées dans la Chambre, et qui ont également divisé la commission. Personne, du moins jusqu'ici, n'a demandé le rejet absolu de la proposition du noble comte ; mais ceux qui ne se décident pas pour l'adoption pure et simple, se retranchent dans l'ajournement.

On cherche particulièrement le motif de l'ajournement dans le projet de loi présenté à la Chambre des députés, *sur la réparation des crimes et délits commis par la voie de la presse*, etc. Ce projet de loi rapporte la loi sur les *cris* et *écrits séditieux* ; d'où l'on conclut que la proposition qui nous occupe devient inutile.

Le noble rapporteur de votre commission avait répondu d'avance à cette objection : « Le nouveau projet de loi, vous a-t-il dit, peut être longtemps discuté dans les Chambres. Des obstacles qu'on ne prévoit pas peuvent même entraver ou suspendre cette discussion ; et enfin, il pourrait résulter de cette discussion même que la loi ne serait pas adoptée, et qu'ainsi la révocation de celle du 9 novembre qu'elle renfermait se trouverait ne pas exister. »

La publication du nouveau projet de loi donne, Messieurs, à ce raisonnement une force invincible. Tout porte à croire que ce projet ne passera pas dans les deux Chambres, sans éprouver de nombreux amendements. Sous les apparences de la plus grande libéralité, il cache une espèce d'arbitraire légal le plus menaçant ; on y reconnaît ce mélange de licence et de police, de démocratie et de despotisme, qui caractérise l'esprit du moment.

Mais comment vient-on nous dire que ce projet de loi rapporte la loi des *cris* et *écrits séditieux*, lorsqu'au contraire il consacre cette loi, lorsqu'il la reprend, l'aggrave, et s'incorpore, pour ainsi dire, avec elle ? Remarquez surtout, Messieurs, que la provocation *indirecte* (sujette à de si énormes abus) n'est point du tout détruite par le nouveau projet de loi ; on y trouve le mot provocation employé sans spécification : par cette équivoque peu digne de la sincérité d'une loi, on évite de dire ce qu'on ne veut pas avouer, et on laisse au ministère public, aux jurés, aux juges, la faculté de rendre la provocation *directe* ou *indirecte*, selon les choses, les hommes et les temps.

Tandis que le jury sera constitué tel qu'il l'est aujourd'hui, que le choix des membres de ce tribunal appartiendra exclusivement aux autorités administratives, on pourra toujours craindre que toute loi relative à la presse ne soit plus au profit des ministres que des écrivains.

Mais, dira-t-on, il est donc inutile de demander l'abrogation de la loi sur les *cris séditieux*, puisque, selon vous, elle se retrouve dans le nouveau projet de loi ? Inutile, Messieurs ! Et depuis quand est-il inutile de demander ce qui est juste, bon et honorable, lors même qu'on n'obtiendrait aucun résultat positif? La manifestation des principes d'équité et des opinions généreuses est toujours utile : c'est semer pour l'avenir.

Ceux donc qui veulent ajourner la proposition du noble comte, parce que le nouveau projet de loi rapporte la loi des *cris séditieux*, ne peuvent plus vouloir cet ajournement, s'il est vrai que la loi des *cris séditieux* entre, en grande partie, dans la nouvelle loi; car alors ils voient revenir, sous une autre forme, une loi qu'ils condamnent; et ils doivent, en rapportant la proposition, protester contre cette dangereuse métamorphose.

Ceux qui désirent l'ajournement, parce qu'ils craignent de désarmer le gouvernement, peuvent, de leur côté, voter sans scrupule pour la proposition, puisque la loi qui leur semble en partie nécessaire se reproduit dans le nouveau projet de loi. Je dirai même à ceux-ci, pour achever de les tranquilliser, que, dans le cas où le nouveau projet de loi fût rejeté et la proposition adoptée, il n'y aurait rien à craindre ; car la proposition parvenue dans les portefeuilles des ministres pourrait y rester, et nous conserverions dans toute sa pureté la loi des *cris séditieux*.

Les motifs d'ajournement tirés du nouveau projet de loi me semblent donc peu concluants. Si on examine les raisons qui peuvent être indépendantes de ce nouveau projet, elles ne me paraissent guère plus décisives.

On vous a dit, et on vous dira peut-être encore, que si l'on abroge la loi des *cris et écrits séditieux*, il se formera une lacune dans votre législation. Jetez les yeux sur les articles du Code pénal rapportés par le noble auteur de la proposition, et vous verrez que tous les cas de sédition sont prévus. Un noble pair, membre de la commission, a cru qu'il faudrait faire quelque chose pour remplacer l'article 8 en ce qui concerne les biens nationaux. Le noble pair ne s'est pas souvenu de la loi du 7 pluviôse an ix, qui met tout en sûreté à cet égard, sans parler d'un article formel de la Charte. « Les menaces, excès et voies de fait, dit cette loi du 7 pluviôse, exercés contre les acquéreurs de biens nationaux, seront punis de la peine d'emprisonnement, laquelle ne pourra excéder trois ans, ni être au-dessous de six mois. » On dit encore que le Code ne punit pas le délit ou le crime résultant de l'érection d'un drapeau qui ne serait pas celui de la France. Mais en vérité, Messieurs, si nous en étions à voir arborer des couleurs séditieuses, si l'on s'attroupait autour de ces couleurs, disons-le franchement, ce serait là une guerre civile. Il s'agirait bien de la loi des *cris et écrits séditieux* ! Dans ce cas extrême, vous tomberiez sous les lois militaires et vous seriez régis par le quatorzième article de la Charte, qui donne au roi le pouvoir de faire des règlements et ordonnances nécessaires pour la sûreté de l'État.

Que si vous supposez que, sans trouble et sans rébellion, un homme seul s'amuse à promener dans les rues de nos cités des couleurs séditieuses, hé bien! il y a une police contre les fous, et des places à Charenton.

Il n'est pas rigoureusement vrai, d'ailleurs, qu'il n'y ait aucune peine prononcée contre l'érection d'un drapeau. Il existe des lois contre les emblèmes, contre les attroupements, contre tout ce qui fait naître des alarmes et excite à la sédition. Dans tous les cas, il faut bien hasarder quelque chose : si nous ne voulons jamais marcher sans lisière dans le gouvernement représentatif, s'il nous faut toujours des lois d'exception pour garder nos libertés, nous deviendrons comme ces esclaves qui perdent l'usage de leurs membres pour avoir porté trop longtemps des chaînes.

Une loi d'exception introduite dans une constitution libre est toujours une loi dangereuse. Prétendons-nous exister comme nation? Hâtons-nous de nous réfugier dans des institutions fixes, qui nous servent d'abri contre les passions et l'incurie des hommes. Que nous resterait-il, si nous ne gardions pas soigneusement la Charte? Que pourrions-nous mettre entre nous et le pouvoir? Ne nous dissimulons pas que notre génie nous porte vers le despotisme militaire. Quand on promet à l'autorité de la rendre absolue, elle se laisse naturellement tenter. Alors elle profite de tout ce qui peut discréditer des institutions qui l'arrêtent. Or, que faisons-nous depuis cinq ans? Combien de fois avons-nous manié et remanié ces institutions? Tous les pouvoirs de la société ont été pétris et repétris par nos mains. La Chambre des députés, augmentée en 1815, est redevenue en 1816 ce qu'elle était en 1814, et va peut-être remonter en 1819 au nombre qu'elle avait obtenu en 1815. La pairie a subi de nombreuses modifications ; la couronne a cédé une partie de ses prérogatives ; les lois ont rappelé des lois ; les ordonnances ont contrarié les ordonnances. Même mobilité dans les hommes que dans les choses ; à chaque instant et partout, destitutions sur destitutions : les destituants ont passé comme les destitués, et les ministres eux-mêmes se sont succédé comme des ombres.

Les lois d'exception ont ajouté leur mal à ces maux, et c'est pour cela que nous devons demander l'abrogation de celle d'entre ces lois qui a le plus pesé sur nous. Puissent désormais les hommes qui veulent également la monarchie et la liberté, sentir qu'il est plus que temps de se réunir pour se sauver, eux, le roi et la France !

Je vote pour la proposition.

OPINION

SUR LE

PROJET DE LOI RELATIF A LA SUSPENSION DE LA LIBERTÉ INDIVIDUELLE [1].

Messieurs, je n'approuve pas la maxime qui dit : *Périsse la société plutôt qu'un principe.* En matière de gouvernement, les vérités sont relatives et non pas absolues ; les libertés publiques ne sont pas toutes renfermées dans les mêmes formes ; elles peuvent exister dans les institutions les plus diverses. Je comprends que, selon les circonstances, on modifie l'opinion qu'on pouvait avoir eue sur telle ou telle loi, et qu'on admette dans un temps, sans se contredire, une mesure que l'on avait repoussée dans un autre. Je crois qu'il est de la nature même de la liberté que les droits de cette liberté soient quelquefois suspendus : nier cette vérité, c'est fermer les yeux à la lumière, c'est rejeter tous les exemples de l'histoire. Les plus grands génies politiques, depuis Aristote jusqu'à Montesquieu, sont convenus qu'en certains cas, il est utile aux peuples de se mettre à l'abri dans une sorte de despotisme légal et temporaire : on ne s'établit pas pour toujours dans le méchant asile où l'on se réfugie quelquefois pendant un orage. L'Angleterre (l'exemple en a déjà été cité à cette tribune) suspend souvent l'acte d'*habeas corpus*; Rome eut sa dictature où tous les genres de liberté disparaissaient.

Un noble pair [2], dans un discours d'ailleurs très-remarquable, vous a dit hier, Messieurs, qu'on ne pouvait tirer aucune induction de la dictature romaine en faveur de la suspension d'une de nos libertés publiques. Sa raison est que la dictature appartenait à une constitution républicaine, et que jamais les anciens ne se seraient avisés de placer une dictature auprès d'un monarque. Ce raisonnement ne m'a pas convaincu. Quand on suspend une liberté dans une monarchie, il ne s'agit pas de placer un dictateur auprès d'un monarque ; il s'agit de réunir à l'autorité suprême un des pouvoirs dont la constitution l'a privée, de reporter la souveraineté à sa source; en un mot, de revêtir le roi de la dictature. Il y a donc dans l'exemple analogie politique. Ce ne fut pas, comme on vous l'a dit encore, l'institution de la dictature qui perdit la république romaine, car cette république ne périt pas sous Cincinnatus ; ce fut ce qui détruit tous les États, la corrup-

---

[1] Cette opinion n'a pu être prononcée à la Chambre des pairs, dans la séance du 25 mars 1820, la discussion ayant été fermée. — [2] M. le comte Daru.

tion : Rome ne répudia la liberté, pour devenir la concubine des tyrans, que lorsqu'elle se fut dépouillée de l'innocence de ses mœurs et de son respect pour les dieux.

Ainsi, Messieurs, je dois en convenir avec sincérité, les nobles pairs qui votent pour les lois d'exception sont parfaitement fondés en raison et en principe, puisqu'ils ont la conviction que ces lois sont nécessaires dans ce moment. D'accord avec eux sur la question de droit, je ne diffère de leur manière de voir que sur le point de fait. Ce n'est pas pour soutenir cette liberté, de théorie, qui depuis trente ans a servi d'étendard à tous les crimes; ce n'est pas pour réclamer les lieux communs de la révolution, que je viens voter contre le projet de loi, mais par la persuasion où je suis que les lois d'exception ne prêteront pas aux ministres le secours qu'ils en espèrent, et qu'elles fourniront aux ennemis du gouvernement un nouveau prétexte de calomnie.

Je crus devoir m'abstenir de demander la parole contre le dernier projet de loi de censure : la question semblait m'être un peu personnelle; ma position aurait affaibli mes raisonnements. Mais j'ai voté contre ce projet de loi, parce qu'il m'est démontré que la censure, dans l'état actuel de l'opinion, loin d'être un bien, est un mal. Elle n'arrêtera point la licence; elle multipliera les libelles : rien n'empêchera même les journalistes de publier, en forme de brochure, les passages qu'on aura retranchés de leurs articles, et, comme la censure est presque toujours passionnée ou puérile, ses rognures ne montreraient que ses ridicules ou ses abus. Contre la licence de la presse, le seul remède est une forte loi répressive.

Je vote maintenant contre la suspension de la liberté individuelle, et je n'ai plus, sur cette question, les mêmes raisons de garder le silence. Il me semble évident qu'il y a, dans nos lois existantes, tous les moyens nécessaires pour arrêter les traîtres et déjouer les machinations du crime. La mesure qu'on vous propose d'adopter n'ajouterait aux lois dont le gouvernement est armé qu'un impuissant arbitraire. Voulez-vous éloigner tous les dangers, remontez à la source du mal : rendez à la religion son influence; remettez en honneur la grande propriété; faites disparaître la démocratie de vos codes, l'individualité de vos systèmes; ranimez les tribunaux; donnez aux agents de l'autorité une impulsion monarchique; laissez reparaître cette véritable opinion publique que l'on a constamment étouffée, et vous serez bientôt débarrassés des assassins et des conspirateurs.

Une erreur trop commune aux gouvernements, c'est de croire qu'ils augmentent leurs forces en augmentant leur pouvoir : une armure trop pesante rend immobile celui qui la porte. Oui, Messieurs, je suis convaincu que notre salut dépend aujourd'hui beaucoup plus de l'administration que des lois. Les événements nous débordent, leur torrent nous entraîne : ce qui était important il y a deux mois, n'est plus dans ce moment que d'un intérêt secondaire. Quand l'Europe entière est menacée, quand l'Angleterre est troublée, quand la Prusse est travaillée par des sociétés secrètes, quand l'Espagne a pour législateurs des soldats, quand la France voit tomber ses princes sous le poignard révolutionnaire, des lois d'exception ne sont pas des remèdes. Il faut maintenant prendre un parti ; si l'on reste dans l'incertitude où l'on paraît flotter encore, nous périrons ; si ce qu'on voit fait peur, si l'on ménage les assassins et les démagogues, parce qu'on a tué monseigneur le duc de Berry et ébranlé le trône de Ferdinand, nous périrons.

L'ancienne société européenne est-elle prête à se dissoudre ? un monde inconnu va-t-il sortir du milieu des ruines ? les mœurs qui se corrompent, et les esprits qui ne reconnaissent plus d'autorités, n'établiront-ils pas dans les États modernes deux principes ennemis d'esclavage et d'indépendance, dont le combat amènera d'effroyables bouleversements ? Nous l'ignorons ; mais nous savons que le seul moyen de nous défendre avec succès, c'est de nous renfermer dans les libertés publiques, en appelant à leur secours les gens de bien et les forces de la morale et de la religion. Cette position est inexpugnable ; ne la quittons pas, si nous ne voulons donner un avantage décisif à nos ennemis.

Nous ne pouvons nous dissimuler, Messieurs, qu'il y ait en France des hommes dont les intérêts se sont formés hors de la monarchie légitime. Qu'on nous demande à nous, vieux serviteurs du roi, tous les genres de sacrifices, cela n'aurait aucun inconvénient, n'altérerait en rien notre fidélité ; mais en est-il ainsi de ces générations que trente années de révolution ont rendues étrangères à nos monarques, et qui ne les connaissent que par les récits de l'histoire ? Elles les considèrent comme les gardiens sacrés de nos libertés ; mais elles n'ont pas encore pour eux cette soumission filiale qui fait notre heureux partage. Il y a donc un grand intérêt à ménager ces hommes, à les ménager pour le bonheur de notre patrie ; car souvenons-nous toujours qu'il ne peut y avoir de bonheur en France que sous le gouvernement des fils de saint Louis. Eux seuls possèdent cette force de droit que chacun sent, et qui ôte tout prétexte aux commotions politiques ; eux seuls s'élèvent par la grandeur de leur race à cette hauteur où les amours-propres ne peuvent atteindre, et où toutes les prétentions expirent. Mais si la légitimité se retirait, que nous resterait-il ? Une république, qui deviendrait bientôt une affreuse anarchie, et puis un empire militaire avec son aigle sanglant et le cortège de ses servitudes.

Soyons donc scrupuleux sur l'abandon de ces libertés, dont on a horriblement abusé sans doute, mais dont l'absence, même temporaire, pourrait faire naître une autre espèce de mal. Prenons garde de trop attaquer par nos frayeurs ce gouvernement représentatif, qui sans doute a ses inconvénients comme tous les autres, mais qui est la transition naturelle des anciennes idées aux idées nouvelles, le point d'arrêt entre la monarchie et la république. Il peut être antipathique à quelque partie de notre caractère ; il peut, en nous rappelant des excès de tribune, nous épouvanter par d'affreux souvenirs, nous dégoûter par de hideuses ressemblances ; il peut nous paraître chancelant dans les temps d'orage ; mais il n'en est pas moins vrai qu'en dérogeant à ses principes, nous hâterions les catastrophes qu'il nous importe de prévenir.

Il y a deux moyens de produire des révolutions : c'est de trop abonder dans le sens d'une institution nouvelle, ou de trop y résister. En cédant à l'impulsion populaire, on arrive à l'anarchie, aux crimes qui en sont la suite, au despotisme qui en est le châtiment. En voulant trop se roidir contre l'esprit d'un siècle, on peut également tout briser, marcher par une autre voie à la confusion, et puis à la tyrannie.

La monarchie représentative convient à un peuple vieilli, où l'éducation a répandu dans toutes les classes de la société des connaissances à peu près égales, et mis en circulation un certain nombre d'idées politiques. Un ancien plaçait la source du pouvoir dans le génie : le gouvernement représentatif fait dériver le pouvoir de l'intelligence, sans détruire le principe absolu de la souveraineté qui réside dans le monarque. Dans cet ordre de choses, lorsqu'il n'est pas contrarié, le mérite est presque sûr d'être appelé tôt ou tard au timon des affaires : c'est le gouvernement, pour ainsi dire, vivant par lui-même, qui choisit à la longue ses agents et ses ministres. Des lois d'exception qui dénaturent ce gouvernement, le seul possible aujourd'hui (sauf le despotisme militaire), ont certainement un danger. Tout le mal vient de ce qu'un des trois pouvoirs de ce gouvernement, le pouvoir aristocratique, est presque nul parmi nous, et qu'il laisse le pouvoir royal lutter seul contre le pouvoir démocratique.

J'ai pris les choses d'un peu haut, Messieurs ; il m'a semblé utile de regarder la question par son grand côté. Je pourrais, dans une autre nature d'intérêt, demander comment, contre qui et par qui les lois d'exception seront exercées ; je pourrais demander si la suspension de la liberté individuelle ne compromettra pas la sûreté des meilleurs serviteurs du roi ; je pourrais m'enquérir si on laissera toujours parler l'impiété en forçant la religion à se taire ; s'il sera défendu, comme il l'était quelquefois sous l'ancienne censure, de faire l'éloge de nos princes ; si l'on nous forcera de nous priver des larmes que nous répandons sur le cercueil de monseigneur le duc de Berry. Prince infortuné ! vous nous promettiez un grand roi ! vous aviez commencé dans les camps comme Henri IV ; vous deviez finir comme lui : vous n'avez évité de ses malheurs que la couronne.

Ces alarmes, Messieurs, pourraient être justifiées pour un royaliste comme moi, lorsque je vois un directeur général déclarer à la tribune de l'autre Chambre que les journaux monarchiques ont fait autant de mal que les feuilles révolutionnaires; lorsque je ne retrouve plus dans *le Moniteur* que des phrases entortillées, au lieu de ces paroles claires et flatteuses qu'un ministre avait adressées à certains députés; paroles que tous les autres journaux ont répétées : les nuits sont longues; on a le temps de revenir sur un sentiment généreux. J'aurais donc quelque sujet raisonnable d'appréhender que les armes qu'on me demande ne fussent une seconde fois tournées contre l'opinion à laquelle je me fais honneur d'appartenir.

Mais je ne veux, Messieurs, répandre dans ce discours aucune amertume. J'espère qu'un esprit de paix dominera désormais le conseil. Je dirai même avec franchise que quelques-uns des nobles pairs qui votent, comme moi, contre le présent projet de loi, ont employé des raisons, selon moi, peu concluantes : ces nombreuses dénonciations, ces nouveaux suspects, ces espions en mouvement, ces gendarmes en campagne, toute cette horrible peinture, au lieu d'effrayer, donne un peu envie de sourire. Ces arguments s'adressent sans doute à nos jeunes familles : on aura pris les pères pour les enfants.

La sincérité de ces aveux, Messieurs, prouvera à l'autorité qu'elle ne doit voir, dans mon opinion sur la liberté individuelle et sur une juste liberté de la presse, que la conséquence naturelle des opinions de toute ma vie. On me ferait injure en me soupçonnant d'être conduit à cette tribune par des ressentiments particuliers ou par un misérable esprit de contention. Je me regarderais comme un bien mauvais Français si je n'étais alarmé des périls de la France, si je ne sentais la nécessité d'une union sincère entre toutes les opinions modérées. A Dieu ne plaise que l'on me confonde avec ces hommes qui font des libertés publiques une espèce de machine pour renverser la monarchie légitime, au lieu d'en faire une colonne pour la soutenir! A Dieu ne plaise que j'entre jamais dans les rangs de ceux qui n'attaquent les dépositaires de l'autorité que pour avilir la puissance royale! Loin donc de trouver un secret plaisir à augmenter les embarras du ministère, loin de vouloir incessamment l'attaquer, je désire vivement qu'il m'offre une occasion loyale de le défendre. Les lois actuelles d'exception ne sont point son ouvrage : il les a soutenues; il ne les aurait peut-être pas proposées. Je ne poursuis donc, dans ces lois, que le reste du système de l'ancien ministère qui a mis la France sur le bord de l'abîme. Le nouveau président du conseil ne m'inspire aucune crainte. S'il s'agissait de lui confier mon honneur, ma vie, ma fortune, je les remettrais sans hésiter entre ses nobles mains; mais les libertés publiques (principale sauvegarde du trône dans ces temps d'inquiétude et d'innovation) ne m'appartiennent pas ; les suspendre me paraît inutile et dangereux : cette conviction m'ôte le droit de voter pour le projet de loi.

Messieurs, si j'ai jamais trouvé un devoir pénible, c'est celui que je viens de remplir. J'ai longtemps balancé ; longtemps j'ai cru que je n'aurais pas assez de courage pour voter un moment hors des rangs de mes nobles et respectables amis, de ces illustres victimes de la fidélité, qui ont répandu sur nos malheurs tout l'éclat de la gloire : je dis de la gloire, Messieurs, car les Français n'ont jamais pris la gloire pour le succès, et l'ont toujours confondue avec le courage. Accoutumé à défendre la couronne, j'ai cru devoir l'avertir d'un nouveau danger. Peut-être ce danger n'est-il qu'imaginaire ; mais quoi qu'il arrive, soit qu'on écoute ou qu'on n'écoute pas ma voix, je ne servirai que la monarchie légitime, et la destinée des Bourbons sera la mienne.

Je vote contre le projet de loi.

OPINION
SUR L'ARTICLE 2
DU PROJET DE LOI RELATIF AUX JOURNAUX ET ÉCRITS PÉRIODIQUES,
PRONONCÉE
A LA CHAMBRE DES PAIRS, LE 24 JUILLET 1821.

Messieurs, l'amendement adopté par la Chambre des députés n'est point un véritable amendement, comme on l'a déjà fait observer ; c'est un article additionnel : et en effet, il forme maintenant le second article de la loi. C'est une loi introduite dans une loi, ou plutôt c'est une proposition de loi, qui pouvait être légale en suivant les formes auxquelles les propositions de loi sont assujetties, mais qui, transformée en amendement, viole l'initiative royale.

Lorsqu'on a improvisé cet amendement, a-t-on bien vu tout ce qu'il renfermait? Il embrasse par ses conséquences le système entier des lettres, des sciences et des arts. Il faudra que le gouvernement multiplie les censeurs à l'infini ; il faudra que ces censeurs soient compétents dans la cause qu'ils auront à juger. Je supprime des réflexions qui se présentent en foule à mon esprit, dans la crainte d'être trop sévère : je me contenterai de dire que nous devons éviter de tomber, par la censure, dans les fautes qui sont devenues un objet de triomphe pour les ennemis de la religion. S'il doit naître encore des Copernic et des Galilée, ne permettons pas qu'un censeur puisse d'un trait de plume replonger dans l'oubli un secret que le génie de l'homme aurait dérobé à l'omniscience de Dieu.

D'ailleurs, Messieurs, cet amendement dont l'autorité n'avait pas cru avoir besoin, va directement contre son but. Cet amendement porte : « Les dispositions de ladite loi du 31 mars 1820, sauf en ce qui concerne le cautionnement, s'appliqueront, à l'avenir, à tous les journaux, etc. » Voilà donc une classe de journaux qui, soumise à la censure, sera pourtant exempte du cautionnement. Pourquoi désire-t-on envelopper ces journaux dans la censure? Parce que l'on soutient qu'innocents en apparence, ils touchent au fruit défendu. Eh bien ! Messieurs, de prévenus qu'ils étaient, ils se rangeront dans la classe des coupables, puisqu'on le veut. A l'instar du pamphlet contre lequel l'amendement est dirigé, vous en verrez naître d'autres qui, sous un titre littéraire, étant à l'abri du cautionnement, traiteront les points les plus scabreux de la politique. Vous n'aurez plus contre les abus de la presse l'abri que vous aviez cherché dans la propriété : vous accordez un privilége à une espèce de feuille périodique au détriment des autres feuilles périodiques assujetties au cautionnement : cela est d'autant plus injuste, que celles-ci parlent également de littérature, et qu'elles auraient un égal droit à se dire gazettes littéraires. Les journaux que j'appellerai non-propriétaires, ayant moins à perdre que ceux que je nommerai journaux de propriétaires, s'exprimeront avec plus d'indépendance ; leur hardiesse fera leur succès ; ils attireront à eux les abonnés, ruineront les journaux propriétaires, et la licence reviendra par l'amendement destiné à la réprimer.

Et qu'on ne dise pas que les journaux littéraires de droit, mais politiques de fait, qui se dérobent à la censure, jouissent d'un bien plus grand privilége, font un tort bien plus réel aux journaux politiques, qu'alors qu'ils seront enchaînés par cette censure. L'amendement proposé a rendu cette objection sans force ; c'est cet amendement même qui a réveillé l'attention publique et la cupidité des entrepreneurs de littérature. Il a fait sortir de l'ombre un journal qui s'y serait perdu ; il a déterminé ce qu'il eût été bon de laisser vague. De pareils écrits ne pouvaient jamais s'expliquer avec la clarté qui nuit. Les auteurs, en sortant d'une certaine obscurité, auraient craint de voir leurs ouvrages déclarés politiques et soumis comme tels à la loi sur les journaux. Aujourd'hui qui les retiendra? L'amendement a créé le genre, fixé l'espèce : il reste décidé qu'un journal avec un titre littéraire peut être politique, mais que ce titre littéraire l'exempte du cautionnement, et qu'ainsi le privilége lui est acquis à la ruine des journaux assujettis au cautionnement.

Vous voyez, Messieurs, que le talent, la vertu, les intentions les plus pures et les plus monarchiques n'empêchent pas quelquefois de brusquer des amendements dont on n'a pas assez pesé les conséquences. Je conviendrai que le journal qu'on a voulu particulièrement entraver a pu causer de l'impatience, mais ce n'est pas l'impatience qui doit faire les lois. J'ai voulu le lire, ce journal : c'est un composé de satires plus ou moins ingénieuses, dont le plus grand mal est de faire des ennemis à la liberté de la presse, et de mettre à l'épreuve la générosité des défenseurs de cette liberté.

J'ai d'abord hésité, Messieurs, à vous découvrir le vice radical de cet amendement. Je craignais d'être pris au mot et de voir le mal empirer par la disparition de ce membre de phrase : *sauf en ce qui concerne le cautionnement;* mais comme d'un côté il est impossible d'exiger un cautionnement des journaux consacrés aux sciences et aux arts, à moins qu'on ne veuille retourner au dixième siècle ; que de l'autre côté il est également impossible de classifier les journaux littéraires qui feraient des incursions dans la politique, il en résulte que l'amendement est inamendable, et qu'on n'a rien de mieux à faire que de le rejeter.

Le mémoire adressé en forme de pétition à la Chambre des pairs vous montre à quel point, Messieurs, l'amendement que je combats est contraire aux sciences et aux arts, et destructif du commerce de la librairie. Les feuilles périodiques littéraires, frappées par cet amendement, ont non-seulement leurs intérêts particuliers à soutenir, mais elles font le sort d'une foule d'ouvrages et d'entreprises utiles qui ne peuvent être connues que par elles. Si vous retardez, si vous entravez ces feuilles par la censure, vous pouvez ruiner une multitude d'imprimeurs, de libraires, de marchands de toute espèce, et réduire beaucoup d'ouvriers à mourir de faim. La librairie de Paris met un poids assez considérable dans la balance du commerce pour avoir droit à des ménagements.

On nous fait entendre, Messieurs, qu'on se montrera facile, qu'on ne fera pas peser la censure sur les journaux véritablement consacrés aux sciences, aux arts et aux métiers. On usera donc de l'arbitraire dans l'arbitraire; et selon les caprices des subalternes de l'autorité, qui protégeront ou ne protégeront pas un journal, ce journal sera censuré ou non censuré.

Mais ceci est encore une erreur : la loi prononçant la censure pour tous les journaux indistinctement, il ne dépendra pas de l'autorité d'en dispenser un ouvrage périodique ; voici pourquoi :

Je suppose qu'un journal, délivré de la censure par l'indulgence de l'autorité, soit traduit devant les tribunaux pour un délit ; les auteurs plaideront la faveur à eux accordée par le gouvernement, et le gouvernement sera compromis pour n'avoir pas appliqué la loi. Les juges et les jurés, ne connaissant que la lettre légale, condamneront à la fois, et les mandataires du pouvoir pour non exécution de la loi, et les propriétaires du journal pour s'être soustraits à cette loi. Il y a plus, le devoir du procureur général sera de poursuivre toute feuille périodique qui paraîtrait sans avoir été censurée ; ainsi toutes ces promesses d'indulgence sont par le fait illusoires. Que serait-ce, d'ailleurs, Messieurs, de porter une loi si peu applicable, si peu généreuse, qu'on ne l'adopterait qu'en se flattant d'avance qu'elle sera violée ?

Je vous ai déjà parlé des censeurs, Messieurs, je vous ai dit qu'on serait obligé d'en augmenter le nombre et conséquemment d'accroître les dépenses de l'État ; mais il faudra même que l'autorité renonce au système qu'elle a adopté pour la censure, et qui cependant est le moins mauvais. Un conseil ne suffira plus, il faudra donner à chaque journal de sciences et d'arts un censeur compétent dans la matière ; alors reparaît le grand inconvénient des noms. Augmentera-t-on les membres du conseil ? partagera-t-on le conseil en diverses sections, l'une pour les modes, l'autre pour l'astronomie, l'autre pour les spectacles, l'autre pour l'industrie française ? Si ce corps ne devient pas ridicule, il deviendra formidable.

Considérez, Messieurs, la bizarrerie de notre législation sur la presse. Vous avez deux classes de journaux politiques soumis à la censure : l'une avec cautionnement, l'autre sans cautionnement ; ensuite toutes les brochures, tous les livres qui souvent attaquent la société dans ses fondements, ne sont pas sujets à la censure. D'un côté les lois répressives nous paraissent avoir assez de puissance pour protéger la religion, le trône, les mœurs, la réputation des citoyens ; de l'autre côté, ces lois ne nous paraissent plus assez fortes quand il s'agit des intérêts journaliers de quelques hommes. Les vérités éternelles viennent demander justice à des tribunaux devant qui des erreurs humaines dédaignent de comparaître.

Il est plus que temps de rentrer dans la règle commune, de renoncer à ces lois d'exception qui exposent le ministère à tous les genres d'attaque et de calomnies.

S'il nous est mort un prince, Messieurs, ne nous en est-il pas né un autre ? Si vous avez cru devoir rétablir la censure pour satisfaire au deuil de la patrie ; si vous avez enseveli nos libertés dans la tombe du père, que notre joie les retrouve dans le berceau du fils. Sous un monarque éclairé, à qui les lettres offriraient leur plus belle couronne, s'il ne portait, pour notre bonheur, celle de ses pères, qu'on ne dise pas que le plus noble des arts a été outragé ! Dans un siècle éclatant de la gloire de nos armes, ne donnons pas des entraves à cette autre gloire qui transmet à la postérité les faits illustres. Il y a trois choses qui seules assureront le repos de la France, et qu'on ne doit jamais séparer : la religion, le trône et les libertés publiques.

Je vote contre l'amendement et contre toute la loi.

DISCOURS

SUR LA

LOI RELATIVE A L'EMPRUNT DE CENT MILLIONS

PRONONCÉ

A LA CHAMBRE DES DÉPUTÉS, LE 25 FÉVRIER 1823 [1].

Messieurs, j'écarterai d'abord les objections personnelles : les intérêts de mon amour-propre ne doivent trouver aucune place ici. Je n'ai rien à répondre à des pièces mutilées, imprimées, par je ne sais quel moyen, dans les gazettes étrangères. J'ai commencé ma carrière ministérielle avec l'honorable préopinant pendant les Cent-Jours. Nous avions tous les deux un portefeuille par *intérim*, moi à Gand, lui à Paris. Je faisais alors un *roman*; lui, s'occupait de l'*histoire* : je m'en tiens encore au roman.

Je vais parcourir la série des objections présentées à cette tribune. Ces objections sont nombreuses et diverses; pour ne pas m'égarer dans un aussi vaste sujet, je les rangerai sous différents titres.

Les orateurs qui ont obtenu la parole lors du vote de l'adresse ont fait imprimer leurs discours. Hier, en séance publique, quelques-uns des honorables députés ont référé leurs opinions à ces discours mêmes. Aujourd'hui, on a rappelé une partie des arguments produits dans le comité secret. J'essayerai donc de répondre à ce qui a été dit, imprimé et redit, afin d'embrasser l'ensemble du sujet.

Suivant dans leurs objections les orateurs qui siégent sur les bancs de l'opposition, j'examinerai, 1° le droit d'intervention, puisque c'est là la base de tous les raisonnements; 2° le droit de parler des institutions qui peuvent être utiles à l'Espagne; 3° le droit des alliances et des transactions de Vérone; et enfin quelques autres objections.

Examinons donc d'abord la question de l'intervention :

Un gouvernement a-t-il le droit d'intervenir dans les affaires intérieures d'un autre gouvernement? Cette grande question du droit des gens a été résolue en sens opposé.

Ceux qui l'ont rattachée au droit naturel, tels que Bacon, Puffendorf et Grotius, et tous les anciens, ont pensé qu'il est permis de prendre les armes, au nom de la société humaine, contre un peuple qui viole les prin-

---

[1] J'étais alors ministre des affaires étrangères.

cipes sur lesquels repose l'ordre général, de même que, dans un État particulier, on punit les perturbateurs du repos public.

Ceux qui voient la question dans le droit civil soutiennent, au contraire, qu'un gouvernement n'a pas le droit d'intervenir dans les affaires d'un autre gouvernement.

Ainsi les premiers placent le droit d'intervention dans les devoirs, et les derniers dans les intérêts.

J'adopte, Messieurs, le principe émané du droit civil ; je me range au parti des politiques modernes, et je dis comme eux : Nul gouvernement n'a le droit d'intervenir dans les affaires intérieures d'un autre gouvernement.

En effet, si ce principe n'était pas admis, et surtout par les peuples qui jouissent d'une constitution libre, aucune nation ne serait en sûreté chez elle. Il suffirait de la corruption d'un ministre ou de l'ambition d'un roi pour attaquer tout État qui chercherait à améliorer son sort. Aux divers cas de guerre déjà trop multipliés vous ajouteriez un principe perpétuel d'hostilités, principe dont chaque homme en pouvoir serait juge, puisqu'on aurait toujours le droit de dire à ses voisins : Vos institutions me déplaisent; changez-les, ou je vous déclare la guerre.

J'espère que mes honorables adversaires conviendront que je m'explique avec franchise.

Mais, si je me présente à cette tribune pour soutenir la justice de notre intervention dans les affaires d'Espagne, comment vais-je me soustraire au principe que j'ai moi-même si nettement énoncé? Vous allez le voir, Messieurs.

Lorsque les politiques modernes eurent repoussé le droit d'intervention, en sortant du droit naturel pour se placer dans le droit civil, ils se trouvèrent très-embarrassés. Des cas survinrent où il était impossible de s'abstenir de l'intervention sans mettre l'État en danger. Au commencement de la révolution, on avait dit : « Périssent les colonies plutôt qu'un principe? » et les colonies périrent. Fallait-il dire aussi : Périsse l'ordre social plutôt qu'un principe? Pour ne pas se briser contre la règle même qu'on avait établie, on eut recours à une exception au moyen de laquelle on rentrait dans le droit naturel, et l'on dit : Nul gouvernement n'a le droit d'intervenir dans les affaires intérieures d'une nation, excepté dans le cas où la sûreté immédiate et les intérêts essentiels de ce gouvernement sont compromis. Je citerai bientôt l'autorité dont j'emprunte les paroles.

L'exception, Messieurs, ne me paraît pas plus contestable que la règle : nul État ne peut laisser périr ses intérêts essentiels sous peine de périr lui-même comme État. Arrivé à ce point de la question tout change de face. Nous sommes transportés sur un autre terrain ; je ne suis plus tenu à combattre victorieusement la règle, mais à prouver que le cas d'exception est venu pour la France.

Avant de déduire les motifs qui justifient notre intervention dans les affaires d'Espagne, je dois d'abord, Messieurs, m'appuyer sur l'autorité des exemples.

J'aurai souvent l'occasion, dans la suite de mon discours, de parler de l'Angleterre, puisque mes honorables adversaires nous l'opposent à tout moment, et dans leurs discours improvisés, et dans leurs discours écrits, et dans leurs discours imprimés. « C'est la Grande-Bretagne qui seule à Vérone a défendu les principes ; c'est elle qui s'élève seule aujourd'hui contre le droit d'intervention ; c'est elle qui est prête à prendre les armes pour la cause d'un peuple libre ; c'est elle qui réprouve une guerre impie, attentatoire au droit des gens, une guerre qu'une petite faction bigote et servile veut entreprendre, pour revenir ensuite brûler la Charte française, après avoir déchiré la constitution espagnole. » N'est-ce pas cela, Messieurs ? Nous reviendrons sur tous ces points. Parlons d'abord de l'intervention.

Je crains que mes honorables adversaires aient mal choisi leur autorité. L'Angleterre, disent-ils, nous donne un grand exemple en protégeant l'indépendance des nations.

Que l'Angleterre, en sûreté au milieu des flots, est défendue par de vieilles institutions ; que l'Angleterre, qui n'a subi ni les désastres de deux invasions, ni les bouleversements d'une révolution de trente années, pense n'avoir rien à craindre de l'Espagne et ne veuille pas intervenir dans ses affaires, rien sans doute n'est plus naturel ; mais s'ensuit-il que la France jouisse de la même sûreté, et soit dans la même position ? Lorsque, dans d'autres circonstances, les intérêts essentiels de la Grande-Bretagne ont été compromis, n'est-ce pas elle qui a, pour son salut, et très-justement sans doute, dérogé au principe que l'on invoque en son nom aujourd'hui ?

L'Angleterre, en entrant en guerre contre la France, donna, au mois de novembre 1793, la fameuse déclaration de White-Hall. Permettez-moi, Messieurs, de vous en lire un passage. La déclaration commence par rappeler les malheurs de la révolution, puis elle ajoute :

« Les desseins annoncés de réformer les abus du gouvernement français, d'établir sur des bases solides la liberté personnelle et le droit des propriétés, d'assurer à un peuple nombreux une sage législature et une administration des lois juste et modérée, toutes ces vues salutaires ont malheureusement disparu. Elles ont fait place à un système destructeur de tout l'ordre public, soutenu par des proscriptions, des exils, des confiscations sans nombre, par des emprisonnements arbitraires, par des massacres dont le souvenir seul fait frémir...... Les habitants de ce malheureux pays, si longtemps trompés par des promesses de bonheur toujours renouvelées à l'époque de chaque nouveau crime, se sont vus plongés dans un abîme de calamités sans exemple.

« Cet état de chose ne peut subsister en France sans impliquer dans un danger commun toutes les puissances qui l'avoisinent, sans leur donner le droit, sans leur imposer le devoir d'arrêter les progrès d'un mal qui n'existe que par la violation successive de toutes les lois et de toutes les propriétés, et par la subversion des principes fondamentaux qui réunissent les hommes par les liens de la vie sociale. Sa Majesté ne veut certainement pas contester à la France le droit de réformer ses lois; elle n'aurait jamais désiré d'influer par la force extérieure sur le mode de gouvernement d'un État indépendant. Elle ne le désire actuellement qu'autant que cet objet est devenu essentiel au repos et à la sûreté des autres puissances. Dans ces circonstances, elle demande à la France, et elle lui demande à juste titre, de faire cesser enfin un système anarchique qui n'a de force que pour le mal, incapable de remplir envers les Français le premier devoir des gouvernements, de réprimer les troubles, de punir les crimes qui se multiplient journellement dans l'intérieur du pays; mais disposant arbitrairement de leurs propriétés et de leur sang pour troubler le repos des autres nations, et pour faire de toute l'Europe le théâtre des mêmes crimes et des mêmes malheurs. Elle lui demande d'établir un gouvernement légitime et stable, fondé sur les principes reconnus de justice universelle, et propre à entretenir avec les autres nations les relations usitées d'union et de paix... Le roi leur promet d'avance de sa part suspension d'hostilités, amitié, et (autant que les événements le permettront, dont la volonté humaine ne peut disposer) sûreté et protection à tous ceux qui, en se déclarant pour un gouvernement monarchique, se soustrairont au despotisme d'une anarchie qui a rompu tous les liens les plus sacrés de la société, brisé tous les rapports de la vie civile, violé tous les droits, confondu tous les devoirs, se servant du nom de la liberté pour exercer la tyrannie la plus cruelle, pour anéantir toutes les propriétés, pour s'emparer de toutes les fortunes, fondant son pouvoir sur le consentement prétendu du peuple, et mettant elle-même à feu et à sang des provinces entières pour avoir réclamé leurs lois, leur religion et leur souverain légitime. »

Hé bien! Messieurs, que pensez-vous de cette déclaration? N'avez-vous pas cru entendre le discours même prononcé par le roi à l'ouverture de la présente session, mais ce discours développé, interprété, commenté avec autant de force que d'éloquence? L'Angleterre dit qu'elle agit de concert avec ses alliés, et on nous ferait un crime d'avoir des alliés! L'Angleterre promet secours aux royalistes français, et on trouverait mauvais que nous protégeassions les royalistes espagnols! L'Angleterre soutient qu'elle a le droit d'intervenir pour se sauver elle et l'Europe des maux qui désolent la

France, et nous, il nous serait interdit de nous défendre contre la contagion espagnole ! L'Angleterre repousse le prétendu consentement du peuple français; elle impose à la France, pour obtenir la paix, *la condition d'établir un gouvernement fondé sur les principes de la justice, et propre à entretenir avec les autres États les relations naturelles*, et nous, nous serions obligés de reconnaître la prétendue souveraineté du peuple, la légalité d'une constitution établie par une révolte militaire, et nous n'aurions pas le droit de demander à l'Espagne, pour notre sûreté, des institutions légitimées par la liberté de Ferdinand !

Il faut être juste pourtant : quand l'Angleterre publia cette fameuse déclaration, Marie-Antoinette et Louis XVI n'étaient plus; je conviens que Marie-Joséphine n'est encore que captive, et que l'on n'a encore fait couler que ses larmes; Ferdinand n'est encore que prisonnier dans son palais, comme Louis XVI l'était dans le sien avant d'aller au Temple et de là à l'échafaud. Je ne veux point calomnier les Espagnols, mais je ne veux point les estimer plus que mes compatriotes. La France révolutionnaire enfanta une Convention; pourquoi l'Espagne révolutionnaire ne produirait-elle pas la sienne? Ce juge qui a condamné don Carlos aux galères serait un digne membre de ce tribunal. La révolution espagnole n'a-t-elle pas pris la nôtre pour modèle? Ne la copie-t-elle pas servilement? Ne proclame-t-elle pas les mêmes principes? N'a-t-elle pas déjà dépouillé les autels, assassiné les prêtres dans les prisons, élevé des instruments de supplice, prononcé des confiscations et des exils? Nous qui avons eu cette terrible maladie, pouvons-nous en méconnaître les symptômes, et n'avoir pas quelques alarmes pour les jours de Ferdinand? Direz-vous qu'en avançant le moment de l'intervention, on rend la position de ce monarque plus périlleuse; mais l'Angleterre sauva-t-elle Louis XVI en refusant de se déclarer? L'intervention qui prévient le mal n'est-elle pas plus utile que celle qui le venge? L'Espagne avait un agent diplomatique à Paris lors de la sanglante catastrophe, et ses prières ne purent rien obtenir. Que faisait là ce témoin de famille? Certes, il n'était pas nécessaire pour constater une mort connue de la terre et du ciel. Messieurs, c'est déjà trop dans le monde que le procès de Charles Ier et celui de Louis. Encore un assassinat juridique, et on établira, par l'autorité des *précédents*, une espèce de droit de crime, et un corps de jurisprudence à l'usage des peuples contre les rois.

Mais peut-être que l'Angleterre, qui avait admis le cas d'exception dans sa propre cause, ne l'admet pas pour la cause d'autrui? Non, Messieurs; l'Angleterre n'a point une politique si étroite et si personnelle. Elle reconnaît aux autres les droits qu'elle réclame pour elle-même. Ses intérêts essentiels n'étaient pas compromis dans la révolution de Naples, et elle n'a pas cru devoir intervenir; mais elle a jugé qu'il pouvait en être autrement pour l'Autriche, et c'est à propos de cette transaction que lord Castlereagh s'explique nettement dans sa circulaire du 19 janvier 1821. Il combat d'abord le principe d'intervention qu'il trouve trop généralement posé par la Russie, l'Autriche et la Prusse, dans la circulaire de Laybach ; puis il ajoute : *Il doit être clairement entendu qu'aucun gouvernement ne peut être plus disposé que le gouvernement britannique à maintenir le droit de tout État ou États à intervenir, lorsque sa sûreté immédiate ou ses intérêts essentiels sont sérieusement compromis par les transactions domestiques d'un autre État.* Rien de plus formel que cette déclaration ; et le ministre de l'intérieur de la Grande-Bretagne, l'honorable M. Peel, n'a pas craint de dire, dans une des dernières séances de la Chambre des communes, que l'Autriche avait eu le droit d'intervenir dans les affaires de Naples. Certes, si l'Autriche a eu le droit d'aller à Naples renverser la constitution espagnole, on ne nous contestera peut-être pas le droit de combattre cette constitution dans son propre pays, lorsqu'elle met la France en péril.

J'espère, Messieurs, qu'on ne nous opposera plus l'exemple et l'opinion de l'Angleterre au sujet de l'intervention, puisque j'ai détruit ces objections par l'exemple et l'opinion même de l'Angleterre. Il faut prouver maintenant que nous sommes dans le cas légal d'exception, et que nos intérêts essentiels sont blessés. D'abord nos intérêts essentiels sont blessés par l'état de souffrance où la révolution d'Espagne tient une partie de notre commerce. Nous sommes obligés d'entretenir des bâtiments de guerre dans les mers de l'Amérique qu'infestent des pirates nés de l'anarchie de l'Espagne. Plusieurs de nos vaisseaux marchands ont été pillés, et nous n'avons pas, comme l'Angleterre, les moyens de forces maritimes pour obliger les Cortès à nous indemniser de nos pertes.

D'une autre part, nos provinces limitrophes de l'Espagne ont le besoin le plus pressant de voir se rétablir l'ordre au delà des Pyrénées. Dès le mois de juin 1820 (et alors il n'était pas question de guerre), un honorable député a dit à cette Chambre que la révolution espagnole, en interrompant les communications avec la France, diminuait de moitié la valeur des terres du département des Landes. Le commerce seul des mules et des mulets était d'une valeur considérable. Le paysan du Rouergue, de la Haute-Auvergne, du Haut-Limousin, du Poitou, payait souvent sa contribution foncière avec le prix de la vente des mulets ; et il n'y avait pas jusqu'au Dauphiné qui ne participât à cet avantageux trafic. Nos grains du Midi s'écoulaient aussi en Espagne, qui les payait en piastres, sur les négociations desquelles s'établissait un nouveau gain. Nos toiles trouvaient un vaste marché dans les ports de la péninsule espagnole. Les troubles survenus à la suite de l'insurrection militaire dans l'île de Léon ont considérablement amoindri ces échanges, et un gouvernement serait coupable, qui laisserait ruiner, sans la protéger, une population entière. Espère-t-on que les guerres civiles cesseront et laisseront le champ libre à notre commerce? N'y comptez pas : rien ne finit de soi-même en Espagne, ni les passions ni les vertus.

Nos consuls menacés dans leur personne, nos vaisseaux repoussés des ports de l'Espagne, notre territoire violé trois fois, sont-ce là des intérêts essentiels compromis?

Un honorable député a cru qu'il ne s'agissait que de la petite vallée d'Andorre, reconnue pays neutre par les traités ; cette vallée, en effet, a aussi été parcourue par les soldats de Mina ; mais le sol français n'a pas plus été respecté. Notre territoire violé! et comment? et pourquoi? Pour aller égorger quelques malheureux blessés de l'armée royaliste qui croyaient pouvoir mourir en paix dans le voisinage, et comme à l'ombre de notre généreuse patrie. Leurs cris ont été entendus de nos paysans, qui ont béni, dans leurs chaumières, le roi auquel ils doivent le bonheur d'être délivrés des révolutions.

Nos intérêts essentiels sont encore compromis par cela seul que nous sommes obligés d'avoir une armée d'observation sur les frontières de l'Espagne. Combien de jours, de mois, d'années faudra-t-il entretenir cette armée? Cet état de demi-hostilité a tous les inconvénients de la guerre sans avoir les avantages de la paix ; il pèse sur nos finances, il inquiète l'esprit public, il expose les soldats trop longtemps oisifs à toutes les corruptions des agents de discordes. Les partisans de la paix à tout prix veulent-ils, pour l'obtenir, que nous obéissions à la déclaration de San-Miguel, que nous retirions l'armée d'observation? Eh bien! fuyons devant la compagnie du Marteau et des bandes Landaburiennes, et que le souvenir de notre faiblesse, au premier acte militaire de la restauration, s'allie pour jamais au souvenir du retour de la légitimité.

Mais pourquoi a-t-on établi une armée d'observation? Que ne laissait-on l'Espagne se consumer elle-même? Quelle neutralité! Quoi! si nous étions certains d'être à l'abri des maux qui désolent nos voisins, nous les verrions de sang-froid s'égorger les uns les autres sans essayer d'étendre entre eux une main généreuse! Et si nous n'étions pas sûrs d'être respectés, fallait-il, par notre imprévoyance, laisser les Espagnols vider leur querelle au milieu de nous, brûler nos villages, piller nos paysans? La violation de notre territoire ne suffirait-elle pas pour justifier l'établissement d'un cordon de sûreté? L'Angleterre elle-même a prouvé la sagesse de cette mesure. Dans une note officielle de S. G. le duc de Wellington, présentée au congrès de Vérone, se trouve ce passage :

« En considérant qu'une guerre civile est allumée sur toute l'étendue des frontières qui séparent les deux royaumes, que des armées actives opèrent sur tous les points de cette frontière du côté de la France, et qu'il n'y a pas une ville ou un village placé sur cette frontière du côté de la France qui ne risque d'être insulté ou inquiété, personne ne saurait désapprouver la précaution prise par S. M. T. C. de former un corps d'observation pour la protection de ses frontières et la tranquillité de ses peuples. »

Une note, adressée le 11 janvier dernier au chargé d'affaires de S. M. T. C. à Londres, par le principal secrétaire d'État des affaires étrangères de S. M. B., contient ces paroles :

« Le duc de Wellington n'a point établi d'objection au nom du roi son maître contre les mesures de précaution prises par la France sur ses propres frontières, parce que ces mesures étaient évidemment autorisées par le droit de sa propre défense, non-seulement contre les dangers sanitaires qui furent l'origine de ces mesures, et le motif exclusivement allégué jusqu'au mois de septembre pour les maintenir, mais encore contre les inconvénients que pouvaient avoir pour la France des troubles civils dans un pays séparé d'elle uniquement par une délimitation de convention, contre la contagion morale des intrigues politiques, enfin contre la violation du territoire français par des excursions militaires fortuites. »

La contagion morale, Messieurs, ce n'est pas moi qui l'ai dit. Je prends acte de cet aveu ; je conviens que cette contagion morale est la plus terrible de toutes, que c'est elle surtout qui compromet nos intérêts essentiels. Qui ignore que les révolutionnaires d'Espagne sont en correspondance avec les nôtres ? N'a-t-on pas par des provocations publiques cherché à porter nos soldats à la révolte ? Ne nous a-t-on pas menacés de faire descendre le drapeau tricolore du haut des Pyrénées, pour ramener le fils de Buonaparte ? Ne connaissons-nous pas les desseins, les complots et les noms des coupables échappés à la justice, qui prétendent venir à nous, sous cet uniforme des braves, qui doit mal convenir à des traîtres ? Une révolution qui soulève parmi nous tant de passions et de souvenirs ne compromettrait pas nos intérêts essentiels ! Cette révolution, dit-on, est isolée, renfermée dans la Péninsule, dont elle ne peut sortir, comme si, dans l'état de civilisation où le monde est arrivé, il y avait en Europe des États étrangers les uns aux autres ! Ce qui est arrivé naguère à Naples et à Turin n'est-il pas une preuve suffisante que la contagion morale peut franchir les Pyrénées ? N'est-ce pas pour la constitution des Cortès que l'on a voulu renverser le gouvernement de ce pays ? Et qu'on ne vienne pas même nous dire que les peuples voulaient cette constitution à cause de son excellence : on la connaissait si peu à Naples, qu'en l'adoptant on nommait une commission pour la traduire. Aussi passa-t-elle, comme tout ce qui n'est pas national, comme tout ce qui est étranger aux mœurs d'un peuple. Née ridicule, elle mourut méprisable, entre un carbonaro et un caporal autrichien.

Sous les rapports de la politique extérieure, nos intérêts essentiels ne sont pas moins compromis. M. le président du conseil l'a déjà dit à la Chambre des pairs; nous ne prétendons en Espagne ni à des avantages particuliers, ni au rétablissement des traités que le temps a détruits : mais nous devons désirer une égalité qui ne nous laisse rien à craindre ; si la constitution de Cadix restait telle qu'elle est, elle mènerait infailliblement l'Espagne à la république. Alors nous pourrions voir se former des alliances, se créer des relations qui, dans les guerres futures, affaibliraient considérablement nos forces. Avant la révolution, la France n'avait qu'une seule frontière à défendre. Elle était gardée au midi par la Méditerranée ; à l'occident, par l'Espagne; au nord, par l'Océan; à l'orient, par la Suisse ; il ne restait entre le nord et l'orient qu'une ligne assez courte, hérissée de places fortes, et sur laquelle nous pouvions porter tous nos soldats. Changez cet état de choses ; soyez forcés de surveiller vos frontières occidentales et orientales, et à l'instant vos armées partagées vous obligent, pour faire face au nord, à ces efforts qui épuisent les États. De cette position pourraient résulter les plus grands malheurs ; oui, Messieurs, les plus grands malheurs, et je suis fondé à le dire. Que l'expérience nous instruise : par où sont passées les armées qui ont envahi notre territoire? Par la Suisse et par l'Espagne ; par la Suisse et par l'Espagne, que l'ambition insensée de la fausse politique d'un homme avait détachées de notre alliance. Politiques à vue bornée, n'allons pas croire que ce n'est rien pour nous que les innovations de l'Espagne, et exposer, par le contre-coup de nos fautes, l'indépendance de notre postérité.

J'arrive, Messieurs, à la grande question de l'alliance et des congrès. L'alliance a été imaginée pour la servitude du monde ; les tyrans se sont réunis pour conspirer contre les peuples ; à Vérone, la France a mendié les secours de l'Europe pour détruire la liberté ; à Vérone, nos plénipotentiaires ont compromis l'honneur et vendu l'indépendance de leur patrie ; à Vérone, on a résolu l'occupation militaire de l'Espagne et de la France ; les Cosaques accourent du fond de leur repaire pour exécuter les hautes œuvres des rois, et ceux-ci forcent la France à entrer dans une guerre odieuse, comme les anciens faisaient quelquefois marcher leurs esclaves au combat.

C'est ici, Messieurs, que je suis obligé de faire un effort sur moi-même pour mettre dans ma réponse le sang-froid et la mesure qui conservent la dignité du caractère. Il est difficile, j'en conviens, d'entendre sans émotion porter de si étranges accusations contre un ancien ministre, qui commande le respect à tout ce qui l'approche. Je n'ai qu'un regret, et il est sincère, c'est que vous n'entendiez pas, de la bouche même de mon prédécesseur, des explications auxquelles ses vertus ajouteraient un poids que je ne me flatte pas de leur donner. On l'a appelé à cette tribune le *duc de Vérone*.

Si c'est à cause de l'estime qu'il a inspirée à tous les souverains de l'Europe, il mérite d'être ainsi nommé ; c'est un nouveau titre de noblesse ajouté à tous ceux que possèdent déjà les Montmorency.

Quant à mes nobles collègues au congrès de Vérone, ce serait les insulter que de les défendre ; un compagnon de l'exil du roi, un ami de monseigneur le duc de Berry, sont au-dessus du soupçon d'avoir trahi les intérêts de leur patrie. Il ne reste donc que moi. La Chambre n'a pas besoin de mes apologies ; mais j'oserai lui dire que, parmi tant d'honorables députés, il n'y en a pas un seul que je reconnaisse pour meilleur Français que moi.

Je ne veux point récriminer : cependant je demande la permission d'appuyer un moment sur une remarque.

En lisant les journaux de l'opinion opposée à la mienne, j'y vois sans cesse l'éloge, très-mérité d'ailleurs, du gouvernement anglais. De bons Français laissent entrevoir qu'il n'y aurait pas de mal que l'Angleterre rompît la neutralité et prît les armes contre leur patrie. Dans la cause de la liberté, ils oublient les injures qu'ils prodiguaient à cette même Angleterre, il n'y a pas encore un an, les caricatures dont ils couvraient les boulevards, les brochures dont ils inondaient Paris, et le patriotisme qu'ils croyaient faire éclater en insultant, de la manière la plus grossière, de pauvres artistes de Londres. Dans leur amour des révolutions, ils semblent avoir oublié toute leur haine pour les soldats qui furent heureux à Waterloo : peu leur importe à présent ce qu'ils ont fait, pourvu qu'ils servent à soutenir contre un Bourbon les révolutionnaires de l'Espagne. D'une autre part, ces alliés du continent, dont ils cherchaient les suffrages, sont devenus l'objet de leur animadversion. Pourquoi ne se plaignait-on pas de la perte de notre indépendance, lorsque les étrangers exerçaient une si grande influence sur notre sort, lorsque l'on consultait les ambassadeurs sur les lois mêmes qu'on portait aux deux Chambres ? L'Europe, nous disait-on alors, applaudit à l'ordonnance du 5 septembre ; l'Europe approuve le traitement que l'on fait subir aux royalistes ; l'Europe, dans des actes publics, vient de déclarer qu'elle est satisfaite du système que l'on suit ; et par considération pour ce système, elle retire ses soldats, elle fait remise des subventions. Qui, à cette époque, Messieurs, a protesté contre cet abandon de la dignité de la France ? Serait-ce, par hasard, ceux-là mêmes qui auraient été abaisser cette dignité à Vérone ? Dans ce cas, il serait juste de les entendre avant de les condamner, et de ne pas conclure trop précipitamment qu'ils ont changé d'intérêts et de principes, parce que d'autres en ont changé.

Messieurs, je dois vous faire un aveu : je suis arrivé au congrès avec des préjugés qui lui étaient peu favorables ; je me souvenais encore des méprises de l'Europe. Sincère ami des libertés publiques et de l'indépendance des nations, j'avais été un peu ébranlé par ces calomnies qu'on répète encore tous les jours. Qu'ai-je été forcé de voir à Vérone ? des princes pleins de modération et de justice, des rois honnêtes hommes que leurs sujets voudraient avoir pour amis, s'ils ne les avaient pour maîtres. J'ai mis par écrit, Messieurs, les paroles que j'ai entendues sortir de la bouche d'un prince dont mes honorables adversaires ont loué eux-mêmes la magnanimité et recherché la faveur à une autre époque :

« Je suis bien aise, me dit un jour l'empereur Alexandre, que vous soyez venu à Vérone, afin de rendre témoignage à la vérité. Auriez-vous cru, comme le disent nos ennemis, que l'alliance est un mot qui ne sert qu'à couvrir des ambitions ? Cela peut-être eût été vrai dans l'ancien état de choses ; mais il s'agit bien aujourd'hui de quelques intérêts particuliers quand le monde civilisé est en péril !

« Il ne peut plus y avoir de politique anglaise, française, russe, prussienne, autrichienne ; il n'y a plus qu'une politique générale qui doit, pour le salut de tous, être admise en commun par les peuples et par les rois. C'est à moi à me montrer le premier convaincu des principes sur lesquels j'ai fondé l'alliance. Une occasion s'est présentée, le soulèvement de la Grèce : rien sans doute ne paraissait être plus dans mes intérêts, dans ceux de mes peuples, dans l'opinion de mon pays, qu'une guerre religieuse contre la Turquie ; mais j'ai cru remarquer dans les troubles du Péloponèse le signe révolutionnaire.

« Dès lors je me suis abstenu. Que n'a-t-on point fait pour rompre l'alliance ? On a cherché tour à tour à me donner des préventions ou à blesser mon amour-propre ; on m'a outragé ouvertement : on me connaissait bien mal, si on a cru que mes principes ne tenaient qu'à des vanités ou pouvaient céder à des ressentiments. Non, je ne me séparerai jamais des monarques auxquels je suis uni : il doit être permis aux rois d'avoir des alliances publiques pour se défendre contre les sociétés secrètes. Qu'est-ce qui pourrait me tenter ? Qu'ai-je besoin d'accroître mon empire ? La Providence n'a pas mis à mes ordres huit cent mille soldats pour satisfaire mon ambition, mais pour protéger la religion, la morale et la justice, et pour faire régner ces principes d'ordre sur lesquels repose la société humaine. »

De telles paroles, Messieurs, dans la bouche d'un tel souverain, méritaient bien d'être recueillies, et je me plais à vous les transmettre, sûr qu'elles feront naître en vous des sentiments d'admiration pareils aux miens. Un prince qui peut tenir un semblable langage pouvait-il se démentir à l'instant même, et proposer à la France rien qui compromît son indépendance et son honneur ? La modération est le trait dominant du caractère d'Alexandre ; croyez-vous donc qu'il ait voulu la guerre à tout prix, en vertu de je ne sais quel droit divin et en haine des libertés des peuples? C'est, Messieurs, une complète erreur. A Vérone, on est toujours parti du principe de la paix; à Vérone, les puissances alliées n'ont jamais parlé de la guerre qu'elles pourraient faire à l'Espagne; mais elles ont cru que la France, dans une position différente de la leur, pourrait être forcée à cette guerre; le résultat de cette conviction a-t-il fait naître des traités onéreux ou déshonorants pour la France? Non. S'est-il même agi de donner passage à des troupes étrangères sur le territoire de la France? Jamais. Qu'est-il donc arrivé? Il est arrivé que la France est une des cinq grandes puissances qui composent l'alliance, qu'elle y restera invariablement attachée, et qu'en conséquence de cette alliance, qui date déjà de huit années, elle trouvera, dans des cas prévus et déterminés, un appui qui, loin d'affecter sa dignité, prouverait le haut rang qu'elle occupe en Europe.

L'erreur de mes honorables adversaires est de confondre l'indépendance avec l'isolement; une nation cesse-t-elle d'être libre parce qu'elle a des traités? Est-elle contrainte dans sa marche, subit-elle un joug honteux, parce qu'elle a des rapports avec des puissances égales en force à la sienne, et soumises aux conditions d'une parfaite réciprocité? Quelle nation fut jamais sans alliance au milieu des autres nations? En existe-t-il un seul exemple dans l'histoire? Voudrait-on faire des Français une espèce de peuple juif, séparé du genre humain? A quel reproche bien autrement fondé serait exposé le gouvernement, s'il n'avait rien prévu, rien combiné, et si, dans le cas d'une guerre possible, il eût ignoré jusqu'au parti que prendraient d'autres puissances.

Lorsque nous n'avions point d'armée; lorsque nous ne comptions pour rien parmi les États du continent; lorsque de petits princes d'Allemagne envahissaient impunément nos villages, et que nous n'osions nous en plaindre, personne ne disait que nous étions esclaves; aujourd'hui que notre résurrection militaire étonne l'Europe; aujourd'hui que nous élevons dans le conseil des rois une voix écoutée; aujourd'hui que de nouvelles conventions effacent le souvenir des traités par lesquels on nous a fait expier nos victoires; aujourd'hui on s'écrie que nous subissons un joug humiliant! Jetez les yeux sur l'Italie, et voyez un autre effet du congrès de Vérone : le Piémont, dont l'évacuation sera complète au mois d'octobre; le royaume de Naples, dont on retire dix-sept mille hommes, dont on diminue la contribution militaire, et qui serait totalement évacué s'il avait recréé son armée.

Cependant l'Autriche n'aspirait-elle pas à la domination entière de l'Italie? Le congrès de Laybach ne lui avait-il pas livré ce beau pays? et en général tous ces congrès ne sont-ils pas inventés pour étendre l'oppression, pour étouffer les libertés des peuples sous de longues occupations militaires?

Toutefois un an s'est à peine écoulé, et voilà l'*ambitieuse* Autriche qui commence à rendre à leurs souverains légitimes les États qu'elle a sauvés des révolutions.

Je suis tranquille aujourd'hui sur le sort de ma patrie : ce n'est pas au moment où la France a retrouvé les armées qui ont si glorieusement défendu son indépendance que je tremble pour sa liberté.

Je passe à présent, Messieurs, à quelques objections de détail.

On blâme cette phrase du discours de la couronne : *Que Ferdinand soit libre de donner à son peuple des institutions qu'il ne peut tenir que de lui.*

C'est la même objection que l'on a élevée contre le mot *octroyé*, placé dans la Charte, et elle part du même principe. On ne veut pas que la source de la souveraineté découle du souverain.

Il nous était libre de parler ou de ne pas parler d'institutions à donner à l'Espagne : si nous n'en avions rien dit, à l'instant on se fût écrié que nous voulions faire la guerre pour rétablir le roi absolu et l'inquisition; mais parce qu'il était juste, généreux et politique de parler d'institutions, fallait-il reconnaître la souveraineté du peuple proclamé dans la constitution espagnole? fallait-il se soumettre à deux principes qui bouleverseraient tout l'ordre social : cette souveraineté du peuple, et l'insurrection militaire? L'amas informe de la constitution des Cortès vaut-il seulement la peine d'être examiné?

La France a donc pu souhaiter à l'Espagne en 1823, comme l'Angleterre à la France, en 1793, des institutions plus propres à la rendre heureuse et florissante. Mais la France, s'écrie-t-on, a, pendant cinq années, reconnu cette constitution des Cortès; et pourquoi ne veut-elle plus la reconnaître aujourd'hui? De grandes puissances de l'Europe eurent aussi des ambassadeurs à Paris, depuis 1789 jusqu'en 1793 : elles voyaient avec inquiétude commencer notre révolution, mais elles espéraient que les hommes raisonnables seraient écoutés tôt ou tard. Quand leur espérance fut déçue, quand leurs intérêts essentiels se trouvèrent compromis par la révolution croissante, il leur fallut bien se retirer et chercher dans les chances de la guerre une sûreté qu'elles ne trouvaient plus dans la paix.

La France ne prétend point, Messieurs, imposer des institutions à l'Espagne. Assez de libertés nationales reposent dans les lois des anciennes Cortès d'Aragon et de Castille, pour que les Espagnols y trouvent à la fois un remède contre l'anarchie et le despotisme. Il faudrait cependant être d'accord avec soi-même et ne pas nous reprocher, d'une part, d'avoir l'intention de soutenir l'arbitraire en Espagne; de l'autre, d'avoir le projet d'y naturaliser la Charte. Nous ne pouvons vouloir à la fois l'esclavage et la liberté.

Messieurs, je le dirai franchement, la France ne doit point se mêler des établissements politiques de l'Espagne. C'est aux Espagnols à savoir ce qui convient à l'état de leur civilisation; mais je souhaite de toute mon âme à ce grand peuple des libertés dans la mesure de ses mœurs, des institutions qui puissent mettre ses vertus à l'abri des inconstances de la fortune et du caprice des hommes. Espagnols! ce n'est point votre ennemi qui parle, c'est celui qui a annoncé le retour de vos nobles destinées quand on vous croyait descendus pour jamais de la scène du monde. Vous avez surpassé mes prédictions, vous avez arraché l'Europe au joug que les empires les plus puissants n'avaient pu briser : vous devez à la France vos malheurs et votre gloire. Elle vous a envoyé ces deux fléaux, Buonaparte et la révolution : délivrez-vous du second, comme vous avez repoussé le premier[1].

Qu'il me soit permis, Messieurs, de repousser la comparaison que l'on prétendait faire entre l'invasion de Buonaparte et celle à laquelle on contraint la France aujourd'hui; entre un Bourbon qui marche à la délivrance d'un Bourbon, et l'usurpateur qui venait saisir la couronne d'un Bourbon après s'être emparé de sa personne par une trahison sans exemple; entre un conquérant qui marchait brisant les autels, tuant les religieux, déportant les prêtres, renversant les institutions du pays, et un petit-fils de saint Louis qui arrive pour protéger tout ce qu'il y a de sacré parmi les hommes, et qui, jadis proscrit lui-même, vient faire cesser les proscriptions.

Buonaparte pouvait ne pas rencontrer d'amis parmi les sujets d'un Bourbon et chez les descendants du héros de la Castille; mais nous n'avons ni assassiné le dernier des Condé, ni exhumé le Cid, et les bras armés contre Buonaparte combattront pour nous.

J'aurais désiré que l'on eût parlé avec moins d'amertume de ces royalistes espagnols qui soutiennent aujourd'hui la cause de Ferdinand. Je me souviens d'avoir été banni comme eux, malheureux comme eux, calomnié comme eux.

Il m'est difficile de préférer au baron d'Éroles, estimé même de ses ennemis, des soldats qui ont appuyé leurs baïonnettes sur le cœur de leur roi, pour lui prouver leur dévouement et leur fidélité.

Et pourquoi avoir été rappeler ce message au Sénat touchant l'occupation de l'Espagne par Buonaparte? Ce monument de dérision et de servitude nous accuse-t-il? Je le connaissais; je n'avais pas voulu m'en servir dans la crainte de blesser ceux qui s'élèvent aujourd'hui contre la guerre :

[1] La prédiction à laquelle on fait allusion ici se trouve dans le *Génie du Christianisme*, 3ᵉ partie, liv. III, chap. V : « L'Espagne, séparée des autres nations, présente encore à l'historien un caractère plus original : l'espèce de stagnation de mœurs dans laquelle elle repose, lui sera peut-être utile un jour; et, lorsque les peuples européens seront usés par la corruption, elle seule pourra reparaître avec éclat sur la scène du monde, parce que le fond des mœurs subsiste chez elle. »

on la faisait en silence quand le Sénat eut déclaré que l'invasion de Buonaparte était juste et politique.

Ne nous laissons pas étonner par des déclamations et des menaces. S'il n'y avait à s'élever contre la guerre que des hommes dont les opinions sont honorables, on pourrait peut-être hésiter ; mais quand tous les révolutionnaires de l'Europe vocifèrent la paix d'un commun accord, ils sentent apparemment qu'ils sont compromis en Espagne ; ils craignent de se voir chassés de leur dernier asile. Tel qui s'apitoie sur les maux où va nous précipiter la guerre, craint plus nos succès que nos revers.

Quant aux ministres, Messieurs, le discours de la couronne leur a tracé la ligne de leurs devoirs. Ils ne cesseront de désirer la paix, de l'invoquer de tous leurs vœux, d'écouter toute proposition compatible avec la sûreté et l'honneur de la France ; mais il faut que Ferdinand soit libre, il faut que la France sorte à tout prix d'une position dans laquelle elle périrait bien plus sûrement que par la guerre. N'oublions jamais que si la guerre avec l'Espagne a, comme toute guerre, ses inconvénients et ses périls, elle aura eu pour nous un immense avantage. Elle nous aura créé une armée, elle nous aura fait remonter à notre rang militaire parmi les nations, elle aura décidé notre émancipation et rétabli notre indépendance. Il manquait peut-être encore quelque chose à la réconciliation complète des Français ; elle s'achèvera sous la tente : les compagnons d'armes sont bientôt amis, et tous les souvenirs se perdent dans la pensée d'une commune gloire.

Le roi, ce roi si sage, si paternel, si pacifique, a parlé. Il a jugé que la sûreté de la France et la dignité de la couronne lui faisaient un devoir de recourir aux armes après avoir épuisé les conseils. Le roi a voulu que cent mille soldats s'assemblassent sous les ordres du prince qui, au passage de la Drôme, s'est montré vaillant comme Henri IV. Le roi, avec une généreuse confiance, a remis la garde du drapeau blanc à des capitaines qui ont fait triompher d'autres couleurs : ils lui rapprendront le chemin de la victoire ; il n'a jamais oublié celui de l'honneur.

WELLINGTON

DISCOURS.

SUR

LA LOI RELATIVE A L'EMPRUNT DE CENT MILLIONS,

PRONONCÉ

A LA CHAMBRE DES PAIRS, LE 15 MARS 1823[1].

Messieurs, vous n'attendez pas de moi que je remonte aux principes et que je traite de nouveau, dans toute son étendue, une question désormais épuisée. Je vais seulement essayer de répondre à quelques-unes des objections produites à cette tribune par les adversaires du projet de loi soumis à votre examen.

Je commence par un noble maréchal. Ce n'est pas moi qui lui contesterai le droit d'examiner la question de la paix et de la guerre, moi qui ai soutenu et qui soutiens encore les principes que j'ai posés de la sorte : « La doctrine sur la prérogative royale est : Que rien ne procède directement du roi dans les actes du gouvernement; que tout est l'œuvre du ministère. »

J'ai du moins cet avantage comme ministre : on ne peut pas me reprocher d'être inconstitutionnel.

Le noble maréchal prétend que nos intérêts essentiels ne sont pas blessés. Qui jugera la question? Le grand danger de la France réside dans la contagion morale de la révolution espagnole : or, il est évident que c'est un fait qui, tenant aux convictions diverses des esprits, ne peut être affirmé que par des preuves dont chaque opposant peut toujours contester l'évidence : toutes les vérités de l'ordre moral sont dans ce cas.

Si je vous disais que la révolution espagnole, placée sur la frontière de la France, réveille parmi nous des intérêts et des souvenirs funestes; si je vous disais que la France, à peine guérie d'une révolution de trente années, est plus exposée qu'un autre État à reprendre le mal qui l'a travaillée si longtemps; si je vous disais que les calamités qui ont pesé sur nous obligent à faire tous nos efforts pour en prévenir le retour; si je vous disais qu'au nom de la révolution espagnole on essaye, dans toutes gazettes révolutionnaires de l'Europe, d'exciter nos soldats à la révolte; qu'à Madrid même, sous les yeux du gouvernement, on imprime en français d'affreux journaux dont je n'oserais vous lire les fragments à cette tribune, vous me nieriez le pouvoir de ces influences et les inductions que j'en veux tirer. Je répondrais

---

[1] J'étais alors ministre des affaires étrangères.

par une assertion, et nous resterions là, jusqu'au jour où la révolution viendrait nous prouver qu'elle se rit de nos vaines contentions, et qu'on ne l'arrête pas par des discours.

Et à propos de cette contagion morale, on a soutenu qu'aucun nom espagnol ne s'était trouvé mêlé dans les causes portées devant nos tribunaux; mais il me semble, Messieurs, que dans le sein même de cette Chambre, on nous a dit que Nantil, aujourd'hui en Espagne, s'était vanté de vouloir faire un coup à la *Quiroga*. Il est vrai que le général Quiroga lui-même ne paraissait pas comme prévenu au procès; mais niera-t-on la contagion de sa révolte?

Le noble maréchal a parlé de l'origine de la constitution des Cortès, qu'il regarde comme l'ouvrage de la nation espagnole. Pour le détromper à cet égard, il me permettra de lui citer un passage d'une brochure politique qui fait dans ce moment même une grande sensation à Londres.

« Quoique les membres des Cortès de Cadix ne fussent pas du tout élus par les villes et les provinces qu'ils étaient censés représenter, personne n'aurait été tenté de leur reprocher leur illégalité, s'ils s'étaient contentés d'administrer provisoirement les affaires du royaume, et d'y faire des réformes modérées. Mais aussitôt qu'ils s'occupèrent de faire une constitution qui paraissait devoir avoir une tendance démocratique, il se manifesta par toute l'Espagne du mécontentement et de l'opposition. Les personnes mêmes qui avaient contribué le plus à exciter et soutenir le peuple dans son opposition aux Français, abandonnèrent la cause aussitôt qu'ils découvrirent que le gouvernement agissait en sens contraire au but populaire de la guerre. Les chaires publiques et les journaux, dans plusieurs parties du royaume qui avaient excité le peuple à la guerre, condamnèrent les actes du gouvernement, et déclarèrent nettement qu'il était inutile de continuer des efforts dont la réussite même ne produirait pas le résultat qu'on s'était proposé, car un gouvernement qui s'était constitué lui-même, et qu'on ne pouvait regarder au plus que comme habile pour administrer provisoirement les affaires du royaume pendant la captivité du roi, avait fait une constitution qui changeait l'objet de la guerre, en établissant une démocratie et détruisant le pouvoir royal.

« Nous nous souvenons tous de l'apathie du peuple espagnol vers la fin de la guerre. Nous ne pouvions pas comprendre pourquoi l'enthousiasme qu'il avait montré dans les commencements s'était sitôt évaporé. Voilà la solution de l'énigme, c'est la haine pour la constitution des Cortès qui produisit cette apathie générale. »

Voilà, Messieurs, ce que raconte un Anglais, témoin oculaire des faits. Et si vous lisiez la brochure de M. San-Miguel lui-même, sur les premiers mouvements insurrectionnels dans l'île de Léon, vous verriez que la révolte militaire fut également repoussée dans son origine. Le ministre se plaint de ses mauvais succès et ne trouve partout, selon lui, que lâcheté et trahison. Si la constitution des Cortès n'est pas agréable aux peuples de l'Espagne, elle ne l'est pas davantage au roi, à qui elle a été imposée. A qui donc plaît-elle ? A ceux qui en profitent pour perdre leur patrie et troubler le monde.

Le noble maréchal a fini par une protestation digne de lui ; un champ de bataille est une tribune où il plaidera toujours avec honneur la cause de sa patrie.

Je passe au discours d'un noble baron.

Il a parlé, comme presque tous les orateurs, du droit d'intervention. Il a trouvé une grande différence entre notre position, en 1823, à l'égard de l'Espagne, et la position de l'Angleterre, en 1793, vis-à-vis de la France.

Un noble duc, mon ami, vous a déjà prouvé, Messieurs, le peu de force du raisonnement ; mais je vais le considérer sous un autre point de vue.

Que l'Angleterre ait déclaré ou reçu la guerre en 1793, qu'est-ce que cela fait aux vérités que j'avais voulu établir ? Qu'elle ait donné son manifeste six mois ou six ans après le commencement des hostilités, peu importe à la conséquence que je voulais tirer de ce manifeste. Est-ce une date que j'ai cherchée dans la déclaration ? Est-ce le fait de la guerre en lui-même ? Pas du tout : j'y ai cherché le principe du droit d'intervention clairement posé, clairement exprimé, et je l'y ai trouvé à chaque ligne ; non-seulement je l'y ai trouvé, mais je l'y ai trouvé avec toutes ses conséquences, comme l'imposition d'un changement de constitution, la protection promise à une portion des habitants du pays où l'on porte la guerre, et d'autres faits que j'ai cités, qu'il est inutile de rappeler.

Je dirai plus : le cas même de la guerre défensive, loin d'affaiblir mon raisonnement, le fortifie. En effet, on peut supposer qu'une nation qui a l'intention de commencer les hostilités, pose un principe pour se créer un droit. Mais quand on reçoit la guerre, est-il nécessaire de s'appuyer d'un principe ? Quand on se défend, faut-il établir des théories, pour prouver qu'on doit se défendre ? Si dans ce cas on fait pourtant des déclarations politiques ; si l'on proclame par exemple, dans un manifeste, le droit même d'intervention, n'est-il pas alors de la dernière évidence que ce droit proclamé, et non nécessaire au soutien de la guerre défensive, n'est point un prétexte imaginé pour justifier l'attaque, mais la conviction même, le sentiment intime du gouvernement qui fait valoir ce droit, sans en avoir aucun besoin ?

Le noble baron a terminé son discours en traçant avec l'imagination la plus vive l'effrayant tableau de l'avenir : la France envahie, toutes nos libertés détruites. Je pourrais lui répondre ce qu'on nous reproche à nous-mêmes, de prévoir des maux qui n'arriveront jamais. Quant à l'invasion de la France et à la perte des libertés publiques, une chose servira du moins à me consoler, c'est qu'elles n'auront jamais lieu tandis que moi et mes collègues serons ministres. Le noble baron qui professe avec talent des sentiments généreux me pardonnera cette assertion : elle sort de la conscience d'un Français.

J'ai peu de chose à répliquer à un noble marquis qui siége dans cette partie de la Chambre; il nous a parlé de réquisition : je crois qu'il a été mal informé. Des paysans ont-ils vendu leurs bœufs, leurs fourrages? Cela peut être ; mais une vente lucrative ne constitue pas une réquisition [1].

Je passe à l'examen de l'opinion d'un noble duc.

Notre armée va entrer en Espagne, a-t-il dit, pour livrer pieds et poings liés, à leur maître, des sujets révoltés.

Je n'accuse pas la bonne foi du noble duc : il aura seulement oublié que j'ai dit tout le contraire; que j'ai souhaité aux Espagnols une liberté dans la mesure de leurs mœurs, et qui les mette également à l'abri de l'anarchie et du despotisme.

Où le noble duc a-t-il vu qu'on propose à la France de faire une guerre de doctrines? Les ministres du roi n'ont cessé de répéter que si nous étions obligés de recourir aux armes, ce n'est que parce que nos intérêts essentiels sont compromis, que nous ne faisons point la guerre à des institutions, mais que nous prétendons nous défendre contre des institutions qui nous font la guerre.

Le noble duc s'élève contre ce principe : qu'aux rois seuls appartient le droit de donner des institutions aux peuples; d'où il conclut que les rois peuvent changer ce qu'ils avaient donné ou ne rien donner du tout, selon leur volonté et leur bon plaisir.

Mais il ne voit pas qu'on peut rétorquer l'argument, et que si le peuple est souverain, il peut à son tour changer le lendemain ce qu'il a fait la veille, et même livrer sa liberté et sa souveraineté à un roi, comme cela est arrivé. Si le noble pair eût été moins préoccupé, il aurait vu que deux principes régissent tout l'ordre social : la souveraineté des rois pour les monarchies, la souveraineté des nations pour les républiques. Dites dans une monarchie que le peuple est souverain, et tout est détruit : dites dans une république que la souveraineté réside dans la royauté, et tout est perdu. On était donc obligé, sous peine d'être absurde, d'affirmer qu'en Espagne les institutions devaient venir de Ferdinand, puisqu'il s'agissait d'une monarchie. Quant à la manière dont il peut donner ces institutions, ou seul, ou d'accord avec des corps politiques reconnus par lui dans sa pleine li-

---

[1] Le noble marquis s'est expliqué : il a assuré qu'il s'agissait de charrettes commandées par les maires pour transporter les troupes, et autres mesures de cette sorte.

berté, c'est ce qu'on n'a jamais prétendu prescrire. On n'a fait qu'exprimer le principe vital de la monarchie, et exposer une vérité de théorie.

Le noble duc nous a dit qu'il n'admettait point la solidarité dans les dynasties. Il ne voit pas pourquoi Louis XVIII, petit-fils de Louis XIV, secourrait Ferdinand VII, également descendant du grand roi. Le noble duc confond ici le roi et la royauté; il prend les hommes pour les choses, l'intérêt privé pour l'intérêt public, la famille pour la monarchie : tous les rois sont solidaires, et même jusqu'à l'échafaud.

Le noble duc ne veut pas que nous allions prévoir des crimes dans l'avenir ; il ne veut pas que nous raisonnions par analogie. Ainsi, que des soldats révoltés aient forcé un monarque prisonnier d'accepter une constitution démocratique; que des massacres aient été commis dans les prisons de Madrid et de Grenade ; que des exils, des confiscations aient été prononcés ; que des assassinats juridiques aient eu lieu ; qu'une guerre civile soit allumée jusqu'aux portes de Madrid par suite des nouvelles institutions, nous ne devons rien en conclure. Ferdinand n'a point encore été jugé ; on ne l'a encore menacé que de déchéance ; il est si libre qu'il voyage peut-être à présent avec ses geôliers, au milieu des soldats-législateurs qui vont l'enfermer dans une forteresse. Il n'y a rien à craindre, attendons l'événement.

Il résulterait de la doctrine de mon adversaire que l'on peut punir le crime, mais qu'on ne doit jamais le prévenir. Selon moi, la justice est un de ces principes éternels qui ont précédé le mal dans le monde ; selon le noble duc, c'est le mal, au contraire, qui a donné naissance à la justice. Il pose ainsi au fond de la société une cause permanente de subversion ; car on n'aurait jamais le droit de venir au secours de la société que lorsqu'elle serait détruite.

Enfin le noble duc est arrivé au fameux principe caché, pour ainsi dire, au fond de son discours. Il a lui-même senti le danger de la doctrine qu'il allait émettre ; car il s'est enveloppé dans des précautions oratoires, de manière que s'il n'avait pas eu la bonté de m'expliquer sa pensée, je l'aurais à peine comprise. Il nous a dit qu'en parlant du droit de résistance il marchait sur des charbons ardents ; il s'est trompé d'expression, il a voulu dire sur des ruines.

Il y a, Messieurs, des mystères en politique comme en religion. Prétendez-vous les expliquer? vous tombez dans des abîmes. Je crois être aussi indépendant d'esprit et de caractère que le noble duc ; je crois aimer autant que lui les libertés publiques ; je hais les tyrans, je déteste l'oppression ; mais je soutiens que discuter la doctrine de la résistance, c'est s'exposer à bouleverser le monde. Je soutiens qu'aucune société, même une société démocratique, ne peut exister avec ce principe. Qui fixera le point où la résistance doit commencer? Si vous m'établissez juge de ce terrible droit, mes passions, mes préjugés, les bornes même de mon entendement me feront voir partout la tyrannie. Les lois me sembleront oppressives quand elles arrêteront mes penchants, et je leur résisterai. L'ordre de mes supérieurs me paraîtra arbitraire, et je ne l'exécuterai pas. Si je résiste, on me résistera ; car le droit est égal pour tous. Tous les désordres, tous les malheurs, tous les crimes découleront de ce droit de révolte, et l'on arrivera à l'anarchie, qui n'est qu'une grande résistance à tous les pouvoirs.

Le noble duc est jeune encore ; il ne connaît nos malheurs que par tradition. Je ne veux point lui faire le tableau de ce qu'il nous en a coûté pour avoir proclamé que l'insurrection est le plus saint des devoirs ; il m'accuserait de faire des *phrases sonores* et d'employer des *arguments de rhéteur*[1]. Mais s'il est attaché autant que moi à la monarchie constitutionnelle, je le supplie de ne plus donner des armes à nos ennemis. Si l'on voit reparaître à la tribune ces doctrines qui, pendant trente ans, nous ont précipités sous tous les jougs et fait passer par tous les malheurs, la puissance des souvenirs agira sur les âmes faibles, et l'on en viendra à regretter ces temps où la gloire avait condamné la liberté au silence.

Vous me dispenserez, Messieurs, de répondre au dernier orateur qui descend de cette tribune, parce qu'il n'a fait que répéter ce qu'on avait dit avant lui. Ce sont toujours les mêmes objections : guerre injuste, guerre impolitique faite dans l'intérêt du pouvoir absolu ; nous n'avons pas le droit d'intervenir ; nous consoliderons ce que nous prétendons renverser ; enfin c'est la majesté de la république qui aurait pu exister, sans doute en place et lieu de la majesté légitime. Vous savez, Messieurs, à quoi vous en tenir, et je craindrais, en prolongeant ce discours, d'abuser de votre indulgence.

[1] Le noble duc a déclaré que cette phrase de son discours ne s'appliquait pas au ministre.

DISCOURS
SUR
LE BUDGET DU DÉPARTEMENT DES AFFAIRES ÉTRANGÈRES,
PRONONCÉ
A LA CHAMBRE DES DÉPUTÉS, DANS LA SÉANCE DU 7 AVRIL 1823[1].

Messieurs, si les ministres ne prenaient la parole que lorsqu'ils sont attaqués, je devrais vous épargner l'ennui d'un discours. A peine a-t-on fait quelques observations sur le budget des affaires étrangères : le rapporteur de votre commission, ainsi que plusieurs orateurs, m'ont traité moi-même avec une indulgence dont je les remercie. Gardons toujours, Messieurs, le langage et les convenances parlementaires : un ton poli rend les bonnes raisons meilleures et fait passer les mauvaises.

Je ne me félicite point de parler aujourd'hui sans contradicteurs. L'honorable opposition qui a cru devoir se retirer m'aurait éclairé de ses lumières ; elle aurait produit un plus grand bien, Messieurs ; sa présence aurait réuni des hommes faits pour s'estimer. Quoi qu'il en soit, appelé à cette tribune par un devoir constitutionnel, je viens essayer de le remplir.

Persuadé que la France doit son salut à la monarchie représentative ; convaincu que la Charte n'est que le développement naturel de l'esprit du temps, je me suis appliqué à connaître ce qui entrave ou favorise la marche de nos institutions. J'ai remarqué, relativement au ministère des affaires étrangères, qu'on s'était plaint, dans les dernières sessions, de ne voir figurer que des chiffres au budget de ce ministère. Pour être d'accord avec moi-même, et ne pas trouver bon comme ministre ce que j'ai trouvé mauvais comme membre de l'opposition, j'ai placé auprès de la colonne des chiffres du budget dont j'ai l'honneur de vous entretenir, des observations qui donnent une idée générale de l'emploi des fonds. Je vais, Messieurs, compléter ces renseignements en suivant l'ordre des chapitres.

Le ministère des affaires étrangères se divise en deux sections ou deux services, et en deux classes d'affaires ; en deux services, le service intérieur et le service extérieur : en deux classes d'affaires, les affaires politiques et les affaires commerciales ou consulaires. Quatre articles composent le premier chapitre du budget consacré au service intérieur ; 700,000 francs sont affectés à ce service. Le traitement du ministre, porté au premier ar-

[1] J'étais alors ministre des affaires étrangères.

ticle, est de 150,000 francs; avant la révolution il était de 300,000 francs, sans compter un traitement particulier et des frais considérables d'établissement. On a proposé hier aux ministres de diminuer leur traitement; j'avoue que je suis très-peu touché d'un traitement, et je fais bon marché du mien. Reste à savoir si le ministère qui est le plus particulièrement chargé de faire aux étrangers les honneurs d'une grande monarchie doit leur fermer sa porte. Le ministre y gagnerait du temps; la France y perdrait en considération : choisissez, Messieurs.

Le traitement du directeur des affaires politiques se trouve en second article : il était de 40,000 francs en 1820, et de 30,000 francs en 1822. Je l'ai réduit à 20,000 francs. Les 10,000 francs économisés ne paraissent point en diminution de la somme totale, parce qu'ils sont portés dans le service supplémentaire, sur lequel j'espère trouver le moyen de prélever les appointements d'un directeur des affaires commerciales.

Le système de crédit par spécialité est évidemment impraticable dans le ministère que le roi a daigné confier à mes soins; les chapitres doivent s'y balancer l'un par l'autre, et les fonds du service qui a de l'excédant par la chance des événements, sont appelés à couvrir le déficit du service épuisé par ces mêmes événements.

Les frais de bureaux portés en troisième article, et réduits à 380,000 fr., montaient, en 1815, à 433,000 francs : il y a eu réforme progressive.

Cette partie du service a été fort attaquée dans les sessions précédentes. Quoique le personnel du ministère des affaires étrangères ne soit rien, comparé au personnel des autres ministères, on a prétendu qu'il était encore trop nombreux. Permettez-moi, Messieurs, de vous soumettre sur cette matière quelques réflexions.

La multitude d'hommes qui tombent à la charge du public est un mal de toute grande société, de toute société vieillissante. En Grèce, le superflu de la population s'écoulait dans des colonies; à Rome, on faisait des distributions de blé, de comestibles aux indigents; on abolissait leurs dettes. Il y eut des empereurs qui, pour simplifier les choses, firent noyer tous ceux qui se plaignaient de mourir de faim. On employa en France, pendant la révolution, pour augmenter les recettes, le même moyen financier que les tyrans de Rome prenaient pour diminuer les dépenses.

La société chrétienne apporta, par la charité, un remède à ces maux : les grandes communautés nourrirent le peuple. L'Angleterre, conservant des fortunes patrimoniales, mais privée des ressources religieuses par la réforme de Henri VIII; l'Angleterre a été obligée d'établir sa désastreuse taxe des pauvres. Nous, à notre tour, en nous emparant des biens du clergé, et en dépouillant les grands propriétaires, nous nous sommes trouvés surchargés d'une population à laquelle il a fallu procurer des moyens d'existence : de là la nécessité de créer des emplois. A tout prendre, mettre à profit l'intelligence des hommes pour les secourir, est une manière utile et noble de pourvoir à leurs besoins. Ils reçoivent le bienfait sans en être humiliés ; leurs talents rendent à la patrie ce que l'État leur prête. Considérée de ce point de vue élevé, la question change seulement de face.

Les places, trop multipliées en apparence pour les affaires, ne paraissent plus que ce qu'elles sont en effet : un moyen de tenir l'équilibre entre le propriétaire et le non propriétaire, d'intéresser au repos et à la sûreté de l'État des hommes qui pourraient en devenir le fléau. En un mot, c'est une nouvelle solution du problème que toutes les vieilles sociétés ont cherché à résoudre par des largesses politiques ou religieuses, par des actes de tyrannie ou par des impôts.

Le quatrième article du premier chapitre complète le service intérieur. Il paraît impossible de porter au-dessous de 150,000 francs les gages des gens de service et les dépenses matérielles des bureaux.

Il faut le dire franchement, Messieurs, et n'avoir pas la faiblesse de se tromper soi-même par des calculs qui, tous les ans, restent au-dessous de la vérité, le budget des affaires étrangères, tel qu'il est calculé, ne suffit pas aux besoins du service. Depuis l'année 1815 jusqu'à l'année 1821, mes prédécesseurs ont toujours demandé des sommes supplémentaires. Si des ministres de caractères et de principes divers ont tous été obligés d'avoir recours à des crédits de 200,000 francs, de 400,000, de 800,000, de 1,100,000 et de 1,400,000 francs, il reste prouvé que le budget annuel est trop faible d'une somme moyenne de 8 à 900,000 francs, sans compter ce qu'il vous faudrait pour augmenter le traitement des agents politiques et consulaires.

Je ne me flatte pas d'être plus heureux que mes prédécesseurs, et il m'est aisé de prévoir que je serai comme eux obligé de demander un crédit supplémentaire. J'avais d'abord songé à élever tout de suite le budget des affaires étrangères à la somme qui me paraissait nécessaire pour le bien du service. Choisi par Sa Majesté dans la carrière diplomatique, j'ai du moins l'avantage de m'être assez longtemps occupé de matières soumises aujourd'hui à mon administration. Comme ambassadeur, j'ai pu juger par moi-même des avantages et des inconvénients du système commencé sous d'Ossat et Duperron, étendu par Richelieu, régularisé par Torcy, perfectionné par le duc de Choiseul, rendu plus méthodique encore sous MM. de Breteuil et de Vergennes, et repris par M. le prince de Talleyrand. Mais, me défiant avec juste raison de mon expérience comme ambassadeur, j'ai pensé qu'il fallait y joindre, pendant quelque temps, celle de ministre, avant de vous proposer des augmentations qui me semblent indispensables. Je m'expliquerai toujours franchement avec les Chambres, persuadé que l'esprit du gouvernement représentatif n'admet point les réticences, et qu'il y a tout à gagner à être sincère avec des Français.

Il n'existe point de bases sur lesquelles on puisse établir des calculs relativement aux traitements des missions diplomatiques. Avant la révolution, dans les années 1787 et 1788, nos ambassadeurs et nos ministres recevaient (excepté à Londres et à Rome) un traitement plus fort que celui qu'ils reçoivent aujourd'hui. Ils touchaient, en outre, sous le titre de *traitements particuliers, de gratifications, d'indemnités, de frais accessoires*, des sommes considérables. M. le duc de La Vauguyon reçut en 1787, à titre de secours extraordinaires, 30,000 francs; M. O'Dunne, 44,000 fr. : et pourtant, Messieurs, quoique à cette époque de grandes fortunes patrimoniales suppléassent à l'insuffisance des traitements, on sortait presque toujours accablé de dettes d'une ambassade. Aujourd'hui que la révolution a dévoré les propriétés, le traitement des ambassadeurs et des ministres doit suffire à tout. Calculez maintenant la dépréciation du signe monétaire et l'accroissement de dépenses produit par les changements dans la manière de vivre, et il vous sera évident que toutes les classes d'agents diplomatiques, depuis l'ambassadeur jusqu'au dernier secrétaire, sont rétribués fort au-dessous de ce qu'elles devraient l'être pour le bien du service et l'honneur du nom français.

Vous avez encore, Messieurs, une autre manière de juger la question, c'est de comparer les traitements des ambassadeurs et des ministres étrangers avec ceux de nos ministres et de nos ambassadeurs. Dix-sept agents politiques anglais reçoivent en traitement une somme de 2,707,500 francs, et le même nombre d'agents français ne touche que 1,365,000 francs, c'est-à-dire la moitié seulement. Les missions politiques des puissances continentales se règlent à peu près comme les nôtres; mais elles ont en frais de services, en indemnités, en argent pour prix de loyers, achats de meubles, des avantages que les nôtres n'ont pas.

La conclusion de ces rapprochements est que, si le taux des appointements des grandes missions françaises peut à la rigueur rester tel qu'il est, celui des missions de second ordre se trouve dans un état d'infériorité relative, qu'on ne peut faire disparaître que par une allocation de 200,000 fr. convenablement répartie. Il ne faut pas croire, Messieurs, qu'il ne s'agit ici que de donner plus ou moins d'aisance à un homme chargé d'une mission honorable. Dans l'ordre politique il faut calculer l'importance et l'influence des places. Dans la diplomatie anglaise, les petites missions sont mieux rétribuées que les grandes : on en sent facilement la raison. Si l'opinion est la reine du monde, elle fait asseoir sur son trône auprès d'elle ceux qui savent la dominer.

Ce que je viens de dire, Messieurs, sur la modicité des traitements de nos missions politiques, s'applique avec beaucoup plus de force à nos missions commerciales ou consulaires.

Les misérables traitements de nos consuls ou vice-consuls ne répondent ni à l'importance des missions, ni aux besoins de notre commerce, ni au mérite des personnes. Parmi les agents de l'administration publique, il n'y a point de classe plus distinguée et plus honorable que celle de nos consuls. Des hommes qui, pour être utiles à leur pays, se condamnent à une expatriation sans terme ; des hommes souvent exposés, dans des résidences lointaines, à des fléaux de toutes les espèces, à des commotions politiques, à des émeutes populaires qu'ils doivent braver pour défendre les sujets du roi confiés à leur garde ; de pareils hommes ont certainement des droits à la reconnaissance et à la munificence du gouvernement.

Dans ces derniers temps, Messieurs, le monde entier a retenti du dévouement de nos consuls. Plusieurs d'entre eux, victimes de leur générosité, n'ont conservé, au milieu de leurs habitations en flammes, que le pavillon blanc, autour duquel Turcs et chrétiens avaient trouvé un abri.

Ils auraient besoin d'indemnités, et je ne puis leur offrir que des secours bien insuffisants. Ainsi, M. Fauvel, à Athènes, pour avoir été obligé d'abandonner deux fois son domicile, obtiendra une gratification du quart de ses appointements, c'est-à-dire 2,000 francs ; M. Pouqueville, qui a tout perdu à Patras, aura 3,000 francs ; 3,000 francs seront donnés à M. Guys, qui a nourri des familles entières d'Européens et d'Arabes pendant deux mois du siége d'Alep ; MM. de Lesseps, Vasse, Meusner, Martrade, Arazi, recevront des rétributions proportionnelles. Quand je signe, Messieurs, ces chétives ordonnances pour des hommes dont j'ai connu les généreux sentiments, je rougis presque de leur envoyer, pour dédommagement de la perte de leur fortune, ce qui ne payerait pas les frais de l'hospitalité qu'ils m'ont donnée.

L'article 1er du chapitre II alloue aussi une somme de 200,000 francs pour les agents dont l'activité est temporairement suspendue ; cette somme est la même que dans les budgets précédents. Elle est fixée par l'article 20 de la loi de finances de 1818. Ce service a été établi, de tout temps, dans les affaires étrangères. Depuis 1772 jusqu'à 1788, le tableau des traitements temporaires offre des sommes mobiles dont le *minimum* descend à 345,000 francs, et le *maximum* s'élève à 969,000 francs. Il y a donc aujourd'hui allégement pour le trésor.

Parmi les traitements compris dans cette partie du service, il y en a quelques-uns contre lesquels on s'est élevé. On voudrait ne pas compter parmi les ministres du roi ceux qu'il a chargés, pendant son exil, de fonctions diplomatiques. Le fardeau n'est pourtant pas bien pesant pour nos finances. A l'époque de l'exil du roi, il n'y avait pas grand empressement à accepter du petit-fils de Henri IV des places d'ambassadeurs. Ceux qui ont sollicité l'honneur de représenter l'infortune et la majesté tombée, n'ont-ils pas rempli de hautes et nobles fonctions ? Le roi a rétabli, dans la jouissance de leurs droits, des hommes qui avaient suivi Buonaparte à Sainte-Hélène : souffrons donc que le monarque légitime récompense, dans quelques-uns de ses serviteurs, cette fidélité qu'il a honorée jusque dans les amis de l'usurpateur de sa couronne.

L'article 2 du chapitre II, portant 320,000 francs pour frais d'établissement et de voyage, est un des plus mobiles, et conséquemment des moins susceptibles d'une certaine justesse d'élévation. C'est donc d'après les résultats des exercices précédents qu'il convient de calculer la dépense pour l'avenir.

Les quatre dernières années donnent une moyenne proportionnelle de 393,000 francs ; on s'est peut-être trop mis à l'étroit pour l'avenir.

Quant aux frais d'établissement, ils sont fort au-dessous de l'absolue nécessité ; et il y a sur ce point réclamations de toutes parts. Votre rapporteur, Messieurs, vous a suggéré l'idée d'avoir des hôtels appartenant à la France dans les principales légations : ce serait d'abord une convenance, et à la longue une économie.

L'article 3 du chapitre II a souvent été attaqué ; on ne concevait pas comment un million pouvait passer en frais de service. Maintenant, Messieurs, si vous lisez la note placée dans le budget auprès de cet article, vous connaîtrez la nature, la diversité et la destination de la dépense. Elle est rangée sous neuf chefs principaux : des besoins matériels, des usages consacrés par le temps, des œuvres de bienfaisance et de religion en absorbent la majeure partie. La France, toute nouvelle au dedans, est tout antique au dehors ; on retrouve dans l'Orient les vieilles racines du royaume de saint Louis, qui se sont attachées à des mœurs pour ainsi dire impérissables comme notre gloire.

Au quatrième article du même chapitre II, on trouve une somme de 190,000 francs, employée en frais de courriers pour la correspondance ministérielle. La dépense moyenne des cinq dernières années a été de 221,000 francs. Il est fâcheux d'avoir été obligé de faire des retranchements sur cette partie.

Il ne reste plus, Messieurs, à parcourir que le chapitre III, intitulé : *Service supplémentaire*. L'article 1er attribue 300,000 francs aux missions extraordinaires.

Dans ces missions sont classées les commissions des limites, parce qu'elles ne peuvent être considérées comme des fonctions politiques proprement dites. Elles coûtent, depuis leur établissement, une somme annuelle de 140 à 150,000 francs.

En 1788, pour les seules limites de Montbéliard, de la Suisse, de la Lorraine et des Pyrénées, on dépensa une somme d'environ 80,000 francs.

Dans l'année actuelle, sont également placées sur ce service les commissions envoyées dans le continent méridional de l'Amérique, dont la dépense doit être au moins de 60,000 francs. Il a paru important au gouvernement de connaître l'état de ces contrées, au pavillon desquelles l'Angleterre a déjà ouvert ses ports; il ne resterait donc pour les éventualités, dans l'article *Missions extraordinaires*, qu'une somme de 100,000 francs au plus.

A en juger par les résultats des dernières années, la fixation de 300,000 francs sera notablement dépassée, puisque la dépense moyenne a été de 420,000 francs. Il faudra y ajouter les frais du congrès de Vérone; alors s'élèveront de nouveau tous les cris contre les congrès. On ne veut pas d'alliance avec les rois légitimes, mais on admettrait un congrès perpétuel avec les factions, qui établiraient à l'avenir la souveraineté du peuple par la révolte militaire, et qui feraient des citoyens avec des mamelouks.

Le second article du chapitre III concerne les présents diplomatiques. A quoi bon tous ces présents? dira-t-on. Je répondrai : A quoi bon les coutumes et les mœurs?

Cette nature de service échappe aussi à toute possibilité d'évaluation, puisqu'elle est toute circonstancielle.

Au reste, les occasions de dépenses sont déterminées par l'usage; les quotités de ces dépenses sont également fixées par des arrêtés et ordonnances.

Dans les années précédentes, la dépense moyenne s'est élevée à 267,000 francs.

Il ne reste plus, Messieurs, qu'à vous dire un mot sur le quatrième article du troisième chapitre, formant le dernier article du budget. Le titre même de cet article interdit tout développement; des fonds secrets ont été affectés de tout temps et dans tous les pays aux affaires étrangères ; tout ce que je puis vous dire, c'est que sur les fonds secrets de mon ministère quelques faibles allouances sont accordées à des hommes qui ont consacré leurs talents à des travaux politiques, ou à des malheureux qui se rattachent par des services au département des affaires étrangères. Des lois règlent les titres d'après lesquels on peut obtenir des pensions, des secours, des indemnités ; mais une foule de besoins échappent à ces catégories.

Beaucoup de services rendus à la monarchie légitime ont été mis hors la loi. Vous n'exigerez donc pas, Messieurs, que je viole le secret de l'infortune, que je vous présente la quittance du morceau de pain que l'on donne à un vieux serviteur oublié. Quand nous aurons fait autant de lois pour consoler la France que nous en avons fait depuis trente ans pour la désoler, alors on pourra proposer des économies sur les fonds secrets du budget des affaires étrangères, et renvoyer à des dépenses fixes ces douleurs variables et cet arriéré de misères que la révolution nous a laissés.

Tel est, Messieurs, le budget des affaires étrangères, budget où tout appartient en partie à des circonstances incertaines, et qui ne peut être qu'une sorte d'estimation ou de jugement hypothétique de l'avenir.

OPINION

SUR

L'ARTICLE 4 DU PROJET DE LOI RELATIF AU SACRILÉGE,

PRONONCÉE

A LA CHAMBRE DES PAIRS, LE 18 FÉVRIER 1825.

Messieurs, deux amendements considérables ont été discutés par la Chambre : l'un a été rejeté à la majorité de dix-neuf voix, et l'autre à la majorité, moins considérable encore, de neuf ; de sorte que dix voix ou cinq voix seulement passant à l'opinion opposée, comme cela peut arriver dans le cours d'une discussion lumineuse, auraient changé le sort de ces deux amendements.

Il résulte de cette expérience qu'une moitié presque entière de la Chambre aurait désiré le retranchement du titre 1er de la loi : ce sentiment peut très-bien se soutenir.

Il faut d'abord poser un fait incontestable, c'est que le sacrilége simple n'existe pas. La loi devait-elle le prévoir? Non, répond-on, pas plus que la loi athénienne ne prévoyait le parricide.

Le premier coupable échapperait sans doute; mais si le crime de sacrilége trouble l'ordre religieux, il ne met pas la société dans un péril soudain, dans un péril imminent. On aurait toujours le temps de prévenir par une loi le retour d'un pareil crime ; et cette loi, alors motivée par la naissance du crime ; cette loi, née elle-même pour le poursuivre et le punir, ne saurait être trop sévère.

On vous a dit, Messieurs, qu'il n'existait dans aucune législation de fiction légale, et c'est une erreur ; j'en citerai bientôt un exemple remarquable. Nulle part la loi n'a tout prévu et la loi ne doit pas tout prévoir ; car si le crime appelle la loi, la loi appelle le crime. Un monstre ne vient-il pas de dévorer presque sous vos yeux un enfant avec des circonstances épouvantables? Est-ce la faute du législateur? Pouvait-il lui tomber dans la pensée de faire une loi pour prévenir l'anthropophagie unie à la débauche?

Si le titre 1ᵉʳ avait été supprimé, que de difficultés on eût évitées!

On ne vous aurait pas dit, Messieurs, que le sacrilége simple est un crime ignoré dans nos mœurs, comme un mot inconnu dans nos lois; que si on l'admet en principe, on n'a pas le droit de le définir, de le borner, de déclarer que telle chose est sacrilége, quand la loi religieuse, sur laquelle on s'appuie nécessairement dans cette matière, a fixé toute la catégorie des sacriléges.

Le projet de loi a-t-il pensé à punir l'enlèvement de la pierre sacrée, la profanation de la pale et du corporal, les outrages au crucifix, les blasphèmes proférés hautement, publiquement dans une église, en présence des saints autels, au milieu de la célébration des saints mystères? Qu'est-ce donc que ce prétendu projet de loi contre le sacrilége?

On ne vous aurait pas dit encore que vous faisiez une loi d'exception, puisqu'elle prive de *fait* des citoyens d'un de leurs plus beaux droits, celui de faire partie d'un jury.

On ne vous aurait pas dit que vous vous mettiez en contradiction avec votre Code civil, votre Code criminel, et la Charte, votre loi politique; qu'enfin vous sortiez des mœurs du siècle pour remonter à des temps que nous ne connaissons plus.

D'une autre part, on n'aurait pu vous taxer d'impiété, car la plus haute piété est de croire le sacrilége simple impossible; et comme vous remplissiez, par la punition des vols sacriléges, la lacune existante dans votre Code, vous satisfaisiez à tous les besoins du moment, à tout ce que les hommes éclairés et les tribunaux vous demandaient.

Un ministre éloquent ne vous aurait pas dit que si la loi eût été faite pour la haute société, elle eût pu être fort différente; il se serait épargné la peine de chercher ces raisons que le talent trouve, mais que la raison repousse.

Vous, Messieurs, votre position eût été meilleure : vous eussiez simplement confirmé votre opinion de l'année dernière, et vous seriez restés conséquents à votre premier vote.

Quant à moi, j'aurais été aussi plus à mon aise. J'avais encore l'honneur de siéger dans le conseil du roi quand le projet de loi que l'on vous a présenté l'année dernière fut rédigé. Persuadé par les excellents motifs que mon ancien collègue, le garde des sceaux, donnait alors pour justifier son projet de loi, je suis resté dans les principes qu'il a si bien su m'inculquer; ma conviction est son propre ouvrage, et s'il s'y mêle par hasard quelques erreurs, j'aime à reconnaître que ces erreurs viennent des raisons particulières que j'aurai pu mêler à sa raison.

Quoi qu'il en soit, le titre entier d'une loi ne peut se supprimer qu'article par article. Les articles ont été successivement adoptés, et les adversaires du projet ont été repoussés jusque dans leur dernier retranchement, c'est-à-dire jusque dans leur dernier amendement.

J'espère, Messieurs, que la liaison de mes idées avec l'amendement du noble comte n'échappera pas à la Chambre. Si j'ai démontré que le titre 1er de la loi est défectueux, de là suit la nécessité d'un amendement qui efface ou qui du moins pallie les défauts de la conception primitive. Je continue donc mes raisonnements, que j'aurai d'ailleurs bientôt terminés.

Les opinions de la Chambre, comme je l'ai déjà rappelé, sont à peu près balancées; on peut le dire, puisqu'on n'a pas encore voté définitivement sur la loi. Les uns veulent la peine de mort pour le sacrilége simple; les autres ne la veulent pas. Le projet de loi est rédigé de telle sorte qu'il nous obligerait, tous tant que nous sommes, en l'acceptant, à voter ce que nous ne désirons pas.

Ceux qui veulent la peine de mort pour le sacrilége simple, ne l'obtiennent pas par le projet; ceux qui ne veulent pas la peine de mort, la trouvent pourtant exprimée par le même projet.

Je dis que ceux qui désirent la peine de mort pour le sacrilége simple ne l'obtiennent pas, et je le prouve.

Le projet a ménagé merveilleusement le droit et le fait; il dit : « Seront punis de la peine de mort, etc. » Voilà le *droit;* mais il a eu soin d'ajouter : « Si le crime a été commis en *haine* ou *mépris* de la religion, » et la commission ajoute « *publiquement.* » Voilà le *fait,* le fait en contradiction manifeste avec le droit. Car pensez-vous, Messieurs, que ces trois circonstances se rencontrent jamais? que jamais jury se déclare à charge contre l'accusé dans la question intentionnelle?

Qu'est-ce donc que ce titre 1er du projet de loi et l'article particulier que j'examine? C'est, dit-on, une profession de foi en faveur des dogmes fondamentaux de notre religion; c'est une déclaration qui fait entrer la religion dans la loi, et en vertu de laquelle la loi française cesse enfin d'être athée.

Que l'on rédige une profession de foi catholique, apostolique et romaine, et je suis prêt à la signer de mon sang; mais je ne sais pas ce que c'est qu'une profession de foi dans une loi, profession qui n'est exprimée que par la supposition d'un crime détestable, et l'institution d'un supplice.

Veut-on que ce titre 1er ne soit qu'un épouvantail placé dans le champ public? L'impiété s'en écartera sans doute, d'abord avec terreur; mais bientôt s'apercevant qu'il n'a aucun mouvement, qu'il est privé de tout principe de vie, qu'il ne peut jamais tenir ce qu'il promet, la mort, elle viendra l'insulter, et l'impunité étant de *fait* assurée au sacrilége, il sortira de votre loi même au lieu d'être réprimé par elle.

Les trois conditions de la haine, du mépris et de la publicité, font que la loi ne pourra jamais joindre le crime : elles ressemblent à ces clauses de nullité que l'on insère dans les contrats de mariage en Pologne, afin de laisser aux parties contractantes la faculté de divorcer. Ces conditions sont une protestation véritable contre la loi, que vous écrivez en tête de cette même loi.

Cela est-il digne de vous, Messieurs? digne de la gravité et de la sincérité du législateur?

La loi est utile, ou elle ne l'est pas.

Si elle est utile, qu'elle soit franche et qu'elle ne détruise pas le droit par le fait.

Si elle est inutile, ayons le courage d'en convenir, et repoussons-la.

N'ayons pas l'air de dire par les trois fameuses circonstances : La loi est dure, mais nous avons trouvé le moyen de la rendre inexécutable.

Nous ne pouvons, Messieurs, être à la fois d'opinion que l'on tue, et d'opinion qu'on ne tue pas.

On a voulu, pour sauver ces contradictions, déclarer le coupable insensé; et, en effet, il faudrait qu'il le fût pour commettre le sacrilége simple avec les trois circonstances. Dans quelques États d'Amérique le parricide est déclaré folie. Le criminel est condamné à la reclusion perpétuelle et à avoir la tête voilée le reste de sa vie. On tient que le visage d'un pareil monstre ne doit jamais reparaître aux regards des hommes, pas même à ceux de son geôlier. Ici, la fiction légale est sublime.

On vous a dit, Messieurs, que le coupable, conduit à l'échafaud, recevait les consolations d'un prêtre. Sans doute, ces hommes de Dieu sont prêts à offrir leur ministère à toutes les infortunes. Je l'ai dit moi-même autrefois, partout où vous rencontrerez une douleur, vous êtes sûr de rencontrer un prêtre chrétien. J'ai osé parler du religieux dans les prisons, du capucin même consolant les criminels prêts à paraître devant le souverain Juge; j'ai montré dans ces circonstances pénibles le pauvre moine mouillant de ses sueurs le *froc* qu'il a à jamais rendu sacré, en dépit des sarcasmes d'une dédaigneuse philosophie.

Mais, Messieurs, n'est-il pas un peu imprudent de nous rappeler, à propos du projet de loi, cette coutume céleste? N'arrêtez pas mes regards sur la dernière conséquence de la loi, ou vous me feriez frémir. La voici tout entière, cette dernière conséquence : L'homme sacrilége, conduit à l'échafaud, devrait y marcher seul et sans l'assistance d'un prêtre, car que lui dira ce prêtre? Il lui dira sans doute : Jésus-Christ vous pardonne; et que lui répondra le criminel? Mais la loi me condamne au nom de Jésus-Christ.

Messieurs, en demandant la parole, je me suis mis d'avance au-dessus des intentions charitables que l'on pourrait me prêter. Je crois avoir acquis le droit de me dire aussi bon chrétien que les plus zélés partisans du projet de loi. Et moi aussi j'ai défendu la religion chrétienne à une époque où elle trouvait peu de défenseurs. Si après vingt-quatre années l'apologie que j'en ai faite n'est pas encore tout à fait oubliée, je dois ce succès, non au mérite de l'ouvrage, mais au caractère même de l'apologie.

J'ai essayé de peindre aux yeux des peuples les bienfaits du christianisme; je leur ai rappelé les immenses services d'un clergé qui a civilisé notre patrie, défriché nos champs, conservé les lettres et les arts, et qui a trouvé le temps, au milieu de tous ces travaux, de soulager toutes les misères humaines; je leur ai montré ces dignes évêques français, étonnant par leurs vertus, dans leur exil, les peuples d'une communion différente; ces apôtres proscrits priant pour leurs persécuteurs, ayant l'horreur du sang, et trouvant que le premier devoir était la charité.

Oui, Messieurs, la religion que je me fais gloire d'avoir défendue, et pour laquelle je mourrais avec joie, est une religion qui convient à tous les lieux, simple avec les peuples barbares, éclairée avec les peuples civilisés, invariable dans sa morale et dans ses dogmes, mais toujours en paix avec les lois politiques des pays où elle se trouve, toujours appropriée au siècle, et dirigeant les mœurs sans les heurter.

La religion que j'ai présentée à la vénération des hommes est une religion de paix, qui aime mieux pardonner que de punir; une religion qui doit ses victoires à ses miséricordes, et qui n'a besoin d'échafaud que pour le triomphe de ses martyrs.

Le projet de loi, Messieurs, ne pouvait être amendé que de deux manières, ou comme le voulait M. le comte de la Bourdonnaye, ou comme le veut M. le comte Bastard. Si aucun changement n'est apporté à ce projet, il me sera impossible de voter une loi qui blesse mon humanité, sans mettre à l'abri ma religion.

OPINION

SUR LE PROJET DE LOI TENDANT

A INDEMNISER LES ANCIENS PROPRIÉTAIRES DE BIENS FONDS CONFISQUÉS ET VENDUS AU PROFIT DE L'ÉTAT,

EN VERTU DES LOIS RÉVOLUTIONNAIRES,

PRONONCÉE A LA CHAMBRE DES PAIRS, LE 11 AVRIL 1825.

Messieurs, je suis fâché de ne pouvoir partager entièrement les opinions des orateurs qui m'ont précédé à cette tribune : je ne puis, avec un noble comte (qui pourtant n'est pas entièrement satisfait du projet de loi), approuver d'autres détails qu'il approuve. Je ne puis, avec un noble duc, repousser le principe sur lequel repose le projet.

Dans la série des faits que je vais parcourir, je toucherai nécessairement à des questions déjà soulevées par les deux nobles pairs. Si mes raisons ne leur paraissent pas persuasives, du moins elles seront présentées avec candeur, et renfermées dans ces convenances parlementaires que vous m'auriez enseignées, Messieurs, si je n'en avais pas trouvé en moi le sentiment.

Il est impossible de s'occuper d'un projet de loi d'indemnité, sans chercher dans les rangs de vos seigneuries le noble pair à qui cette Chambre doit l'honneur d'avoir pris l'initiative, dans la proposition d'une mesure si importante à l'État. On éprouve un double regret, et par la cause de l'absence de notre illustre collègue, et par la privation des lumières qui résultera de cette absence. Qu'il me soit permis de redire ce que je disais il n'y a pas longtemps en parlant du duc de Tarente : « Notre collègue descend d'une famille d'exilés, fidèle à ses rois. Comme les émigrés, il n'apporta sur un sol étranger que son épée ; la France accepta cette épée pour prix d'une patrie : le marché a été bon des deux côtés. »

Mon opinion sur la nécessité d'une loi réparatrice du viol de la propriété est assez connue : depuis la restauration, je ne crois pas qu'il se soit passé une seule année sans que j'aie sollicité cette loi. J'ai vu avec un sentiment d'amour-propre, que j'ose avouer parce qu'il s'attache au principe d'une grande justice, que le gouvernement a donné pour motifs au projet soumis à votre examen, ceux mêmes que j'avais cru devoir établir. J'avais cherché à prouver que si l'homme qui perd une propriété mobilière est aussi à plaindre que celui qui perd une propriété immobilière, il n'en est pas moins vrai que la spoliation de la dernière propriété cause des maux bien plus durables que le rapt de la première : et voilà pourquoi la société doit s'occuper de guérir une plaie qui pénètre au fond de ses entrailles.

La propriété territoriale sert de fondement à la cité ; elle règle les droits politiques. Qui la pervertit ou la transporte, corrompt l'État ou altère la constitution.

Elle est la base de toutes les lois de finances ; elle supporte en dernier résultat toutes les charges publiques, auxquelles la propriété mobilière se soustrait en partie.

Elle domine le droit commun chez tous les peuples : l'ébranler, c'est ébranler l'édifice des lois.

Elle est une garantie et une hypothèque dans l'ordre des lois criminelles : Dieu a attaché un caractère d'innocence à l'espèce de propriété sur laquelle est fondé l'édifice des lois civiles et politiques : le champ ne se déprave pas avec son maître, ne conspire pas avec lui ; il ne fuit pas avec le criminel comme la propriété mobilière.

La terre qui nourrit l'homme pendant sa vie, le reçoit dans son sein après sa mort. Et quelle autre espèce de propriété s'unit aussi intimement à l'homme ?

La confiscation en masse des propriétés est tout simplement le droit de conquête : or, une nation ne peut pas exercer ce droit sur elle-même. Remarquez que l'expropriation par droit de conquête, chez un peuple étranger, produit même des révolutions, si cette expropriation se prolonge. Nous en avons un mémorable exemple sous les yeux : les Turcs, en renouvelant les confiscations dans les ruines de Sparte et d'Athènes, amèneront l'affranchissement d'un pays que les peuples civilisés ne pourraient voir périr d'un œil indifférent, sans être coupables d'une sorte de parricide. La liberté naît de la propriété : si jamais sol eut cette vertu, ce devait être celui de la Grèce.

Je n'ai pas besoin, Messieurs, d'insister plus longtemps sur ces preuves. Le rapporteur de votre commission a développé, avec autant de talent que de savoir, les principes de justice éternelle sur lesquels repose le projet de loi ; et un noble marquis qui prit le premier, sous la protection de sa généreuse éloquence, la cause de l'infortune, ne m'a presque rien laissé à dire.

L'indemnité est donc une loi de justice dont les raisons les plus graves exigeaient la promulgation. Toutefois vous n'aurez pas été surpris que la question ait été déplacée dès qu'elle a été livrée à l'examen du public, parce qu'elle soulève une multitude d'intérêts.

Deux attaques étaient faciles à prévoir ; il était probable qu'on aurait à soutenir l'émigration et la Charte : l'honneur de l'une comme la sûreté de l'autre me touche. J'ai combattu dans les rangs de la première ; je lui ai prêté l'appui de ma voix, quand elle n'a pas eu besoin d'autre secours : que si aujourd'hui elle est certaine de trouver des défenseurs plus habiles et plus favorisés de la fortune, elle ne peut m'empêcher de m'unir comme volontaire à ceux qui font valoir ses droits, pour accroître, autant qu'il est en moi, son triomphe.

Je me sens, Messieurs, d'autant plus libre que je n'ai rien à réclamer pour moi de l'indemnité, et que mes services, si j'en ai rendu à la cause royale, ont été de ces sueurs de soldat qui ne se comptent ni ne se payent. Mais je sollicite avec ardeur un vêtement pour mes braves compagnons d'armes, une chaussure pour ces vieux Bretons que j'ai vus marcher pieds nus autour de leurs monarques futurs, portant leur dernière paire de souliers au bout de leurs baïonnettes, afin qu'elle pût encore faire une campagne. Le premier des émigrés qui a péri à l'armée des princes, pour la cause royale, le chevalier de La Baronnais, a été tué à mes côtés, et je puis assurer que jamais balle n'a frappé meilleur Français. On fait des quêtes chaque année pour les chevaliers de Saint-Louis ; quelques centaines de Bélisaires sont à l'aumône. Ces cadets n'avaient pour tout bénéfice de noblesse que le privilége de se faire casser la tête pour le roi. S'il leur était jadis échu un sillon dans l'héritage paternel, refuserez-vous de les convier au banquet d'une livre de pain par jour, qui leur reviendrait peut-être dans la distribution des indemnités ?

Pourquoi d'ailleurs, dans l'émigration, ne veut-on voir que des nobles, si d'être noble est encore un crime ? Les paysans du Roussillon, du Languedoc, de l'Artois, de la Flandre et de l'Alsace, passés en Espagne, dans les Pays-Bas, ou de l'autre côté du Rhin, étaient-ils des nobles ? C'est si peu l'émigration seule qu'il s'agit d'indemniser, qu'une foule de Français qui n'ont jamais abandonné leurs foyers ont eu leurs biens confisqués, et que toute la Vendée, assimilée à l'émigration, a été frappée des lois spoliatrices. Le rapport de votre commission vous a montré les hôpitaux même spoliés pour avoir apparemment déserté la France, et les morts ressuscitant pour venir se mettre au rang des proscrits. C'est ainsi, Messieurs, que soixante-dix mille condamnés ont été portés sur la liste des émigrés. L'échafaud élevé en face des Tuileries était-il donc un sol étranger ? Ceux qui l'ont foulé quittaient en effet leur patrie ; mais le roi ne marchait-il pas à leur tête dans ce sanglant exil pour aller trouver avec eux ce second royaume, autre héritage de saint Louis ?

Afin de diminuer l'intérêt qu'inspire une mesure de justice, n'allons donc pas faire la guerre au malheur : les trois Condés avaient pour combattre au champ de Bersthein le même droit que les sénateurs romains à Pharsale ; ils soutenaient l'ancienne constitution de l'État ; et soit que Rome passât de la république à l'empire, soit que la France se précipitât de la monarchie dans la république, ceux qui obéissaient encore aux saintes lois de leurs pères ne pouvaient être criminels en les défendant. Repoussons cette maxime des tyrans, que quiconque est malheureux est coupable : mieux vaudrait pécher par l'excès contraire, et regarder l'adversité comme une espèce d'innocence.

Mais aussi les reproches adressés à une autre classe de Français n'offrent pas une meilleure base à la loi d'indemnités, que les outrages prodigués à l'émigration. Les biens confisqués, vendus, revendus, partagés entre une multitude d'héritiers, possédés par des générations étrangères à nos premiers désordres, ces biens fertilisés par les sueurs et l'industrie de ces nouvelles générations, ont perdu, sinon le souvenir, du moins le caractère de leur origine. Entrés dans la circulation en vertu des lois qui règlent l'ordre civil, ils ont été hypothéqués conventionnellement, légalement et judiciairement à des tiers; ils ont servi de base à toutes sortes de contrats : les actes de mariage, la dot des femmes, les droits des mineurs, les dispositions testamentaires d'une foule de citoyens, reposent sur ces propriétés. Les possesseurs de ces domaines sont partout, dans les corps politiques, judiciaires, administratifs, dans l'armée, dans le palais du roi. La loi politique s'est mise d'accord avec le droit commun; la Charte a confirmé la vente des biens nationaux : les deux Chambres ont juré la Charte; tous les Français, en acceptant des honneurs ou des places, ont prêté le même serment. Ces serments seraient-ils vains? N'adopterait-on nos institutions que comme une moquerie, en attendant que le moment de les détruire soit venu? Que ceux qui pourraient avoir une pareille pensée y prennent garde; s'ils ne s'arrêtaient dans la monarchie constitutionnelle, ce n'est pas cette monarchie qu'ils trouveraient après avoir traversé un despotisme d'un jour. Heureusement le roi est là pour briser avec son pouvoir légal le pouvoir arbitraire dont on essayerait d'affaiblir son sceptre.

Ne semons donc point la division parmi les citoyens; ne partageons point la France en deux classes d'hommes, les fidèles et les infidèles; ne faisons point d'un acte de justice un acte d'accusation. Disons, ce qui est la vérité, que pendant trente ans les Français ont été plus ou moins opprimés; que ceux qui ont été fidèles au roi l'ont été, par conséquent, à la France, et que, par la même raison, ceux qui ont été fidèles à la France l'ont été au roi. S'il y a eu gloire dans la France armée à l'intérieur, et malheur dans la France armée à l'extérieur, la gloire loin du roi était malheureuse; le malheur auprès du roi, glorieux. Voilà, Messieurs, comme nous nous rapprochons tous, comme nous ne faisons qu'une famille; et, en dernier résultat, il se trouve que nous avons tous travaillé (à l'exception de quelques monstres qui ne sont pas Français) pour l'honneur de notre patrie.

Ainsi, Messieurs, il ne peut être question, dans la cause qui se plaide devant vous, que de ce principe de la propriété sur lequel repose l'ordre social. Considérées de cette hauteur, les objections intermédiaires élevées contre le projet de loi disparaissent : il ne s'agit pas de savoir à quel titre, pour quelle cause, comment et pourquoi la propriété a été violée, confisquée, vendue ; mais il s'agit du fait même de la confiscation, comme vous l'a dit votre commission. L'indemnité est moins une mesure réparatrice du passé, consolatrice du présent, qu'une mesure faite pour préserver l'avenir; et c'est là la postérité de ceux mêmes qui attaquent le principe du projet de loi, que cette loi est destinée à défendre.

Par là se trouve écarté le système ingénieux qu'un noble duc vient d'exposer à cette tribune. Il regarde la confiscation non comme un fait déplorable, mais comme un irréparable malheur. En lui abandonnant le passé, qu'il me permette de considérer l'indemnité comme la sauvegarde des temps à naître.

La France s'imposera une généreuse amende, afin que les confiscations futures deviennent impossibles. Plus heureux que nous ne l'avons été, les enfants du noble duc seront à l'abri : ils pourront perpétuer, dans cette Chambre, ces talents, cette science, cette probité, même cette opposition utile et héréditaire qui distingue d'illustres et indépendantes familles patriciennes de la Grande-Bretagne.

Ici, Messieurs, finit ce que j'avais à dire en faveur du projet de loi : pourquoi faut-il que les conséquences de ce projet soient si différentes de celles qui devaient naturellement découler de son principe? Combien j'aurais aimé à soutenir dans toutes ses parties une loi qui devait attacher au règne de Charles X le souvenir du plus grand acte de justice qui ait jamais eu lieu chez les hommes ! C'est donc bien malgré moi que je suis obligé de faire succéder à des louanges méritées une critique d'autant plus justifiée, que le malheur d'avoir gâté, très-involontairement sans doute, une loi de salut, par les détails mêmes de cette loi, est peut-être irréparable.

On est arrêté, Messieurs, dès les premières lignes du projet de loi, comme vous l'a prouvé le premier orateur qui a parlé à cette tribune. L'article 1er, qui affecte le capital d'un milliard aux 30 millions de rentes de l'indemnité, tranche les questions les plus douteuses, et décide ce qu'on ne sait pas.

Il résulte de cet article 1er, que l'État ne payera pas à son créancier ce qu'il reconnaît lui devoir, ou qu'il lui donnera plus qu'il ne lui doit, selon que la somme allouée sera au-dessus ou au-dessous de la somme totale des liquidations.

L'amendement qui a dénoncé la somme positive d'un milliard, dont ne parlait pas le projet original, a produit cette position où le droit commun ne régissant plus la matière, on est forcé de se placer dans le droit politique. Mais le droit politique est la force ou la nécessité, et c'est aussi ce droit qu'on invoque contre le principe de l'indemnité. Un projet de loi, mélangé du droit politique et du droit civil, doit produire, par le conflit de ces deux droits opposés, des questions insolubles à la jurisprudence la plus éclairée.

Ainsi l'on a déjà fait beaucoup d'efforts pour mettre d'accord l'article 7 et l'article 23, qui tour à tour admettaient et repoussaient la loi commune. Votre commission a très-bien développé les raisons contradictoires, et proposé un amendement important.

Je ne comprenais pas bien, et c'est sans doute ma faute, le dernier paragraphe de l'article 9 : cet article donne la nomenclature des retenues que le ministère des finances sera autorisé à faire sur les liquidations, d'après l'examen des soultes, des dettes, des comptes, des compensations des engagements de l'exproprié ; et le dernier paragraphe de l'article déclare que, quel que soit le total de ces déductions, il ne pourra diminuer l'affectation de 30 millions de rentes fixés par l'article 1er.

Cet énoncé me semble ne signifier rien, ou signifier trop : il serait à désirer qu'on le dégageât des ombres de sa rédaction.

Puisque l'article 10 ne détermine plus la manière dont sera formée la commission de liquidation, il est permis de manifester le désir que cette commission se compose de pairs, de députés, et de magistrats inamovibles : attendons tous les biens de la sagesse et de l'équité du roi.

Je ne veux point faire remarquer le changement des doctrines professées : abandonnant cette petite guerre, je crois devoir procéder d'une manière plus méthodique.

Le silence absolu de votre commission, sur presque tous les points que je vais traiter, me laisse entre l'espérance et la crainte d'avoir pour ou contre mon sentiment une puissante autorité : votre commission a-t-elle trouvé le projet de loi si correct sous les rapports que je me propose d'examiner, qu'aucune objection raisonnable ne lui a paru possible? ou bien l'a-t-elle trouvé si défectueux, qu'elle a cru devoir se renfermer dans un pénible silence ? Je me sentirais plus ferme dans ma marche, si je pouvais me flatter d'avoir rencontré, plus ou moins, l'opinion prépondérante de votre commission.

Quand on examine de près le projet de loi, il s'évanouit. Quatre fictions principales lui servent de bases.

1° Fiction dans l'intégralité de l'indemnité ;

2° Fiction dans les moyens d'évaluation ou dans les deux catégories du second article de la loi ;

3° Fiction dans les fonds affectés au service de l'indemnité ;

4° Fiction dans la limite du temps prescrit pour la liquidation.

Première fiction : fiction dans l'intégralité de l'indemnité.

Le projet de loi amendé accorde un milliard ; il est juste de convenir que ce milliard est suffisant, et qu'il représente le prix de l'immeuble confisqué. On sait que le capital de la propriété foncière du royaume s'élève à peu près à 28 milliards : or la somme de 1,297 millions 660,670 francs (estimation des biens des émigrés en 1790, et déduction faite de la quotité différentielle entre la valeur des immeubles en 1825, et la valeur des mêmes immeubles en 1790) met les biens confisqués dans le rapport à peu près d'un à quatorze avec la masse de la propriété foncière.

D'une autre part, on n'ignore pas que les acquéreurs des domaines enlevés aux émigrés, aux condamnés et aux déportés, sont loin de posséder la quatorzième partie de la propriété foncière du royaume. Le milliard est donc réellement une indemnité intégrale, mais seulement pour le roi, qui le propose, les Chambres qui le votent, la nation qui le paye ; quant à l'exproprié, il ne le reçoit pas, et la réalité se change pour lui en fiction.

Et premièrement, des 3 pour 100 composant une somme de 30 millions de rentes, au capital d'un milliard, valeur nominale, ne sont point sur la place la valeur réelle de l'effet. Trois francs d'intérêt ont beau, par convention, représenter 100 francs de capital, l'acheteur à la Bourse prend son point de départ à 60 francs et peut-être au-dessous, selon la circonstance. On oppose à cette objection des bénéfices de hausse produite par l'effet de la caisse d'amortissement détournée de sa première destination : pour ne pas me répéter, pour ne pas confondre les différentes fictions du projet, je remets à parler ailleurs de cet agiotage, autre fiction où la ruine est bien plus assurée de trouver place que la fortune.

Mais je veux bien admettre, pour éviter toute contestation, que les 30 millions en 3 pour 100 puissent gagner quelque chose à la Bourse, et qu'ils fassent flotter leur capital de 6 à 700 millions; comme aussi on verra, par la multitude de causes que j'aurai bientôt l'occasion de déduire, que les 3 pour 100 peuvent tomber au-dessous de 60 francs, et que si jamais liquidations totales s'accomplissent, les indemnisés pourraient bien n'avoir reçu pour leur milliard qu'une somme beaucoup au-dessous de 600 millions.

Toutefois concédons largement 100 millions de bénéfices aux partisans du projet de loi : voilà donc d'abord le milliard réduit de fait à 600, 650 ou à 700 millions.

Ensuite ; quand et comment ces 600 ou 700 millions seront-ils distribués? Ils le seront à peu près par une seule volonté, dans l'espace de cinq ans, selon le projet de loi, et nous ferons voir ce qu'il faut entendre par ces cinq années.

Rabattez donc encore de ces 600 ou 700 millions les pertes inhérentes à un remboursement partiel et successif, à une liquidation livrée aux incertitudes du temps, des événements et des hommes.

Ajoutez les reprises plus ou moins fondées du gouvernement, représentant une partie des créanciers des émigrés, et les réclamations de cette autre partie des créanciers qui n'ont point voulu se faire liquider par la nation. Ceux-ci peuvent faire opposition à la délivrance de l'inscription de rentes pour le capital de leurs créances, tandis que l'exproprié n'est dédommagé intégralement, ni pour le capital de son expropriation, ni pour l'inscription totale de ses rentes, puisqu'on ne les inscrit que par cinquième.

Il est étonnant, Messieurs, que le chapitre des dettes n'ait pas fixé davantage l'attention des bons esprits qui se sont occupés de l'indemnité. Sans doute le milliard est censé alloué aux expropriés, toutes dettes payées, puisque la somme des biens vendus s'élève, par les nouvelles supputations, à 1,297,660,607 francs, c'est-à-dire à 1,300 millions à peu près, et que d'un autre côté on ne fait plus monter les dettes qu'à la somme de 300 millions.

Mais ce sont là des chiffres qui ne sont pas exprimés dans la loi, et tout ce que la loi n'exprime pas est comme non avenu dans la matière. Quelle que soit la signification qu'on veuille donner au paragraphe obscur de l'article 9 que j'ai cité, est-il probable que le gouvernement renonce à ses droits s'il y a des reprises à faire sur le milliard ? Vous allez voir que rien n'est plus incertain que tous les calculs approximatifs des dettes.

Ces dettes ont été évaluées de manières fort différentes. Des recherches faites sous le ministère de M. le duc de Richelieu en élevaient la somme à 500 millions, tandis qu'aujourd'hui on la réduit à 300 millions. D'un côté, d'après les tableaux remis à la Chambre élective, les dettes liquidées par le gouvernement seraient à peu près du quart de l'indemnité ; et d'un autre côté on a porté le compte des dettes à une valeur d'à peu près 900 millions, dont 400 auraient été payés par la nation ; les autres 500 millions seraient le droit acquis des créanciers non liquidés. Si telle était la vérité, les indemnisés ne profiteraient guère de l'indemnité : qui d'un milliard retranche 900 millions, reste 100 millions. Est-il possible que l'ancienne propriété de la France se trouvât grevée à ce point ? Ce fait extraordinaire expliquerait le peu de résistance que la révolution a rencontré dans l'invasion de la propriété.

Quel que soit le calcul qu'on admette, toujours est-il vrai qu'une somme considérable de dettes est reconnue avoir été payée par la nation ; que cette somme qui flotte, selon les diverses évaluations, entre 300 et 500 millions, sera nécessairement déduite de l'indemnité. Mais comment déduite ?

Que l'on fasse attention aux diverses espèces de déductions énoncées dans l'article 9, aux différentes manières dont on pourra juger la validité ou l'invalidité des pièces d'après lesquelles on opérera ou l'on n'opérera pas ces déductions, et l'on sera obligé de convenir que cette liquidation de dettes, laissant un champ immense aux approximations, attaque de plus en plus le positif de l'indemnité. J'aurai occasion de parler plus tard des faiblesses attachées à notre nature, des surprises que l'on peut faire aux meilleurs esprits, aux caractères les plus intègres; et, sans calomnier personne, il demeurera prouvé que tel indemnisé pourra voir ses dettes effacées du tableau des liquidations, tandis que tel autre trouvera les siennes rigoureusement maintenues.

Si quelques-unes de ces fatales méprises avaient lieu, comment parviendrait-on à en démontrer l'évidence? On sait que presque toutes les pièces de nos temps d'anarchie sont viciées par les plus grossiers défauts de formes, par l'oubli de toutes les conditions légales. Est-il certain que l'État, qui mettait tant d'injustice à prendre, ait été bien scrupuleux à payer les dettes hypothéquées sur ce qu'il avait pris? Dans les dilapidations des biens nationaux dont la Convention elle-même a été forcée de se plaindre, est-il certain que de faux créanciers ne se soient pas présentés comme porteurs de titres fabriqués de connivence avec des autorités infidèles? Dans ce chaos, la preuve de l'acquittement par la nation de la dette de l'exproprié ne pourra-t-elle pas souvent paraître suffisante pour les uns, insuffisante pour les autres?

Et de quelle nature sont ces preuves? Quels actes constatent le fait de la dette? Ces actes sont-ils les mêmes pour toutes les créances?

Les liquidations des dettes ont été faites par les administrations départementales, par le conseil général de liquidation et par l'administration des domaines; autant d'autorités diverses, autant de systèmes divers. Y a-t-il même des actes tels quels, ou n'a-t-on souvent pour toute preuve du payement de la dette qu'un simple énoncé portant que telle somme a été soldée à tel créancier pour le compte de tel émigré?

Il y a plus : le gouvernement dans ces questions n'est-il pas juge et partie? n'a-t-il pas à sa disposition, ne tient-il pas dans sa main tous les titres, toutes les preuves de son adversaire?

On n'a aucun moyen de contrôle et de vérification ; il eût été à désirer que votre commission se fût fait donner communication du travail des liquidations à différentes époques, travail qu'on voyait autrefois assez facilement, et qu'il est difficile de voir aujourd'hui. Il y avait utilité à se faire une idée juste de ces calculs, qui diffèrent dans les quotités d'une manière si considérable, du moins d'après tous les renseignements que j'ai pu me procurer; mais il paraît que des ordres auraient été expédiés, sans doute par d'excellentes raisons, pour que les receveurs des domaines ne communiquent plus les pièces aux parties intéressées. Jugez, Messieurs, si l'on en est déjà à cette réserve avant le vote même de la loi, ce qui adviendra quand cette loi sera votée. Dans une contestation sur les dettes d'un émigré, sera-t-il jamais loisible au réclamant de compulser les documents dont le gouvernement sera saisi? La position délicate dans laquelle se trouvera le gouvernement devrait effrayer tous les esprits, et montrer combien il eût été nécessaire de créer des commissions départementales, indépendantes, capables de régler avec impartialité toutes les affaires entre l'indemnisé qui réclame et le gouvernement qui indemnise.

Une autre cause vient augmenter l'arbitraire de l'article 9 : les questions litigieuses n'y sont point détaillées, écartées ou résolues d'avance par des principes de droit. Des pétitions, Messieurs, vous ont déjà fait voir combien de difficultés s'élèveront au sujet des dettes entre le gouvernement et les parties intervenantes, en vertu des dispositions d'une foule d'articles du Code civil.

Les émigrés eux-mêmes sont souvent créanciers les uns des autres, et leurs droits antérieurs, mêlés aux droits qu'ils acquièrent par le présent projet de loi, ne vont-ils pas compliquer les difficultés des dettes d'une manière inextricable? Il faut reconnaître que le projet de loi est peu élaboré en ce qui concerne la matière légale; s'il a été soumis à une assemblée de jurisconsultes, il est probable que cette assemblée n'aura pas eu le temps de perfectionner une ébauche où l'on ne peut s'empêcher de remarquer des indices de précipitation. Le savant rapporteur de votre commission, qui plus qu'un autre était compétent pour reprendre en sous-œuvre le projet de loi, aura sans doute reculé devant l'entreprise d'amender un travail qui, sous le seul rapport du droit civil, exigerait de nombreuses améliorations. Répondre, Messieurs, aux observations précédentes par des protestations d'honneur, de probité, de justice, c'est fort naturel; je crois à cet honneur, à cette probité, à cette justice ; mais nous sommes des législateurs : et qu'est-ce qu'une loi, si ce n'est une règle qui suppose, sans doute chez tous les hommes, les principes de l'équité, mais qui trace des dispositions sages pour prévenir les erreurs?

Lorsque dans l'autre Chambre on a demandé que l'exproprié pût débattre avec ses créanciers liquidés les créances qu'il regarderait comme invalides, on a dit que l'exproprié ne pourrait avoir affaire qu'avec le gouvernement substitué aux créanciers. Vous voyez, Messieurs, jusqu'où cela peut aller, et si mes observations sont inutiles. Les liquidations peuvent être longues; les autorités qui vous rassurent aujourd'hui et qui commenceront les liquidations ne seront pas celles qui les verront finir. Accorderez-vous d'avance une confiance sans bornes à des autorités que vous ne connaissez pas, comme on attend de vous une espérance sans terme, pour les prospérités éventuelles qui doivent servir d'hypothèques à l'indemnité? On dira que la loi laisse à l'exproprié l'appel aux tribunaux et au conseil d'État. Y aura-t-il beaucoup d'indemnisés qui se détermineront à plaider contre le gouvernement, armé de toute sa puissance, et à courir le risque, par la longueur de la plaidoirie, de voir ajourner indéfiniment la liquidation de leur indemnité? Il aurait été plus rassurant et plus sage d'introduire dans la loi même des règlements pour la répartition des dettes : mais elle ne s'en occupe pas; elle se contente de dire : *Le ministre des finances vérifiera s'il n'a pas été payé de soultes et de dettes.*

J'insiste sur cette omission, parce qu'elle est d'une extrême gravité, et qu'elle peut laisser dans la loi une source inépuisable d'arbitraire, de corruption, de captation et d'injustice.

Nous voilà donc, Messieurs, obligés de retrancher de l'indemnité intégrale, 300, 400, ou 500 millions de dettes, selon trois évaluations diverses, selon l'opinion des différents ministres qui peuvent se succéder pendant durée des liquidations, puisque, encore une fois, la loi ne dit pas, *il y a tant de millions de dettes*, comme elle dit : il y a un milliard pour l'indemnité.

Vient ensuite la retenue de l'énorme fonds commun, 69 millions à peu près, augmentés de toutes les sommes qui resteraient non employées après la liquidation, lesquels millions retenus, ne devant être distribués qu'à la fin de l'opération générale, et Dieu sait quand et par qui, anéantissent la prétendue intégralité.

« Nous aurions désiré, a dit votre commission, que le mode de répartition du fonds commun pût être dès ce moment déterminé par la loi ; mais nous nous sommes convaincus à regret que les éléments d'une pareille détermination manquaient absolument. »

Faut-il encore soustraire de la somme totale les sommes disparaissant par un double emploi? car, Messieurs, il y aura des biens qui seront payés deux fois par l'indemnité. Le bien d'un émigré a été vendu ; il a trouvé un acquéreur, lequel a monté sur l'échafaud, et le bien confisqué qu'il avait acheté a subi une seconde confiscation. Or, la loi indemnise et l'émigré et le condamné.

Enfin il y aura des sommes provenantes de prescriptions et de déchéances ; on les évalue même assez haut. La loi n'en parle pas, quoiqu'elle eût dû les mentionner : apparemment qu'elles iront dormir avec le fonds commun.

Défalquons donc de l'indemnité, 1° 3 ou 400 millions du capital des 30 millions de rentes, capital d'un milliard, valeur nominale ;

2° 69 millions pour le fonds commun ;

3° Un quart de la somme totale pour le prélèvement des dettes et le produit des déshérences ; sommes qui peuvent dépasser d'une centaine de millions les 300 millions figurant au delà du milliard pour représenter la valeur de tous les biens confisqués.

Total, dans le calcul le plus favorable : 469 millions à soustraire pour le moment de la somme affectée à l'indemnité. Reste donc 531 millions à partager entre les ayants-droit pendant cinq ans pour l'intégralité de ce milliard, un peu pompeusement annoncé.

Venons à la seconde fiction, la fiction des moyens d'évaluation de l'indemnité, ou des deux catégories.

Personne, Messieurs, n'a nié, ni pu nier les graves inconvénients des deux catégories. Je n'en veux d'autre preuve que l'établissement du fonds commun, introduit par amendement dans le projet de loi : il condamne de fait l'article 11 du projet ; le remède seulement pourrait bien être pire que le mal.

On sait qu'entre les catégories il y a des inégalités de répartition, depuis un, deux, trois et quatre de la valeur du fonds, jusqu'à vingt-cinq et même au-dessus. Et pourtant, quand on vient à analyser les éléments des deux bases d'évaluation, on trouve qu'elles sont presque aussi fausses l'une que l'autre. Votre commission a fait à peu près la même remarque.

Des efforts ont été tentés de tous côtés pour diminuer les inconvénients de ces catégories : on a proposé d'établir des commissions départementales, amendement excellent en principe ; on a voulu transporter dans la première catégorie les expropriés placés dans la seconde, lorsqu'ils auraient des titres à cette mutation, et cette proposition a été repoussée, parce qu'on a soutenu que si l'on pouvait arriver à connaître la base des ventes par l'estimation des valeurs de 1790, il n'y avait personne qui pût trouver le revenu de 1790. Que conclure de cette assertion ? Qu'on apporte une loi dont une partie doit être exécutée par l'évaluation du revenu de 1790, et qu'en même temps l'on déclare qu'il n'est pas possible de prouver le revenu de 1790 ; c'est-à-dire que l'on ne sait pas si le mode d'exécution proposé est exécutable ; et cependant, un autre genre d'erreur, car il est prouvé aujourd'hui qu'on peut connaître le revenu de 1790.

On ne veut pas faire, ajoute-t-on, passer l'indemnisé lésé de la seconde catégorie à la première, s'il a des titres suffisants, parce qu'on ignore quel nombre d'indemnisés se trouveraient dans ce cas, et de combien s'accroîtraient les sommes véritablement dues. Ainsi, l'on substitue la volonté du débiteur aux droits du créancier !

Les inégalités existantes de catégorie à catégorie, de département à département, d'individu à individu, selon le nombre, le temps, le lieu des confiscations, amèneront donc encore une liquidation fictive, puisqu'il y a tel intéressé qui ne recevra pour tout capital que deux, trois ou quatre années du revenu de son ancienne propriété.

Les sommes en réserve, dira-t-on, rétabliront l'équilibre ; elles donneront une seconde indemnité à la seconde sorte de confiscation résultante de la seconde catégorie du projet. Soit; mais en attendant qu'une nouvelle loi vienne quelque jour ordonner une nouvelle allocation, l'exproprié vivra sur la portion ébréchée d'une prétendue indemnité intégrale, dont la fiction doit se changer un jour en réalité par une autre espèce de fiction, celle d'un fonds commun distribuable par une loi à faire, à une époque inconnue; fonds qui peut totalement disparaître dans les chances d'un long avenir.

Venons à la troisième fiction, fiction dans les fonds affectés au service de l'indemnité.

On remarque d'abord que le projet de loi crée une dette d'un milliard, et qu'il n'assigne point d'hypothèque à ce milliard; qu'il suppose l'existence de 3 pour 100 qui n'existent point. Si la fiction est ici manifeste, on répondra que du moins elle sera courte, puisque derrière la loi d'indemnité arrive un projet de loi sur la conversion des rentes, et que, dans l'exposé des motifs de ce second projet, on trouve les voies et moyens du service de l'indemnité. Certes, la chose est étrange; mais passons sur cette énorme fiction, et prenons les choses comme on veut bien nous les présenter.

Les voies et moyens de l'indemnité sont d'abord les rachats de la caisse d'amortissement, et l'annulation des rentes rachetées; plus, les éventualités d'augmentation dans le revenu public; c'est-à-dire que sur les 6 millions de rentes d'indemnité, à émettre chaque année pendant cinq ans, 3 millions à peu près sont fournis par les rachats de la caisse d'amortissement, et 3 millions sur l'excédant, la plus-value des impôts.

Il résulte de ces allocations qu'il n'y a réellement que 15 millions de rentes d'assurés pour le service de 30 millions de rentes de l'indemnité, encore ces 15 millions courent-ils des risques, comme on va le voir.

Pressé par les raisonnements des adversaires, dans une discussion animée, on a été obligé de convenir que s'il arrivait quelque chose de grave en politique, on établirait dans le budget les moyens de fournir l'acquittement de la rente créée par la loi d'indemnité. La conclusion à tirer de cet aveu, c'est qu'une chance assez probable survenant, on suspendra le payement de l'indemnité, ou qu'on sera obligé d'augmenter l'impôt, malgré l'espoir dont on a flatté les contribuables. Il n'y aura sans doute de la faute de personne, mais il eût été mieux de ne pas donner pour solides des gages aussi précaires.

Et si la guerre éclatait, la caisse d'amortissement étant, par de nouveaux projets, affectée à une opération spéciale, il serait donc impossible de faire un emprunt? A cette objection on a répondu que l'on changerait les dispositions relatives à la caisse d'amortissement. Voilà donc, au moindre événement, le système de l'indemnité tombant à terre; nous serions donc en véritable état de banqueroute avec les expropriés.

Enfin, si la loi de la conversion des rentes était adoptée, et que par les jeux de la Bourse les 3 pour 100, 75, s'élevassent au taux moyen de 85, les rentes rachetées à ce taux ne produiraient plus 3 millions par an.

S'il ne faut pas compter d'une manière positive sur ce qu'il y a pourtant de plus substantiel pour l'acquittement de l'indemnité, sur les 3 millions annuels provenants des rachats de la caisse d'amortissement, voyons ce qu'on doit penser des 3 autres millions complémentaires de chaque cinquième de l'intérêt total.

D'après les calculs qu'on expose, il y aurait excédant de revenu de 4,264,000 francs pour l'année 1824, et un excédant de 8 millions dans la balance de 1824 à 1825.

Pour admission préalable de ces calculs, l'esprit est obligé de se plier à une nouvelle supposition; car le projet de loi, semblable à lui-même, est hypothétique dans toutes ses parties. Les excédants de recettes dont on nous parle, s'ils sont avérés, ne peuvent être considérés comme acquis que par les lois de règlements définitifs des contributions. Compter d'avance les excédants que présenteraient les budgets, ce serait disposer d'une chose encore éventuelle, et qu'il n'est en notre pouvoir ni de réaliser, ni de prendre.

La créance d'Espagne figure à l'actif du budget de 1825, et c'est sur cette créance qu'est calculée une partie des excédants de recettes.

N'oublions pas d'ailleurs que, s'il y avait des excédants de recettes capables de payer les intérêts de l'indemnité, les contribuables supporteraient une double dépense, puisqu'ils seraient, d'une part, obligés de fournir aux 30 millions de rentes que l'on n'aurait pas pris à la caisse d'amortissement, et de l'autre, aux 30 millions de rentes de l'indemnité.

Ainsi voilà les 6 millions du cinquième des rentes de l'indemnité ayant pour hypothèque annuelle, 1° 3 millions de rachats de la caisse d'amortissement, lesquels 3 millions peuvent être réduits par l'élévation du taux des 3 pour 100, 75, à 85, ou enlevés par le moindre événement politique; 2° 3 autres millions fondés sur des excédants de recettes éventuellement placés dans les budgets, dans lesquels on compte une créance étrangère dont on veut bien convertir le droit en fait, avec une confiance que je partage entièrement, mais pour un temps que les malheurs de la noble Espagne pourraient étendre au delà du terme des cinq années du projet de loi d'indemnité.

Pour soutenir le système adopté, on semble raisonner comme si les expropriés, ayant reçu leur indemnité dans le cours de cinq années, chacune de ces années amènerait l'extinction d'un cinquième du milliard : tel n'est pas le cas. Sur les 6 millions d'intérêts payés par an, 3 millions seulement d'éventualité ne sont pas le produit d'un fonds d'amortissement, mais une simple recette destinée à balancer une dépense.

Ainsi les prospérités éventuelles sur lesquelles repose la moitié de l'indemnité doivent augmenter d'année en année, en proportion de l'accroissement de la masse des 3 pour 100. Si 3 millions d'excédants de recettes suffisent la première année, il en faudrait six la seconde, puisqu'on suppose dans l'énoncé du projet de loi qu'un nouveau cinquième de rentes sera venu se joindre à l'émission du premier cinquième, et puisque la caisse d'amortissement n'aura pu absorber le capital de ce premier cinquième dans la première année. Il vous est aisé maintenant, Messieurs, de suivre cette progression dans le cours des cinq années attribuées à la liquidation. Et si cette liquidation dépasse le terme fixé, de quelle foi ne faut-il pas être pourvu pour trouver une base à l'indemnité, pour se créer un trésor des intérêts composés de futures prospérités et d'imperturbables espérances !

Sur quoi fonde-t-on l'espoir d'un accroissement dans le revenu public ? Sur l'augmentation des consommations et sur celle des droits d'enregistrement. Mais l'on sait que les mutations de fortune à l'intérieur n'étendent ni ne resserrent la consommation, quand ces mutations sont occasionnées par des mesures de finances. Si le milliard que vous donnez à l'exproprié est pris sur le contribuable, comme nécessairement il le sera, la consommation du dernier diminuera de ce que la consommation du premier aura augmenté : il y aura déplacement, il n'y aura pas accroissement dans le revenu de l'État.

Quant à l'excédant des recettes sur le produit des droits d'enregistrement, on suppose ici, ce qu'il était raisonnable de supposer, qu'une indemnité accordée aux expropriés élèverait le prix des ventes des biens confisqués, et doublerait la circulation de ces biens ; mais pour qu'il en eût été de la sorte, il aurait fallu présenter un projet de loi qui n'effrayât pas à la fois le contribuable, toujours menacé d'un impôt ; le rentier, compromis dans une opération qui devait lui être étrangère ; l'indemnisé qui, ne touchant pas ce que la loi se vante de lui donner, reste dans un état moral de réclamation ; enfin l'acquéreur, dont la personne et les biens, on sait trop pourquoi, sont dans une position moins favorable qu'avant la proposition de la loi.

Les biens appelés nationaux sont si loin d'avoir augmenté de valeur depuis la publication de la mesure qui devait en faire une source de richesses, qu'on trouve à peine à les vendre à bas prix, et que les biens du clergé attaqués de la contagion sont tombés de 10 pour 100. Que des personnes applaudissent à ces effets du projet de loi, cela peut-être ; mais du moins ce ne sont pas ceux sur lesquels on a prétendu motiver ce projet.

En supposant même une augmentation dans les droits d'enregistrement, par la hausse des valeurs des propriétés jadis confisquées, cette augmentation ne pourrait commencer d'une manière sensible qu'après l'achèvement de l'opération. Or, comme les 30 millions ne sont distribués que par cinquième, que les liquidations franchiront vraisemblablement le terme désigné, les biens nationaux n'entreraient en circulation que quand ils auraient acquis toute leur valeur morale par le payement complet de l'indemnité. Ainsi la plus-value de leur vente à l'enregistrement ne pourrait plus figurer au nombre de ces propriétés, qui doivent servir à l'acquittement de l'intérêt du milliard pendant les cinq années de l'opération.

Enfin, l'amendement qui diminue les droits d'enregistrement en faveur des transactions qui pourraient avoir lieu entre les expropriés et les acquéreurs vient puiser encore dans ce fonds d'hypothèques fictives. L'exproprié se trouve avoir mangé par anticipation le revenu qui devait servir de gage à son indemnité : c'est une lettre de change tirée d'avance sur une augmentation supposée.

On a dit que cette diminution des droits de l'enregistrement ne détruirait pas le bénéfice du fisc, puisqu'elle n'aurait lieu que pour des transactions, lesquelles n'arriveraient jamais si cette diminution de droits n'était pas accordée. Cette réponse est-elle solide?

D'abord, les quatre cinquièmes des indemnisés se composent de petits propriétaires, dont les réclamations réunies absorbent à peine un cinquième de l'indemnité. Pour ces petits propriétaires, aucun rachat n'est presque possible, soit qu'on diminue ou qu'on ne diminue pas les droits d'enregistrement. Mais le dernier cinquième des indemnisés se forme de grands propriétaires, qui emportent les quatre cinquièmes de l'indemnité. Ces grands propriétaires recevraient donc 24 millions de rentes pour leur part, si la loi n'était pas chimérique. Or, il est certain qu'ils ne seraient pas arrêtés par le droit d'enregistrement pour rentrer, s'ils en trouvaient l'occasion, dans les biens de leurs familles.

Enfin, si la diminution du droit d'enregistrement pouvait augmenter la mutation des biens nationaux, par cela seul elle en amoindrirait la valeur, car on sait que plus une denrée est abondante, plus elle baisse de prix sur le marché.

Mais l'exemption de la plus grande partie des droits augmentera-t-elle la mutation des biens nationaux? j'en doute. Cette exemption étant bornée à cinq années, et les liquidations ne s'opérant que péniblement et longuement dans cet espace, il est évident que les transactions ne sont guère favorisées par le privilège accordé; car l'acquéreur, sachant que l'émigré sera obligé de payer tous les droits de mutation après l'expiration des cinq années, tiendra naturellement le prix de sa terre très-haut, et gagnera peut-être sur l'ancien possesseur précisément la somme que le gouvernement aura perdue. Les hommes sont trop éveillés sur leurs intérêts, pour croire que la chose puisse se passer autrement.

Il arrivera donc, Messieurs, une de ces deux choses : ou les acquéreurs se refuseront à toute transaction, ce qui, dans l'irritation actuelle des esprits, est très-probable, et il n'y aura pas de vente des biens nationaux ; ou il y aura des transactions qui empêcheront ou diminueront les autres ventes de ces biens, et ces transactions ne seront point soumises aux droits d'enregistrement. Dans l'un et l'autre cas, il n'y a point de plus-value pour l'indemnité.

Votre commission a trouvé à l'amendement qui fait l'objet de mes remarques, des inconvénients d'une espèce différente ; elle l'aurait cru bon dans un autre système de loi, mais elle le croit dangereux uni au projet actuel. En conséquence, elle vous propose d'en neutraliser l'effet par un amendement qui deviendrait le dernier article de la loi. Si vous adoptez cet amendement, il ajoutera une nouvelle force aux raisonnements que je viens d'avoir l'honneur de vous soumettre.

Votre commission avait encore pensé à demander que les inscriptions inférieures à 500 francs de rentes fussent inscrites en totalité, mais elle a été obligée de renoncer à cet amendement charitable, parce qu'elle a reconnu qu'il *compromettait toute l'exécution du projet de loi, en contrariant les calculs financiers qui en font la base.* Et pourtant je viens de vous exposer, à l'instant même, que toutes les petites cotes de l'indemnité, formant entre elles les quatre cinquièmes des réclamations des indemnités, s'élevaient à peine à six millions ou au cinquième de l'indemnité totale. Presque tous les émigrés de province, c'est-à-dire tout ce qui a été soldat dans l'émigration, recevront 50 fr. par an pendant cinq ans, s'il y a lieu, mais seulement dans le cas où leurs indemnités individuelles ne s'élèveraient pas à la somme de 254 francs. C'est trop, s'il ne s'agit que d'honneur ; mais s'il s'agit de propriété, n'est-ce pas une loi bien débile que celle dont les hypothèques sont si peu solides, que l'on compromet son exécution quand on lui demande de liquider à la fois une rente de 500 francs ?

Ce n'est pas tout, Messieurs ; et comme s'ils ne suffisait pas que l'indemnité s'évanouît au milieu de probabilités improbables, il faut qu'elle soit amoindrie par son côté matériel ; il faut que la réalité vienne encore en augmenter la fiction. Auprès des 3 pour 100, valeur nominale, on place des 3 pour 100 à 75. On croit justifier cette conception en disant que donner des 3 pour 100 à 75 aux émigrés, serait accroître le montant de l'indemnité d'une somme de 18 millions ; mais si l'on accroissait la dette de l'État en donnant des 3 pour 100 à 75 aux émigrés, comment consent-on à l'accroître sur une somme double, en donnant des 3 pour 100 à 75 aux rentiers ?

On augmente, réplique-t-on, le capital des rentiers, parce qu'ils consentent à faire le sacrifice d'une partie de leurs intérêts. Eh quoi ! on trouve que les indemnisés, déjà lésés par les dispositions de la loi, qui perdent, de plus, la jouissance du domicile et les fruits de la terre depuis vingt et trente années ; on trouve que les indemnisés ne font pas un aussi grand abandon d'intérêts que celui qu'on espère obtenir des rentiers? Aucun doute que les 3 pour 100 à 75, placés auprès des 3 pour 100 valeur nominale, ne déprécient ces derniers.

Et c'est ici, Messieurs, qu'il faut signaler la dernière cause qui achève de rendre chimériques les fonds affectés au service de l'indemnité.

Ces fonds (on l'a proclamé) doivent se tirer d'une troisième espèce de revenu public, de ce jeu où sont appelés les indemnisés, et c'est là qu'ils doivent conquérir les 400 millions destinés à compléter leur milliard. Eh bien! s'il faut puiser à cette funeste source, montrons qu'elle est tarie par le projet sur les rentes qui suit celui de l'indemnité, comme pour le flétrir et le perdre. Les 3 pour 100 de l'indemnité, en concurrence avec les 5 convertis en 3 à 75, sont mort-nés : la loi de la conversion des rentes tue la loi de l'indemnité. Tantôt on a pris soin de rassurer le public par les déclarations les plus formelles, sur la liaison qu'on pourrait, mal à propos, croire exister entre la loi de la conversion des rentes et la loi de l'indemnité ; tantôt on a laissé comme entrevoir cette liaison. Il est vrai qu'il n'y a entre les deux projets qu'une triste connexité, celle des infortunes que le projet d'indemnité rappelle, et celle des malheurs que le projet sur les rentes prépare.

L'article 5 du projet ordonne que les rentes 3 pour 100 seront délivrées à chacun des propriétaires par cinquièmes, et d'année en année, le premier cinquième devant être inscrit le 22 juin 1825.

Il reste, Messieurs, un peu plus de deux mois à compter du jour où j'ai l'honneur de parler devant vous jusqu'au 22 juin de cette année : dans ce court espace de temps, pensez-vous que la liquidation puisse se trouver avancée de manière à permettre l'inscription du premier cinquième des rentes de l'indemnité?

Pour être justement départi, ce premier cinquième devrait l'être sur la totalité des indemnisés, c'est-à-dire qu'il faudrait qu'au 22 juin toutes les liquidations fussent connues et réglées. Or, comme cette supposition serait absurde, il faut en venir à cette autre supposition que si un cinquième des 30 millions pouvait être inscrit et livré à des parties prenantes, le 22 juin prochain, ces parties prenantes, qui absorberaient un cinquième de l'indemnité *totale,* recevraient plus que le cinquième de leur indemnité *particulière.* Plus il y aurait de parties prenantes inconnues ou non aptes à la liquidation, plus les parties prenantes inscrites verraient s'augmenter la part qu'elles recueilleraient du cinquième du total de l'indemnité. Les plus criantes inégalités s'établiraient entre les ayants-droit, puisque les uns recevraient d'abord plus que leur cinquième, peut-être même la totalité de leur créance, tandis que les autres, qui n'auraient pu faire valoir leurs titres, n'auraient rien pendant des années.

Par ces suppositions qu'on ne saurait admettre, puisqu'il faudrait admettre en même temps un ordre de choses contraire au texte de la loi, nous sommes ramenés à cette vérité, savoir : qu'au 22 juin prochain, il est presque impossible qu'aucune liquidation ait eu lieu, et qu'il est encore plus impossible qu'à cette époque les liquidations soient d'un cinquième de la somme totale.

De là, Messieurs, une autre vérité : c'est que les 3 pour 100 de l'indemnité ne peuvent arriver sur la place dans les premiers moments de l'exécution de la loi de la conversion des rentes. Par une autre conséquence rigoureuse de cet autre fait, les 3 pour 100 à 75 recevront seuls le premier effet de l'impulsion de la force de l'amortissement, de sorte qu'il n'y a rien de plus chimérique encore que tout ce que l'on a dit de cette force pour faire monter les 3 pour 100 de l'indemnité, pour changer en réalité la fiction du milliard.

La loi ne règle point l'ordre des liquidations : d'après le bon plaisir de l'arbitraire, ou d'après le caprice du sort qui décidera cet ordre, l'indemnisé peut être appelé pour chaque cinquième à la fin ou au commencement de l'année ; il peut même arriver qu'il soit tout à fait oublié, soit qu'il n'ait pas réclamé en temps utile, soit que son nom ait été perdu dans ce mont-de-piété, dans ce greffe immense du comité central, dans ce notariat universel du ministère des finances, où les ayants-droit déposeront leurs dépouilles et leurs titres.

Et pourtant l'époque de la liquidation n'est pas peu importante pour chaque indemnisé, car, selon cette époque, toutes les quantités données changent pour lui ; il pourrait se présenter sur le champ de bataille lorsqu'il n'y aurait plus personne.

Mais supposons un heureux exproprié, supposons qu'il ait obtenu sa liquidation par l'entremise des intrigants et des prétendus gens d'affaires qui auront dévoré d'avance une partie de ce qu'il doit recevoir, le voilà parvenu au grand bonheur de venir risquer à cette nouvelle roulette le prix de son patrimoine ; le voilà assis à l'immense tapis vert en face de vieux joueurs et de gros capitalistes. Mais, quoi qu'il fasse, il ne peut débuter dans la carrière de la perdition avant le 22 juin de cette année. Or, beaucoup de rentes à 5 pour 100 auront été converties auparavant en 3-75.

Le premier délai accordé pour effectuer cette conversion expirait le jour même où doit commencer la délivrance du premier dividende de l'idemnité. Par un changement que la longueur de la discussion a forcé de faire, ce délai est maintenant de trois mois, à dater du jour de la promulgation de la loi. Il est probable, Messieurs, si vous ne rejetez pas cette loi, qu'elle pourra être publiée dans les premiers jours du mois prochain, et la conversion des 5 pour 100 en 3-75 aurait encore six semaines d'avance sur l'apparition des premiers 3 pour 100 de l'indemnité à la Bourse, en admettant, ce qui semble tout à fait improbable, que quelques liquidations fussent opérées pour le 22 du mois prochain.

Vous connaissez, Messieurs, l'état de la place. Les millions extraits des caisses publiques par négociations ou sur dépôts de rentes, les millions déposés en lingots d'or à la Banque de France, laissent-ils de lutte possible au chétif indemnisé contre une puissance qui dispose de pareils moyens? Je vous demande si le bénéfice de la première et grande hausse des rentes par l'application de la caisse d'amortissement à une seule espèce de fonds, n'aura pas été effectué dans l'espace de quelques mois; si une maison favorisée ne pourra pas, par un double jeu, faire monter à 84 et au delà les 5 pour 100 qu'elle aura convertis en 3 pour 100, 75, tandis qu'elle maintiendra les 5 pour 100 des rentiers, qui n'auront pas voulu consentir à la conversion, quelques centimes au-dessus du pair? Qu'il y ait un encombrement de rentes entre des mains étrangères, on en convient; que cet encombrement soit de telle ou telle somme, qu'il soit le résultat, ou du dernier emprunt, ou d'une opération de finances manquée; que cet encombrement mérite plus ou moins l'intérêt du gouvernement; qu'il n'ait rien de condamnable dans sa cause, ou qu'il soit l'effet d'une cupidité trop excitée, c'est ce qu'il ne m'appartient pas d'examiner : mais enfin l'encombrement est un fait.

La somme encombrée entre les mains étrangères, étant convertie, se trouvera seule en face d'une caisse d'amortissement de 77 millions : toute la perte sera pour cette caisse, seul acheteur considérable et permanent. Bientôt le vendeur, débarrassé du poids qui l'accable aujourd'hui, se retirera du jeu avec un gain énorme; la rente fléchira; il ne restera qu'une dépréciation inévitable pour les 3 pour 100 de l'indemnité, qui viendront, après l'heureux coup de main, se traîner tristement à la Bourse. Alors les spéculateurs reparaîtront pour doubler à la baisse la fortune qu'ils auront faite à la hausse.

Et je dis tout ceci, Messieurs, pour le premier cinquième, et je suppose que le premier cinquième sera liquidé la première année; jugez du sort des 3 pour 100 de l'indemnité qui se présenteront à la négociation dans un an, deux ans, trois ans, quatre ans, cinq ans et plus! et qu'on soutienne encore que les indemnisés trouveront leur milliard à la Bourse!

Déplorons, Messieurs, les variations de la raison humaine! Quand on reproche à la loi des rentes d'accroître le capital de la dette, on répond que ce capital n'est que *fictif*; quand on reproche à la loi d'indemnité de ne donner que 600 millions pour un milliard, on répond qu'il y aura, au moyen du jeu, un accroissement *réel* de capital de 400 millions : ainsi c'est la condition du créancier qui rend l'accroissement du capital fictif ou réel. Ajoutez que pour retrouver les 400 millions manquant au milliard, il faut que les 3 pour 100 de l'indemnité montent jusqu'à leur pair idéal, qu'ils s'élèvent subitement et sans mouvement rétrograde de 60 à 100 francs, ce qui supposerait une espèce de prodige ; car s'ils restent au-dessous de 100 francs, le milliard restera dans la même proportion au-dessous de sa valeur nominale.

J'arrive à la quatrième et dernière fiction, la fiction dans la limite du temps prescrit pour la liquidation.

La liquidation, d'après le projet de loi, doit être terminée dans l'espace de cinq années : la liquidation de l'arriéré, bien moins compliquée que celle de l'indemnité, a duré dix ans. Quel que soit le nombre des parties prenantes, on convient que les quatre cent cinquante mille réclamations à peu près doivent passer sous les yeux de la commission de liquidation. Un calcul ingénieux a prouvé qu'il faudrait trente ans pour répartir toutes les indemnités, en supposant que la commission expédiât soixante affaires par jour. Et lorsque, pour repousser l'amendement sur les commissions départementales, on a dit que ces commissions mettraient cinq ans à compléter leur travail, on a répondu que si ce travail, distribué en quatre-vingt-trois commissions, devait durer cinq années, concentrée dans une commission unique, la même opération remplirait une période de plus de quatre cents ans.

Sans nous arrêter à cette ironie des chiffres, en réduisant toutes les liquidations à cent mille (et il y a environ quatre-vingt-dix mille familles appelées à l'indemnité), en admettant que la commission siégeât huit heures par jour, et donnât vingt minutes à chaque affaire, il faudrait encore dix ans pour les terminer. Mais ce calcul est bien au-dessous de la vérité, comme on s'en convaincra en suivant la marche de la liquidation à travers les articles 8, 9, 10, 11, 12 et 13 du projet de loi.

C'est un préfet qui commence l'opération ; il n'y aura sans doute ni méprise, ni ignorance, ni passion, ni amitié, ni inimitié dans ce qu'il dira ; et pourtant une seule erreur suspendra la liquidation pendant des mois et des années.

Une correspondance forcée s'engagera entre ce préfet, le prétendant à l'indemnité, le tiers réclamant et le gouvernement ; une seule affaire pourra entraîner des demandes, des réponses et des répliques interminables. Le préfet sera obligé de s'adresser au directeur des domaines du département ou de se transporter sur les lieux, afin de s'assurer de la justice des réclamations : le pourra-t-il toujours ? n'aura-t-il que cela à faire ? les autres soins que réclame l'administration de son département ne suffisent-ils pas pour absorber tous ses moments ?

L'affaire tombe ensuite entre les mains du ministre des finances qui vérifie l'état des soultes, des dettes, etc. On sait trop comment tout se passe dans les bureaux. Qui de nous ne connaît les obstacles que produit la moindre contention avec le gouvernement ? que de chicanes ne peut-on pas faire ? Tantôt c'est une pièce qui manque ; tantôt ce sont les droits d'un tiers qu'il faut examiner ; tantôt ce sont des noms, des prénoms ou mal signés ou intervertis. Les orateurs du gouvernement ont eux-mêmes remarqué que de nombreuses contestations surviendront. « Deux personnes, ont-ils dit, peuvent se présenter simultanément, se disputer l'exercice du même droit ; les petits propriétaires ne seront pas plus que les autres à l'abri du litige, et, dans ce cas, comment à leur égard procéder à une liquidation immédiate ? »

Et qui garantira les ayants-droit (surtout l'ordre des liquidations étant arbitraire) des tours de faveurs, des retards, des oublis, des intérêts de parti, de la corruption qui se glisse partout ?

Il ne faut pas se le dissimuler, Messieurs, les liquidations sont des affaires épineuses : il ne nous est pas permis de l'oublier et comme législateurs et comme hommes. Sous le rapport politique, un ministère a des systèmes, des préférences ; il est tout simple qu'il incline vers ses créatures ou ses amis. Ses bureaux ont nécessairement le même penchant : ainsi, sous le ministère actuel, tels réclamants pourront être liquidés avant tels autres, et sous un ministère d'une opinion différente, la chance pourrait être en sens opposé : c'est ainsi qu'est faite la nature humaine. Quand on songe qu'un seul homme, quel qu'il soit, peut tenir dans sa dépendance tous les intérêts des familles ; que, de plus, tous les revenus de l'État et 140 millions de bons royaux passent par ses mains, il y a de quoi trembler.

Après le ministre des finances, la commission qui survient examine de nouveau les qualités et droits des réclamants ; en cas de contestation elle renvoie les parties devant les juges : toute la France peut être traduite à la barre des tribunaux.

Sur l'appel des ayants-droit, nouveau et dernier procès à un conseil d'État, dont les membres sont amovibles.

Ainsi l'indemnité peut être arrêtée par le préfet, par le directeur des domaines de chaque département, par le ministre des finances, par la commission de liquidation, par les tribunaux et par le conseil d'État. Et il y a quatre cent cinquante mille affaires à traiter, et ces quatre cent cinquante mille affaires de l'ancienne propriété foncière seront ajoutées aux affaires centralisées sous lesquelles les ministres succombent ; et le projet de loi prétend qu'une telle liquidation sera terminée dans l'espace de cinq ans ! Votre commission, tout en approuvant la hiérarchie des pouvoirs qui doivent présider à la liquidation, ajoute : « Il a cependant été impossible à votre commission de ne pas redouter pour les malheureux propriétaires dépossédés des lenteurs inséparables de tant d'opérations successives. »

Si l'on croyait ôter à mes observations précédentes une partie de leur force, en disant qu'il est possible que la liquidation se prolonge au delà de cinq années, mais qu'une durée dont on ne peut pas fixer rigoureusement le terme ne change rien au fond de la loi, je répondrais à mon tour que l'étalage des longueurs qu'entraînera la liquidation serait puéril, si ces longueurs n'avaient des conséquences funestes : elles changent, en effet, toutes les conditions de la loi.

Il est évident que les diverses fictions, que les inconvénients sans nombre attachés au projet de loi, doubleront, tripleront en proportion de l'accumulation des années employées à la liquidation : que deviendra, en cas d'un prolongement de période, la partie du milliard qui n'aura pas été distribuée dans l'espace de temps fixé par la loi, faute d'apuration de comptes? Que fera-t-on de l'excédant des 3 millions rachetés annuellement par la caisse d'amortissement, si ces 3 millions ne trouvent pas de service ? Gardera-t-on ces excédants d'année en année pour une liquidation future, ou bien en changera-t-on la destination? Alors la liquidation présumée perdra donc ce qu'il y a de plus sûr dans son hypothèque.

Même question pour les 3 millions de prospérités éventuelles assignés à l'indemnité. Il faudra que ces prospérités éventuelles, qu'un projet rempli d'imagination se plaît déjà à supposer pendant cinq années, veuillent bien encore dépasser ce terme, pour aller attendre à point nommé dans l'avenir l'émission incertaine de quelques rentes nouvelles. Une dette tantôt liquidée par petites sommes, tantôt entièrement suspendue, menacera sans fin les contribuables. Dans ce laps de temps, le fonds commun grossira : qu'en fera-t-on en attendant son emploi pendant huit, dix et quinze années ? Comment ce fonds sera-t-il distrait de la somme totale? prélèvera-t-on une somme proportionnelle sur chaque partie prenante? Mais comment saura-t-on si le prélèvement individuel est équitable, tant que l'ensemble des liquidations restera inconnu?

Les 3 pour 100 de l'indemnité perdront toute leur valeur en se disséminant dans une longue série d'années, tandis que d'un autre côté ces 3 pour 100, toujours prêts à naître, tiendront perpétuellement la Bourse en échec. L'acquittement de l'indemnité deviendra irrégulier comme la liquidation : tantôt cette liquidation ira vite, tantôt elle marchera lentement; on ne saura jamais quelle quantité de rentes nouvelles envahira subitement la place, et ce sera bien pis encore si cette émission ignorée du public est connue, comme elle ne peut manquer de l'être, des subalternes employés à la liquidation.

Étranges contradictions ! La liquidation peut embrasser un demi-quart de siècle, et l'on n'accorde aux expropriés pour réclamer qu'un temps visiblement trop court ! Que deviendront les sommes vacantes par cette rigoureuse prescription, ainsi que celles qui se trouveront libres? Resteront-elles au gouvernement? Seront-elles partagées entre les intéressés? La loi devrait le dire, et ne le dit pas.

Répondra-t-on que ces diverses sommes ne seront que fictives, qu'on ne pourrait leur donner d'existence que par une émission de rentes, et que cette émission n'aura pas lieu tant qu'elle ne trouvera pas d'emploi? Alors il faut donc retrancher, comme nous l'avons dit à propos de la première fiction, il faut donc retrancher du milliard de l'indemnité et les 69 millions du fonds de réserve, et les sommes provenantes des déshérences et des prescriptions, et la quotité vague des dettes : on se perd dans ces abîmes.

Voilà, Messieurs, comme la liquidation, en agrandissant le cercle que la loi a tracé autour d'elle, achèvera de faire évanouir les derniers prestiges de cette loi ; et, couronnant tant de suppositions par une supposition plus étonnante encore, il faut admettre, pour que cette liquidation puisse s'accomplir, que tout reste immobile autour de nous ; il faut que le monde s'arrête, comme autrefois le soleil à la voix de Josué. Et qui fera le miracle? Dix, quinze années, quelle portion de la vie ! La France sera-t-elle dans la position où elle se trouve aujourd'hui? Rien ne sera-t-il arrivé en Europe? Au milieu de nouveaux événements, des générations nouvelles auront d'autres plaies à guérir que les plaies que nous aurons faites, ou que nous n'aurons pas fermées. Les ministres actuels auront disparu ; il ne restera d'eux que leur mémoire : ils la fonderont sans doute sur des bases plus solides que celles qu'ils ont données à l'indemnité.

Je suis las, Messieurs, et vous l'êtes sans doute encore plus que moi. Je ne puis entrevoir, à la clarté de cette lampe merveilleuse suspendue dans une loi de ténèbres, que trois réalités effrayantes : un nouveau milliard de dettes pour l'État, sans atteindre le but qu'on s'est proposé ; la création de 3 pour 100 pour former le piédestal d'une loi de conversion de rentes, et la dictature de toutes les fortunes mobilières et immobilières de la France.

Si j'avais quelque chose à proposer à la Chambre, ce serait de réduire tout le projet de loi en un seul article, qui poserait le principe de l'indemnité et fixerait la somme nécessaire à l'acquittement de cette indemnité, déclarant que l'exécution de cette loi aurait lieu d'après le mode qui serait réglé par une loi. On aurait ainsi le temps, jusqu'à la session prochaine, de préparer pour les Chambres un travail aussi bon qu'il est possible de le faire. La précipitation en matière légale est funeste ; témoin les milliers de lois accumulées depuis trente ans ; lois qui, s'accusant et se rappelant les unes les autres, sont plutôt un recueil d'arrêts rendus contre les lois, qu'un code de lois.

Tel qu'il est, Messieurs, le projet soumis à votre examen a besoin d'être fortement modifié. Votre commission a proposé des amendements utiles, sans doute, mais qui ne vont point à la racine du mal. La circonspection que le noble rapporteur de votre commission recommande, laisse assez deviner qu'il a lui-même aperçu les défauts du projet, mais qu'il s'est effrayé, ainsi que ses nobles collègues, de tout ce qui aurait été à retoucher dans l'ouvrage ; travail qui n'est pas toutefois au-dessus du dévouement et des forces de la Chambre.

Deux choses capitales sont à faire : corriger l'arbitraire menaçant de la loi, et donner surtout un fonds réel à l'indemnité. Il ne faut pas qu'au moindre accident des ministres embarrassés, qui ne verront plus les choses comme ils les voient aujourd'hui, ou d'autres ministres qui seront dans d'autres idées, viennent dire aux indemnisés : « Nous en sommes bien fâchés, mais il n'y a pas eu cette année d'excédant de revenu ; les circonstances nous forcent aussi de changer les dispositions de la caisse d'amortissement ; établir un nouvel impôt est impossible ; ainsi votre indemnité n'ayant plus d'hypothèque, nous ne pouvons plus émettre de 3 pour 100, et les liquidations sont ajournées jusqu'à des temps plus heureux ; allez en paix. »

C'est pourtant, Messieurs, le résultat dont l'indemnité, telle qu'on la propose, sera à tous moments menacée. Quelques liquidations rognées, faisant partie du premier cinquième, iront peut-être à quelques familles heureuses ; mais aucun homme, dans l'état actuel de la loi et dans la position politique de l'Europe, ne pourrait dire ce qui arrivera de quatre, ou, si l'on veut, des trois derniers cinquièmes de l'indemnité.

Je suis convaincu aussi avec votre commission que les ministres de Sa Majesté prendraient facilement avec vous, Messieurs, l'honorable engagement de faire disparaître, autant qu'il serait en leur pouvoir, par la bonté de l'exécution, l'imperfection de l'ouvrage, l'engagement de rendre les faits aussi irréprochables que les intentions. Mais ce ne sont point des paroles que nous sommes chargés de léguer à l'avenir, quelle que soit d'ailleurs notre confiance en ces paroles : nous lui devons non des promesses fugitives, qui passent avec les hommes ; mais des lois sincères et consciencieuses, qui restent avec la société.

Je n'ai, dans ce trop long discours, considéré le projet de loi que sous le rapport matériel ; si je l'avais envisagé sous un rapport plus élevé, mes reproches n'auraient pas été moins fondés, car, par l'effet d'une association déplorable, toutes les objections morales qu'on oppose au projet de loi de la conversion des rentes, on peut les faire contre le projet de loi d'indemnité, dans sa forme actuelle et dans son but avoué. Et ces reproches mêmes seraient plus graves, car il ne s'agit pas ici d'une création de rentes, résultat d'un emprunt, mais de l'indemnité d'une propriété immobiliaire que l'on transforme dans une propriété mobilière de la plus dangereuse espèce.

C'est encore une chose funeste en morale que de dépouiller le malheur de sa dignité, et de détruire ce respect populaire qui s'attache aux hommes honorés par de grands sacrifices. On n'a pas voulu, sans doute, jeter parmi nous un nouveau levain de révolution, semer de nouveaux germes de discorde et de haine; on n'a pas voulu ajouter à toutes les infortunes des émigrés celle d'offrir ces respectables victimes à l'inimitié de leurs compatriotes; et pourtant l'apparition simultanée des deux projets de loi, des rentes et de l'indemnité, est de nature à faire naître les préventions les plus injustes. En vain l'on dirait que les bénéfices faits par l'État sur les rentiers n'iront point aux indemnisés, mais à la décharge des contribuables; distinction inadmissible, puisque ce serait le rentier qui, dans cette hypothèse, se trouverait chargé de rendre, à ses dépens, aux contribuables, ce que vous leur prendriez pour l'indemnisé.

La loi d'indemnité devait être une loi solitaire, ne liant les destinées de ceux qu'elle doit consoler à aucune autre destinée, ayant en elle-même ses moyens d'accomplissement, son principe de vie; borne nouvelle des héritages replacée par la main du roi; monument expiatoire élevé à la propriété, et marquant la fin de la révolution. Le projet qui vous est présenté est malheureusement rattaché à des idées qui en rompent la nature.

La pensée d'une loi de concorde, de morale et de religion occupe le cœur d'un magnanime souverain; cette pensée en sort avec ces augustes caractères. Qu'arrive-t-il? Elle est transformée en une loi de parti, en une loi de hasard et de division; elle se trouve comme liée à une autre loi qui froisse les intérêts d'une classe nombreuse de citoyens.

L'ancienne propriété de la France, morte en papier, ressuscite en papier; elle avait servi d'hypothèque à un effet sans valeur, elle est reproduite par un effet sans hypothèque; des assignats ont commencé la révolution, des espèces d'assignats vont l'achever. Nous prétendons tout concilier, et nous faisons des distinctions de propriétés mobilières, après avoir fait des distinctions de propriétés immobilières. En donnant des 5 pour 100 aux émigrés, cette nouvelle dette, appuyée sur un effet ancien et solide, aurait vu son origine se perdre et se confondre dans la dette commune. Mais non! quelque chose d'incompréhensible nous pousse comme malgré nous à perpétuer le souvenir des désastres et des partis, à graver plus profondément l'empreinte du sceau que nous prétendons effacer. Nous aurons des 3 pour 100 à 75 annonçant la réduction du rentier à la date de la création de l'indemnité; nous aurons des 3 pour 100 *nationaux*, comme nous avions des biens *nationaux*, et qui seront bientôt atteints de la défaveur dont cette épithète a frappé les biens qu'ils représenteront. Nous donnerons ces 3 pour 100 à un père de famille, comme un billet d'entrée à la Bourse, et nous lui dirons : « Va retrouver par la fortune ce que tu as sacrifié à l'honneur. Si tu perds de nouveau ton patrimoine, la légitime de tes enfants; si tu perds quelque chose de plus précieux, les vertus que t'avait laissées ta première indigence, qu'importe? A la Bourse on cote les effets publics, et non les malheurs. »

Je voudrais savoir, Messieurs, de quel temps nous sommes. On nous propose des règlements religieux dignes de l'austérité du douzième siècle, et on nous occupe de projets de finances qui semblent appartenir à une époque beaucoup plus rapprochée de nous : il faut pourtant être d'accord avec nous-mêmes; nous ne pouvons pas être à la fois des joueurs et des chrétiens, nous ne pouvons pas mêler des décrets contre le sacrilége à des mesures d'agiotage. Si notre morale est relâchée, que notre religion soit indulgente; et si notre religion est sévère, que notre morale en soutienne la rigidité; autrement notre inconséquence, en frappant tous les yeux, ôterait à nos lois ce caractère de conviction qui doit les faire respecter des peuples.

Je crains, Messieurs, que le projet de loi de l'indemnité, suivi du projet de loi de la conversion des rentes, derrière lequel on entrevoit un troisième projet de réduction, n'ait été conçu, contre l'intention de ses auteurs, d'après un système dont la France deviendrait la victime. Il serait dur que la Providence eût ébranlé le monde, précipité sous le glaive l'héritier de tant de rois, conduit nos armées de Cadix à Moscou, amené à Paris les peuples du Caucase, rétabli deux fois le roi légitime, enchaîné Buonaparte sur un rocher, et tout cela afin de prendre par la main quelques obscurs étrangers qui viendraient exploiter à leur profit une loi de justice, et faire de l'or avec les débris de notre gloire et de nos libertés.

J'appuierai, Messieurs, tous les amendements qui me paraîtront propres à améliorer le projet de loi.

OPINION

SUR

L'AMENDEMENT PROPOSÉ PAR M. LE COMTE ROY,

À L'ARTICLE 1ᵉʳ DE LA LOI D'INDEMNITÉ,

PRONONCÉE

A LA CHAMBRE DES PAIRS, DANS LA SÉANCE DU 15 AVRIL 1825.

Messieurs, l'amendement qui fait l'objet de la présente discussion a pour but de changer en réalité l'indemnité à peu près fictive du projet de loi. On a voulu combattre ce que j'ai dit de la chimère de ce projet : c'est à vous, Messieurs, à juger si l'on a été heureux, et si la réfutation n'a rien détruit. M. le commissaire du roi lui-même n'a pu couvrir par l'élégance de sa diction la faiblesse de la cause qu'il était chargé de défendre : il a très-bien justifié le principe; mais quand il est entré dans les détails, tout est resté douteux, excepté son talent.

A-t-on mieux réussi dans l'attaque de l'amendement? Je ne le pense pas. Permettez-moi, Messieurs, de vous soumettre quelques observations.

J'écarte d'abord la récapitulation qu'on a faite des administrations passées; elle ne prouve rien pour le projet de loi, elle ne prouve rien contre l'amendement.

M. le ministre du roi ayant repris ce qu'il avait dit sur le principe des amendements, je ne serai pas non plus obligé de le suivre sur ce terrain constitutionnel, où je me serais trouvé plus rassuré.

Les avantages de cet amendement ont été développés par son auteur avec cette lucidité qui résulte d'une pensée bien conçue et d'une connaissance approfondie de la matière. La somme de l'indemnité, 37,500,000 fr. de rentes 5 pour 100, n'est aussi considérable que pour rapprocher le capital réel du milliard fictif du projet de loi. Le premier tableau annexé à l'amendement prouve qu'à la vingt et unième année, à raison de 4 pour 100 seulement ajoutés à l'intérêt annuel de l'indemnité, les 250 millions en moins du prétendu milliard sont retrouvés.

En vain on a combattu les calculs financiers de l'auteur de l'amendement : la réplique de son noble ami les a placés sur des bases inébranlables.

Le second tableau, relatif à la puissance de l'amortissement, ne laisse rien à désirer, puisqu'il prouve que la force relative à l'amortissement n'est pas même diminuée, après les cinq années, dans le système de l'amendement, et qu'en continuant l'opération pendant onze années au lieu de cinq, la caisse d'amortissement aurait recouvré ses 37,500,000 francs de rentes nouvelles.

Je vais essayer, Messieurs, de rendre plus sensibles les effets de ces chiffres, en les dépouillant du langage technique et en saisissant les objections telles qu'on les présente aux esprits peu familiarisés avec les opérations de finances.

La principale objection que l'on élève contre le système de diminuer le fonds d'amortissement, en y prenant les rentes nécessaires à l'indemnité, est que la réduction de ce fonds occasionnerait une baisse considérable à la Bourse, et détruirait nos ressources pour l'avenir.

Qu'il y eût dans ce cas une forte baisse dans les effets publics, ce n'est pas une chose prouvée. Maintenant que le gouvernement français est aussi solidement établi qu'aucun autre en Europe, et que son crédit est égal à sa force, peut-on croire qu'il faille une caisse d'amortissement, dotée de près de 80 millions, pour soutenir 140 millions de rentes?

Mais, quelque hasardée que soit cette opinion, la question n'est pas là : il s'agit de savoir si une création de 30 millions de rentes nouvelles, avec la caisse d'amortissement actuelle, ne ferait pas baisser le taux de la rente autant que si, sans aucune création nouvelle, on diminuait de 37,500,000 fr. le fonds de la caisse pour les donner en indemnités? L'expérience a prouvé que le crédit public ne suit pas le mouvement de la dette nationale. C'est depuis que nos voisins ont diminué de moitié la dotation de leur caisse que les 3 pour 100 ont monté si prodigieusement en Angleterre.

Mais, dira-t-on, non-seulement vous diminuez la caisse d'amortissement de 37,500,000 francs, mais vous remettez en circulation 37,500,000 fr. de rentes rachetées. En couvrant la place d'une aussi grande quantité d'effets de même valeur que ceux qui s'y négocient, comment espérez-vous éviter une baisse?

Je réponds à cette question, qu'en la faisant, on oublie que les 37 millions 500,000 francs de rentes ne seront pas jetés à la fois sur la place, puisqu'ils ne peuvent être émis qu'au fur et à mesure des liquidations.

Si vous les supposez émis par cinquième, 7,500,000 francs puisés annuellement à une caisse d'amortissement de plus de 77 millions produiraient à peine un effet sensible sur le cours de la rente. En attendant un emploi, le reste des 37,500,000 francs demeurant à la caisse d'amortissement continuerait à racheter des rentes, et dès la première année la moitié à peu près des 7,500,000 francs émis serait déjà rentrée à la caisse. On peut voir la suite de ces calculs dans le second tableau joint à l'amendement.

On craint de nuire au crédit : ce qui nuira au crédit, ce n'est pas l'amendement raisonnable qu'on vous propose ; ce sont ces projets éternels de conversion et de remboursement de rentes, cette inquiétude jetée dans toutes les espèces de propriétés ; c'est cette énorme disposition d'un projet de loi qui fait cesser l'effet de l'amortissement sur une rente pour le porter arbitrairement sur une autre, confondant l'agiotage et le crédit, l'élévation soudaine et artificielle du taux de la rente, et cette hausse graduelle et naturelle, résultat de la confiance publique.

Vous craignez d'affecter le crédit ; mais en accroissant le capital de la dette d'une manière à épouvanter les esprits les plus audacieux, en créant 30 millions de rentes au capital d'un milliard, et puis de 3 pour 100 à 75, ne l'affectez-vous pas, ce crédit ?

Vous craignez d'ébranler le crédit en touchant à la caisse d'amortissement ; mais vous l'ébranlez bien autrement en touchant à la rente.

Et si les circonstances nous forcent à reprendre la caisse d'amortissement pour un emprunt, après l'avoir affectée au fonds de l'indemnité, quelle confiance voulons-nous que les prêteurs aient dans cette caisse, que nous pourrons leur retirer par une nouvelle mesure, pour un nouveau besoin, comme nous l'aurons retirée d'abord aux 5 pour 100 au-dessus du pair, pour les forcer à la conversion en 3 à 75, comme nous l'aurons retirée ensuite aux simples 3 pour 100 pour lesquels nous l'avions détournée de sa première destination ?

Si l'on ne prend pas 37,500,000 francs à la caisse d'amortissement pour payer l'indemnité, il faut créer 30 millions de rentes nouvelles ; et qu'est-ce qui les payera, ces 30 millions, si ce ne sont tous les sujets du roi, de même qu'ils payent les 77 millions à la caisse d'amortissement ? Dans le système du projet de loi, le contribuable payera 67,500,000 francs, au lieu de 37,500,000 francs : savoir 37,500,000 francs à la caisse d'amortissement et 30 millions de rentes nouvelles.

Si 37,500,000 francs que vous laisserez à la caisse d'amortissement sont employés à amortir les 30 millions de rentes que vous avez créés, il est clair qu'en prenant les 37,500,000 francs pour l'indemnité à la caisse d'amortissement, et ne créant pas les 30 millions de rentes nouvelles, la puissance de la caisse d'amortissement reste à peu près la même dans les deux cas ; car, dans le premier, sa force se trouve diminuée de la quotité des rentes nouvelles qu'elle est obligée de racheter, et dans le second, sa force est diminuée de la quotité qu'elle est obligée de prendre sur elle-même ou autrement ; vous ne pouvez pas dire que vous augmentez la puissance de la caisse d'amortissement, en y laissant les 37,500,000 francs qui s'y trouvent, lorsque vous créez en dehors 30 millions qu'elle est obligée de racheter.

Dans quelle position nous trouverons-nous quand nous aurons puisé les

ADAM ET EVE
offrent des fruits à Raphael

37,500,000 francs pour l'indemnité à la caisse d'amortissement? Tout juste comme nous étions en 1816, lors de la création de la caisse d'amortissement au moment des liquidations du milliard de l'arriéré. Trouvez-vous que votre crédit ait baissé depuis cette époque? que vous n'ayez pas bien payé vos dettes? Ah! combien votre position est meilleure! Les rentes, lors de l'établissement de la caisse d'amortissement, dotée seulement de 40 millions, étaient entre 67 et 69; elles sont aujourd'hui à 102; et cette caisse, qui n'émettra ses rentes pour l'indemnité que par cinquième, conservera pour son premier rachat 70 millions; pour son second, 62,500,000; pour son troisième, 55 millions; pour son quatrième, 47,500,000 francs; et pour son cinquième, 40 millions : rachats qu'elle ne perdra plus comme dans le système du projet de loi, et qui augmenteront annuellement sa puissance.

Et n'a-t-on pas encore d'autres ressources si l'on veut admettre les calculs mêmes qu'on nous a faits à propos du projet de loi? On nous a parlé de la plus-value des impôts, plus-value de 3 millions par an, qui doit servir d'hypothèque à l'indemnité : si cet excédant est réel, qu'on le verse à la caisse d'amortissement; c'est ce que demande l'amendement. Irions-nous maintenant (parce que nous embrasserions un autre moyen d'indemnité), irions-nous trouver qu'il n'y a plus d'excédant de recettes? Pour me combattre dans deux systèmes, soutiendrait-on d'abord que les fictions sont des réalités, ensuite que les réalités sont des fictions?

Mais s'il survenait un événement, où serait notre ressource? Comment emprunterions-nous avec une caisse d'amortissement réduite à sa dotation primitive?

J'ai déjà demandé moi-même, Messieurs, comment vous emprunteriez avec une caisse d'amortissement que vous auriez d'abord reprise aux rentiers 5 pour 100 au-dessus du pair, pour les obliger à la conversion en 3 à 75, et ensuite aux rentiers 3 pour 100. Les premiers vous ont prêté leur argent pour vos premiers emprunts, vous leur en retirez le gage : n'est-ce pas un avertissement pour les prêteurs à venir?

D'un autre côté, le fonds d'amortissement resterait-il, en cas d'événement, affecté pendant cinq ans au service auquel le projet de loi le destine? alors vous n'auriez plus ce fonds pour emprunter.

Messieurs, si un événement survenait, rien ne serait plus facile que d'emprunter à un taux raisonnable, avec une caisse d'amortissement qui, toute réduite qu'elle serait, se composerait encore de plus de 70, 62, 55, 47 et 40 millions, selon l'époque de l'événement; fonds qui serait plus que suffisant, en bon système de finances, pour supporter un accroissement de dettes d'un milliard.

Le crédit, Messieurs, demande une marche mesurée et constante; il ne veut point de secousses, il est ennemi des aventures, ennemi de ces lois chercheuses de fortune qui abandonnent le corps pour l'ombre ; le crédit est la fidélité aux engagements : donnez aux émigrés une indemnité réelle, comme vous avez donné un payement réel aux créanciers de l'arriéré, et par cela seul vous trouverez des prêteurs dans les cas d'urgence, sans avoir besoin d'une caisse d'amortissement exagérée.

En dernier lieu, si on insistait pour conserver le fonds d'amortissement dans son entier, afin de le retrouver au jour de la nécessité, on serait amené à l'aveu que l'indemnité est une complète chimère ; car si vous reprenez le fonds d'amortissement pour un cas d'urgence, vous reprenez les 3 millions du rachat de rentes affectées à l'indemnité, et vous n'avez plus rien de spécial pour soutenir le cours des 3 pour 100 de l'indemnité.

Décidons-nous : dans le système du projet de loi, si nous supposons la guerre, il n'y a plus d'indemnité, alors nous sommes forcés de faire banqueroute d'un milliard : pour emprunter un milliard, la banqueroute est-elle un bon moyen de crédit ?

Si nous supposons la paix, il n'y a aucune éventualité à prendre l'indemnité de la caisse d'amortissement.

Dans le système de l'amendement, si nous supposons la guerre, les indemnités continuent à être payées ; notre crédit s'est augmenté de notre fidélité à remplir nos nouveaux comme nos anciens engagements ; il s'est augmenté du repos que nous aurons accordé aux rentiers, et le fonds d'amortissement sera encore plus que suffisant pour soutenir un emprunt.

Si nous supposons la paix, toutes nos prospérités augmenteront de la réduction d'une caisse d'amortissement, dont la force, hors de toute mesure, ne sert qu'à favoriser l'agiotage, et de l'aisance réelle dans laquelle les indemnisés se trouveront placés.

Mais comment prendre une si forte somme à la caisse d'amortissement pour les expropriés ?

Mais vous n'avez pas établi la caisse d'amortissement pour le milliard de l'arriéré ? Les dettes des Cent-Jours sont-elles plus sacrées pour la monarchie légitime que celles des trente années où la propriété du royaume a péri pour la monarchie ? Messieurs, je regarde le projet d'indemnité si complétement illusoire que, si l'on proposait de ne prendre à la caisse d'amortissement que 15 millions au lieu de 37 pour toute indemnité, je préférerais encore ces 15 millions au milliard dont le nom seul est pénible à prononcer, tant il me semble blesser la bonne foi, tant il réveille d'idées pénibles, dont un esprit de conciliation commande de taire et d'étouffer la moitié.

En prenant 37,500,000 francs pour l'indemnité à la caisse d'amortissement, vous auriez, Messieurs, l'avantage si précieux, si moral, d'ôter aux malheureux expropriés toute envie, tout besoin de courir à la Bourse, pour réaliser, par les combinaisons de l'agiotage, ce milliard qui fuira éternellement devant eux ; vous n'attacherez plus aux rentes de l'indemnité cette différence d'intérêts, qui sera pour elle un cachet fatal.

L'amendement délivrant à l'ancien propriétaire, ou à ses représentants, cinq inscriptions d'une somme égale, c'est-à-dire le montant de toute l'indemnité de ce propriétaire, est d'une ressource immense pour lui : ces inscriptions ne sont pas négociables en même temps, pour ne pas se déprécier les unes les autres sur la place ; mais elles pourront être transportées, dans les formes déterminées par la loi, pour les cessions d'obligations entre particuliers. Ainsi l'indemnisé tiendra dans sa main toute son indemnité ; elle pourra lui servir d'hypothèque pour des emprunts ; il pourra la donner en payement, en échange ; il pourra s'en servir pour une multitude d'affaires, au lieu de ne recevoir qu'une indemnité morcelée par cinquième d'année en année, comme le veut le projet de loi. Des bons de 5 pour 100, à peu près du même âge que les propriétés qu'ils représenteraient, puisqu'il y en a du temps de François Ier ; de bonnes rentes solidement établies, recherchées sur toutes les places de l'Europe, voilà une véritable propriété remplaçant une propriété perdue ; voilà ce que tout le monde entend, comprend, ce qui n'a besoin ni de complications subtiles d'une loi de finances, ni de l'action et des intérêts des banquiers, ni des efforts exagérés de la caisse d'amortissement.

Si l'amendement du noble comte, en favorisant les intérêts des expropriés, était contraire à ceux de la patrie, au lieu de l'appuyer je le repousserais dans les intérêts des expropriés eux-mêmes : le bien particulier qui nuit au bien général n'est pas un bien, mais le plus grand des maux. Pourquoi l'indemnité doit-elle être donnée ? Parce qu'elle est une mesure de salut pour la France ; autrement elle rendrait odieux ceux qui en seraient l'objet. On serait même averti par cette haine que la mesure serait injuste, car il y a un sentiment d'équité chez les peuples, qui fait qu'ils ne haïssent pas ce qu'ils sentent juste au fond du cœur : aussi un murmure ne s'est élevé contre les plus généreuses victimes, que lorsqu'on a voulu mêler à la loi d'indemnité une loi qu'un noble comte, qui prend son génie dans sa conscience, a si énergiquement qualifiée dans la séance d'hier. L'amendement détruira cette funeste connexion.

En puisant à la caisse d'amortissement, vous avez pour la France l'inappréciable avantage de mettre des obstacles à un système erroné qui consiste à prendre des monnaies fictives, des masses de papier qu'aucun produit du sol, du commerce ou de l'industrie ne représente, pour des monnaies réelles ; un système qui croit augmenter les richesses du pays en multipliant les signes d'une hypothèque qui n'existe pas ; qui croit diminuer des dettes en empruntant.

Vous rentrerez en même temps dans la vraie route de l'amortissement ; vous le réduirez à ce qu'il doit être ; vous ne lui conserverez pas cette force mobile d'agiotage et non de crédit, ce moyen réprouvé par toutes les autorités financières, et par l'Angleterre même, que nous croyons cependant imiter.

Sous le rapport de la paix intérieure de la France, et de la concorde entre les citoyens, la mesure est toute salutaire. On désire qu'il y ait des transactions entre les acquéreurs et les indemnisés? Je le désire aussi de toute mon âme : hé bien ! quand vous aurez mis les indemnisés à l'aise, autant et aussi sincèrement que vous le pourrez ; quand vous leur aurez donné, non pas des illusions pour des faits, non pas des fictions pour des réalités, ils auront bientôt racheté le patrimoine de leurs pères, à la satisfaction de tous les gens de bien. Alors les divisions cesseront réellement, alors l'œuvre magnanime du roi sera accomplie, alors s'évanouiront les alarmes avec ces projets financiers, ces rêves qui nous conduiraient au plus fatal réveil. Le sol que l'on fait trembler sous nos pas se raffermira ; l'indemnisé sera content ; le rentier, tranquille ; l'acquéreur, rassuré, libre de garder, libre de rétrocéder une propriété remontée à sa véritable valeur. Appuyé sur la bonne foi si puissante en France, on pourra attendre en paix le temps des emprunts futurs : à cette époque, si elle doit jamais arriver, on créera tout naturellement des 4, des 3 pour 100 ; en un mot, tout ce qu'on veut produire aujourd'hui sans motif, sans cause, sans nécessité, comme si l'on voulait seulement s'agiter pour s'agiter. Le ministère même sera dans une position plus morale, plus solide, et les sentiments d'une fidélité politique, toujours honorables dans ceux qui les conservent, trouveront leur compte à l'amendement proposé, comme les intérêts publics.

DÉVELOPPEMENTS

D'UN

AMENDEMENT PROPOSÉ A L'ARTICLE 5 DU PROJET DE LOI D'INDEMNITÉ,

CHAMBRE DES PAIRS, SÉANCE DU 28 AVRIL 1825.

Messieurs, je viens essayer de sauver quelques débris du bel édifice qu'avait voulu élever un grand maître de l'art. M. le comte Roy avait introduit à l'article 6 du projet de loi les dispositions que je vais avoir l'honneur de vous lire.

Ce sont ces dispositions, Messieurs, que je reprends, et qui forment l'amendement que j'ai l'honneur de vous proposer. Ces dispositions qui, dans l'amendement de M. le comte Roy, s'appliquaient aux 5 pour 100, peuvent également s'appliquer aux 3 pour 100. J'ai déjà eu l'honneur de vous faire remarquer l'immense avantage pour l'indemnisé de recevoir à la fois ses cinq inscriptions, bien qu'elles ne soient négociables que par cinquième, à leur échéance respective. C'est déjà, pour ainsi dire, posséder le fonds de l'indemnité, sans en avoir encore tout le revenu; c'est avoir le titre de sa propriété; et ce titre, entre les mains du propriétaire, peut servir aux transactions les plus importantes pour lui.

Le noble comte, auteur d'un amendement qui aurait changé tant de fictions en réalités, a fait remarquer que l'article 5 du projet de loi disait bien que les *rentes* 3 pour 100 seraient inscrites au grand-livre, et *délivrées* d'année en année, mais qu'il ne disait pas que l'*inscription* elle-même, portant jouissance des intérêts, serait *délivrée;* d'où il pourrait arriver que l'inscription, par une cause ou par une autre, restât entre les mains du gouvernement, qu'elle cessât ainsi d'être négociable pendant un grand nombre d'années, et que le tout se réduisît, pour tel ou tel indemnisé, à une sorte de pension, à une rente dont le capital ne serait pas à sa disposition.

Les dispositions présentées par le noble comte, et que je reproduis aujourd'hui, Messieurs, en forme d'amendement, écartent cette difficulté. Y a-t-il vice de rédaction dans le projet de loi? A-t-on mis par inadvertance, les *rentes* seront *délivrées,* au lieu de l'*inscription* de rente sera délivrée? Cela peut être; et sans doute MM. les ministres du roi voudront bien s'expliquer; mais ce vice de rédaction doit être corrigé, car les paroles des ministres ne font pas, à ce qu'il paraît, jurisprudence. On sait, par exemple, que M. Crétet, lors de la fameuse réduction ou banqueroute des 5 pour 100, déclara formellement que les 5 pour 100 consolidés ne *seraient pas remboursables.* Tient-on compte aujourd'hui de cette déclaration qui, en engageant la foi publique, donnait au moins aux rentiers la certitude de conserver ce qu'on voulait bien lui laisser? Vous voyez, Messieurs, le danger extrême de ne pas exprimer les faits dans les lois. Cette remarque s'applique encore à l'article 9 comme à l'article 6 du projet de loi. Si vous ne précisez rien au sujet des dettes, je déclare que l'article 9 est rempli d'écueils et de périls.

Quoi qu'il en soit, Messieurs, j'ai donc l'honneur de vous proposer d'amender l'article 6 en supprimant l'article 5, d'après les dispositions rédigées par M. le comte Roy. Ces dispositions, qui mettent entre les mains de l'indemnisé liquidé son titre ou ses cinq inscriptions à la fois, sont pour lui d'un avantage si évident, qu'il doit frapper tous les yeux. Cet amendement ne touche ni à la caisse d'amortissement, ni aux 3 pour 100; il n'accroît ni ne diminue l'intérêt ou le capital; il ne fait arriver aucune valeur surabon-

dante à la Bourse ; il ne dérange rien à l'économie du projet de loi, il n'en altère aucune partie, il le laisse subsister dans tout son ensemble, en l'améliorant seulement sur un point capital, autant que ce déplorable projet peut être amélioré. J'ai cherché de bonne foi en moi-même quelles objections le gouvernement pourrait y faire, et je n'en ai trouvé aucune. J'ai donc l'espoir que MM. les ministres du roi, qui ne veulent sans doute comme moi que l'intérêt des indemnisés, sans nuire aux intérêts de la France, se réuniront à cet amendement. On ne pourra pas du moins soupçonner des vues hostiles ; ici l'intérêt de l'indemnisé se présente seul ; l'amendement est d'une innocence complète ; il est dégagé de toutes les conséquences que voudraient y chercher des sollicitudes politiques. Il n'a pas même contre lui ce terrible argument, cet argument si constitutionnel qui laisse à nos opinions tant d'indépendance, savoir, que le projet de loi retournerait à la Chambre des députés, car un amendement déjà passé nous rend ce malheur inévitable.

OPINION

SUR LE

PROJET DE LOI RELATIF A LA DETTE PUBLIQUE ET A L'AMORTISSEMENT,

PRONONCÉE

A LA CHAMBRE DES PAIRS, DANS LA SÉANCE DU 26 AVRIL 1826

Messieurs, un des moindres inconvénients que j'éprouve en paraissant à cette tribune, après des hommes d'un grand mérite, c'est de venir répéter ce qu'ils ont dit beaucoup mieux que je ne le dirai. Les deux orateurs qui ont parlé contre le projet de loi ont dévasté mes chiffres et emporté mes principaux arguments. Si je retranchais de mon discours tout ce qui ne sera pas nouveau, il n'y resterait rien : vous y gagneriez du temps, Messieurs, et moi aussi. Toutefois la gravité de la matière m'impose le devoir de me faire entendre.

Il est certain qu'un moyen puissant de conviction pour beaucoup de personnes, c'est de voir que les esprits divers se sont rencontrés dans une même vérité. Ensuite chaque esprit a sa nature ; la génération des idées ne s'y fait pas de la même façon, les principes et les conséquences s'y enchaînent d'une manière différente, et il arrive que tel auditeur se rend à une raison qui ne l'avait pas frappé d'abord, parce qu'elle était autrement développée ; c'est donc ce qui m'engage à vous présenter mon travail sans y rien changer.

Les orateurs qui ont soutenu le projet de loi ont vu échouer leur habileté contre ce projet insoutenable.

C'est toujours la liberté d'une conversion, qui ne sera pas libre; le dégrèvement des contribuables, qui ne seront pas dégrevés; l'accroissement de l'industrie, qui ne s'accroîtra pas; la diminution de l'intérêt de l'argent, qui ne diminuera point; l'élévation des fonds publics, qui ne monteront que pour descendre; le refoulement dans les provinces des capitaux, qui viendront et resteront à Paris; enfin le triomphe du crédit, qui sera perdu. Nous reverrons tout cela.

Maintenant, nobles pairs, voici la disposition de la matière et l'ordre de la marche que je vais suivre dans mes raisonnements.

Je jetterai d'abord un coup d'œil sur l'ensemble du projet; ensuite j'examinerai les deux nécessités qui forcent, nous dit-on, le gouvernement à prendre la mesure financière qu'on nous propose d'accepter; je dirai quels sont les rapports de cette mesure avec la loi d'indemnité, et je terminerai mon discours par des considérations générales.

Venons à l'ensemble de la loi.

Le premier article de ce projet, en engageant la caisse d'amortissement jusqu'au 22 juin 1830, nous met dans l'impossibilité de nous défendre contre les événements qui peuvent survenir, à moins de reprendre cette caisse et de manquer à nos engagements envers les 3 pour 100 de l'indemnité, envers les 3 à 75 de la conversion, de même que nous retirons aux anciens 5 pour 100 leur gage spécial.

Ceci répond à ce que nous a dit, à propos de la caisse d'amortissement et du cas de guerre, un ministre qui exprime les faits recueillis par sa longue expérience, avec ce ton de modération qui donnerait la puissance de la vérité aux choses les plus contestables.

L'article 3 imprime à la caisse d'amortissement un mouvement tout à fait arbitraire, et comme les 5 pour 100 pourraient être un centime au-dessus du pair, tandis que les autres fonds s'approcheraient beaucoup du pair, depuis 60 jusqu'à 100, il résulte du texte même de l'article 3, qu'il y aurait ruine pour le trésor à racheter des 3 ainsi ascendants vers leur pair, au lieu des 5 descendants vers leur pair.

Les 3 pour 100 au-dessus de 80 donnent une perte plus considérable que les 5 pour 100 à 100 francs et au-dessous, et comme les 3 pour 100 sont déjà cotés à 80, la perte pour les contribuables serait certaine, si l'on pouvait racheter dès aujourd'hui des 3 pour 100.

Était-il possible de déterminer l'emploi des sommes affectées à l'amortissement pour les différentes valeurs? Le noble président de la commission de surveillance a indiqué avec science et mesure le besoin d'une base d'opération, et il a posé des questions qui sont encore, Messieurs, présentes à votre esprit : une simple règle de proportion suffirait pour établir, entre les cours des 3 et des 5, le taux relatif où chaque fonds doit être racheté à l'avantage de la caisse, c'est-à-dire, pour le bien des contribuables. Rien de semblable n'existe dans le projet de loi.

Après ce que vous avez entendu hier de la bouche de deux nobles comtes, sur la caisse d'amortissement, sur l'impossibilité d'en retirer le gage aux 5 pour 100, sans manquer à la foi donnée ; sur l'administration de cette caisse, qui n'est point, quoi qu'on en ait dit, semblable à l'administration de l'amortissement anglais, il y aurait, Messieurs, présomption à remanier un sujet si supérieurement traité.

La conversion, dite facultative, accordée aux rentiers 5 pour 100, par l'article 4, est une conversion forcée ; et afin qu'on n'en doute pas, on vous a déclaré, dans l'exposé des motifs du projet de loi, *qu'on a remis à l'avenir l'exercice du droit de remboursement, si la faculté de conversion n'amenait pas des résultats tels qu'il soit permis d'y renoncer complétement*. Sous le coup de cette menace, qui restera dans les 5 pour 100 ? Quand la loi déclare que les 5 pour 100 convertis en 4 et demi auront garantie contre le remboursement jusqu'au 22 septembre 1835, n'est-ce pas dire que les autres 5 pour 100 n'ont pas la même garantie, et qu'on les force à se réduire eux-mêmes ?

Si les porteurs des 5 pour 100 pouvaient garder ces valeurs aux mêmes titres, aux mêmes conditions qu'ils les ont reçues, avec le gage de la caisse d'amortissement, hypothèque qui leur était particulièrement assignée, et sans laquelle beaucoup d'entre eux n'auraient pas prêté leur argent, on pourrait dire que la conversion est véritablement facultative ; mais lorsque, pour obliger les rentiers à échanger leurs effets, on ôte à leur position tout ce qu'elle avait de sûr ; lorsqu'on viole envers eux le contrat primitif, comment peut-on dire que la conversion est volontaire ?

Car, remarquez bien, Messieurs, que le projet de loi dit qu'on ne rachètera plus les effets au-dessus du pair ; mais il ne détermine pas l'espèce de fonds que l'on rachètera, lorsque tous les fonds se trouveront au-dessous du pair. Les 5 pour 100, par exemple, pourraient décroître jusqu'à 90 et au-dessous, et pourtant la caisse d'amortissement pourrait encore ne leur être pas appliquée et ne soutenir que les 3 pour 100. Un pareil oubli de tous les contrats passés peut-il être toléré ? Et encore une fois, chargés de toutes ces servitudes, les 5 pour 100 ne sont-ils pas forcés de se précipiter dans la conversion ? Parce qu'un homme cède ce qu'on menace de lui enlever par violence, s'ensuit-il qu'il a été libre de céder ?

L'article 5 semble soulager les contribuables ; mais, par le fait, ils ne gagnent rien d'un côté, et ils perdent beaucoup de l'autre. Si les 140 millions de rentes, 5 pour 100, pouvaient tout à coup se convertir en 3 pour

100 à 75, ce serait sans doute un prodige, et il est vrai que par ce prodige les contribuables se trouveraient déchargés de 30 millions pris sur les rentiers; mais, comme en même temps on les charge de 30 millions donnés aux indemnisés, ils demeureraient tout juste comme ils sont aujourd'hui. D'une autre part, s'ils étaient dans la même position, quant aux rentes à solder, ils ne s'en trouveraient pas moins obligés de payer un capital de dettes accru de 2 milliards : 1 milliard pour l'indemnité, et 1 milliard que coûte la réduction par la création des 3 pour 100 à 75.

Pour résoudre la difficulté de l'accroissement du milliard, on a dit que les 3 pour 100 monteraient ou ne monteraient pas; que s'ils montaient, le milliard de dettes serait en effet réel; mais qu'alors les effets publics seraient dans l'état le plus prospère, et que tout le monde se ressentirait de cette prospérité, excepté apparemment les contribuables qui payeraient le milliard.

Dans le cas où les 3 pour 100 ne monteraient pas, il n'y aurait pas accroissement d'un milliard dans le capital de la dette; c'est juste : mais alors les rentiers 5 pour 100 auraient perdu à leur tour ce milliard de capital qu'on leur offre en dédommagement de la réduction de leur intérêt. Dans ce dilemme, il faut bien qu'il y ait quelqu'un de lésé ou chargé d'un milliard.

Voilà, Messieurs, ce que renferment en substance les cinq articles du projet de loi et le sommaire des raisons que l'on donne pour le soutenir.

Passons aux deux prétendues nécessités qui ont, nous assure-t-on, motivé la création du projet de loi.

On nous dit premièrement :

Que le projet de loi est nécessaire, afin que le gouvernement ne paye pas l'argent plus cher que ne le payent les particuliers, et, dans tous les cas, pour faire baisser l'intérêt de l'argent dans les transactions commerciales et les affaires particulières. De là suit l'obligation de soumettre les rentiers à une conversion, ce qui signifie à une réduction.

On nous dit secondement :

Que le projet de loi est nécessaire pour ne pas continuer à racheter la rente au-dessus du pair; car, dans ce cas, il y aurait ruine pour l'État, si l'on rachetait; perpétuité de la dette, si on ne rachetait pas.

Examinons ces deux sources, d'où l'on prétend faire jaillir toute la loi.

Je pourrais, écartant le fond du procès par une question préjudicielle, demander d'abord si les rentes sont réellement aujourd'hui au-dessus du pair; s'il n'y a pas un taux où des 5 pour 100 peuvent encore être rachetés avec avantage par l'État au-dessus du pair; et s'il n'a pas été un temps où l'on soutenait fortement cette doctrine. Mais passons et parlons de l'intérêt de l'argent en France.

L'intérêt général de l'argent n'est point, dans ce pays agricole, à 3 pour 100 : on l'a cent fois démontré.

Les prêts sur hypothèque, à Paris, chacun le sait, sont à 5 pour 100 ; ils sont à 6 dans presque toutes les provinces, avec des garanties prodigieuses, pour la valeur de l'immeuble affecté à l'hypothèque.

Dans le commerce, l'intérêt de l'argent n'est à 4 et à 3 et demi, à Paris et dans les grandes villes du royaume, que pour quelques maisons puissantes de banquiers, de manufacturiers et de commerçants, encore pour des valeurs assez peu considérables, et à trois mois de date. Partout ailleurs, l'intérêt commercial est à 5, à 6 et au-dessus, et dans plusieurs localités on en est réduit aux échanges en nature : pourtant, Messieurs, on soutient que l'abondance des capitaux est ce qui oblige à baisser l'intérêt de l'argent.

Il n'y a aucune induction générale à tirer du placement des bons royaux à 3 pour 100. On a très-bien dit que l'effet des intérêts de ces valeurs vient de ce qu'elles ne sauraient dépasser les besoins auxquels elles s'appliquent, et qu'elles sont à courte échéance.

Quant à l'élévation actuelle de la rente, on sait qu'elle est due aux efforts de quelques capitalistes porteurs de rentes déclassées, qui ont un intérêt majeur à continuer ce jeu, jusqu'à la publication du projet de loi sur la dette publique. L'élévation des rapports dont la moyenne proportionnelle présente un intérêt de plus de 9 pour 100 depuis un an, suffit seule pour démontrer que l'intérêt actuel de la rente n'est pas du tout au-dessous de 5 pour 100, bien qu'elle ait dépassé le pair, où les moyens artificiels qui l'ont fait monter ont de la peine à la soutenir.

Un noble comte, si habile en finances, et qui nous a fait entendre hier un discours profond sur la matière, nous a rappelé les emprunts des villes autorisés par le gouvernement, et n'a rien laissé à dire après lui.

On a répondu qu'il ne s'agissait pas de l'intérêt de l'argent, très-variable dans un pays comme la France, selon la nature des entreprises et le degré de confiance que les spéculateurs inspirent. La remarque est juste ; mais alors il ne fallait pas donner le taux de l'intérêt comme un des principaux motifs de la loi.

Je ne veux point m'occuper trop longuement de l'examen philosophique des divers intérêts de l'argent. Il était en général à 12 pour 100 chez les Romains, et on l'appelait *usura centesima*, parce qu'au bout de cent mois, les intérêts égalaient le capital. Les lois s'opposaient inutilement à cet intérêt : tant il est vrai qu'un gouvernement ne fait pas baisser l'intérêt de l'argent, en déclarant qu'il le réduit.

Je pense que la société chrétienne avait trouvé le point juste, en fixant, dans les pays essentiellement agricoles, cet intérêt à 5 pour 100 : au-dessus de ce taux, il y a usure ou trop grande cherté des capitaux ; au-dessous, il y a dépréciation ou avilissement des capitaux. Accroissez la masse du numéraire, vous ferez baisser l'intérêt; mais il vous faudra 200 mille francs pour acheter ce que vous auriez eu pour 100 mille. C'est ce qui arriva après la découverte de l'Amérique; c'est ce qui arriva de nos jours pour des valeurs fictives, par la multiplication des assignats. On sait que l'or, dans certaines parties de l'Afrique, n'atteint pas la valeur du cuivre.

La Grande-Bretagne commence à sentir cette vérité; elle voudrait hausser le prix de ses emprunts; elle cherche déjà à se mettre en garde contre l'inondation des métaux qui peuvent déborder par l'exploitation anglaise de toutes les mines du Nouveau-Monde. Le chevalier Stewart a proposé de réduire le capital de la dette publique, en élevant l'intérêt; le docteur Price prétendait porter l'intérêt de cette dette à 5 pour 100, et ce n'était qu'à ce taux de l'intérêt qu'il voulait appliquer la caisse d'amortissement. Cette théorie, essayée en Irlande, réussit, et l'Angleterre s'en trouva bien en la mettant en pratique en 1818. Colquhoun établit que les fonds publics de l'Angleterre devraient être élevés à un même niveau de 5 pour 100 : un noble comte vous a déjà cité ces autorités. N'est-il pas singulier, Messieurs, qu'au moment même où l'Angleterre reconnaît les vices de son ancien système de finances et de douanes, et qu'elle entre dans une nouvelle route avec tant de succès, nous, nous prenions le sentier qu'elle commence à quitter, et que l'avilissement de l'intérêt de l'argent et les prohibitions de l'acte de navigation nous paraissent des mesures à imiter pour la prospérité de la France?

On veut détruire notre dette compacte de 5 pour 100. On veut avoir différentes valeurs négociables pour la facilité des opérations de bourse, et toujours dans la vue d'abaisser l'intérêt de l'argent. Mais même en ce point suivons-nous exactement le système que tend à abandonner l'Angleterre? Non. L'Angleterre ne s'est pas réveillée un matin, disant : « Je n'ai que des 5 pour 100, je vais les couper en 3 pour 100 simples, en 3 pour 100 à 75, en 4 et demi. » Elle a eu différentes valeurs, en faisant des emprunts à différents prix pour des nécessités publiques; et quand ces valeurs ont été ainsi naturellement fondées, elle a offert le remboursement des valeurs plus élevées, ou la réduction de l'intérêt au taux du nouveau papier qui avait été créé. Et encore pourquoi l'a-t-elle fait? Parce que ces emprunts nouveaux étaient déclarés remboursables à des époques fixes; parce que ces emprunts étaient des annuités, et non des fonds perpétuels et déjà réduits comme les nôtres. L'établissement de la banque à Londres date de 1696. Guillaume III avait apporté en Angleterre le génie de la Hollande. Cette banque prêta au gouvernement à 8 pour 100 : avant cette époque les emprunts se faisaient par annuités à 10 pour 100, et pour quatre-vingt-dix-neuf ans. Treize ans après ses premières opérations avec le gouvernement, la banque, enrichie de l'or du Brésil, réduisit elle-même de 2 pour 100, en prêtant une nouvelle somme au gouvernement, les intérêts de son prêt antérieur, et elle obtint, en considération de cette réduction, une prorogation de privilége. Ainsi, ce n'était pas l'emprunteur, mais le prêteur qui baissait le taux de l'intérêt. Bientôt le gouvernement ouvrit un emprunt à 5 pour 100, qui fut rempli, et dont le produit fut destiné à rembourser la partie de l'ancienne dette, à 6 et à 8 pour 100, stipulée remboursable. D'emprunt en emprunt, de réduction en réduction, elle arriva aux 4 pour 100, et enfin aux 3 pour 100 en 1740 : grande faute qu'elle sent vivement aujourd'hui; car il est prouvé que les 4 pour 100 sont l'intérêt naturel et nécessaire pour un pays commerçant et industriel, comme les 5 pour 100 pour un pays agricole. Quelle comparaison, Messieurs, est-il donc possible de faire entre la conversion en masse de nos 5 pour 100 à 3 pour 100 et la réduction successive des annuités de l'Angleterre, depuis l'intérêt de 10 pour 100 jusqu'à 3, dans l'espace de cent trente ans?

Ainsi, l'intérêt de l'argent en France n'est point au-dessous de 5 pour 100 ; ainsi nous croyons imiter l'Angleterre, et nous ne l'imitons ni dans son nouveau système, qui tend à hausser l'intérêt des capitaux, ni dans son ancien système, qui réduisait lentement cet intérêt par une suite d'emprunts stipulés remboursables. Reste une question.

Est-il nécessaire d'abaisser l'intérêt de la dette publique pour réduire l'intérêt de l'argent dans les transactions particulières? Non, Messieurs; c'est l'amoindrissement de l'intérêt de l'argent dans les transactions particulières qui doit faire décliner l'intérêt des fonds publics, et non pas la réduction de l'intérêt des fonds publics qui peut faire descendre le taux de l'intérêt dans les transactions particulières.

Le gouvernement semble croire que celui qui emprunte fixe le maximum de l'intérêt, tandis que c'est celui qui prête qui le règle. Que le gouvernement prête de l'argent à 3 pour 100, il va faire fléchir le taux de l'intérêt dans toutes les affaires privées ; mais il aura beau emprunter à 3 pour 100, il ne fera pas diminuer l'intérêt des capitaux d'un seul denier. La méprise ici est évidente.

Mais pourquoi le gouvernement trouverait-il donc à emprunter à 3 pour 100 si l'intérêt de l'argent n'est pas à ce taux?

Que le gouvernement cherche à emprunter à 3 pour 100 sans accroître le capital du prêteur, sans détourner la caisse d'amortissement de sa destination primitive, et il verra s'il trouvera de l'argent à 3 pour 100 : toute l'illusion est là; et c'est sur cette base fictive que pose un édifice chancelant. Le gouvernement, en empruntant à 3 pour 100, offre aux spéculateurs d'abord un accroissement énorme de capital, ensuite des chances de gain, par des opérations de bourse qui compensent, et bien au delà, la perte, pour eux très-légère, qu'ils font sur l'intérêt de leur capital. C'est une opération d'une nature toute différente qu'un placement ordinaire de fonds ; c'est une entreprise, c'est une aventure, c'est une loterie de joueur, où pourtant la fortune est assurée au banquier qui fait les fonds et qui tient les cartes.

Pour les particuliers, qui ne peuvent offrir de pareils avantages, l'intérêt de l'argent reste au taux naturel.

Voilà, Messieurs, ce que j'avais à vous exposer sur la première nécessité qui, dit-on, oblige à présenter le projet de loi. Je passe à l'examen de la seconde, savoir : qu'il faut se procurer des fonds qu'on puisse racheter au-dessous du pair, pour ne pas ruiner l'État ou pour ne pas consentir à ne jamais amortir la dette.

Je répéterai d'abord la question que j'ai faite au commencement de ce discours : ne peut-on pas racheter à un certain taux au-dessus du pair, et n'a-t-on pas même soutenu autrefois cette doctrine ? Je dis ensuite : Ne poussez pas vos fonds violemment au-dessus du pair par une caisse d'amortissement exagérée ; rendez aux contribuables ce qu'elle a de trop, ou servez-vous-en pour rembourser au pair le rentier ; diminuer l'impôt, c'est comme si vous réduisiez l'intérêt de la rente, et c'est le moyen le plus simple et le plus salutaire : vos fonds resteront où ils doivent être, quand votre amortissement sera en équilibre avec votre dette.

Je dis encore : Ne favorisez pas l'élévation fictive des effets publics, en éveillant la cupidité par des opérations de finances, qui présentent à l'agiotage des chances d'un gain démesuré ; n'accroissez pas le capital des sommes à payer, et vous ne serez pas obligés de faire les plus dangereux efforts pour hâter l'extinction de la dette, quand cette dette restera proportionnée à la richesse du pays.

Et qu'entend-on par ne plus racheter les fonds au-dessus du pair ? Nous avons vu plus haut que les 3 pour 100 embarrasseront bientôt autant que les 5. Convertir les 5 en 3 pour 100 à 75, afin de se donner la satisfaction de se servir d'une caisse d'amortissement trop forte, est une conception qui n'entre pas bien dans l'esprit. Que dirait-on d'un homme qui ferait des dettes pour avoir le plaisir de les racheter en empruntant ?

Telle est l'objection théorique que j'oppose à une théorie ; la réponse pratique sera encore plus simple.

Vous voulez des effets à un taux plus bas que les 5 pour 100 pour employer la caisse d'amortissement ? Eh bien ! qu'avez-vous besoin de convertir les 5 ? Ne venez-vous pas, par la loi d'indemnité, de créer une dette d'un milliard à l'intérêt de 3 pour 100 ? N'y a-t-il pas là de quoi employer votre caisse d'amortissement ? d'autant mieux que les 3 pour 100 de l'indemnité étant plus éloignés que les 3 pour 100 à 75, vous aurez plus de jeu pour le mouvement de cette caisse. Qu'avez-vous donc besoin de créer d'autres 3 pour 100 ? Épargnez-vous la perte d'un milliard en capital, qu'il vous en coûtera par la conversion des 5 pour 100 à 75, afin de mettre en jeu l'amortissement. Que peut-on répondre à ce fait ? je l'ignore, à moins que l'on n'avoue qu'il y a des embarras autres que ceux qui tiennent à la caisse d'amortissement.

Voyez, Messieurs, comme les esprits sont divers ! On soutenait hier à cette tribune qu'il fallait créer d'autres 3 pour 100, par la raison qu'on a créé des 3 pour 100 dans l'indemnité ; on semblait dire : « Puisque le mal est fait, ce n'est pas la peine de faire tant de compliments. » Et moi je dis qu'il ne faut plus créer de 3 pour 100, précisément parce qu'on a déjà un milliard de ces valeurs dans la loi d'indemnité.

Soutiendra-t-on qu'il faut d'autres 3 pour 100, afin de ne faire peser sur la France le poids d'un nouveau milliard de dettes, qu'en la soulageant d'un autre côté d'une partie de son fardeau ?

Je conçois que si vous pouviez diminuer les taxes, au moment où vous proclamez l'indemnité, ce serait à la fois un tour de force et un avantage financier et politique. Mais quoi ! c'est en convertissant les rentes 5 pour 100 en 3 pour 100 que vous prétendez dégrever les contribuables ? C'est aux dépens d'une classe de citoyens que vous dédommagez une autre classe de ce qu'elle payera à l'indemnité. Et pourquoi le rentier, lui qui donnera déjà sa part à l'indemnité par les impôts indirects, serait-il obligé de livrer encore une partie de sa rente à la masse des contribuables, de sorte qu'il se trouverait seul chargé des frais de l'indemnité ? Qu'a donc fait ce rentier pour le poursuivre ainsi ? Lui imputerez-vous à crime d'avoir cru à votre foi, de vous avoir prêté son argent, souvent à l'heure de votre détresse, aux jours de votre péril ? Vingt mille familles de rentiers dans Paris, de vieux domestiques retirés, de petits marchands, vivant à peine du fruit de leurs économies, doivent-ils porter toutes les rigueurs de nos combinaisons fiscales, afin que nous puissions nous vanter d'avoir dégrevé les peuples, lorsque nous leur reprenons d'une main ce que nous leur donnons de l'autre ? Voilà, certes, un étrange soulagement pour la nation, et qui doit la réconcilier puissamment à l'indemnité ! Laissez l'indemnité seule ; laissez-la pour ce qu'elle est, pour une dette qu'il faut acquitter en tout honneur et en toute justice ; elle vous donne des 3 pour 100 ; vous devez être satisfaits, si, encore une fois, il ne s'agit que de la caisse d'amortissement.

Ce que je viens de dire, Messieurs, nous amène naturellement à traiter des rapports existants entre les deux projets de loi des rentes et d'indemnité ; je réclame votre bienveillante attention.

Ces lois n'ont pas de connexité, dans ce sens que l'une n'est pas nécessaire à l'existence de l'autre ; que l'on pourrait rejeter l'une ou l'autre sans que celle qui demeurerait cessât de vivre. Mais supposez-vous ces deux lois votées, à l'instant leur union devient intime, union aussi fatale à l'indemnité sous les rapports financiers que sous les rapports moraux.

Je ne rentrerai point, Messieurs, dans tous les calculs que j'ai eu l'honneur de vous présenter lors de la discussion sur la loi d'indemnité. Qu'il me soit permis seulement de rappeler que les 5 pour 100, convertis en 3 à 75, arriveront à la négociation six semaines avant les 3 pour 100 des premières liquidations, et certainement bien longtemps avant qu'il y ait à la Bourse une masse considérable de ces 3 pour 100 ; les 5 pour 100 convertis en 3 pour 100 à 75, profiteront seuls des premiers effets de hausse au détriment des 3 pour 100 de l'indemnité : cela est si clair qu'il est inutile d'insister.

Il résulte de ce seul fait, sans parler de mille autres, que la conversion nuit à l'indemnité ; et il en résulte encore que si quelque chose peut rendre la loi de l'indemnité plus illusoire, c'est le projet de loi de la conversion de la rente.

Si ce projet était retiré, les 3 pour 100 de l'indemnité ne seraient plus devancés sur la place ; ils n'auraient plus à rencontrer la concurrence des 3 à 75 ; ils auraient pour eux toute la jouissance de l'amortissement. Si l'on peut espérer que les 3 pour 100 de l'indemnité montent jamais à leur pair nominal, et que la fiction du milliard se change jamais en réalité, c'est certainement dans ce système.

Et d'une autre part, le gouvernement, qui désire que les 5 pour 100 se convertissent en 3 pour 100, verra vraisemblablement ses souhaits s'accomplir ; car les capitalistes, porteurs des 5 pour 100 dont ils peuvent être engorgés, les convertiront en 3 pour 100 de l'indemnité, quand ces 3 pour 100, étant les seuls 3 pour 100 sur la place, auront à parcourir, soulevés qu'ils seront par la caisse d'amortissement, tous les degrés de 60 à 100, leur pair nominal. Vous ferez le bien de l'indemnisé sans dépouiller le rentier. Si celui-ci veut prendre des 3 pour 100 de l'indemnité, alors la conversion sera véritablement volontaire. Les 3 pour 100 de l'indemnité seront d'autant plus recherchés qu'ils seront rares, puisque, en supposant même que chaque cinquième des liquidations eût véritablement lieu chaque année pendant cinq ans, il n'y aurait, la première année, que 6 millions de rentes 3 pour 100 sur la place, en face d'une caisse d'amortissement qui, dès la première année, en rachèterait la moitié. Ainsi, l'indemnisé aurait un meilleur effet, le rentier ne serait plus dépouillé, et les capitalistes, auxquels l'État peut prendre un intérêt plus ou moins justifié, pourraient sortir de l'embarras où ils se trouvent.

Dans la séance dernière, une voix prépondérante confirmait l'opinion que j'exprime ici, en soutenant sa propre opinion. Elle vous disait, pour vous engager à adopter la conversion, que la caisse d'amortissement, ne rencontrant sur la place que les 3 pour 100 de l'indemnité, élèverait trop rapidement ces valeurs. Il faudrait, Messieurs, se résoudre à ce bien, si l'on ne pouvait l'empêcher. Il y aurait d'ailleurs des consolations : l'État serait plus vite libéré du milliard de l'indemnité et n'aurait plus un autre milliard à payer pour la conversion des 5 en 3 à 75 ; les 5 pour 100 deviendraient plus précieux. Enfin, si l'on voulait ne pas appliquer toute la caisse d'amortissement aux 3 pour 100 de l'indemnité, il serait facile d'employer une partie déterminée des fonds de cette caisse à rembourser des 5 pour 100 au pair, ou mieux encore à dégrever les contribuables.

Sous le rapport moral il n'y a personne qui ne sente l'immense avantage pour l'indemnisé de n'être plus exposé aux reproches dont la loi sur la dette publique semble offrir un fécond sujet.

Quoi ! pour dernière adversité la noblesse française, après tant de sacrifices, se verrait calomniée ? Ses injustes ennemis l'accuseraient de ne retrouver ce qu'elle a perdu si généreusement pour le trône, qu'aux dépens d'autres Français, eux-mêmes atteints par les malheurs de la révolution !

En vain l'on soutiendrait que les deux lois d'indemnité et de conversion ne seront pas dans leur exécution matériellement et moralement unies ; elles le seront : je l'ai déjà prouvé en parlant de la prétendue nécessité de convertir la rente pour obtenir un dégrèvement dans l'impôt. Qu'importe que les bénéfices faits sur le rentier n'aillent pas directement à l'indemnisé, s'ils sont donnés aux contribuables en dédommagement de ce que celui-ci payera à l'indemnisé ? Le contribuable n'est plus dans ce cas que l'intermédiaire qui transmet à l'indemnisé le tribut imposé au rentier : 30 millions à gagner sur les rentes, 30 millions à livrer à l'indemnité ; budget et loi des comptes, balance trop exacte de dépenses et de recettes !

L'indemnisé serait à l'abri de ces divers malheurs, si le projet de conversion n'obtenait pas, Messieurs, vos suffrages. Si, au contraire, vous l'adoptez, toutes les combinaisons changent ; il y a perte matérielle et morale pour tout le monde.

Les 3 pour 100 de l'indemnité, en concurrence avec les 3 pour 100 à 75, devancés et noyés sur la place dans la masse des 5 pour 100 convertis, ne pourront pas s'élever ; et s'ils ont pendant quelque moment un peu de faveur, ils retomberont bientôt, et de leur propre poids, et par suite de toutes les influences de bourse. Les 3 pour 100 à 75 éprouveront bientôt eux-mêmes une catastrophe inévitable.

Nous savons tous, Messieurs, que chacun a fait d'avance à peu près le même projet ; chacun s'est dit : « J'entrerai vite dans les 3 pour 100 à 75, et quand ils seront à 82, 83 et 84, je me hâterai d'en sortir en réalisant mon gain. »

Tout le monde, adoptant la même spéculation, et brûlant de sortir d'une nouvelle rente frappée de réprobation par tous les hommes versés en matière de finances, il en résultera une baisse forcée et considérable, au moment où l'on touchera le point regardé comme la limite fatale, comme la borne au delà de laquelle il y a péril.

Ce n'est pas tout : d'autres calculs font voir combien l'opération est dangereuse, même pour les 5 pour 100 convertis en 3 à 75.

D'après l'excellent rapport sur la caisse d'amortissement, il est prouvé que 25 à 30 millions de rentes déclassées 5 pour 100 flottent sur la place. Or, si ces 30 millions se précipitent dans la conversion, et que cette masse de 3 pour 100 à 75, augmentée des 3 pour 100 de l'indemnité, se trouvent à la Bourse, ce n'est pas 3 millions rachetés par an par la caisse d'amortissement qui peuvent avoir une influence sensible sur une somme de rentes aussi considérable.

Qui les achètera donc? Sera-ce les porteurs de ces rentes jouant entre eux? Il y a peu de capitaux français, et ce jeu ne mènera qu'à des ruines réciproques. Sera-ce les capitaux étrangers venant élever à la fois et les 3 pour 100 de l'indemnité, et les 4 et demi au pair, et les 5 pour 100 convertis en 3 pour 100 à 75? Mais ces capitaux n'arrivent presque plus; ils ont trouvé d'autres débouchés, le monde entier leur est ouvert; ils vont servir à exploiter les mines du Mexique, du Pérou et du Chili, à raviver les pêcheries de perles dans l'océan Pacifique, à joindre la mer du Sud à l'Atlantique, la Méditerranée à la mer Rouge. L'Angleterre a commencé dans son propre sein d'immenses travaux sur les mines, les chemins, les canaux, où d'autres capitaux trouvent de gros intérêts, sans sortir des limites de son île.

Un noble duc qui a le rare talent de donner à la langue des affaires ce degré d'ornement qui contribue à la clarté, le rapporteur de votre commission, vous a dit avec autant d'élégance que de précision : « Le taux de l'intérêt est haussé ; l'argent qui regorgeait de toutes parts à Londres est renchéri et recherché ; des métaux précieux sont embarqués ; ils s'étonnent de traverser une seconde fois l'Atlantique ; c'est le Pactole qui remonte vers sa source. »

Ce serait d'ailleurs, Messieurs, un singulier moyen d'attirer les capitaux étrangers, que de baisser le taux de nos effets publics. Les Anglais qui trouvent des 3 pour 100 chez eux viendront-ils en chercher en France? Quelques spéculateurs, peut-être, accourront pour jouer sur le capital, et quand ils auront fait monter un moment nos 3 pour 100 et réalisé leur gain, ils iront placer leur profit dans les 3 pour 100 de leur pays.

Tous les calculs comme tous les raisonnements portent à penser qu'en promettant des 3 pour 100 à 75, on a détruit la solidité des 5 pour 100, pour ne faire la fortune que de quelques spéculateurs, au détriment des rentiers, des indemnisés et des contribuables.

Les prêts par nos caisses publiques, les lingots déposés à la Banque, sont de grandes opérations particulières, mais qui nuisent peut-être aux opérations publiques, en donnant au mouvement de nos fonds une apparence d'affaire privée toujours impopulaire en matière de finances. S'il était vrai, ce que je n'affirme pas, que plusieurs millions en souverains (monnaie d'Angleterre) fussent arrivés dernièrement encore pour soutenir la liquidation et maintenir la hausse au moment de l'exécution de la loi, ces précautions ne contribueraient pas à rappeler la confiance qui semble s'éloigner de la conversion proposée.

Un noble pair a demandé si c'était le taux de la rente qui faisait l'agiotage, et si l'on ne jouerait pas autant dans les 5 que dans les 3 pour 100. Sans parler de la différence qui existe pour les spéculations entre un effet qui a passé le premier pair et un effet qui est beaucoup au-dessous; je me contenterai de faire observer qu'en multipliant les maisons de jeu et les espèces de jeux, on multiplie nécessairement les joueurs.

Une maladie financière assez semblable à une peste pour les gouvernements est née en Europe de la corruption de la révolution, et des limons qu'elle a laissés en se retirant. Cette maladie tue le crédit véritable, pour y substituer un crédit factice, connu sous le nom d'agiotage : ces emprunts qui se multiplient sur la surface du globe ; ces effets publics émis par les États à peine nés, et dont on sait à peine le nom ; cette masse de papiers de divers titres, de diverses sortes, cotés à toutes les bourses, négociés dans tous les pays, n'ont pour la plupart d'hypothèque que les promesses de la fortune. Qu'un régiment se mette en mouvement en Europe, le bruit de sa marche suffira seule pour faire tomber ces valeurs fictives, et amener une commune ruine. Défendons-nous donc, Messieurs, de cette maladie; restons appuyés sur notre sol, base de ce crédit solide, qui ne peut périr que de nos propres mains.

Les deux tableaux que je viens de tracer font connaître l'effet en bien pour les indemnisés, les rentiers, les capitalistes, les contribuables, du rejet du projet de loi de conversion, et l'effet en mal pour tous les intérêts, excepté pour ceux de l'agiotage, de l'adoption de ce projet.

Mais si le projet de loi était rejeté, n'y aurait-il pas une grande baisse dans les fonds publics?

Distinguons :

Il y a dans le projet de loi deux choses : une loi premièrement; mais des capitalistes embarrassés peuvent y voir secondement une affaire. Si le projet de loi est adopté, l'affaire est bonne pour ces capitalistes, mais la loi est mauvaise pour la France.

Les fonds monteront pendant quelque temps, les capitalistes profiteront d'abord du jeu, se retireront ensuite, et il y aura ruine prolongée pour notre malheureux pays.

Si le projet de loi n'est pas adopté, y aura-t-il baisse? Cela d'abord est fort douteux ; le rejet de l'amendement de M. le comte Roy, amendement qui était un véritable chef-d'œuvre, amendement qui détruisait les 3 pour 100 de l'indemnité, le rejet de cet amendement a-t-il fait monter ou baisser les fonds?

Mais supposons un moment la baisse par le rejet du projet de loi actuel : cette baisse, bien différente de celle qui résulterait un peu plus tard de l'adoption du projet, serait de très-courte durée, et n'affecterait pas les véritables rentiers, les fonds descendraient simplement à leur taux réel, et le cours fictif finirait.

Est-ce ici une assertion gratuite de ma part ? Écoutez le noble rapporteur de votre commission : « On a prétendu, dit-il, qui si le projet de loi était adopté, la place serait agitée de mouvements convulsifs....; qu'une hausse subite et factice serait bientôt suivie d'une baisse.... D'un autre côté, l'opinion générale est que si la loi est rejetée, une baisse immédiate et considérable en sera la conséquence. » Le savant rapporteur cherche à dissiper ces alarmes et ajoute : « Rappelez-vous ce qui est arrivé l'année dernière dans des circonstances semblables ; une baisse assez forte a suivi le rejet de la loi des rentes ; les 5 pour 100 qui s'étaient élevés au-dessus du pair sont retombés au-dessous : qu'en est-il résulté? Les rentiers des départements qui s'étaient presque tous retirés de la rente dans les prix élevés des premiers mois de l'année, ont jugé convenable d'y rentrer à un cours plus modéré. Des ordres partis de toutes les grandes places de commerce feraient bientôt remonter nos fonds à leur cours naturel. »

C'est ainsi, Messieurs, que s'explique la majorité de votre commission, en soutenant le projet de loi : vous ne révoquerez pas en doute cette autorité, si bien exprimée par son éloquent et noble organe.

Si donc il doit y avoir baisse dans le cas de l'adoption comme dans celui du rejet ; s'il faut se décider entre l'affaire et la loi, entre les capitalistes et la France, entre l'accident particulier et une catastrophe générale, mon choix, et sans doute le vôtre, Messieurs, est tout fait.

Ainsi le projet de loi dans son ensemble est désastreux, et ne peut produire aucun des avantages qu'on lui attribue.

Il enchaîne notre avenir politique, il augmente notre dette d'un milliard, il surcharge d'un tiers le capital de la caisse d'amortissement, il diminue de deux cinquièmes la force de l'intérêt composé, puisque l'amortissement sera surtout affecté au rachat des 3 pour 100 ; il nous forcera à emprunter postérieurement à 3 pour 100, ce qui fera croître nos dettes à venir de deux cinquièmes, et il attaque virtuellement le crédit public, en avilissant nos rentes destinées à devenir, sous leurs différents titres, des véhicules d'agiotage.

Les deux nécessités dont on veut faire sortir ce projet, la nécessité d'abaisser le taux de l'argent, la nécessité de mettre en mouvement la caisse d'amortissement, n'existent pas. Les 3 pour 100 sont créés dans la loi d'indemnité, ils suffisent; et le projet de loi de conversion rejeté, les indemnisés héritent de tous les bénéfices qui, dans l'autre cas, iraient aux seuls agioteurs, en ruinant le rentier et en augmentant le fardeau du contribuable.

Il ne me reste plus, Messieurs, qu'à développer quelques considérations générales.

Lors de l'apparition du système de Law, la magistrature et le sacerdoce élevèrent la voix ; le parlement fit des remontrances, l'Église tonna du haut de la chaire contre un système également subversif de l'ordre et de la morale publique. Aujourd'hui la France entière est appelée à la Bourse ; tous les genres de propriétés sont obligés de venir s'y perdre. Ceux qui voudraient éviter de jouer, la loi les y contraint par corps, les uns cédant aux tentations, les autres aux menaces. Toutes les classes de la société ont appris le bas langage de l'agiotage ; une inquiétude générale s'est emparée des esprits. On entend répéter de toutes parts cette question alarmante : « Où allons-nous ; que devenons-nous ? » On ne sait comment disposer de ce qu'on possède : se retirera-t-on d'une rente continuellement menacée ? Placera-t-on son argent en fonds de terre ? L'ensevelira-t-on dans ses coffres, en attendant de meilleurs jours ? La perplexité des propriétaires les précipite dans une multitude de spéculations hasardeuses, pour éviter une catastrophe que chacun pressent, et contre laquelle chacun veut se prémunir.

Et pourtant notre crédit s'affermissait tous les jours ! Encore quelque temps, et notre dette était réduite à ce qu'elle doit être pour nous rendre toutes nos forces ; et nous eussions fait alors des emprunts, s'il eût été nécessaire, et nous eussions eu des valeurs de différentes espèces, sans violence, sans aventure, sans engager et corrompre l'avenir de la France.

Aperçoit-on la plus petite raison satisfaisante pour toute cette agitation ? Pas la moindre. Un sage monarque disait : « A côté du besoin d'améliorer est le danger d'innover. » Cinq ans de repos auraient fait ce que vous prétendez faire par cinq ans d'inquiétudes et de périls ; l'intérêt aurait baissé par l'élévation naturelle d'une rente respectée. Nous sommes réduits à désirer que l'Europe nous laisse tranquilles pendant cinq ans, pour ébranler nous-mêmes en paix nos fortunes pendant cinq ans. Ou des événements forceront l'Europe à ne pas écouter nos vœux, ou, applaudissant à notre impuissance volontaire, elle règlera sans nous le sort du monde.

Toute la question se réduit à ce peu de mots : si la mesure est nécessaire, si l'État ne peut être sauvé que par cette mesure, il faut la prendre, il faut courir toutes les chances de l'avenir, priant Dieu qu'elles soient assez favorables pour nous faire échapper aux écueils que multipliera autour de nous un pareil projet de loi.

Mais si cette mesure n'est pas nécessaire, s'il n'y a pas de péril dans la demeure, s'il n'y va pas de notre existence sociale ; si, au contraire, nous trouvions notre sûreté extérieure et notre indépendance, comme nation, à ne rien changer ; si nous trouvions notre prospérité intérieure, et l'affermissement du trône et de l'autel, à laisser nos fortunes et nos existences en repos pendant quelques années, ne serait-ce pas folie de tenter, de propos délibéré, une opération désastreuse en elle-même et au milieu de laquelle peuvent encore nous surprendre les événements renfermés dans un temps qui s'approche rapidement de nous?

Veuille le ciel que mon opinion soit erronée! Mais je pense que la loi actuelle, combinée avec la loi d'indemnité, peut ouvrir sous nos pas des abîmes. Certes, des ministres, si sincèrement dévoués à leur auguste maître, ont dû se faire une cruelle violence, ont dû étrangement souffrir de venir nous demander la conversion des rentes dans les circonstances où nous sommes. Au commencement d'un règne nouveau, à la première session de ce règne, était-ce bien le moment d'embrasser des mesures qui ébranlent le crédit, détruisent la confiance, alarment et divisent les citoyens ?

L'huile sainte qui coula sur le front de Louis IX, de François I*er*, de Henri IV, de Louis XIV, va couler sur la tête de Charles X : quelle époque pour toucher à la dette publique, que celle d'une cérémonie qui consacra, il y a treize cent vingt-neuf ans, la fondation de l'empire des rois très-chrétiens! cérémonie que l'usurpation même crut devoir adopter pour emprunter à la religion l'air du pouvoir légitime. La monarchie va, pour ainsi dire, renaître dans son berceau, à ce baptistère de Clovis où j'eus le bonheur de l'appeler le premier, quand un roi-chevalier vint nous consoler de la perte d'un roi-législateur. Lorsque Paris, qui jadis avait vu notre prince orné de toutes les grâces de la jeunesse, le revit paré de toute la dignité du malheur, ce n'était encore qu'un simple Français, *qu'un Français de plus* parmi nous : aujourd'hui c'est un monarque ; car cette France remplie de gloire a toujours des couronnes à donner ou à rendre. Ah! qu'il eût été facile d'offrir au cœur compatissant et paternel de Charles X, des moyens bien différents de ceux par lesquels on nous invite à signaler son avénement au trône! Que ne laissait-on déborder la joie populaire? Faudra-t-il que quelques voix plaintives se mêlent à des bénédictions, qui pourtant sortiront encore du fond des cœurs les plus attristés?

Si, à l'intérieur de la France, le moment est mal choisi pour courir les terribles aventures du projet de loi, l'est-il mieux dans l'ordre de la société générale? On nous dit que rien ne menace notre tranquillité. Peut-être la politique du moment est-elle stagnante, et il serait facile d'assigner les causes de cet engourdissement : mais il y a une grande politique, qui sort de l'esprit, des mœurs et des événements du siècle; qui doit entrer dans tous ses calculs, s'il veut se rendre maître des destinées de son pays.

Jetez les yeux sur l'Europe, vous n'y verrez plus que des royaumes, des institutions, des hommes mutilés dans cette lutte à main armée entre les principes anciens et les principes modernes des gouvernements. Les limites des États, le cercle des constitutions, la barrière des mœurs, les bornes des idées, sont déplacées; rien n'est assis; rien n'est stable, rien n'est définitif; tous les peuples semblent attendre encore quelque chose. Il y a trêve entre les principes, mais la paix n'est pas faite; ce qui se passe en Grèce et dans un autre univers augmente les embarras du traité. Les vieux soldats, fatigués d'une mêlée sanglante, veulent le repos; mais les générations nouvelles arrivent au camp, et sont impatientes de partir. La tranquillité du monde tient peut-être au plus petit événement.

Et lorsqu'en France tout recommence à peine, que chaque élément n'a pas encore repris sa place; lorsqu'au mouvement général qui entraîne la société nous joignons notre mouvement intérieur; lorsque entre les crimes du passé et les fautes du présent nous vacillons sur un terrain remué, labouré, déchiré par le soc révolutionnaire; sans avoir égard à cette position déjà si difficile, nous nous précipiterions tête baissée dans des projets qui sont à eux seuls des révolutions! La restauration a bâti sur les débris de notre antique monarchie le seul édifice qui puisse s'y maintenir, la Charte : il dépend de nous d'y vivre à l'abri de tout malheur; mais ce n'est pas en admettant les mesures qu'on nous propose. L'expérience, Messieurs, doit nous avoir appris que tout va vite dans ce pays, que beaucoup de siècles peuvent se renfermer dans peu d'années. Deux avenirs plus ou moins éloignés existent pour la France : l'un ou l'autre peut sortir de l'urne où vous déposerez bientôt vos suffrages.

Le système de Law et les réductions de l'abbé Terray contribuèrent à la ruine de la monarchie; les assignats en tombant précipitèrent la république; les banqueroutes de Buonaparte préparèrent la chute de l'empire. Que tant d'exemples nous avertissent. Qui bouleverse les fortunes bouleverse les mœurs, qui attaque les mœurs ébranle la religion, qui ébranle la religion perd les États.

Il nous importe, Messieurs, de sauver le gouvernement d'une grande méprise dans laquelle les dépositaires de l'autorité ne sont tombés, sans doute, que par le louable désir d'accroître la prospérité publique. Qu'ils ne dédaignent pas, dans l'illusion du pouvoir, des prévoyances salutaires, parce qu'elles leur sembleraient sortir d'une bouche suspecte; qu'ils rendent justice à ceux qui, en évitant de blesser, et respectant toutes les convenances, expriment avec ménagement, mais avec sincérité, des choses qu'ils croient utiles au roi et à la patrie.

Nobles pairs, supplions les ministres de Sa Majesté de retirer un projet funeste. Toutefois, s'ils se trouvaient trop engagés, s'ils se croyaient obligés de renoncer à cet honneur, nous, nous n'aurions plus qu'à suivre ce qui me semble la route du devoir. De même que nous n'avons point écouté les cris des partis contre le principe d'une loi de propriété et de justice, tout en reconnaissant les vices multipliés des détails; de même que nous pouvons secourir l'autorité qui s'égare en croyant faire le bien : prêtons l'oreille à des plaintes trop motivées; mettons à l'abri le rentier, en honorant le sort de l'indemnisé. L'adoption de la loi d'indemnité sera pour les garanties monarchiques; le rejet de la loi des rentes sera pour les garanties nationales : notre place est sur les marches du trône entre le roi et ses peuples.

Je vote contre le projet de loi.

DISCOURS

SUR L'INTERVENTION

PRONONCÉ

DANS LA CHAMBRE DES PAIRS[1], EN MAI 1823.

On m'a sommé, Messieurs, de répondre à des questions qu'on a bien voulu m'adresser. On a accusé mon silence; je vais vous en exposer les raisons, et peut-être vous paraîtront-elles avoir quelque valeur.

Un noble comte aurait voulu, Messieurs, qu'à l'exemple de l'Angleterre nous eussions déposé sur le bureau les pièces officielles relatives aux affaires d'Espagne. On n'avait pas besoin d'en appeler à cet exemple. La publicité est de la nature même du gouvernement constitutionnel; mais on doit garder une juste mesure, et surtout il ne faut jamais confondre les temps, les lieux et les nations.

Si le gouvernement britannique n'est pas, sous quelque rapport, aussi circonspect que le nôtre doit l'être, il est évident que cela tient à la différence des positions politiques.

[1] Ce discours a été prononcé par l'auteur en qualité de ministre des affaires étrangères.

En Angleterre, la prérogative royale ne craint pas de faire les concessions les plus larges, parce qu'elle est défendue par les institutions que le temps a consacrées. Avez-vous un clergé riche et propriétaire? Avez-vous une Chambre des pairs qui possède la majeure partie des terres du royaume, et dont la Chambre élective n'est qu'une sorte de branche ou d'écoulement? Le droit de primogéniture, les substitutions, les lois féodales normandes, perpétuent-elles dans vos familles des fortunes pour ainsi dire immortelles? En Angleterre l'esprit aristocratique a tout pénétré : tout est priviléges, associations, corporations. Les anciens usages, comme les antiques lois et les vieux monuments, sont conservés avec une espèce de culte. Le principe démocratique n'est rien ; quelques assemblées tumultueuses qui se réunissent de temps en temps, en vertu de certains droits de comtés, voilà tout ce qui est accordé à la démocratie. Le peuple, comme dans l'ancienne Rome, client de la haute aristocratie, est le soutien et non le rival de la noblesse. On conçoit, Messieurs, que dans un pareil état de choses, la couronne en Angleterre n'a rien à craindre du principe démocratique ; on conçoit aussi comment des pairs des trois royaumes, comment des hommes qui auraient tout à perdre à une révolution, professent publiquement des doctrines qui sembleraient devoir détruire leur existence sociale : c'est qu'au fond ils ne courent aucun danger. Les membres de l'opposition anglaise prêchent en sûreté la démocratie dans l'aristocratie : rien n'est si agréable que de se donner les discours populaires en conservant des titres, des priviléges et quelques millions de revenu.

En sommes-nous là, Messieurs, et présentons-nous à la couronne de pareilles garanties? Où est l'aristocratie dans un État où le partage égal anéantit la grande propriété, où l'esprit d'égalité n'avait laissé subsister aucune distinction sociale, et souffre à peine aujourd'hui les supériorités naturelles?

Ne nous y trompons pas : il n'y a en France de monarchie que dans la couronne : c'est elle qui, par son antiquité et la force de ses mœurs, nous sert de barrière contre les flots de la démocratie. Quelle différence de position! En France, c'est la couronne qui met à l'abri l'aristocratie ; en Angleterre, c'est l'aristocratie qui sert de rempart à la couronne : ce seul fait interdit toute comparaison entre les deux pays.

Si donc nous ne défendons pas la prérogative royale, si nous laissons les Chambres empiéter sur cette prérogative, si le gouvernement croit devoir céder à toutes les interpellations qui lui sont faites, apporter tous les documents que l'opposition croira pouvoir lui demander, vos institutions naissantes seront promptement renversées, et la révolution rentrera dans ses ruines.

J'ai peur, Messieurs, d'avoir fatigué votre patience par ces développements un peu longs. Il m'était nécessaire d'établir solidement que ce n'est ni par ignorance de la constitution, ni par abus de pouvoir, que le gouvernement n'a pas imité l'Angleterre, mais pour conserver à la prérogative royale cette force qui supplée à celle qui manque encore à nos institutions. Cette vérité une fois posée, je ne fais aucune difficulté d'examiner les autres objections.

Un noble comte a cru devoir reproduire tout ce qu'on a dit contre le congrès de Vérone. Un noble duc, que vous venez d'entendre, est entré dans cette question avec la candeur, la noblesse, la sincérité qui le caractérisent. Je pourrais donc me dispenser de répondre ; mais je demanderai le permission de joindre quelques réflexions à celles du noble duc.

La préoccupation de nos adversaires les a fait tomber dans une singulière erreur ; ils partent toujours du dernier congrès comme du commencement de tout en politique. Mais, Messieurs, les transactions de Vérone ne sont point le principe et la cause de l'alliance, elles en sont la conséquence et l'effet : l'alliance prend sa source plus haut. On peut dire qu'elle remonte jusqu'au congrès de Vienne ; et lorsque M. le prince de Talleyrand a donné, au nom du roi, son assentiment à l'union des grandes puissances contre l'invasion de Buonaparte, il a réellement posé les premiers fondements de l'alliance. Régularisée au congrès d'Aix-la-Chapelle, cette alliance, toute défensive contre les révolutions, a pris ses développements naturels dans les congrès qui se sont succédé. Les puissances y ont examiné ce qu'elles avaient à espérer ou à craindre des événements : cette politique en commun a l'avantage de ne plus permettre à des cabinets de poursuivre des intérêts particuliers et de cacher des vues ambitieuses dans le secret de la diplomatie.

Ainsi tombe, Messieurs, par cette grande explication, tout l'échafaudage qu'on a prétendu élever autour du congrès de Vérone. On voit encore par là que la France n'a point amené à Vérone la question de l'Espagne comme une chose à laquelle personne ne pensait. L'établissement de notre armée d'observation nous obligeait d'en exposer les motifs à nos alliés, et la révolution d'Espagne n'était pas une chose assez inconnue, assez insignifiante, pour qu'elle ne se présentât pas dans la série des affaires de l'Europe : il y avait déjà longtemps qu'elle avait fixé l'attention des cabinets; on en avait parlé à Troppau et à Laybach ; et avant d'être examinée à Vérone, elle avait occupé les conférences de Vienne. Que la France, plus particulièrement menacée, et craignant d'être obligée tôt ou tard de recourir aux armes, ait voulu connaître le parti que prendraient les alliés, le cas d'une guerre avenant, elle a agi selon les règles d'une simple prudence.

Remarquez bien, Messieurs (et ceci répond péremptoirement à un noble baron), que les questions posées à Vérone par un noble duc sont éventuelles, hypothétiques ; elles laissent aux cours à qui elles sont faites le libre exercice de leur volonté ; elles ne demandent rien, ne sollicitent rien dans le sens positif. Chaque cour pouvait répondre ce qu'elle voulait, et tel a été le cas : l'une pouvait dire : *J'agirai comme la France;* l'autre, *je resterai neutre;* une troisième aurait pu même se déclarer ennemie. Il est impossible de ne pas reconnaître dans cette conduite une politique franche qui va droit au but et cherche seulement à connaître sa position extérieure pour proportionner ses moyens aux événements.

Enfin, Messieurs, et je l'ai déjà remarqué, voudrait-on que la France fût séparée de tous les autres peuples, qu'elle fût abandonnée au milieu de l'Europe? Si elle était attaquée, ne devrait-elle avoir aucun allié ? Une nation civilisée a-t-elle jamais existé dans un tel état d'isolement? L'Angleterre elle-même ne se réunit-elle pas dans plusieurs points à l'alliance, et n'a-t-elle pas aussi ses traités particuliers? Par exemple, ne doit-elle pas défendre le Portugal, si le Portugal était exposé à une agression? Vous voyez, Messieurs, comment les objections s'évanouissent quand on les examine de près.

D'ailleurs, qu'est-ce que les papiers publiés en Angleterre vous ont appris? Rien de nouveau, rien que je n'eusse déjà dit et expliqué à la tribune ; mais du moins ils font voir une chose, c'est que les doctrines secrètes du gouvernement ont été parfaitement d'accord avec ses doctrines publiques ; qu'il n'est pas échappé à un ministre, ni dans ses dépêches, ni dans ses conversations confidentielles, un seul mot qui ne montrât le plus sincère désir de maintenir la paix, qui ne fît voir la plus réelle sollicitude pour la liberté et le bonheur de l'Espagne. Y avez-vous remarqué les principes du pouvoir absolu, de l'intolérance religieuse, les vœux de l'ambition et de l'intérêt? Ces deux mots, *paix* et *honneur,* se retrouvent partout ; et si la faction qui domine l'Espagne ne nous a pas permis de les concilier, ce n'est pas la faute de la France.

Un noble pair veut savoir s'il a été conclu des traités en vertu desquels les étrangers doivent entrer en France. Je lui répondrai ce que j'ai déjà répondu à la Chambre des députés : Jamais.

On nous fait un crime de toute chose. Une junte fait une proclamation : quoique cette proclamation ait été imprimée de diverses manières, quoique nous ayons cent fois déclaré que nous ne nous mêlerions en rien de la politique intérieure de l'Espagne, quoique la proclamation de monseigneur le duc d'Angoulême soit le seul document que nous puissions reconnaître, n'importe, nous répondrons de tout ce qui se fera, de tout ce qui se dira en Espagne.

Il faut que nous touchions encore la question la plus délicate en politique, il faut que nous disions ce que nous pensons sur les colonies espagnoles, que nous prononcions sans façon et sur-le-champ sur l'avenir de l'Amérique, afin que l'on voie si dans nos réponses nous ne heurtons pas quelques-uns de ces intérêts si divers et si compliqués.

Autre grief : si nous voulions sincèrement la paix, que n'avons-nous accepté la médiation de l'Angleterre?

Nous n'avons jamais refusé ses bons offices pour un accord amical; quant à la médiation, nous n'avions de jugement à subir de personne. L'Angleterre n'aurait pas pu peser nos torts, puisque nous n'en avions pas envers l'Espagne, et que nous ne pouvions pas consentir à établir l'arbitrage entre la révolution et la légitimité. La France est reconnaissante de la bienveillance qu'on lui témoigne, mais elle prendra toujours soin de prononcer elle-même sur tout ce qui concerne sa dignité et son honneur.

Après tout, Messieurs, le moment approche où les événements vont décider la question; mais il est clair que si, comme on l'a prétendu, la guerre d'Espagne était d'abord impopulaire, elle se popularise tous les jours depuis que les hostilités sont commencées, et surtout depuis qu'on a prodigué à la France des outrages qui ont retenti dans tous les cœurs français.

N'imitons point, Messieurs, ces exemples; les gouvernements représentatifs deviendraient impossibles si les tribunes se répondaient : les récriminations imprudentes auraient bientôt changé l'Europe en champ de bataille. C'est à nous à donner l'exemple de la modération parlementaire. On a fait des vœux contre nous : souhaitons la prospérité à toute puissance avec laquelle nous conservons des relations amicales. On a osé élever la voix contre le plus sage des rois et contre son auguste famille. Qu'avons-nous à dire du roi d'Angleterre, sinon qu'il n'y a point de prince dont la politique soit plus droite et le caractère plus généreux; point de prince qui par ses sentiments, ses manières et son langage, donne une plus juste idée du monarque et du gentilhomme? On a traité avec rigueur les ministres français. Je connais les ministres qui gouvernent aujourd'hui l'Angleterre, et ces personnages éminents sont dignes de l'estime et de la considération dont ils jouissent. J'ai été l'objet particulier des insultes : qu'importe, si vous trouvez, Messieurs, que je ne les ai méritées que pour avoir bien servi mon pays? Ne craignez pas que ma vanité blessée puisse me faire oublier ce que je dois à ma patrie; et quand il s'agira de maintenir la bonne harmonie entre deux nations puissantes, je ne me souviendrai jamais d'avoir été offensé.

Au surplus, on a posé un principe que je ne puis adopter dans toute sa rigueur et sans restriction, car il établirait la société sur le droit physique ou le droit de la force, et non sur le droit moral : je crois que les décisions de la justice doivent passer avant les décrets d'une majorité qui peuvent quelquefois être injustes. Mais j'adopte dans le cas particulier où nous sommes ce droit de la majorité. Les hommes respectables qui blâment l'intervention armée de la France disent donc que cette intervention sera justifiée si la majorité espagnole se prononce en notre faveur. Alors, Messieurs, notre cause est gagnée, même aux yeux de nos adversaires.

L'erreur qui fait le fond de tous les raisonnements contre la guerre d'Espagne, vient d'avoir éternellement comparé l'invasion de Buonaparte à la guerre que nous avons été obligés d'entreprendre contre la faction militaire de l'île de Léon. Buonaparte fit la guerre la plus injuste, la plus violente au roi et à la nation espagnole ; nous, nous prenons les armes pour ce même roi et cette même nation. On nous a prédit tous les malheurs qui suivirent l'invasion de l'usurpateur, comme si la position était la même pour l'intervention tout amicale d'un roi légitime.

Sans doute, si nous prétendions agir comme Buonaparte, quatre cent mille hommes et quatre cent millions ne suffiraient pas ; mais voulons-nous suivre son exemple ? Remarquez, Messieurs, dès nos premiers pas en Espagne, une différence de fait qui détruit toutes les comparaisons de nos adversaires.

Dans la guerre de Buonaparte, presque toutes les villes fortifiées qu'il avait d'abord occupées comme allié étaient pour lui, parce qu'il y avait mis garnison ; mais toutes les populations des campagnes étaient contre lui. Aujourd'hui, c'est précisément le contraire : les villes où les Cortès ont jeté quelques soldats nous ferment les portes, mais le peuple entier des campagnes et des villes ouvertes est pour nous. Non-seulement le peuple et le paysan sont pour nous, mais ils nous regardent comme leurs libérateurs : ils embrassent notre cause, ou plutôt la leur, avec une ardeur qui ne laisse aucun doute sur les sentiments de l'immense majorité espagnole. Les paysans servent eux-mêmes de guides à nos soldats. Dans ce même pays où nos officiers ne pouvaient voyager sans escorte, sans courir risque de la vie, ces mêmes officiers voyagent seuls comme en pleine paix, trouvant partout assistance, et sont salués sur la route par les cris de *vive le roi!* Les particuliers et les fonctionnaires publics s'empressent de donner aux commandants français les lieux où les troupes des Cortès, en se dispersant, ont caché leur argent, leurs munitions et leurs armes.

Il ne se formera point, ou il ne se formera que peu de guérillas ; car c'étaient les paysans qui formaient ces guérillas, et ces paysans sont pour nous. Ils seraient les premiers à s'armer contre les bandes qui pourraient rester des troupes des Cortès : on en a déjà vu des exemples.

Je ne dois point oublier qu'un noble comte qui soutient le principe de la guerre d'Espagne l'appuie sur la raison politique que c'est une guerre d'influence. Je suis obligé de lui déclarer que telle n'est point la pensée du gouvernement. Nous ne prétendons rétablir avec l'Espagne aucun des traités détruits à jamais par le temps. Nous combattons seulement pour nous soustraire au retour des maux dont nous avons été trente ans les victimes.

La question, Messieurs, n'a jamais été pour nous de savoir ce que nous avions à gagner en prenant les armes, mais ce que nous avions à perdre en ne les prenant pas; il y allait de notre existence; c'était la révolution, qui, chassée de la France par la légitimité, voulait y rentrer de force.

Il a donc fallu nous défendre : le bruit de toutes les déclamations n'a pu étouffer cette voix intérieure qui nous disait que nous étions en danger. Non-seulement nous le sentions, mais nos ennemis le voyaient, et leur indiscrète joie, d'un bout de l'Europe à l'autre, trahissait leur espérance. De cette nécessité qui nous a mis les armes à la main sortira, j'ose le dire, un bien immense. Vous le savez, Messieurs, tous les efforts révolutionnaires s'étaient tournés contre notre armée; on n'avait pu soulever le peuple, on voulait corrompre le soldat.

Que de tentatives faites sur nos troupes! que de complots toujours déjoués et sans cesse renaissants! On employait jusqu'au souvenir de la victoire pour ébranler cette fidélité : de là cette fatale opinion (que, grâce à Dieu, je n'ai jamais partagée), de là, dis-je, cette opinion qu'il nous serait impossible de réunir dix mille hommes sans nous exposer à une révolution. On ne nous menaçait que de la cocarde tricolore, et l'on affirmait qu'à l'apparition de ce signe aucun soldat ne resterait sous le drapeau blanc. De cette erreur, adoptée même par des hommes d'État, résultait, pour la France, une faiblesse qui nous livrait sinon au mépris, du moins à la volonté de l'Europe.

Eh bien! Messieurs, l'expérience a été faite, et, comme je n'en avais jamais douté, elle a parfaitement réussi. Le coup de canon tiré à la Bidassoa a fait évanouir bien des prestiges, a dissipé bien des fantômes, a renversé bien des espérances. Huit années de paix avaient moins affermi le trône légitime sur ses bases que ne l'ont fait vingt jours de guerre. Un roi qui, après nous avoir rendu la liberté, nous rend la gloire; un prince qui est devenu au milieu des camps l'idole de cent mille soldats français, n'ont plus rien à craindre de l'avenir. L'Espagne délivrée de la révolution, la France reprenant son rang en Europe et retrouvant une armée, la légitimité acquérant la seule force qui lui manquait encore, voilà, Messieurs, ce qu'aura produit une guerre passagère que nous n'avons pas voulue, mais que nous avons acceptée.

Ces grandes considérations devraient faire cesser toutes divisions politiques; nous devrions imiter ces vieux compagnons de Conegliano, ces vétérans de l'armée de Condé, qui dorment aujourd'hui sous la même tente, et qui n'ont plus qu'un même drapeau.

DISCOURS

SUR

LES DÉBATS DU PARLEMENT D'ANGLETERRE,

PRONONCÉ

A LA CHAMBRE DES PAIRS, LE 26 DÉCEMBRE 1826.

Dans la déclaration que M. le ministre des affaires étrangères a cru devoir faire connaître, j'ai été étonné du silence que le noble ministre a gardé sur les discours prononcés dernièrement dans le parlement d'Angleterre. Je respecte cette prudence, bien que je n'en comprenne pas les motifs; mais moi, sur la tête de qui aucune responsabilité ne pèse, si ce n'est comme pour tout Français, la responsabilité de mon pays, je dirai franchement ce que M. le ministre des affaires étrangères a cru devoir omettre.

Vous vous souvenez peut-être, Messieurs, de m'avoir vu repousser, comme ministre, à cette tribune, des outrages adressés au nom français, dans le parlement anglais. Les généreuses victoires de monseigneur le dauphin répondraient bien mieux et bien plus haut que nos vaines paroles aux déclamations de nos adversaires.

Aujourd'hui les choses sont bien changées : je n'eus à combattre, en 1823, que l'opposition anglaise; en 1826, c'est le principal ministre de Sa Majesté Britannique qui dépasse dans la carrière les membres de cette opposition; ma tâche est pénible, ce ministre fut mon honorable ami; j'admire ses talents, je respecte sa personne; mais il me pardonnera, j'espère, d'essayer de faire pour mon pays ce qu'il a trop bien fait pour le sien.

Il faut d'abord, Messieurs, que je m'exprime nettement sur le fond de l'affaire de Portugal.

Je ne reconnaîtrai jamais à des soldats le droit de faire et de défaire des institutions politiques, de proclamer et de détrôner des rois ; j'aime peut-être mieux la Charte portugaise que les ministres anglais eux-mêmes, qui en parlent presque dérisoirement, et qui ont cru devoir rappeler sir Charles Stuart de sa mission, pour avoir envoyé cette Charte à Lisbonne. Je pense que l'indépendance appuie l'indépendance, qu'un peuple libre est une garantie pour un autre peuple libre ; je crois qu'on ne renverse pas une constitution généreuse, quelque part que ce soit sur le globe, sans porter un coup à l'espèce humaine tout entière.

Cette large part faite à mes principes, j'entre avec hardiesse dans l'examen du document qui nous est venu d'outre-mer.

Le ministre de Sa Majesté Britannique a commencé son discours par l'inventaire des traités qui lient l'Angleterre au Portugal : il aurait pu en citer davantage ; il aurait pu parler de l'alliance de la maison de Lancastre avec l'ancienne maison de Portugal ; mais alors nous aurions pu lui dire que la maison de Bragance tire son origine de la maison de France. Pourquoi se tant effaroucher de nos liaisons avec l'Espagne, quand on fait un si fastueux étalage des rapports que l'on a eus dans tous les temps avec le Portugal? Et nous, n'avons-nous pas des traités qui nous enchaînent à l'Espagne? Sans remonter à la reine Brunehaut, à Charlemagne et à la mère de saint Louis, n'avons-nous pas le traité du roi Jean et de Pierre, roi de Castille, en 1354, pour le mariage de Blanche de Bourbon ; le traité de Charles V et de Henri II le Magnifique, roi de Castille, en 1368 ; le renouvellement de la même alliance en 1380 ; le traité de Charles VI et de Jean, roi de Castille, en 1387, contre l'Angleterre, et renouvelé en 1408 ; le traité entre Louis XI et Henri, roi de Castille et de Léon, en 1469 ; un autre traité avec Ferdinand et Isabelle, roi et reine de Castille, en 1478? Louis XII renouvela ce traité en 1498. Germaine de Foix, nièce de Louis XII, fut promise en mariage à Ferdinand, roi d'Espagne, en 1503 Autre traité d'alliance.

Le traité du 13 octobre 1640 avec Louis XIII et la principauté de Catalogne, et les conditions de Barcelone du 19 septembre 1641, nous donnèrent des droits sur la Catalogne ; puis viennent le fameux traité des Pyrénées du 7 mars 1659, le contrat de mariage de Louis XIV, du 7 novembre de la même année ; tous les traités qui accompagnèrent et suivirent la guerre de la Succession de 1701 à 1713 ; et enfin le pacte de famille en 1761, qui, par son article 8, déclare que les États respectifs doivent être regardés et agir comme s'ils ne faisaient qu'une seule et même puissance. Que le pacte de famille ait été annulé par les derniers traités, cela est vrai jusqu'à un certain point ; mais il n'est pas du tout clair que ces mêmes traités avaient maintenu toutes les conventions antérieures entre l'Angleterre et le Portugal.

Au reste, qu'est-ce que cette érudition diplomatique prouve des deux côtés? Rien du tout ; elle n'établit pas plus notre droit nouveau de nous mêler des affaires d'Espagne, qu'elle ne confirme le droit que l'Angleterre prétend avoir de s'immiscer dans les affaires *intérieures* du Portugal : nos droits respectifs se tirent tout simplement de part et d'autre de nos intérêts essentiels. On parle beaucoup d'un *casus fœderis*, lequel serait arrivé. Un membre de l'opposition anglaise a très-bien répondu qu'il ne voyait pas comment la révolte de deux régiments portugais établissait le *casus fœderis*. On cherche des coupables, les Espagnols sont derrière l'insurrection portugaise : si ce ne sont les Espagnols, ce sont les Français ; pourquoi pas les

Autrichiens? Don Miguel n'est-il pas à Vienne? Dans ce pays-là on n'aime pas beaucoup les Chartes : pourquoi la colère du cabinet anglais ne se tourne-t-elle pas de ce côté? Pourquoi, Messieurs? il y a de bonnes raisons pour cela; ces raisons sont les mêmes qui font que le libéralisme anglais porte le bonnet de la liberté à Mexico et le turban à Athènes.

Mais tandis qu'on proclame le *casus fœderis*, s'il arrivait, ce qui n'est nullement probable, que Lisbonne tombât aux mains du marquis de Chaves, et que les Anglais, au lieu d'y trouver un allié, n'y trouvassent qu'un ennemi; s'il fallait entrer de force en Portugal, n'est-il pas clair qu'au lieu *d'alliance et d'occupation* il y aurait *conquête*, et conquête sur les seuls Portugais? Que deviendrait alors le *casus fœderis?* La question politique sera entièrement changée pour l'Europe.

Je viens maintenant, Messieurs, à la partie des discours qui nous regardent particulièrement; il faut rapporter les textes : « Je ne puis que redouter la guerre quand je pense au pouvoir immense de ce pays, quand je pense que les mécontents de toutes les nations de l'Europe sont prêts à se ranger du côté de l'Angleterre.

« Un des moyens de redressement était une guerre contre la France; il y avait encore un autre moyen : c'était de rendre la possession de ce pays inutile entre des mains rivales; c'était de la rendre plus qu'inutile; c'était enfin de la rendre préjudiciable au possesseur; j'ai adopté ce dernier moyen. Ne pensez-vous pas que l'Angleterre ait trouvé en cela une compensation pour ce qu'elle a éprouvé en voyant entrer en Espagne l'armée française, et en voyant bloquer Cadix?

« J'ai regardé l'Espagne sous un autre aspect; j'ai vu l'Espagne et les Indes; j'ai dans ces dernières contrées appelé à l'existence un nouveau monde, et j'ai ainsi réglé la balance; j'ai laissé à la France tous les résultats de son invasion.

« J'ai trouvé une compensation pour l'invasion de l'Espagne, pendant que je laisse à la France son fardeau, fardeau dont elle voudrait bien se débarrasser, et qu'elle ne peut porter sans se plaindre. C'est ainsi que je réponds à ce qu'on a dit sur l'occupation de l'Espagne... Je sais, dis-je, que notre pays verra se ranger sous ses bannières, pour prendre part à la lutte, tous les mécontents et tous les esprits inquiets du siècle, tous les hommes qui, justement ou injustement, ne sont pas satisfaits de la condition actuelle de leur patrie.

« L'idée d'une pareille situation excite toutes les craintes; car elle montre qu'il existe un pouvoir entre les mains de la Grande-Bretagne plus terrible peut-être qu'on n'en vit jamais en action dans l'histoire de la race humaine. (Écoutez!) Mais est-il bon d'avoir une force gigantesque; il peut y avoir de la tyrannie à en user comme un géant : la conscience de posséder cette force fait notre sécurité; et notre affaire est de ne point chercher d'occasion de la déployer, excepté partiellement et d'une manière suffisante pour faire sentir qu'il est de l'intérêt des deux côtés de se garder de convertir leur arbitre en compétiteur. (Écoutez !) La situation de notre pays peut être comparée à celle du maître des vents telle que la décrit le poëte,

Celsa sedet Æolus arce.
. . . .

« Voici donc la raison, raison inverse de la crainte, contraire à l'impuissance, qui me fait appréhender le retour de la guerre, etc. »

Ces paroles ne peuvent que nous attrister profondément; c'est la première fois que des aveux aussi dédaigneux, que des malédictions aussi franches ont été prononcées à une tribune publique; ni les Chatam, ni les Fox, ni les Pitt, n'ont exprimé contre la France des sentiments aussi pénibles. Lorsque lord Londonderry faisait au parlement anglais le récit de la bataille de Waterloo, que disait-il dans toute l'exaltation de la victoire? Il disait : « Les soldats français et les soldats anglais lavaient leurs mains sanglantes dans le même ruisseau en se félicitant mutuellement de leur courage. » Voilà le langage d'un noble ennemi.

Que l'Angleterre soit un *géant*, je ne lui dispute point la taille qu'elle se donne; mais ce géant ne fait aucune frayeur, que je crois, à la France. Un colosse a quelquefois les pieds d'argile. Que l'Angleterre soit Éole, je le veux bien encore; mais Éole n'aurait-il pas des tempêtes dans son empire? Il ne faut pas parler des mécontents qui peuvent se trouver en d'autres pays, quand on a chez soi cinq millions de catholiques opprimés, cinq millions d'hommes qu'on est obligé de contenir par un camp permanent en Irlande; quand on est dans la dure nécessité de faire fusiller tous les ans des populations ouvrières qui manquent de pain; quand une taxe des pauvres qui s'augmente sans cesse annonce une misère toujours croissante : on sait que la misère fait des mécontents. Eh quoi! Messieurs, si l'étendard britannique se levait, on verrait se ranger autour de lui tous les mécontents du globe! Est-ce la France seule qui doive s'inquiéter de cette naïve révélation? N'y a-t-il pas des mécontents en Italie, en Hongrie, en Pologne et en Russie?

C'est une triste chose d'avoir à craindre pour auxiliaires les passions et les malheurs des hommes, d'apercevoir des succès qui pourraient prendre leur source dans le bouleversement des empires, de posséder un drapeau d'une telle vertu qu'il serait à l'instant choisi par la discorde. Il est malheureux d'avouer qu'on pourrait trouver la puissance dans la confusion et le chaos! Si le géant de l'Angleterre, en sortant de son île, reconnaît qu'il peut brûler le monde, ne justifie-t-il pas le blocus continental d'un autre géant ?

La France, Messieurs, a des prétentions différentes. Si jamais, ce qu'à Dieu ne plaise, elle était obligée de reparaître pour sa défense sur les champs de bataille, *elle rallierait autour de son drapeau, non les mécontents des divers pays, mais tous les hommes fidèles à leur roi, à leur honneur, à la patrie, tous les hommes amis des libertés publiques dans un ordre sage et légal.*

Si jamais nous étions obligés de combattre l'Angleterre elle-même, nous n'essayerions point de soulever dans son sein ces millions de mécontents que j'ai indiqués. Ce n'est point en allumant le flambeau de la guerre civile chez un peuple ennemi que nous tâcherions d'obtenir des succès ; une victoire qui ne serait pas le prix de notre propre sang serait indigne de nous.

Dieu nous préserve, Messieurs, que la nation anglaise, qui fait tant d'honneur à la nature humaine, périsse à jamais par les troubles que l'on pourrait exciter dans son sein ! Le monde reconnaissant s'obstinera à ne voir dans la patrie des Bacon, des Locke et des Newton, que des lumières, que des principes de liberté et de civilisation. Le monde ne croira jamais que le pavillon britannique puisse être l'étendard de ces désordres qui amènent l'anarchie, et avec l'anarchie le despotisme, qui la suit et la punit.

Le ministre anglais se vante d'avoir prévu les résultats de la guerre d'Espagne, et d'en avoir profité pour affranchir un nouveau monde. Il n'y a là-dedans qu'une erreur de date. On oublie que longtemps avant le ministère de M. Canning, lord Castlereagh, au congrès d'Aix-la-Chapelle, avait déclaré que l'Angleterre reconnaîtrait tôt ou tard l'indépendance des colonies espagnoles. Ce n'est donc point notre guerre en Espagne qui a produit cette reconnaissance. Les colonies espagnoles étaient émancipées, les ports de l'Angleterre étaient ouverts à leurs vaisseaux, pour le commerce, à l'époque même où l'honorable M. Canning allait s'embarquer pour les Indes. Aujourd'hui cet homme d'État a tout simplement suivi les événements comme tant d'autres ministres. Nous l'en félicitons, car s'il avait prévu les maux dont l'Espagne est accablée depuis trois ans, et s'il les avait laissés s'accroître dans l'unique espoir de nuire à la France, de quel nom faudrait-il appeler cette politique ?

Le ministre anglais a déclaré que les forces britanniques allaient occuper le Portugal. Il le peut et le doit aux termes de ses traités, si le *casus fœderis* est réellement arrivé : il faut être juste d'ailleurs, le ministère anglais nous a fait grâce ; il a déclaré au gouvernement français, appelé à la barre du parlement anglais, qu'on est content de lui. On doute encore un peu de notre franchise ; on aurait voulu des actions et non des paroles ; mais enfin, vaille que vaille, on est satisfait.

La France était un peu accoutumée à se voir ainsi mandée par *l'huissier de la verge noire.* Cela est assez dur pour cette France qui a encore les plus belles finances de l'Europe (il est vrai un peu malgré les combinaisons); pour cette France qui, sur un seul mot du roi, rassemblerait un million de soldats autour de monseigneur le dauphin.

L'occupation du Portugal par les Anglais, qui peut avoir des avantages sous des rapports généraux, est cependant en particulier très-fâcheuse pour nous, en ce qu'elle nous condamne à rester en Espagne. C'est ici le *casus fœderis* de l'honneur; jamais les Français ne refusent d'en accepter les charges.

Au reste, je ne crois point à une guerre entre l'Espagne et l'Angleterre. L'Angleterre n'a plus rien à prendre à un peuple dépouillé, si ce n'est son dernier manteau. On ne s'imagine pas sans doute que nous puissions livrer aux Anglais les portes de Barcelone et de Cadix. Pour s'emparer de Cuba, il faut faire la guerre aux États-Unis ; l'Angleterre sait tout cela.

Je ne crois pas davantage à la possibilité d'une guerre entre la France et l'Angleterre, dont nous nous déclarons d'ailleurs, dans ce moment même les fidèles alliés. Qu'aurions-nous à perdre dans une guerre maritime? Deux ou trois rochers dans deux océans : nos cent-cinquante vaisseaux armés, non réunis en escadre, mais dispersés sur les mers du globe, feraient plus de mal à l'immense commerce anglais que toutes les flottes de l'Angleterre n'en pourraient faire au commerce malheureusement trop borné de la France. Sur le continent, où est le point d'attaque? Les Anglais, qui n'auraient plus pour eux les populations du Portugal, pourraient-ils s'y maintenir contre nous? Puisque l'Angleterre se vante justement de sa force, elle nous donne le droit de parler de la nôtre? Qu'on n'oublie pas qu'il y a en France une population surabondante, pleine d'énergie et de courage; une population qui voit ce que la France a perdu, et qu'il est plus difficile de retenir que de soulever. Il serait souverainement impolitique de blesser par des paroles méprisantes l'orgueil d'un million de jeunes Français qui jettent des regards impatients sur le vaste champ de bataille glorieusement arrosé du sang de leurs aînés.

Je ne viens point, Messieurs, vous proposer de rendre dans votre adresse outrage pour outrage; cela ne conviendrait point à votre dignité, et j'ose dire que cela n'est point dans mon caractère. Mais je suis persuadé que vous penserez, comme moi, qu'un ton grave et un peu sévère est celui qui convient dans ce moment à cette Chambre, gardienne de l'honneur français comme des libertés publiques. On a déjà poussé bien loin les complaisances ; quiconque se laisse humilier n'obtient pas la paix, mais la honte.

J'ai fait tous mes efforts pour mettre dans mes paroles la mesure et la modération que les circonstances exigent ; je ne me suis pas même souvenu des ministres. Nous nous retrouverons dans les affaires intérieures de la

France; aujourd'hui il s'agit de l'étranger : sur ce point-là l'opinion ne connaît point de dissensions; nous sommes tous Français.

Soutenons, Messieurs, les intérêts de notre pays, la majesté du trône et de la France. Si l'on voulait encore une fois enchaîner nos pensées; si l'on osait encore, par impossible, nous ravir les franchises que la Charte nous garantit et que les serments de nos rois nous assurent, sauvons du moins l'honneur : tôt ou tard, avec l'honneur et la gloire, nous referions la liberté.

DISCOURS
SUR LA LOI DES POSTES,
PRONONCÉ
A LA CHAMBRE DES PAIRS, DANS LA SESSION DE 1827.

Messieurs, il y a bientôt une douzaine d'années que la loi sur les *cris* et *écrits séditieux* m'obligea de me placer à regret dans les rangs de l'opposition, et j'eus l'honneur de prononcer devant vous mon premier discours en faveur de la plus précieuse de nos libertés. Depuis cette époque les autorités successives m'ont retrouvé au même poste. Le temps a marché : les uns, par un mouvement progressif et naturel, sont mieux entrés dans l'esprit de la Charte, et ont reconnu la nécessité de la liberté de la presse; les autres, au contraire, par un mouvement rétrograde, après avoir défendu cette liberté, ont découvert qu'il n'y avait rien de plus funeste. Ainsi tout le monde s'est corrigé; il n'y a que quelques entêtés comme moi, qui, répétant toujours les mêmes vérités, sont restés incorrigibles.

Il a fallu qu'un malheureux article 8 se rencontrât dans un projet de loi sur les postes, pour me forcer à monter de nouveau à la tribune. En vérité, Messieurs, je ne sais trop que vous dire, car je ne veux pas même effleurer aujourd'hui des questions que je me propose d'examiner plus tard, lorsque nous discuterons le projet de loi relatif à la police de la presse [1]. Il m'aurait beaucoup mieux convenu de me taire jusqu'à l'arrivée de ce projet; mais enfin il ne sera pas dit que j'aie laissé passer un article vexatoire pour la liberté de la presse, sans avoir au moins protesté contre.

Je déclare ne porter aucune inimitié secrète au projet de loi, considéré dans sa généralité : mon instinct de voyageur me rend plutôt favorable à l'institution des postes. Que l'on retranche l'article 8 du projet de loi, et

---

[1] *Voyez*, dans les *Mélanges politiques*, vol. O, l'opinion de l'auteur sur ce projet de loi.

je suis prêt à voter pour ce projet. Afin de ne rien perdre, on pourra transporter, si l'on veut, cet article dans le projet de loi sur la presse ; il en est tout à fait digne, et lui appartient par ordre de matières. En effet, Messieurs, cet article 8 se trouve dans le projet de loi actuel, on ne sait trop pourquoi : c'est un paquet dont on aura mal mis l'adresse, et que le courrier aura porté à une fausse destination.

J'ai néanmoins entendu dire que le projet de loi sur le tarif des postes a été conçu avant le projet de loi sur la presse. Ainsi l'article 8, innocent d'intention et d'origine, se trouverait par le plus grand hasard du monde avoir un air de complicité et de parenté avec un étranger qui me paraît fort suspect. Si cela est, il faut plaindre la loi des postes d'être arrivée aux Chambres avec la loi de la presse, comme nous avons gémi de voir l'indemnité des émigrés accolée au 3 pour 100 : rien ne montre mieux le danger des liaisons.

On assure qu'il n'y a rien d'hostile dans l'article 8 contre la liberté de la presse : c'est, dit-on, une mesure purement fiscale. Les journaux gagnent beaucoup d'argent : n'est-il pas juste qu'ils en rendent quelque chose ? D'ailleurs, ne pourront-ils pas accroître la dimension de leur papier ? Ces bonnes raisons, et mille autres encore meilleures, ont engagé à produire l'état commercial des journaux, ou le bilan de l'opinion publique : on a vu à qui cette opinion avait fait banqueroute.

Ainsi, Messieurs, les journaux, moyennant la somme de 600,000 francs qu'ils payeront de plus au trésor, auront l'inappréciable avantage de pouvoir s'enfler à la grosseur du *Moniteur* : ils pourront, en élargissant leur *justification* et en grossissant leurs *caractères*, transformer le petit in-folio dans le grand in-folio sans plus de dépense d'esprit et sans augmentation de frais de rédaction. Ils en seront quittes pour payer le papier plus cher, une taxe plus élevée : bénéfice certain pour les propriétaires de ces feuilles; et si, par contagion, en atteignant la taille du *Moniteur*, les journaux partageaient les autres destinées du journal officiel, ils auraient alors, en vertu de la loi des postes, un avant-goût des joies que la loi de la presse leur prépare.

Cependant, ce nouveau droit sur les journaux est-il réparti comme il devrait l'être, pour produire, indépendamment du résultat fiscal, la conséquence morale que sans doute on en espère? Non, Messieurs, car cet article frappe également tous les journaux, quel que soit leur contenu. Les personnes habiles en matières de douanes ont très-bien distingué les différentes grandeurs de papier, afin de leur faire payer un tarif proportionnel : espérons que l'on finira par inventer pour la pensée ces espèces de petits instruments avec lesquels on s'assure du nombre des fils qui composent un tissu, afin de l'assujettir à un droit plus ou moins élevé. Si les idées sont généreuses, elles payeront une surtaxe ; on sera plus indulgent pour une autre espèce d'idées, marchandises dont il est bon que le peuple jouisse à vil prix, et dont même la contrebande sera tolérée.

En attendant ce perfectionnement, le gouvernement percevra-t-il les 600,000 francs qu'il espère? J'en doute.

On a calculé cette somme sur le nombre des journaux existants; mais, pour lever des contributions, il ne faut pas tuer les contribuables. Si la loi sur la presse venait malheureusement à être adoptée, combien resterait-il de journaux.

Il est donc plus que probable que les 600,000 francs qu'on espère obtenir par la taxe sur les journaux n'entreront point dans les coffres publics; on aura nui à la liberté de la presse sans tirer aucun avantage pécuniaire de la mesure. Les trois quarts et demi des journaux périront : si même ils devaient survivre, il suffirait, comme on l'a remarqué, qu'ils s'abstinssent de paraître le dimanche pour que l'impôt ne rendît pas une obole. Je sais que les compagnies formées pour l'amortissement des journaux s'écrieront : « Attrapez-nous toujours de même ! Nous consentons volontiers à dédommager le gouvernement, à perdre 600,000 francs pour qu'il n'y ait pas de journaux le dimanche, 600,000 autres francs pour qu'il n'y en ait pas le lundi, et ainsi de suite toute la semaine. Combien faut-il de millions pour retourner au temps où l'on faisait une croix au bas d'un acte, déclarant ne savoir signer? Parlez : nous nous cotiserons. » Ne prenez pas ceci, Messieurs, pour une mauvaise plaisanterie; il y a telles personnes qui achèteraient de toute leur fortune la ruine de la liberté de la presse pour arriver à la destruction de la Charte; elles ne s'aperçoivent pas que la Charte est la seule chose qui les mette à l'abri :

. . . . Le cerf hors de danger
Broute sa bienfaitrice.

Il me semble, Messieurs, que l'on pourrait trouver dans un budget d'un milliard les 600,000 francs nécessaires à l'exécution du projet de loi que nous examinons, sans prélever cette somme sur les canaux où coule la principale de nos libertés. L'article 8 a l'inconvénient d'introduire une disposition politique dans une loi d'administration, et une disposition fiscale dans une loi qui n'est pas une loi de finances. Pour être conséquent, il faut renvoyer cet article au budget ou au projet de loi sur la police de la presse. Au reste, en attaquant l'article 8 comme ne remplissant pas son but, et comme anomalie dans le projet de loi, ce n'est pas la grande raison pour laquelle je le repousse.

Que les journaux soient embarrassants à porter par leur poids et leur volume ; qu'ils coûtent plus à l'administration qu'ils ne lui rapportent ; qu'il y ait justice à leur faire payer quelque chose de plus pour avoir l'avantage d'un départ quotidien, peu m'importe : je veux bien ne rien contester de tout cela ; car ce n'est pas là pour moi la question ; ces petits détails administratifs sont dominés par un intérêt supérieur : au fait matériel se trouve mêlé le fait moral et politique. Il s'agit moins de connaître les poids et les distances, les embarras des commis et le prix des transports, que de savoir s'il faut gêner ou encourager la circulation de la presse périodique dans une monarchie constitutionnelle. Ainsi posée, la question doit être résolue autrement que par des additions de kilomètres et des multiplications de décimes. Mais cette question se lie à un système général dont les développements ne seraient pas à leur place dans la discussion d'une loi sur le tarif des postes. Je me contenterai donc de dire en peu de mots les motifs de mon vote; ces motifs, les voici :

Dans une législation où la liberté de la presse n'existe que par privilége, mon devoir est de refuser mon assentiment à tout ce qui donnerait de nouvelles entraves à cette liberté ; si la presse était libre en France comme en Angleterre et aux États-Unis, je serais moins opposé à la chose qu'on me demande ; mais ajouter un anneau à une chaîne déjà trop pesante, pressurer encore une propriété dont on vient de rendre les conditions doublement onéreuses, c'est à quoi je ne puis consentir.

Je ne puis consentir davantage à ce dernier paragraphe de l'article 8, qui prive les recueils consacrés aux lettres de l'avantage accordé aux bulletins périodiques consacrés aux arts, à l'industrie et aux sciences. Et comment distinguerez-vous ce qui appartient aux lettres de ce qui appartient aux sciences? Où sera la ligne de démarcation ? Aurez-vous à chaque bureau de poste un commis-priseur de l'intelligence humaine, un écrivain-juré à la police qui décidera que ceci est du domaine de Newton, et cela du ressort de Montesquieu ?

Il y a là-dedans quelque chose à la fois de puéril et de sauvage qui fait véritablement rougir. La France est-elle donc redevenue barbare? Quoi ! c'était sous la restauration qu'une pareille haine des lettres devait éclater ! Les poursuivre partout où elles se rencontrent, les aller chercher jusque dans les paquets de la poste, c'est joindre l'ingratitude à la déraison. Les amis de la royauté ne doivent pas oublier que cette royauté a été longtemps absente, que lorsqu'elle était sans soldats, les écrivains étaient restés seuls pour elle sur le champ de bataille. Et ici il n'y a point d'hyperbole : la mort, la déportation, les cachots, voilà ce qui attendait le dévouement des gens de lettres. Ils ne demandaient aucune récompense, mais ils ne pouvaient pas deviner qu'ils méritassent d'être punis de leurs sacrifices. Que faisaient dans les jours d'oppression les accusateurs des anciens serviteurs du roi? Ces nouveaux défenseurs de la religion rétablie et du trône relevé, osaient-ils écrire? Dès ce temps-là ils avaient une telle horreur de la liberté de la presse, qu'ils se donnaient bien garde d'en user pour l'infortune et pour la légitimité.

Pourquoi proscrire les lettres? Si elles se rendent coupables, manquons-nous de lois à présent pour les punir? N'a-t-on pas vu déjà un écrivain accouplé à des galériens, et renfermé dans les cachots de la plus basse espèce de scélérats? Il y a des esprits austères qui approuvent ces choses; moi, je ne saurais m'élever à tant de vertu. Partisan de l'égalité des droits, je ne vais pas jusqu'à désirer l'égalité des souffrances. Je n'ai jamais aimé l'anarchie politique ; je ne me saurais plaire à celle des crimes et des douleurs.

J'ai à peine le sang-froid nécessaire pour achever ce discours, lorsque je viens à songer qu'au moment où je vous parle on recueille peut-être dans une autre Chambre les suffrages sur un projet de loi qui, dans un temps donné et assez rapproché de nous, doit nécessairement faire tomber le monopole de la presse périodique entre les mains du pouvoir administratif, quel qu'il soit. Si ce n'est pas là un péril, et un péril de la nature la plus menaçante, j'avoue que je ne m'y connais pas. C'est vous, Messieurs, qui achèverez de décider une question d'où peut dépendre l'avenir de la France. Des hommes qui, comme vous, joignent au savoir et au talent le respect pour la religion, le dévouement pour le trône, l'amour pour les libertés publiques ; des hommes qui, comme vous, sont placés si haut dans l'opinion, sauront se maintenir à ce rang élevé, également inaccessibles à un esprit d'hostilité ou de complaisance. Le calme de nos discussions apaisera les passions agitées ; vous saurez réprimer les abus de la liberté de la presse sans violer les principes de cette liberté, et sans déroger aux droits de la justice.

Je vote contre le projet [1].

DISCOURS

CONTRE LE BUDGET DE 1828,

PRONONCÉ

A LA CHAMBRE DES PAIRS.

Messieurs, il m'a fallu faire un effort sur moi-même pour paraître à cette tribune. La Chambre héréditaire considérablement réduite par le départ

[1] On sait que le projet de loi a été adopté.

d'un grand nombre de ses membres; la Chambre élective à peu près absente tout entière; une attention fatiguée d'une session de plus de six mois, sont des circonstances qui ne laissent aucun espoir raisonnable de succès à l'orateur qui prend la parole.

De plus, si les vérités qu'il se propose de faire entendre sont sévères et vives, elles tombent mal dans un moment où les esprits refroidis sont peu disposés à les écouter. Au milieu d'une session, lorsque chacun est à son poste, que la polémique a toute son ardeur, un pair, un député entouré de ses amis, voit ses arguments repris et développés; ce qu'il n'a pas assez bien prouvé, d'autres le prouvent mieux que lui; mais à la fin d'une session, que dis-je! au dernier jour, à la dernière heure de cette session, l'orateur qui vient seul faire du bruit à une tribune ressemble à un artilleur qui tire un dernier coup de canon quand la bataille est finie.

Enfin, Messieurs, quel est mon dessein? De vous engager à rejeter le budget; je prends bien mon temps! Chaque année le budget nous arrive trop tard pour être examiné avec soin : nous nous en plaignons, et nous n'en donnons pas moins notre passavant au milliard annuel. Ce n'est peut-être pas aussi bien que possible; mais c'est comme cela.

Au reste, il y a des rencontres d'affaires où, parmi les hommes même qui n'approuvent pas un système d'administration, le défaut de confiance produit le même effet que l'extrême confiance : ils sentent que la question est en dehors de la loi présente; peu leur importe alors que cette loi soit ou non discutée : ou ils se retirent, ou ils renoncent à des votes négatifs qui ne leur semblent plus qu'une taquinerie, qu'une petite querelle sur un grand sujet. Le mal poussé à un certain point, comme le bien arrivé à son comble, tue l'opposition. Je ne connais pas de symptôme plus formidable que ce consentement à laisser tout faire lorsqu'on ne peut rien empêcher.

Telle n'est pas ma politique; et c'est pour obéir à ma conscience que je parais à cette tribune, quelle que soit d'ailleurs une position dont je sens tous les désavantages.

Maintenant, nobles pairs, regardez-moi comme un annotateur fidèle, qui vient vous présenter l'histoire abrégée de la session, qui vient remettre sous vos yeux le tableau du passé, en essayant de soulever un coin du rideau derrière lequel se cache l'avenir. Les hommes ne sont pas tous des prophètes; mais, s'ils ne prédisent pas d'une manière rigoureuse l'événement à naître, ils peuvent souvent conjecturer, par la chose qu'ils voient, de la chose qu'ils verront, et procéder du connu à l'inconnu.

C'est en parcourant la série des actes de l'administration, c'est en recherchant dans l'avenir l'influence que de nouveaux actes, dérivés de ceux-ci, pourraient avoir sur nos destinées, que je me vais efforcer de justifier mon vote négatif. Je rejette le projet de loi du budget, non pour des raisons tirées uniquement de ce projet, mais pour une foule d'autres motifs : rien de plus logique ; car, avant de remettre la fortune d'une famille entre les mains d'un régisseur, on veut savoir d'où il vient, ce qu'il est, ce qu'il a fait, et l'on se décide d'après l'enquête.

Depuis l'invention du 3 pour 100, de ce 3 pour 100 qu'on annonçait être à 80 et à 82 sur diverses places, et qui tomba à 60 presque aussitôt qu'il eut paru ; depuis l'établissement de ce fonds contradictoirement créé à l'intérêt réel de l'argent ; de ce fonds que soutiennent à peine à 70 un syndicat, des banquiers intéressés à la hausse et une caisse d'amortissement détournée de son but ; depuis l'invention de ce fonds d'agiotage, un esprit funeste s'est emparé de l'administration. L'humeur que donne une première faute à celui qui la commet détériore le naturel, et l'on ne retrouve plus les hommes que l'on croyait avoir connus.

C'est ainsi que les agents actuels de l'autorité, après avoir été les plus zélés défenseurs de la liberté de la presse, s'en sont montrés les plus cruels ennemis ; c'est ainsi que, sortis des rangs de l'opposition, qu'on appelait *royaliste*, ils ont frappé les meilleurs serviteurs du roi. Pour n'en citer qu'un exemple, une administration née de la Chambre introuvable devait-elle faire tomber un seul cheveu de la tête d'un député que je m'honore de compter au nombre de mes amis ? Attaquer à la fois l'indépendance de la tribune législative et un dévouement presque fabuleux, n'est-ce pas blesser les choses les plus respectables ?

Que les puissances du jour, avant leur élévation, n'aient donné aucun gage à la légitimité, je ne leur en fais pas un reproche ; mais il y aurait eu peut-être plus de convenance à ne pas entrer dans les rangs de ceux dont on voulait ensuite se déclarer ennemi : il fallait se souvenir que la fidélité est sacrée.

Nobles pairs, la couronne communique ses vertus sans en rien diminuer ; ainsi qu'elle a donné son hérédité à votre sang, elle a fait part de son inviolabilité aux malheurs supportés pour elle. C'est donc commettre une sorte de sacrilège que de toucher à ces malheurs ; c'est abandonner les intérêts moraux ; c'est réduire la vie aux intérêts matériels. Et alors, hommes du pouvoir, tenez-vous bien ; car dans cette politique de l'ingratitude, on ne vous sert qu'autant que vous sourit la fortune.

Repousser les anciens serviteurs de la monarchie sans adopter les idées du siècle ; punir les services des vieilles générations et répudier les doctrines des générations nouvelles, n'est-ce pas rejeter tout appui ? Il faut être bien riche pour n'avoir besoin ni de dévouement ni de liberté.

Considérez, Messieurs, ce qui s'est passé depuis l'ouverture de la présente session ; voyez s'il est possible de voter en sûreté le budget, si la force des choses ne commande pas, au contraire, d'user du moyen constitutionnel placé entre nos mains, d'en user pour obliger l'administration à modifier son système.

D'abord on présente un projet de loi contre la presse, lequel a pour but de rendre muette la presse non périodique, et de livrer la presse périodique au pouvoir. L'opinion se soulève d'un bout du royaume à l'autre. Le projet vient à votre Chambre; vous n'avez pas le temps d'en faire justice; un pouvoir bienfaiteur entend nos vœux : éclate alors une générale allégresse. Cette liberté de la presse qui intéresserait tout au plus, répétait-on, une douzaine de journalistes, cette liberté est si populaire, que la France entière se trouve spontanément illuminée; que, jusque sur des vaisseaux prêts à mettre à la voile, des matelots saluent de leur dernier cri, au nom de cette liberté, les rivages de la patrie.

L'administration est-elle éclairée? abandonne-t-elle ses voies impraticables après le renversement d'une mesure dont elle avait déclaré ne pouvoir se passer? Non, Messieurs, elle est aussi satisfaite du retrait du projet de loi, qu'elle était contente de la présentation de ce projet : défaite ou succès, tout lui est victoire.

Arrive la déplorable affaire du Champ de Mars. Un ministre a pris d'abord sur lui la responsabilité de la mesure; le lendemain il a fait entendre qu'une autre autorité avait *provoqué* cette mesure, puis il a cru devoir expliquer ce mot de *provocation* et revendiquer la gloire de sa déclaration première.

Un autre ministre, qui ne jugeait pas les choses de la même façon, s'est retiré. L'opinion publique a entouré de ses respects cet homme de conscience et de vertu; elle a su gré à ceux des autres ministres qui passent pour avoir été opposés à un licenciement qui frappait en masse une garde aussi dévouée que fidèle. Hier encore on s'affligeait de chercher vainement à la fête du Dieu de la patrie la protection paisible de ces citoyens dont les femmes et les enfants priaient pour le salut du roi. Des méprises aussi graves ne me forcent-elles pas à rejeter les lois de finances, afin de couper court à des systèmes dont les auteurs seraient un jour les premiers à déplorer les conséquences?

Le 11 mai devait être témoin d'un changement de scène. Tout le monde a lu dans *le Moniteur* les paroles prononcées le 10 février, lors de la présentation de trois projets de loi concernant le règlement définitif du budget de 1825, les suppléments nécessaires pour 1826, et la fixation du budget de 1828 : il est essentiel de reproduire ces paroles.

M. le ministre des finances, après avoir annoncé un excédant de 22,219,544 francs qu'il propose d'appliquer à la dotation du service, ajoute :

« C'est par l'exposé de ces faits, dont la France entière peut apprécier l'exactitude, que nous avons dû repousser les efforts sans cesse renouvelés pour altérer la confiance et la sécurité sur lesquelles repose le maintien de cette heureuse situation.

« Le sens exquis de la nation rend lui-même ces efforts moins dangereux...

« Un fait, le dernier que je puisse fournir à la Chambre en ce moment, prouvera sans réplique l'indifférence du pays pour toutes ces déclamations mensongères : nous n'en avons jamais été plus assourdis que durant le mois qui vient de finir. Eh bien ! Messieurs, les produits des taxes sur les consommations et les transactions se sont élevés durant ce mois à 2 millions 860,000 francs de plus que ceux du mois correspondant en 1826. »

Voilà, Messieurs, des paroles remarquables.

Le 18 avril, à propos d'une pétition, on disait encore : « Loin d'être en déficit, il me semble que nous nous trouvons dans une position aussi forte et aussi heureuse que jamais. La discussion du budget le prouvera. »

Eh bien ! Messieurs, le 11 mai on adhérait au retranchement de 23 millions de francs, retranchement proposé par la commission de la Chambre des députés; on déclarait que, « lorsque la commission avait fait son rapport, il y avait déjà une diminution sur les trois premiers mois de cette année (1827) ; qu'un autre déficit s'étant présenté sur le mois d'avril, la commission proposait de retrancher la totalité des augmentations demandées. »

Comment! le 10 février, jour de la présentation du budget, une diminution était déjà commencée, le 18 avril elle avait continué, et l'on n'en persistait pas moins à tenir le langage que l'on est forcé de démentir le 11 mai !

Le sens exquis de la nation, qui ne prenait aucune part *aux déclamations mensongères* dont les ministres étaient *assourdis*, ce *sens exquis* qui payait si bien le 10 février, et qui empêchait même une perception rétrograde le 18 avril, ce *sens exquis* ne payait cependant plus, alors même qu'on annonçait un excédant de revenu dont on se hâtait de partager les deniers entre tous les ministres ! On prétendait régler en février, et pour toujours, une dépense fixe sur des recettes éventuelles qui déjà ne rentraient plus !

Ou l'administration ignorait l'état réel des choses le 10 février et le 18 avril, ou elle le connaissait : dans l'un ou l'autre cas, lui était-il permis de l'ignorer ou de le connaître, en s'exprimant comme elle s'exprimait à ces deux époques ?

Je vous demande à présent, Messieurs, puis-je voter le budget en étant forcé de reconnaître des contradictions si manifestes, de si notables erreurs? On vous a fait entendre, dans l'exposé des motifs de ce budget, que si l'on était embarrassé pour les crédits, on y suppléerait par le fonds d'un dégrèvement alloué ; on avait déjà dit la même chose le 25 et le 28 mai. C'est un moyen qu'on s'est réservé : mais que deviennent et les justes louanges qu'on s'est données à propos de ce dégrèvement, et les choses qu'on a dites sur le fardeau dont est accablée la propriété foncière ?

Nobles pairs, je ne ferai jamais d'un embarras dans nos finances un objet de triomphe ; je me réjouirai si le mois de mai a ramené la fortune, s'il offre, comme on l'assure, un excédant qui s'élève à la somme de près de 4 millions ; mais la plus-value du mois de mai ne fait rien au déficit du mois d'avril, et le déficit du mois d'avril n'a rien à voir avec la plus-value du mois de mai.

La question, quant au système administratif, n'est pas des augmentations ou des diminutions alternatives des recettes ; il peut y avoir à ces augmentations et à ces diminutions des causes tout à fait indépendantes du ministère ; il s'agit de savoir si des ministres doivent tenir à la tribune un langage contradictoire de quinze jours en quinze jours ; s'ils doivent apporter en preuve de leur habileté des excédants de produits, alors que ces produits sont en baisse, et demander sur une prospérité présumée des crédits dont la base manque, au moment même où on les demande. A ce compte, puisqu'il y a amélioration dans les recouvrements du mois de mai, pourquoi ne viendrait-on pas réclamer les 23 millions que l'on a cédés ? Il est vrai qu'en cas de réduction dans le chiffre de juin, ou de juillet, ou d'août, il faudrait les abandonner de nouveau, et les deux Chambres, déclarées permanentes, passeraient toute l'année à faire et à défaire le budget.

La commission de la Chambre des députés a trouvé dans le budget de 1825 un déficit de plus de 131 millions ; la dette flottante est augmentée de 60 millions. Si les places fortes étaient réparées ; si le matériel de la guerre s'était récupéré de ses pertes ; si nos monuments s'élevaient ; si nos chemins n'étaient pas dégradés ; si notre marine était pourvue de bois et de vaisseaux ; si les vénérables pasteurs de nos campagnes avaient le pain suffisant, on aurait quelque consolation ; mais peut-on se rassurer entièrement, lorsque l'accroissement futur de l'impôt est au moins matière de doute, et que les services publics sont en souffrance ?

Il est trop prouvé qu'on s'est trompé quelquefois dans ces matières de finances auxquelles d'anciennes études ne m'ont pas laissé tout à fait étranger : on s'est trompé sur les 3 pour 100 ; on s'est trompé sur l'application exclusive de l'amortissement à cette valeur, puisque, acquise au terme moyen de 68, c'est comme si on avait acheté du 5 à 113, lorsqu'on pouvait prendre celui-ci au pair ; on s'est trompé sur le prétendu milliard des émigrés ; on s'est trompé sur l'affaire de Saint-Domingue. Qui payera les colons de Saint-Domingue, si le président Boyer ne remplit pas les conditions du traité? La France? Les deux Chambres ont-elles voté des fonds pour cette dette?

J'entends dire que le semestre des obligations d'Haïti sera soldé à bureau ouvert chez les banquiers chargés de cette opération ; mais de quel semestre s'agit-il ? De celui qui représente l'intérêt du premier cinquième du capital, ou l'intérêt du premier et du second cinquième échu ? Qu'y a-t-il, en un mot, d'acquitté du prix d'une colonie si étrangement cédée par ordonnance, sans même avoir entre les mains une garantie de l'exécution du traité? Que de choses inconnues vos seigneuries devraient pourtant connaître!

Il y aurait beaucoup à dire sur les bons du trésor, sorte de papier-monnaie à la disposition de M. le ministre des finances. Dans quel état se trouvent les caisses publiques ? Possèdent-elles leurs fonds respectifs, ou les ont-elles prêtés sur dépôts de rentes, peut-être sur simples reçus à des maisons de banque qui peuvent, comme les joueurs sur la rente, subir les chances de la Bourse ?

On conçoit que dans une machine aussi vaste, aussi compliquée que les finances de la France, on soit tenté quelquefois de faire des revirements de parties, des déplacements de fonds spéciaux pour appliquer ces fonds à une nécessité urgente : on vient au secours d'un service en péril ; on soutient un capitaliste ; on arrête une baisse avec l'intention de remettre toutes choses à leur place par des rentrées qu'on attend : un milliard passe annuellement à travers les coffres de l'État; quelle ressource ! on s'y fie.

Mais il faut qu'aucune chance ne vienne déranger les calculs ; il faut un repos absolu dans les hommes et dans les choses; il faut du temps, et le temps échappe. Que le plus petit événement arrive, les fonds baissent, les banquiers à qui on a trop sacrifié se retirent, le désordre reste dans l'intérieur des affaires : tout est dérangé, tout est compromis; et, du plus haut point de prospérité financière en apparence, on tombe au fond d'un abîme.

Il est certain que, par suite des emprunts, des services de la guerre d'Espagne, et surtout de l'établissement des 3 pour 100, diverses phases ont dû avoir lieu dans les fortunes des capitalistes. Ceux qui peuvent se trouver encombrés de 3 pour 100, et qui sont forcés de jouer à la Bourse sur eux-mêmes, auront besoin de pomper longtemps l'amortissement, afin de remplir le vide de leurs coffres. Qu'on désire les soutenir pour empêcher les fonds de fléchir, rien de plus naturel ; mais il faudrait nous plaindre si nous en étions à ces sacrifices, à ces fictions de prospérités.

Quel moyen avez-vous, Messieurs, de connaître la vérité? Comment éclairciriez-vous la moindre des graves questions que je viens de faire? Ne faudrait-il pas nous contenter de réponses quelconques ou du silence de la partie intéressée?

Si je demandais avant de voter l'impôt quelles sont les sommes réelles engagées dans le syndicat par les receveurs généraux ; si je voulais connaître l'action de ces agents comptables à la Bourse, les gains qu'ils ont faits ou les pertes qu'ils ont éprouvées ; si je m'enquérais de l'état de leurs caisses publiques ; si je soutenais que cette association menaçante fait refluer à Paris les capitaux, en desséchant les provinces, on me répondrait ce que l'on voudrait ; on me dirait que tout va à merveille, que toutes les précautions sont prises, qu'on peut s'en fier à la prévoyance de l'administration : l'administration avait-elle prévu, le 10 février, la diminution de revenu sur les trois premiers mois de l'année?

La Banque de France est encombrée d'argent mort, le commerce est paralysé, les payements se font souvent en métalliques transportés par les diligences comme dans les temps de la plus grande stagnation des affaires.

Avons-nous sur le recouvrement des impôts les renseignements nécessaires? Il y a des lois de finances qui s'appliquent en raison ascendante du nombre des individus. Si des recensements inexacts faisaient, involontairement sans doute, monter la population d'une commune au delà de son taux réel, on pourrait venir vous annoncer un accroissement de recettes qui ne serait au fond qu'une augmentation d'impôt illégal.

J'appelle fortement l'attention de vos seigneuries sur le sujet que je viens de toucher : un déficit plus ou moins contestable ou contesté ne serait pas la seule plaie de nos finances. Je désire que le temps ne justifie pas mes craintes. Pour quiconque étudie l'opinion, la position politique s'altère ; une révolution s'accomplit dans les esprits ; nous marchons vers le terme de la septennalité ; force sera d'arriver à un dénoûment. Je sais qu'un ou deux ans paraissent à bien des gens l'éternité ; mais nous, gardiens héréditaires du trône, nous ne verrons pas d'un œil aussi tranquille un si court avenir.

C'est maintenant de cet avenir que je vais tirer les autres raisons qui m'obligent à repousser les lois de finances.

Ici, Messieurs, je le sais, je porte la main à une plaie vive ; tout autre que moi aurait besoin de dévouement pour aborder un pareil sujet. Mais qui suis-je? un naufragé, *sævis projectus ab undis*, un homme qui ne dérange rien dans sa vie, en ajoutant quelques vérités à toutes celles dont il s'est déjà rendu coupable.

Avant de m'expliquer, je dois avouer loyalement que je ne crois pas tout à fait à l'exécution des projets que je me propose de développer et de combattre : si j'ai trop de franchise pour caresser les faiblesses du pouvoir, je suis aussi trop sincère pour l'accuser d'un mal auquel il ne me semble pas encore participant ; mais il peut être entraîné à ce mal, et, dans l'appréhension où je suis d'une influence funeste, je dois rejeter le budget pour rejeter à la fois tous les périls.

Des idées malfaisantes sont certainement entrées dans les têtes mal organisées; en se répandant au dehors elles ont effrayé le public : ces idées ont pris une telle consistance, que des députés ont cru devoir en occuper la Chambre élective.

Ce seul fait nous force à nous expliquer. Quand nous aurions voulu nous taire, cela ne nous serait plus possible; nous ne pouvons rester muets lorsque l'autre Chambre a pris l'initiative sur des desseins dangereux à l'État; nous ne pouvons laisser clore la cession sans dire nous-mêmes quelques mots, nous, Messieurs, qui sommes les principaux intéressés dans cette affaire. J'ose réclamer votre attention, c'est principalement de la pairie qu'il s'agit. Il est bon que cette matière soit une fois pour toutes éclaircie et traitée dans cette tribune. Les ministres de Sa Majesté y trouveront l'avantage de se fortifier dans la résolution où je les suppose, de ne pas se laisser entraîner aux dernières mesures de perdition; mesures qui, tout incertaines qu'elles sont, m'empêchent d'accorder un milliard à des hommes qui peuvent n'avoir plus assez de force pour résister au parti qui les presse et les déborde. Je viens au fait.

On entend répéter, relativement à l'armée, à la magistrature, aux colléges électoraux, des choses si étranges, que je ne les mentionnerai point. Je me renfermerai dans le probable, parce qu'on peut toujours raisonner sur le probable, lorsqu'il est la suite d'une position donnée.

Je vous dirai donc, Messieurs, que ceux dont l'esprit d'imprudence inspira le projet de loi contre la liberté de la presse n'ont pas perdu courage. Repoussés sur un point, ils dirigent leur attaque sur un autre; ils ne craignent pas de déclarer à qui veut les entendre que la censure sera établie après la clôture de la présente session.

Mais, comme une censure qui cesserait de droit un mois après l'ouverture de la session 1828 serait moins utile que funeste aux fauteurs du système, ils songeraient déjà au moyen de parer à cet inconvénient : ils s'occuperaient, pour l'an prochain, d'une loi qui prolongerait la censure, ou d'une loi à peu près semblable à celle dont la couronne nous a délivrés.

La difficulté, Messieurs, serait de vous faire noter un travail de cette nature, si d'ailleurs il était possible de déterminer les ministres eux-mêmes à l'accepter. Vous n'avez pas de complaisance contre les libertés publiques. Quel moyen aurait-on alors de changer votre majorité? Un bien simple selon les hommes que je désigne : obtenir une nombreuse création de pairs.

Avant de toucher à ce point essentiel, jetons un regard sur la censure.

Les auteurs des projets que j'examine en ont-ils bien calculé les résultats?

CLERMONT
et le Puy de Dôme
(France)

Publié par Dufour, Mulat et Boulanger

Quand on établirait la censure entre les deux sessions, si cette censure décriée par les ministres eux-mêmes ne produisait rien de ce que l'on veut qu'elle produise ; si elle n'avait fait que multiplier les brochures ; si le ministère avait brisé le grand ressort du gouvernement représentatif, sans avoir amélioré les finances, sans avoir calmé l'effervescence des esprits ; si au contraire les haines, les divisions, les défiances s'étaient augmentées ; si le malaise était devenu plus général ; si l'on avait donné une force de plus à l'opposition, en lui fournissant l'occasion de revendiquer une liberté publique, comment viendrait-on demander aux Chambres la continuation de cette censure ? On conçoit que, du sein de la liberté de la presse, on réclame la censure sous prétexte de mettre un frein à la licence ; mais on ne conçoit pas que, tout chargé des chaînes de la censure, on sollicite la censure, lorsqu'on n'a plus à présenter pour argument que les flétrissures de cette oppression.

L'abolition de la censure, le retrait de la loi contre la liberté de la presse, sont des bienfaits de Charles X ; rien ne serait plus téméraire que d'effacer par une mesure contradictoire le souvenir si populaire de ces bienfaits. Et quelle pitié d'établir au profit de quelques intérêts particuliers une censure qu'on n'a pas cru devoir imposer pendant la guerre d'Espagne, lorsque le sort de la France dépendait peut-être d'une victoire ! Nous nous sommes confiés à la gloire de monseigneur le dauphin : il n'est pas aussi sûr, j'en conviens, de s'abandonner à toute autre gloire ; mais enfin, que messieurs les ministres aient foi en eux-mêmes ; qu'ils nous épargnent la répétition des ignobles scènes dont nous avons trop souffert. Reverrons-nous ces censeurs proscrivant jusqu'aux noms de tels ou tels hommes, rayant du même trait de plume et les éloges donnés aux vertus de l'héritier du trône, et la critique adressée à l'agent du pouvoir ?

Après avoir été témoin des transports populaires du 17 avril, on ne peut plus nier l'amour de la France pour la liberté de la presse. Dans quels rangs pourriez-vous donc trouver aujourd'hui des oppresseurs de la pensée ? Parmi des fanatiques qui courraient à la honte comme au martyre, et parmi des hommes vils qui mettraient du zèle à gagner en conscience le mépris public.

Je suis heureux, Messieurs, de pouvoir m'appuyer dans cette matière des témoignages les plus décisifs. J'invoque l'irrécusable autorité de quelques-uns de messieurs les commissaires du roi, présents à cette séance. J'en appelle à mon illustre ami M. de Bonald, à mon noble collègue le marquis d'Herbouville : avec quelle force de raison tous n'ont-ils pas foudroyé la censure ! Écoutez, Messieurs, des paroles bien plus puissantes que les miennes ; ce sont celles de M. le président du conseil :

« Un seul exemple prouvera, disait-il en 1817, quel abus un ministre peut se permettre de ce pouvoir exorbitant : J'ai tenu, dit un homme d'État, j'ai tenu dans mes mains, en 1815, l'épreuve d'un journal dans lequel la réponse faite au ministre par mon honorable ami M. de Corbière, comme rapporteur de la commission du budget, avait été effacée par le censeur, dans la partie qui tendait à laver la commission d'une inculpation grave et dirigée contre elle. »

M. le comte de Corbière, allant encore plus loin que son collègue, s'écrie dans toute la puissance de sa conviction : « N'a-t-on pas vu naguère que les journaux, tombés sous le joug du despotisme, étaient devenus des instruments d'oppression et de servitude? C'est la meilleure preuve du danger de subjuguer les journaux. »

Qu'ajouter, Messieurs, à de telles paroles? Qu'on le dise : sont-ce là les doctrines que l'on professe encore? Je vote le budget.

Dans les provinces, où il n'y a presque aucun moyen de vérifier les faits, de réparer les omissions du journal censuré, la défiance et le mécontentement se prolongent; qu'une brochure paraisse alors, cette brochure, lue et oubliée dans vingt-quatre heures à Paris, occupe et agite un département pendant six mois. Plus elle est proscrite, plus elle est recherchée ; elle remplace et vaut dans un moment décisif cent articles de journaux. On en fait des copies à la main ; elle devient, pour ainsi dire, le manuel des élections. Je parle, Messieurs, d'après mon expérience. Vous me pardonnerez, en faveur de la cause importante que je plaide devant vous, de me laisser aller à un mouvement d'amour-propre. Je garde précieusement une lettre dans laquelle on a l'extrême bonté de m'apprendre l'effet produit à Toulouse par la publication de *la Monarchie selon la Charte;* lettre par laquelle on veut bien me féliciter d'avoir contribué au succès de quelques nominations dont la France a retiré de si grands avantages.

L'opinion publique était-elle plus hostile au ministère de cette époque qu'elle ne l'est au ministère actuel? Non, Messieurs, elle l'était beaucoup moins. Cette opinion publique, saisie toute vive aujourd'hui par la censure, serait conservée et transportée telle qu'elle est aux élections prochaines.

Ou je me trompe fort, ou les véritables ennemis des ministres se réjouissent au fond du cœur de l'établissement présumé de la censure. Il est de fait que la liberté de la presse périodique s'affaiblit chaque jour, faute de pouvoir trouver de nouvelles formules de plaintes. Imposez la censure, et à l'instant l'opposition reprendra sa première vigueur ; elle sera justifiée de tout ce qu'elle a dit contre le pouvoir ministériel; placée sur un excellent terrain, elle attendra une victoire certaine.

Pour moi, Messieurs, je ne voterai jamais le budget tant que j'aurai à craindre qu'un ministère, ou par calcul, ou par faiblesse, consente à supprimer la liberté de la presse périodique ; je voterai encore bien moins ce budget, si l'établissement même de la censure doit, par une conséquence forcée, et pour prolonger légalement la censure, amener la tentative d'un dérangement dans la majorité de la Chambre héréditaire.

Nous voici revenus, nobles pairs, à la grande question, question telle à mes yeux qu'elle domine toutes les autres. Il est bien temps de s'occuper de loi de finances, quand on sait que les hommes influents sur les décisions du pouvoir vont jusqu'à rêver des mesures destructives de la pairie !

Vous vous en souvenez, Messieurs, lorsqu'une nombreuse nomination de pairs eut lieu autrefois, un de vos collègues, courageux à cette tribune comme il l'avait été à Quiberon, un noble vicomte dont vous avez entendu prononcer dernièrement l'éloquente oraison funèbre, vous proposa une humble adresse au roi, afin de le supplier de choisir d'autres ministres.

Que serait-ce en effet qu'une assemblée où, pour faire passer les lois les plus désastreuses, des ministères successifs pourraient tour à tour, au gré de leurs passions, de leurs intérêts et de leurs systèmes, introduire de nouveaux pairs ?

Où serait le terme de ces créations, tantôt pour des lois déjà en partie discutée, tantôt pour de simples amendements ? Ne ressembleraient-elles pas à des commissions contre les choses, comme on nommait autrefois des commissions contre les hommes ?

Mais dans le cas même où l'on prétendrait étouffer au sein de cette noble Chambre la première de nos libertés, ne serait-on pas déçu ? Les nouveaux pairs auraient-ils cet esprit de docilité dont on les gratifie d'avance ? Se chargeraient-ils de la responsabilité qu'on eût désiré leur imposer ? Se voudraient-ils laisser soupçonner d'avoir acheté, aux dépens des libertés de la France, la première dignité de la monarchie ? Enfin j'ose croire que, si de pareils projets pouvaient jamais s'accomplir, mes nobles collègues actuels, ceux dont j'ai le malheur de ne pas partager aujourd'hui l'opinion, déserteraient les drapeaux des ministres : l'honneur nous rendrait la majorité qu'aurait voulu nous enlever la violence.

Si je traite du principe, il me sera facile de prouver qu'augmenter la Chambre de pairs, de manière à changer la majorité des suffrages, c'est violer la Charte.

La Charte n'admet point la dissolution de la Chambre des pairs : or, des accroissements démesurés de cette Chambre, ayant pour but d'en briser la majorité, ne seraient autre chose qu'une dissolution sous une autre forme ; ainsi l'on violerait réellement la Charte en donnant à la Chambre héréditaire la constitution de la Chambre des députés ; et on lui donnerait cette constitution, puisqu'elle deviendrait, par le fait, dissoluble et élective.

Mais cette espèce d'anéantissement de la Chambre héréditaire aurait les résultats les plus funestes, résultats que n'a pas la cassation de la Chambre élective. Celle-ci, rappelée, revient avec le nombre fixe de ses membres, dans ses proportions légales. La Chambre haute, renouvelée par une accession de pairies, reparaîtrait considérablement augmentée.

Poussez les choses à leur dernière conséquence, et vous arriverez par différentes dissolutions, c'est-à-dire par différentes augmentations de la Chambre des pairs, à former dans l'État un corps aristocratique si puissant, ou si impuissant, qu'il usurperait les autres pouvoirs, ou qu'il tomberait dans le plus profond avilissement. La pairie serait tout, ou ne serait rien ; la Charte serait anéantie.

D'un autre côté, les deux Chambres pouvant être dissoutes, l'équilibre des trois pouvoirs se trouverait rompu : on serait menacé ou de la dictature ministérielle, ou du retour de la monarchie absolue.

Et pourquoi jouerait-on ce terrible jeu? Pour obtenir un succès dans une loi ! succès bien court, car enfin il n'est pas dit que tous les pairs nouvellement nommés voteraient éternellement avec un ministère qui ne serait pas lui-même éternel. C'est donc pour le triomphe d'un moment que l'on vicierait à jamais un des premiers éléments de la Charte ; c'est à la nécessité d'une heure, à l'ambition d'un jour, que l'on sacrifierait l'avenir.

Il y a des ressources contre la censure ; faussez l'institution de la pairie, où est le remède ?

Supposez qu'on nous envoyât soixante pairs à la session prochaine pour faire passer un projet contre la liberté de la presse : voilà ce projet devenu loi. Un an, deux ans après, peu importe, vient un autre ministère ; celui-ci trouve que la loi dite salutaire à la France la met au contraire en péril : vite soixante autres pairs pour défaire l'ouvrage des soixante premiers. Ce second ministère tombe ; un troisième arrive dans des opinions opposées : vite soixante autres pairs pour remettre les choses en bon état. Un quatrième... Je m'arrête, Messieurs ; l'absurdité et l'abomination de ces procédés ont-elles besoin d'une plus longue démonstration?

Qu'on ne dise pas que ces lois contradictoires sur la presse ou sur tout autre objet n'auraient pas lieu : depuis la restauration, vous avez eu quinze lois et fragments de lois concernant la presse, et sept ou huit ministères.

Le résultat de ces exagérations serait qu'un jour la Chambre héréditaire périrait, comme je l'ai déjà dit, ou qu'on serait obligé de la réformer par un déplorable coup d'État. On se trouverait dans la monstrueuse nécessité de priver arbitrairement de la pairie ceux ou les enfants de ceux à qui on l'aurait conférée légalement, mais aux dépens de l'institution. On verrait peut-être la législature par des lois, la pairie par des règlements, essayer de se mettre à l'abri, et faire revivre contre des ministres, pour abus de conseil, le crime de lèse-majesté.

Sans recourir à des mesures désastreuses, il y a, Messieurs, un moyen sûr de dominer vos suffrages ; c'est de ne vous proposer que des choses approuvées par la raison. Je ne sache pas une loi utile qui n'ait passé dans cette Chambre, je ne dis pas à la majorité, mais à la presque unanimité des votes. Est-ce là une majorité factieuse ? Parler d'altérer cette majorité par une création nombreuse de pairs, serait presque avouer l'intention de nous présenter des projets pour lesquels on aurait à craindre les impartiales investigations de votre sagesse. Les ministres de Sa Majesté seraient sans doute les premiers à repousser cette supposition.

Remarquez bien que tout ce que je dis pour la Chambre des pairs s'applique dans des proportions correspondantes à la Cour des pairs, de sorte que les ministres puissants et coupables seraient libres d'augmenter les juges de cette Cour suprême dans des procès criminels ; ils auraient la possibilité, s'ils étaient accusés par la Chambre élective, d'assembler un tribunal de nature à déclarer leur innocence : leur responsabilité disparaît. On sent dans des temps de trouble, de minorité, de successions à la couronne, jusqu'où cela peut aller.

Mais la Chambre héréditaire ne peut-elle donc être augmentée ? La Chambre des lords en Angleterre n'est-elle pas plus nombreuse que la Chambre des pairs en France, bien que la population de ce dernier royaume surpasse d'un tiers la population des trois royaumes unis ? Ai-je la coupable prétention de borner l'exercice de la prérogative de la couronne ?

La constitution de la pairie dans la Grande-Bretagne est, Messieurs, toute différente de la constitution de la pairie actuelle en France. Les pairs d'Angleterre, qui dérivent leur puissance de la *loi normande*, représentent la propriété foncière que vous ne représentez pas ; ils la représentent d'origine, par usurpation ou conquête, comme petits souverains jadis féodaux. En cette qualité, ils peuvent être nombreux, parce qu'ils sont primitivement les députés du sol, tandis que les communes sont, du moins en théorie, les députés de la liberté et de l'industrie nationale.

Vous, Messieurs, vous n'avez rien usurpé, vous êtes un corps aristocratique fait pour balancer l'autorité de la couronne et du peuple ; vous êtes nés non d'un fait accompli, la possession, non de votre propre pouvoir, mais d'une combinaison politique, d'une volonté placée hors de vous, abstraction faite de vos propriétés territoriales. Vous représentez un principe plutôt qu'un intérêt ; sous ce rapport, le resserrement de votre nombre est une nécessité presque absolue pour augmenter le prix d'une institution que le temps n'a pas encore consacrée.

Vous pouvez sans doute être augmentés, mais lentement, mais avec mesure, si l'on veut que la pairie soit une institution utile et non pas nuisible à l'État.

Voilà pour le principe; voici pour l'histoire :

Le nombre des pairs en Angleterre a-t-il toujours été ce qu'il est aujourd'hui? Jugez-en, Messieurs.

En 1215, douze évêques et vingt-huit barons seulement sont témoins de la concession de la grande Charte.

En 1265, le Parlement appelé *Leicester*, où l'on remarque le premier modèle de la division du Parlement en deux Chambres, ne donne que cinq comtes et dix-huit barons.

En 1377, un duc, treize comtes, quarante-sept barons, des évêques, vingt-deux abbés et deux prieurs composent toute la Chambre haute.

En 1539, après la réforme religieuse, vous ne trouvez que quarante et un lords temporels, vingt lords spirituels, et en tout soixante et un pairs.

Ainsi, Messieurs, pendant trois siècles, de 1215 à 1539, la pairie anglaise ne s'est composée que de quatre-vingts à cent pairs, et il a fallu trois siècles pour qu'elle arrivât au nombre où nous la voyons aujourd'hui. Et nous, nous prétendrions créer en six ans autant de pairies que les Anglais en ont institué en six siècles!

Mais je conteste donc à la couronne le droit de créer des pairs? J'attaque donc à la fois la prérogative royale et l'article 26 de la Charte?

Je contesterais à la couronne elle-même le droit de cesser d'être, si des conseillers imprudents l'exposaient au suicide politique : tout pouvoir peut se donner la mort par l'usage abusif de son droit, comme on se tue en se jetant sur la pointe de son épée. La royauté peut se détruire par la royauté, la constitution par la constitution. N'est-il pas possible de confisquer la Charte au profit de l'article 10, comme je l'ai dit autrefois? Si on créait un million, deux millions, trois millions de pairs, y aurait-il une Chambre des pairs, bien que le droit de plusieurs millions de pairs soit implicitement dans l'article 26 de la Charte?

Qu'on abandonne l'argumentation tirée du droit rigoureux contre le droit possible, laquelle mène d'abord à l'absurde, ensuite à la destruction. C'est précisément cette même argumentation qui a fait dire : Périssent les colonies plutôt qu'un principe!

Quant à ceux qui me pourraient répondre : « Tant mieux si la Charte périt! Il est bon d'en fausser les institutions pour la rendre impossible; » à ceux-là je n'aurais rien à répliquer.

Me résumant sur ce point, je ne conteste rien de légal à la couronne dans les limites de sa propre sûreté; mais je disputerais aux ministres le droit de faire nommer des pairs pour conserver des portefeuilles, pour changer une majorité, pour corrompre et pour renverser finalement nos institutions. Une simple création de douze pairs fit mettre en accusation lord Oxford, la première année du règne de Georges Ier. Les communes accusèrent ledit comte « d'avoir enfreint les droits et l'honneur des seigneurs, en faisant créer douze pairs pour s'en servir à ses fins. »

Un grand exemple est dans ce moment même sous vos yeux. Le ministère anglais semble avoir perdu la majorité dans la Chambre haute; songe-t-il, ose-t-il songer à une nombreuse nomination de pairs?

Quel sujet de réflexions si l'on voyait parmi nous les hommes qui ont le plus blâmé une précédente mesure comme attentatoire aux droits et à l'existence même de la pairie, recourir à une mesure semblable!

A tout ceci que me dira-t-on, si toutefois ce discours vaut la peine d'une réponse? Me dira-t-on que j'ai entretenu la Chambre de bruits de salons, de nouvelles de rues; qu'il n'est question ni de censure, ni de nominations de pairs? Plût à Dieu que je fusse ainsi confondu! Avec quelle joyeuse humilité je confesserais mes erreurs!

Me ferait-on une autre réponse qu'on a déjà faite, savoir : qu'on mettra ou qu'on ne mettra pas la censure, selon les circonstances; qu'on créera ou qu'on ne créera pas de pairs, selon qu'il sera avisé; qu'on ne doit pas venir ainsi au-devant des desseins du roi; qu'après tout on n'a rien à démêler avec mes paroles, puisque je me suis écarté de la question du budget et que l'on ne répond pas à des déclamations?

Aujourd'hui, Messieurs, les chiffres mêmes sont des déclamations, quand ils ne disent pas ce qu'on veut qu'ils disent : le 5 pour 100 déclame contre le 3. Je ne suis pas sorti de la question du budget, puisque c'est de l'ensemble des faits et des craintes que je déduis les raisons qui m'obligent à rejeter les lois de finances. J'ai assez répété ce refrain pour qu'on l'ait compris, si on a voulu le comprendre.

Quant à l'impropriété de venir au-devant des desseins de la couronne, nous avons ici des idées trop précises du gouvernement constitutionnel pour supposer jamais qu'on puisse mettre un nom sacré, comme un bouclier impénétrable, au-devant de la responsabilité des ministres. Dans la monarchie absolue, le bon plaisir royal était tout; dans la monarchie représentative, le bon plaisir ministériel ne serait rien : permis à chacun d'en rire ou de s'en indigner.

Si quelque chose me semblait appuyer le système que j'ai combattu dans les faits du passé et dans les craintes de l'avenir, je pourrais croire que je me trompe; un *j'ai eu tort* ne me coûtera jamais; mais quand je jette les yeux sur la France, je ne puis m'empêcher de voir le commerce et les manufactures en détresse, la propriété foncière écrasée et menacée du retrait du dégrèvement, dans le cas possible d'un déficit; j'aperçois des tribunaux dont l'indépendance fatigue, une Chambre des pairs objet, dans un certain parti, de desseins plus ou moins hostiles; une opinion publique qu'on a d'abord voulu corrompre, ensuite étouffer; une capitale en deuil, la tristesse dans le présent, l'incertitude dans l'avenir. Les hommes que leurs places rattachent au système que l'on suit sont-ils satisfaits? Interrogez-les en particulier : excepté le petit nombre qui, par caractère ou par besoin, est tombé dans la pure domesticité, tous vous exprimeront des alarmes.

Au reste il est naturel que tout souffre, parce que tout est dans une position forcée. Le gouvernement représentatif tend à amener les capacités au pouvoir, et le système que l'on suit les repousse. Il arrive de là qu'il n'y a pas une véritable supériorité sociale, pas un talent de quelque valeur qui ne soit en opposition ouverte ou secrète avec l'administration.

Les songes ont bien leur mérite, mais ce n'est pas à nous, émigrés, qu'il faut venir raconter des songes. Nous avons assez déraisonné dans notre jeunesse, pour que la raison nous soit venue dans nos vieux jours. Et nous aussi nous disions en 1789 que personne ne voulait de la révolution, comme certaines gens disent aujourd'hui que personne ne veut de la Charte; et nous aussi nous nous vantions d'avoir pour nous l'argent et l'armée; et nous aussi nous ne parlions que d'être fermes, que de frapper des coups d'État, pour sauver malgré eux les insensés qui ne pensaient pas comme nous. Un matin nous nous réveillâmes exilés, proscrits, dépouillés; nous cherchâmes nos chimères dans notre havresac; elles n'y étaient plus; mais nous y trouvâmes l'honneur qu'un Français emporte avec lui.

Ceux qui voudraient regarder comme une tranquillité née de la force et de l'habileté de l'administration le repos actuel, ou plutôt le sang-froid de la France, ignorent les temps où ils vivent : ils voient toujours ce qui s'est passé en 1789; ils comptent pour rien les leçons qu'on a reçues, les expériences qu'on a faites, les lumières qu'on a acquises, la raison politique qui est entrée dans tous les esprits, et surtout le déplacement qui s'est opéré dans les générations et dans les intérêts. Ce n'est plus le peuple qui, ému des passions turbulentes, se forme une idée confuse de ses droits; c'est la partie éclairée de la nation qui sait ce qu'elle veut avec autant de fermeté que de modération. Les mœurs de la société instruite, si j'ose m'exprimer ainsi, sont entrées dans la politique, et l'on prend la patience et le calme de ces mœurs pour de l'impuissance d'action.

Tout se réduit à ce point : Veut-on l'établissement paisible des libertés publiques, en les dirigeant, en se plaçant soi-même dans le mouvement du siècle; ou veut-on faire que ces libertés triomphent par leur propre force, en essayant de les détruire? Elles emporteraient alors aussi facilement ce qui serait devant elles qu'un torrent emporte une digue impuissante.

Quoi qu'il en soit de l'avenir, si jamais, ce qu'à Dieu ne plaise, des fautes répétées engendraient de nouveaux malheurs, ces malheurs me rencontreraient encore, malgré les années, aux pieds du roi : y trouverais-je ceux qui prétendent aujourd'hui si bien servir la couronne, en frappant les plus fidèles sujets de Sa Majesté, et en attaquant les libertés publiques? Je l'espère pour eux.

Je vais voter, Messieurs, contre le budget. Si la Chambre prenait ce parti, dans quelques jours tout serait fini ; ou les ministres changeraient de marche, ou ils seraient forcés de s'éloigner. L'application du grand moyen constitutionnel dénouerait sans effort ce que le temps peut briser avec violence. En montant à cette tribune, je ne me suis pas flatté un seul moment d'obtenir un pareil résultat de mes efforts : aussi n'ai-je eu pour but que de remplir un devoir.

On s'irrite contre ces esprits indisciplinés qui viennent troubler un repos agréable, qui se croient le droit de dire tout haut ce que tant d'autres pensent tout bas; contre ces hommes qui sacrifient les succès de leur personne à l'utilité de leurs paroles; mais enfin ce qu'ils peuvent avoir avancé de bon par hasard demeure, et l'avenir en profite.

Au surplus, les contradicteurs du système ministériel sont-ils donc si exigeants? Ils ne disent pas même à leurs adversaires : « Faites quelque chose pour les libertés publiques. » Ils savent bien qu'ils ne seraient pas écoutés. Ils se contentent de leur dire : « Ne faites rien contre ces libertés. Cessez d'attaquer tous les ans ce que la nation a de plus cher. Revenez sur quelques actes de colère qui ne vous ont été bons à rien. Voilà ce qui suffira pour rendre la couronne légère à cette tête auguste trop longtemps courbée sous le poids de l'adversité, ce qui suffira pour nous donner des élections monarchiques et constitutionnelles, pour dissiper tous les nuages. »

Je ne descendrai pas de cette tribune sans dire le bien avec autant d'impartialité que j'ai dit ce qui m'a paru de mal. J'adresserai des remerciements à M. le ministre des affaires ecclésiastiques, pour la tolérance de ses opinions politiques. (Il y a toujours de la générosité dans le talent.) J'offrirai les mêmes remerciements à M. le ministre de la marine, pour ses instructions humaines aux chefs de nos escadres dans les mers du Levant; à M. le ministre des affaires étrangères, pour les bruits d'un traité favorable à la délivrance d'un peuple. C'est avec un plaisir sincère que j'apprendrais que le noble baron a été plus heureux que moi; qu'il a pu achever l'édifice dont on m'avait à peine laissé le temps de poser la première pierre.

Il est un peu tard, il est vrai, de s'apercevoir du danger d'enseigner la discipline militaire à des hordes mahométanes; le cri de la religion et de l'humanité aurait pu monter plus tôt à l'oreille des rois; il était parvenu au cœur des peuples; mais enfin il faut encore s'en féliciter, si, après cinq années de dévastations et de massacres, on a trouvé que la Grèce était assez dépeuplée, que les Arabes y avaient suffisamment établi leurs tentes et leur désert! Dieu veuille seulement qu'on arrive avant les funérailles!

Messieurs, joignez-vous à moi pour solliciter la prompte conclusion d'un traité de miséricorde : les infortunés Hellènes sont devenus vos clients, puisque vous êtes le seul corps politique en Europe qui ait exprimé le vœu de la pitié. Mais il n'y a pas un instant à perdre ; de nouveaux gémissements se font entendre ; ils ne viennent pas du Péloponèse, où il n'y a plus personne ; ils s'élèvent des rivages de l'Attique. La Providence a amené le combat au pied de la cité *magna parens virum!* comme pour donner ce grand témoin à ce grand effort d'une gloire qui lutte avec la puissance d'un simple nom contre les Barbares de trois parties de la terre.

Mais Athènes chrétienne, trop longtemps abandonnée par les chrétiens, la mère de la civilisation trahie par la civilisation elle-même, ne succombera-t-elle point avant d'être secourue? Le coup qui peut tuer la Grèce moderne peut détruire ce qui reste de la Grèce antique. La même explosion qui ferait sauter la garnison héroïque de l'Acropolis disperserait dans les airs les ruines du temple de Minerve : mémorable destinée! Le dernier souffle de la liberté de la Grèce serait-il attaché aux derniers débris de ses chefs-d'œuvre? Est-il écrit qu'il s'évanouira avec eux?

Les peuples comme les individus ont leur jour fatal. Puisse ma belle patrie conserver la liberté et le génie de la Grèce, dont elle semble fille, et puisse-t-elle en éviter les malheurs! Mais qui ne tremblerait en nous voyant sortir des routes faciles qui mènent au salut pour nous jeter dans des chemins scabreux qui aboutissent à l'abîme! Cet aveuglement surnaturel tient-il à quelque dessein caché de la Providence? Je l'ignore ; mais je ne puis me défendre pour le trône, pour les libertés publiques, pour mon pays, pour vous-mêmes, Messieurs, d'un sentiment d'inquiétude dont je vous prie de ne voir la source que dans le cœur d'un bon Français et d'un honnête homme.

RÉPONSE A UN AMENDEMENT [1].

Je viens combattre, Messieurs, l'amendement de l'honorable préopinant, non par des raisons particulières, mais par des raisons générales, qui vous

---

[1] M. de Chateaubriand était alors ministre des affaires étrangères. Dans cet amendement M. le baron de Puymaurin avait proposé de supprimer, dans un des chapitres du budget : 1° l'article intitulé : *École des Beaux-Arts*, 110,000 francs; 2° l'article *Reconstructions au bâtiment de l'institution des Sourds-Muets*, 50,000 francs; 3° celui de l'*École royale vétérinaire d'Alfort*, porté pour 70,000 francs ; 4° la réduction à 10,000 francs de l'article intitulé : *Constructions non terminées et édifices provisoires*, portées à 22,000 francs ; 5° une réduction de 10,000 francs demandés pour l'achèvement de l'éléphant de la place de la Bastille.

sembleront peut-être de quelque poids, et que j'étendrai par un examen rapide sur tout le chapitre X du budget du ministère de l'intérieur : à son tour mon honorable collègue répondra aux spécialités.

Loin de penser que des diminutions pourraient être faites à ce chapitre, il eût été heureux, suivant moi, qu'on eût pu augmenter les allocations. Si nous en avions les moyens, nous achèverions du moins quelques-uns de ces monuments commencés, qui affligent les yeux dans Paris. Les ennemis de la légitimité voient avec un malin plaisir ces demi-ruines ; ils affectent de gémir sur l'abandon de ces monuments ; ils ne disent pas qu'il a fallu payer les dettes des Cent-Jours, et réparer d'autres ruines de l'usurpation !

Il est fâcheux que les travaux urgents que demanderait la Bibliothèque du Roi restent en suspens jusqu'en 1827. Je regrette moins pourtant ce délai ; car tôt ou tard, si l'on veut faire quelque chose digne de la France, il faut que la Bibliothèque soit établie au Louvre avec les statues et les tableaux. Notre économie pour le Jardin du Roi est vraiment déplorable : 22,000 francs affectés pour veiller seulement à la conservation de l'arc de triomphe de l'Étoile, de l'hôtel du quai d'Orsay, du piédestal de la statue de Louis XIII, nous rappellent combien il serait utile d'achever ces beaux monuments. Que de raisons, je dirai presque de devoirs, nous commandent de finir l'église de la Madeleine !

En général, Messieurs, il faut améliorer le sort des gens de lettres, des savants et des artistes ; il faudrait leur donner cette indépendance sans laquelle l'esprit préoccupé ne peut arriver à la perfection qu'il entrevoit, et qu'il n'a pas le temps d'atteindre. Aujourd'hui on demande un retranchement sur la somme fixée pour l'École des Beaux-Arts ; hier on a fait des observations sur le logement des artistes ; mais, Messieurs, n'allons pas croire que ce soit une prodigalité, une suite de nos innovations. Il faut toujours remonter à nos rois quand il s'agit des arts et des lettres : c'est Charles V qui a établi la Bibliothèque du Roi ; c'est François Iᵉʳ qui a reçu dans ses palais le Primatice, Benvenuto, Léonard de Vinci ; c'est Louis XIII qui a fondé l'Académie Française ; c'est Louis XIV qui a établi à Rome l'École des Beaux-Arts ; et l'Opéra même d'aujourd'hui n'est qu'une tradition de ses fêtes.

Je sais qu'il y a des esprits peu touchés des arts ; ils voudraient nous reporter à des époques où la gravité des mœurs tenait lieu de tout, et où les plaisirs de la famille remplaçaient les pompes publiques : mais, Messieurs, il faut prendre les siècles tels qu'ils sont ; le temps ne s'arrête ni ne recule. On peut regretter les anciennes mœurs, mais on ne peut pas faire que les mœurs nouvelles n'existent pas. Les arts ne sont pas la base de la société, mais ils en sont l'ornement ; chez les vieux peuples, ils remplacent souvent les vertus, et du moins ils reproduisent l'image au défaut de la réalité. Les arts et les lettres ne sont plus, comme autrefois, confinés dans un petit nombre d'hommes qui ne se mêlaient pas à la société : les savants, les gens de lettres, les artistes forment aujourd'hui une classe immense que l'on retrouve partout, et qui exerce un grand empire sur l'opinion. Rien de plus facile que de vous attacher ces hommes qui font tant d'honneur à la patrie ; car enfin, Messieurs, c'est autant à la supériorité de nos arts, qu'à la renommée de nos armes, que nous devons notre prépondérance en Europe. Il est juste, convenable et politique d'environner d'estime, de bienveillance et de considération des hommes dont les noms connus des étrangers font une partie de la richesse de notre pays. Honorons-les, recherchons-les, montrons-leur la gloire ; ils se laisseront prendre à cette amorce à laquelle ils n'ont jamais pu résister. Que nous en coûtera-t-il ? pas grand'chose ; un peu d'admiration, qu'il est si naturel d'accorder aux talents et au génie.

Vous pardonnerez, Messieurs, ces observations ; il m'était impossible d'oublier mes anciens amis, et de ne pas plaider leur cause à votre tribunal.

DISCOURS
DEVANT LE CONCLAVE
PRONONCÉ

LE 10 MARS 1829.

Éminentissimes seigneurs, la réponse de Sa Majesté très-chrétienne à la lettre que lui avait adressée le sacré collége vous exprime, avec la noblesse qui appartient au fils aîné de l'Église, la douleur que Charles X a ressentie en apprenant la mort du père des fidèles, et la confiance qu'il repose dans le choix que la chrétienté attend de vous.

Le roi m'a fait l'honneur de me désigner à l'entière créance du sacré collége réuni en conclave : je viens une seconde fois, éminentissimes seigneurs, vous témoigner mes regrets pour la perte du pontife conciliateur qui voyait la véritable religion dans l'obéissance aux lois et dans la concorde évangélique ; de ce souverain qui, pasteur et prince, gouvernait l'humble troupeau de Jésus-Christ du faîte des gloires diverses qui se rattachent au grand nom de l'Italie. Successeur de Léon XII, qui que vous soyez, vous m'écoutez sans doute dans ce moment : pontife à la fois présent et inconnu, vous allez bientôt vous asseoir dans la chaire de saint Pierre, à quelques pas du Capitole, sur les tombeaux de ces Romains de la république et de l'empire, qui passèrent de l'idolâtrie des vertus à celle des vices sur ces catacombes où reposent les ossements, non entiers, d'une autre espèce de Romains : quelle parole pourrait s'élever à la majesté du sujet, pourrait s'ouvrir un passage à travers cet amas d'années qui ont étouffé tant de voix plus puissantes que la mienne? Vous-même, illustre sénat de la chrétienté, pour soutenir le poids de ces innombrables souvenirs, pour regarder en face ces siècles rassemblés autour de vous sur les ruines de Rome, n'avez-vous pas besoin de vous appuyer à l'autel du sanctuaire, comme moi au trône de saint Louis?

A Dieu ne plaise, éminentissimes seigneurs, que je vous entretienne ici de quelque intérêt particulier, que je vous fasse entendre le langage d'une étroite politique! Les choses sacrées veulent être envisagées aujourd'hui sous des rapports plus généraux et plus dignes.

Le christianisme, qui renouvela d'abord la face du monde, a vu depuis se transformer les sociétés auxquelles il avait donné la vie. Au moment même où je parle, le genre humain est arrivé à l'une des époques caractéristiques de son existence ; la religion chrétienne est encore là pour le saisir, parce qu'elle garde dans son sein tout ce qui convient aux esprits éclairés et aux cœurs généreux, tout ce qui est nécessaire au monde, qu'elle a sauvé de la corruption du paganisme et de la destruction de la barbarie. En vain l'impiété a prétendu que le christianisme favorisait l'oppression et faisait rétrograder les jours : à la publication du nouveau pacte scellé du sang du Juste, l'esclavage a cessé d'être le droit commun des nations; l'effroyable définition de l'esclave a été effacée du Code romain : *Non tam viles quam nulli sunt.* Les sciences, demeurées presque stationnaires dans l'antiquité, ont reçu une impulsion rapide de cet esprit apostolique et rénovateur qui hâta l'écroulement du vieux monde : partout où le christianisme s'est éteint, la servitude et l'ignorance ont reparu. Lumière quand elle se mêle aux facultés intellectuelles, sentiment quand elle s'associe aux mouvements de l'âme, la religion chrétienne croît avec la civilisation et marche avec le temps; un des caractères de la perpétuité qui lui est promise, c'est d'être toujours du siècle qu'elle voit passer, sans passer elle-même. La morale évangélique, raison divine, appuie la raison humaine dans ses progrès vers un but qu'elle n'a point encore atteint. Après avoir traversé les âges de ténèbres et de force, le christianisme devient, chez les peuples modernes, le perfectionnement même de la société.

Éminentissimes seigneurs, vous choisirez pour exercer le pouvoir des clefs un homme de Dieu, et qui comprendra bien sa haute mission. Par un caractère universel qui n'a jamais eu de modèle ou d'exemple dans l'histoire, un conclave n'est pas le conseil d'un État particulier, mais celui d'une nation composée des nations les plus diverses, et répandues sur la surface du globe. Vous êtes, éminentissimes seigneurs, les augustes mandataires de l'immense famille chrétienne, pour un moment orpheline. Des hommes qui ne vous ont jamais vus, qui ne vous verront jamais, qui ne savent pas vos noms, qui ne parlent pas votre langue, qui habitent loin de vous sous un autre soleil, par delà les mers, aux extrémités de la terre, se soumettront à vos décisions que rien en apparence ne les oblige à suivre, obéiront à votre loi qu'aucune force matérielle n'impose, accepteront de vous un père spirituel avec respect et gratitude. Tels sont les prodiges de la conviction religieuse.

Princes de l'Église, il vous suffira de laisser tomber vos suffrages sur l'un d'entre vous pour donner à la communion des fidèles un chef qui, puissant par la doctrine et l'autorité du passé, n'en connaisse pas moins les nouveaux besoins du présent et de l'avenir; un pontife d'une vie sainte, mêlant la douceur de la charité à la sincérité de la foi. Toutes les couronnes forment un même vœu, ont un même besoin de modération et de paix. Que ne doit-on pas attendre de cette heureuse harmonie, que ne peut-on pas espérer, éminentissimes seigneurs, de vos lumières et de vos vertus?

Il ne me reste qu'à vous renouveler l'expression de la sincère estime et de la parfaite affection du souverain aussi pieux que magnanime dont j'ai l'honneur d'être l'interprète auprès de vous.

DISCOURS

SUR LA

DÉCLARATION FAITE PAR LA CHAMBRE DES DÉPUTÉS, LE 7 AOUT 1830,

PRONONCÉ

A LA CHAMBRE DES PAIRS, LE MÊME JOUR, SÉANCE DU SOIR.

Messieurs, la déclaration apportée à cette Chambre est beaucoup moins compliquée pour moi que pour ceux de messieurs les pairs qui professent une opinion différente de la mienne. Un fait dans cette déclaration domine à mes yeux tous les autres, ou plutôt les détruit. Si nous étions dans un ordre de choses régulier, j'examinerais sans doute avec soin les changements qu'on prétend opérer dans la Charte. Plusieurs de ces changements ont été par moi-même proposés. Je m'étonne seulement qu'on ait pu entretenir cette Chambre de la mesure réactionnaire touchant les pairs de la création de Charles X. Je ne suis pas suspect de faiblesse pour les *fournées*, et vous savez que j'en ai combattu même la menace; mais nous rendre les juges de nos collègues, mais rayer du tableau des pairs qui l'on voudra, toutes les fois que l'on sera le plus fort, cela ressemble trop à la proscription. Veut-on détruire la pairie ? Soit : mieux vaut perdre la vie que de la demander.

Je me reproche déjà ce peu de mots sur un détail qui, tout important qu'il est, disparaît dans la grandeur de l'événement : la France est sans direction, et j'irais m'occuper de ce qu'il faut ajouter ou retrancher aux mâts d'un navire dont le gouvernail est arraché ! J'écarte donc de la déclaration de la Chambre élective tout ce qui est d'un intérêt secondaire, et, m'en tenant au seul fait énoncé de la vacance vraie ou prétendue du trône, je marche droit au but.

Une question préalable doit être traitée : si le trône est vacant, nous sommes libres de choisir la forme de notre gouvernement.

Avant d'offrir la couronne à un individu quelconque, il est bon de savoir dans quelle espèce d'ordre politique nous constituerons l'ordre social. Établirons-nous une république ou une monarchie nouvelle ?

Une république ou une monarchie nouvelle offre-t-elle à la France des garanties suffisantes de durée, de force et de repos ?

Une république aurait d'abord contre elle les souvenirs de la république même. Ces souvenirs ne sont nullement effacés; on n'a pas oublié le temps où la Mort, entre la Liberté et l'Égalité, marchait appuyée sur leurs bras. Quand vous seriez tombés dans une nouvelle anarchie, pourriez-vous réveiller sur son rocher l'Hercule qui fut seul capable d'étouffer le monstre ? De ces hommes fantastiques, il y en a cinq ou six dans l'histoire : dans quelque mille ans, votre postérité pourra voir un autre Napoléon ; quant à vous, ne l'attendez pas.

Ensuite, dans l'état de nos mœurs et dans nos rapports avec les États qui nous environnent, la république, sauf erreur, ne me paraît pas exécutable. La première difficulté serait d'amener les Français à un vote unanime. Quel droit la population de Paris aurait-elle de contraindre la population de Marseille ou de telle autre ville de se constituer en république ? Y aurait-il une seule république, ou vingt, ou trente républiques ? Seraient-elles fédératives ou indépendantes ? Passons par-dessus ces obstacles; supposons une république unique ; avec notre familiarité naturelle, croyez-vous qu'un président quelque grave, quelque respectable, quelque habile qu'il puisse être, soit un an à la tête de l'État sans être tenté de se retirer ? Peu défendu par les lois et par les souvenirs, avili, insulté soir et matin par des rivaux secrets et par des agents de trouble, il n'inspirera ni la confiance si nécessaire au commerce et à la propriété ; il n'aura ni la dignité convenable pour traiter avec les gouvernements étrangers, ni la puissance nécessaire au maintien de l'ordre intérieur ; s'il use de mesures révolutionnaires, la république deviendra odieuse, l'Europe inquiète profitera de ces divisions, les fomentera, interviendra, et l'on se trouvera de nouveau engagé dans des luttes effroyables. La république représentative est peut-être l'état futur du monde, mais son temps n'est pas arrivé.

Je passe à la monarchie.

Un roi nommé par les Chambres ou élu par le peuple sera toujours, quoi qu'on fasse, une nouveauté. Or, je suppose qu'on veut la liberté, surtout la liberté de la presse par laquelle et pour laquelle le peuple vient de remporter une si étonnante victoire. Eh bien! toute monarchie nouvelle sera forcée, ou plus tôt ou plus tard, de bâillonner cette liberté. Napoléon lui-même a-t-il pu l'admettre? Fille de nos malheurs et esclave de notre gloire, la liberté de la presse ne vit en sûreté qu'avec un gouvernement dont les racines sont déjà profondes. Une monarchie, bâtarde d'une nuit sanglante, n'aurait-elle rien à redouter de l'indépendance des opinions? Si ceux-ci peuvent prêcher la république, ceux-là un autre système, ne craignez-vous pas d'être bientôt obligés de recourir à des lois d'exception malgré les huit mots supprimés dans l'article 8 de la Charte?

Alors, amis de la liberté réglée, qu'auriez-vous gagné au changement qu'on vous propose? Vous tomberez de force dans la république, ou dans la servitude légale. La monarchie sera débordée et emportée par le torrent des lois démocratiques, ou le monarque par le mouvement des factions.

Dans le premier moment d'un succès, on se figure que tout est aisé : on espère satisfaire toutes les exigences, toutes les humeurs, tous les intérêts; on se flatte que chacun mettra de côté ses vues personnelles et ses vanités; on croit que la supériorité des lumières et la sagesse du gouvernement surmonteront des difficultés sans nombre ; mais, au bout de quelques mois, la pratique vient démentir la théorie.

Je ne vous présente, Messieurs, que quelques-uns des inconvénients attachés à la formation d'une république ou d'une monarchie nouvelle. Si l'une et l'autre ont des périls, il restait un troisième parti, et ce parti valait bien la peine qu'on en eût dit quelques mots.

D'affreux ministres ont souillé la couronne, et ils ont soutenu la violation de la foi par le meurtre; ils se sont joués des serments faits au ciel, des lois jurées à la terre.

Étrangers, qui deux fois êtes entrés à Paris sans résistance, sachez la vraie cause de vos succès; vous vous présentiez au nom du pouvoir légal. Si vous accouriez aujourd'hui au secours de la tyrannie, pensez-vous que les portes de la capitale du monde civilisé s'ouvriraient aussi facilement devant vous? La race française a grandi depuis votre départ sous le régime des lois constitutionnelles; nos enfants de quatorze ans sont des géants; nos conscrits à Alger, nos écoliers à Paris, viennent de vous révéler les fils des vainqueurs d'Austerlitz, de Marengo et d'Iéna ; mais les fils fortifiés de tout ce que la liberté ajoute à la gloire.

Jamais défense ne fut plus juste et plus héroïque que celle du peuple de Paris. Il ne s'est point soulevé contre la loi, mais pour la loi ; tant qu'on a respecté le pacte social, le peuple est demeuré paisible ; il a supporté sans se plaindre les insultes, les provocations, les menaces : il devait son argent et son sang en échange de la Charte ; il a prodigué l'un et l'autre. Mais lorsque après avoir menti jusqu'à la dernière heure, on a tout à coup sonné la servitude ; quand la conspiration de la bêtise et de l'hypocrisie a soudainement éclaté ; quand une terreur de château, organisée par des eunuques, a cru pouvoir remplacer la terreur de la république et le joug de fer de l'empire, alors ce peuple s'est armé de son intelligence et de son courage ; il s'est trouvé que ces *boutiquiers* respiraient assez facilement la fumée de la poudre, et qu'il fallait plus de quatre soldats et un caporal pour les réduire. Un siècle n'aurait pas autant mûri les destinées d'un peuple que les trois derniers soleils qui viennent de briller sur la France. Un grand crime a eu lieu ; il a produit l'énergique explosion d'un principe : devait-on à cause de ce crime et du triomphe moral et politique qui en a été la suite renverser l'ordre des choses établi ? Examinons.

Charles X et son fils sont déchus ou ont abdiqué, comme il vous plaira de l'entendre ; mais le trône n'est pas vacant : après eux venait un enfant ; devait-on condamner son innocence ?

Quel sang crie aujourd'hui contre lui ? Oseriez-vous dire que c'est la faute de son père ? Cet orphelin, élevé aux écoles de la patrie dans l'amour du gouvernement constitutionnel et dans les idées de son siècle, aurait pu devenir un roi en rapport avec les besoins de l'avenir. C'est au gardien de sa tutelle que l'on aurait fait jurer la déclaration sur laquelle vous allez voter ; arrivé à sa majorité, le jeune monarque aurait renouvelé le serment. Le roi présent, le roi actuel, aurait été M. le duc d'Orléans, régent du royaume, prince qui a vécu près du peuple, et qui sait que la monarchie ne peut être aujourd'hui qu'une monarchie de consentement et de raison. Cette combinaison naturelle m'eût semblé un grand moyen de conciliation, et aurait peut-être sauvé à la France ces agitations qui sont la conséquence des violents changements d'un État.

Dire que cet enfant séparé de ses maîtres n'aura pas le temps d'oublier jusqu'à leurs noms avant de devenir homme ; dire qu'il demeurera infatué de certains dogmes de naissance après une longue éducation populaire, après la terrible leçon qui a précipité deux rois en deux nuits, est-ce bien raisonnable ?

Ce n'est ni par un dévouement sentimental, ni par un attendrissement de nourrice transmis de maillot en maillot depuis le berceau de saint Louis jusqu'à celui du jeune Henri, que je plaide une cause où tout se tournerait de nouveau contre moi si elle triomphait. Je ne vise ni au roman, ni à la chevalerie, ni au martyre. Je ne crois pas au droit divin de la royauté, et je crois à la puissance des révolutions et des faits. Je n'invoque pas même la Charte : je prends mes idées plus haut; je les tire de la sphère philosophique, de l'époque où ma vie expire. Je propose le duc de Bordeaux, tout simplement comme une nécessité d'un meilleur aloi que celle dont on argumente.

Je sais qu'en éloignant cet enfant, on veut établir le principe de la souveraineté du peuple; niaiserie de l'ancienne école qui prouve que, sous le rapport politique, nos vieux démocrates n'ont pas fait plus de progrès que les vétérans de la royauté. Il n'y a de souveraineté absolue nulle part; la liberté ne découle pas du droit politique, comme on le supposait au dix-huitième siècle; elle vient du droit naturel, ce qui fait qu'elle existe dans toutes les formes de gouvernement, et qu'une monarchie peut être libre et beaucoup plus libre qu'une république; mais ce n'est ni le temps ni le lieu de faire un cours de politique.

Je me contenterai de remarquer que, lorsque le peuple a disposé des trônes, il a souvent aussi disposé de sa liberté; je ferai observer que le principe de l'hérédité monarchique, absurde au premier abord, a été reconnu par l'usage, préférable au principe de la monarchie élective. Les raisons en sont si évidentes, que je n'ai pas besoin de les développer. Vous choisissez un roi aujourd'hui : qui vous empêchera d'en choisir un autre demain? La loi, direz-vous. La loi? Et c'est vous qui la faites!

Il est encore une manière plus simple de trancher la question, c'est de dire : Nous ne voulons plus de la branche aînée des Bourbons. Et pourquoi n'en voulez-vous plus? Parce que nous sommes victorieux ; nous avons triomphé dans une cause juste et sainte : nous usons d'un double droit de conquête.

Très-bien : vous proclamez la souveraineté de la force. Alors gardez soigneusement cette force, car si dans quelques mois elle vous échappe, vous serez mal venus à vous plaindre. Telle est la nature humaine ! Les esprits les plus éclairés et les plus justes ne s'élèvent pas toujours au-dessus d'un succès. Ils étaient les premiers ces esprits, à invoquer le droit contre la violence; ils appuyaient ce droit de toute la supériorité de leur talent; et au moment même où la vérité de ce qu'ils disaient est démontrée par l'abus le plus abominable de la force, et par le renversement de cette force, les vainqueurs s'emparent de l'arme qu'ils ont brisée! Dangereux tronçons qui blesseront leur main sans les servir.

J'ai transporté le combat sur le terrain de mes adversaires; je ne suis point allé bivouaquer dans le passé sous le vieux drapeau des morts, drapeau qui n'est pas sans gloire, mais qui pend le long du bâton qui le porte, parce qu'aucun souffle de la vie ne le soulève. Quand je remuerais la poussière des trente-cinq Capets, je n'en tirerais pas un argument qu'on voulût seulement écouter. L'idolâtrie d'un nom est abolie ; la monarchie n'est plus une religion, c'est une forme politique préférable dans ce moment à toute autre, parce qu'elle fait mieux entrer l'ordre dans la liberté.

Inutile Cassandre, j'ai assez fatigué le trône et la pairie de mes avertissements dédaignés ; il ne me reste qu'à m'asseoir sur les débris d'un naufrage que j'ai tant de fois prédit. Je reconnais au malheur toutes les sortes de puissances, excepté celle de me délier de mes serments de fidélité. Je dois aussi rendre ma vie uniforme : après tout ce que j'ai fait, dit et écrit pour les Bourbons, je serais le dernier des misérables si je les reniais au moment où, pour la troisième et dernière fois, ils s'acheminent vers l'exil.

Je laisse la peur à ces généreux royalistes qui n'ont jamais sacrifié une obole ou une place à leur loyauté, à ces champions de l'autel et du trône qui naguère me traitaient de renégat, d'apostat et de révolutionnaire. Pieux libellistes, le renégat vous appelle ! Venez donc balbutier un mot, un seul mot avec lui pour l'infortuné maître qui vous combla de ses dons et que vous avez perdu. Provocateurs de coups d'État, prédicateurs du pouvoir constituant, où êtes-vous ? Vous vous cachez dans la boue du fond de laquelle vous leviez vaillamment la tête pour calomnier les vrais serviteurs du roi : votre silence d'aujourd'hui est digne de votre langage d'hier. Que tous ces preux dont les exploits projetés ont fait chasser les descendants de Henri IV à coups de fourche, tremblent maintenant accroupis sous la cocarde tricolore : c'est tout naturel. Les nobles couleurs dont ils se parent protégeront leur personne et ne couvriront pas leur lâcheté.

Au surplus, en m'exprimant avec franchise à cette tribune, je ne crois pas du tout faire un acte d'héroïsme : nous ne sommes plus dans ces temps où une opinion coûtait la vie ; y fussions-nous, je parlerais cent fois plus haut. Le meilleur bouclier est une poitrine qui ne craint pas de se montrer découverte à l'ennemi. Non, Messieurs, nous n'avons à craindre ni un peuple dont la raison égale le courage, ni cette généreuse jeunesse que j'admire, avec laquelle je sympathise de toutes les facultés de mon âme, à laquelle je souhaite, comme à mon pays, honneur, gloire et liberté.

Loin de moi surtout la pensée de jeter des semences de division dans la France, et c'est pourquoi j'ai refusé à mon discours l'accent des passions.

Si j'avais la conviction intime qu'un enfant doit être laissé dans les rangs obscurs et heureux de la vie, pour assurer le repos de trente-trois millions d'hommes, j'aurais regardé comme un crime toute parole en contradiction avec le besoin des temps : je n'ai pas cette conviction. Si j'avais le droit de disposer d'une couronne, je la mettrais volontiers aux pieds de monseigneur le duc d'Orléans. Mais je ne vois de vacant qu'un tombeau à Saint-Denis, et non pas un trône.

Quelles que soient les destinées qui attendent M. le lieutenant général du royaume, je ne serai jamais son ennemi s'il fait le bonheur de ma patrie. Je ne demande à conserver que la liberté de ma conscience, et le droit d'aller mourir partout où je trouverai indépendance et repos.

Je vote contre le projet de déclaration.

DOCUMENTS GÉNÉRAUX [1]

N° 1 (6).

Extrait des instructions envoyées au ministre de la police.

Paris, le 12 septembre 1816.

Sous le rapport de la convocation, point d'exclusions odieuses, point d'applications illégales des dispositions de la haute police pour écarter ceux qui sont légalement appelés à voter; surveillance active, mais liberté entière; point d'extension arbitraire aux adjonctions autorisées par l'ordonnance, et de nature à détruire l'effet d'une précaution dictée par une sage prévoyance.

Sous celui des élections, ce que le roi veut, ses mandataires doivent le vouloir. Il n'y a point deux sortes d'intérêts dans l'Etat; et, pour faire disparaître jusqu'à l'ombre des partis, qui ne sauraient subsister sans menacer son existence, il ne faut que des députés dont les intentions soient de marcher d'accord avec le roi, avec la Charte, avec la nation, dont les destinées reposent en quelque sorte entre leurs mains. Les députés qui se sont constamment écartés de ces principes tutélaires ne sauraient donc être désignés par l'autorité locale, se prévaloir de son influence, obtenir une faveur qui tournerait au détriment de la chose publique.

Point de grâce pour la malveillance qui se déclarerait par des actes ostensibles, qui afficherait de coupables espérances, qui croirait trouver, dans un grand acte de politique et de justice, une occasion favorable de trouble et de désordre. La loi du 29 octobre reste dans toute sa vigueur; mais ce n'est point pour en abuser, c'est pour s'en

---

[1] J'ai marqué de deux numéros ces Pièces justificatives : le premier est le numéro d'ordre de l'impression, le second est le numéro d'ordre des manuscrits.

Je ne publie que les *Documents généraux* : ce sont des pièces déjà imprimées, ou des pétitions, ou des lettres de protestation, adressées à divers ministres : je ne donne pas même tous ces documents : il m'en reste en manuscrit un assez grand nombre, notamment sur les départements de la Corrèze, des Basses-Alpes, de l'Aude, de la Côte-d'Or, de l'Ain, de la Nièvre, du Pas-de-Calais et de Seine-et-Marne.

Quant à la *correspondance privée* et aux *renseignements particuliers*, je les supprime.

Si ma proposition eût été prise en considération, j'aurais confié à la prudence de MM. les pairs ces renseignements particuliers; mais la proposition ayant été écartée, je dois retrancher, par des raisons faciles à comprendre, des détails trop personnels.

Au reste les originaux de ces Pièces sont déposés chez un notaire. On pourra les consulter, mais seulement en ma présence, ou en vertu d'une autorisation écrite de ma main. Toutefois on n'en pourra *prendre ni notes ni copies*. (Note de la brochure publiée en 1816.)

servir à propos avec connaissance de cause, et en rendant un compte exact de leurs opérations, que le soin d'en appliquer les dispositions a été confié à des administrateurs éclairés.

Ils s'opposeront à la publication de ces correspondances empressées, et toujours marquées au coin de l'exagération, que les membres des sociétés secrètes sont en possession de faire parvenir sous le manteau du royalisme.

Dans l'ordonnance du roi, ils ne verront que sa volonté, les besoins de l'État et la Charte. Dans leurs incertitudes, ils s'adresseront aux ministres. A des demandes exprimées avec franchise, ils recevront des réponses non moins franches : des directions étrangères ne pourraient que les égarer. Leur tâche est importante, mais elle est facile, parce qu'elle est clairement indiquée, et qu'ils sont assurés de l'appui d'un ministre surveillant, et fort de la volonté du roi et de sa confiance.

Celle que Sa Majesté a placée dans les préfets ne sera point trompée dans cette circonstance. Elle attend d'eux qu'ils dirigent tous leurs efforts pour éloigner des élections les ennemis du trône et de la légitimité, qui voudraient renverser l'un et écarter l'autre; et les amis insensés qui l'ébranleraient en voulant le servir autrement que le roi ne veut l'être; qui, dans leur aveuglement, osent dicter des lois à sa sagesse, et prétendent gouverner pour lui. Le roi ne veut aucune exagération. Il attend, des choix des colléges électoraux, des députés qui apportent à la nouvelle Chambre les principes de modération, qui sont la règle de son gouvernement et de sa politique, qui n'appartiennent à aucun parti, à aucune société secrète, qui n'écoutent d'autres intérêts que ceux de l'État et du trône, qui n'apportent aucune arrière-pensée, et respectent avec franchise la Charte, comme ils aiment le roi avec amour.

Le ministre d'État au département de la police générale,
Signé le comte DECAZES [1].

N° 2 (88).

Ministère de la police générale.

M. l'inspecteur général se rendra dans les départements ci-contre. Dans chacun d'eux il s'adressera directement à M. le préfet; il fera connaître à ce magistrat que l'objet confidentiel de sa mission est de lui exprimer toute la pensée du gouvernement, qu'il convient de suivre et d'imprimer relativement à la convocation des colléges électoraux.

Sous le rapport de la convocation, etc., etc.

(Le reste, mot pour mot, conforme au n° 1, à l'exception du paragraphe suivant, qui ne se trouve pas dans le n° 1.)

Sa Majesté m'a spécialement chargé de faire connaître à MM. les préfets qu'elle suivra avec intérêt leurs efforts dans cette circonstance si importante, et qu'elle y cherchera la preuve la moins équivoque pour elle de leur dévouement et de leur fidélité.

Le ministre de la police générale,
Signé le comte DECAZES [2].

N° 3 (13, 50).

(CABINET DU DIRECTEUR GÉNÉRAL.)
Administration de l'enregistrement et des domaines.

Paris, le 20 septembre 1816.

Le ministre secrétaire d'État des finances me fait remettre, Monsieur, les copies, ci-

---

[1] A Toulouse, de l'imprimerie de Douladoure. — [2] Copie authentique venue du département de Seine-et-Oise.

après transcrites, de la lettre et de la note concernant les prochaines élections, qu'il vient d'adresser aux agents des finances.

Son Excellence désire que la connaissance de ces deux pièces parvienne aussitôt aux principaux préposés de l'administration dans les départements. Je ne perds pas un instant pour vous les transmettre : je ne doute point d'un empressement égal de votre part à seconder les intentions tutélaires du roi.

Suite du N° 3.

Copie de la lettre du ministre des finances aux divers agents de son ministère, sous la date du 18 septembre.

Je joins ici, Monsieur, un extrait d'instructions approuvées par le roi, tendantes à donner aux électeurs une direction qui n'amène à la Chambre des députés que des hommes qui allient au même degré l'amour de la légitimité et l'amour de la Charte.

Elles sont l'appui l'une de l'autre ; ce sont deux éléments inséparables.

Vous donnerez connaissance de ces principes professés par le roi aux *personnes qui seront dans le cas d'en faire un usage profitable*, et si vous êtes appelé aux fonctions d'électeur, ils vous apprendront les devoirs que vous aurez à remplir.

La propagation de cette doctrine est la preuve la plus pure d'attachement qu'on puisse donner au roi et à la patrie.

Je vous salue avec un bien sincère attachement,

Signé le comte CORVETTO.

Pour ampliation :

Le secrétaire général des finances,
Signé LEFÈVRE.

Copie de la Note jointe à la lettre ci-dessus.

(Extrait d'instructions sur les élections.)

« Sous le rapport des élections, ce que le roi veut, ses mandataires doivent le vouloir.

« Il ne faut que des députés dont les intentions soient de marcher d'accord avec le roi, avec la Charte et avec la nation, dont les destinées reposent en quelque sorte entre leurs mains.

« Les individus qui ne professent pas ces principes tutélaires ne sauraient donc être désignés par l'autorité locale.

« Point de grâce pour la malveillance, qui se décèlerait par de coupables espérances, qui croirait trouver dans un grand acte de justice et de politique une occasion favorable de troubles et de désordres.

« S'opposer à la publication de ces correspondances empressées, et toujours marquées au coin de l'exagération, que les membres des sociétés secrètes sont en possession de faire parvenir sous le manteau du royalisme.

« Dans l'ordonnance du roi il ne faut voir que sa volonté, les besoins de l'État, et la Charte.

« Éloigner des élections les ennemis du trône et de la légitimité qui voudraient renverser l'un et écarter l'autre, et les amis insensés qui l'ébranleraient en voulant le servir autrement que le roi ne veut l'être ; qui, dans leur aveuglement, osent dicter des règles à sa sagesse, et prétendent gouverner pour lui. Le roi ne veut aucune exagération, et attend, des choix des colléges électoraux, des députés qui apportent à la nouvelle Chambre les principes de modération qui font les règles de son gouvernement et de sa politique, qui n'appartiennent à aucun parti, à aucune société secrète, qui n'écontent d'autres intérêts que ceux de l'État et du trône, qui n'apportent aucune arrière-pensée, qui respectent la Charte avec franchise, comme ils aiment le roi avec amour. »

Veuillez m'accuser la réception de la présente aussitôt qu'elle vous parviendra.

Recevez, Monsieur, l'assurance de ma parfaite considération.

Le conseiller d'État, directeur général,
BARRAIRON.

Suite du N° 3.

(N° 527 des dossiers; n° 48 des circulaires.)

Beauvais, 23 septembre 1816.

Vous avez ci-dessus, Monsieur, ampliation de la lettre que M. Barrairon, conseiller d'État, directeur général de l'administration, m'a adressée le 20 de ce mois, en me transmettant la lettre de S. Exc. le ministre secrétaire d'État des finances, du 18 du même mois, et l'extrait d'instructions approuvées par le roi, pour les élections.

Je vous adresse également ampliation de ces pièces; leur lecture vous apprendra de quelle manière le roi désire que la Chambre des députés soit composée.

J'ajouterai que l'intention du roi et des ministres est que tous les fonctionnaires publics contribuent de tous leurs moyens à ce qu'il soit fait de bons choix. Je suis convaincu qu'ils useront de toute leur influence pour parvenir à ce but si désirable, et je crois inutile de prévenir MM. les employés que si un fonctionnaire public s'écartait à cet égard de la ligne de ses devoirs, il perdrait *sans retour la confiance du gouvernement.*

Le directeur de l'enregistrement et des domaines,
LANGLUMÉ [1].

N° 5 (67).

Le marquis de Clermont Mont-Saint-Jean, à M. T...

Herné, 6 novembre 1816.

MON TRÈS-CHER ET RESPECTABLE AMI,

Vous m'avez demandé un exemplaire de l'écrit injurieux pour les députés de la Chambre de 1815, répandu avec profusion dans ce département au moment des élections pour la session de 1816. Je m'empresse de vous le faire parvenir ci-joint, ainsi qu'une copie de la plainte que j'en ai rendue à S. Exc. Mgr le chancelier et à M. le procureur général, auquel j'ai postérieurement fait connaître que cet écrit a été adressé à MM. les électeurs dans les paquets de la correspondance administrative, remis à domicile dans les villes par leurs employés, les noms mis au-dessus à la main, et les adresses de l'écriture des employés de leurs bureaux; renseignements que, par une seconde lettre sous la date du..., j'ai aussi donnés à M. le procureur général.

Enfin, je joins encore ici copie d'une lettre écrite par M. C... à M. P..., relative à moi nominativement. Le même M. C... en a encore de plus fortes dont je n'ai pas encore pu me procurer copie.

Recevez l'assurance, etc.

(J'observe que je n'ai pas la lettre de M. C... à M. P... en original, mais je l'ai copiée moi-même. Il en existe une autre de M. D..., plus forte encore; j'espère en avoir au moins copie.)

---

[1] Toutes ces Pièces, renfermées sous le n° 3, n'en forment qu'une dans leur ensemble, et sont, par cette raison, imprimées ensemble dans l'original.

Copie de la plainte portée par M. le marquis de Clermont Mont-Saint-Jean, membre de la Chambre des députés de 1815, à S. Exc. monseigneur le chancelier et à M. le procureur général, relativement à l'écrit intitulé : *A MM. les électeurs du département de Seine-et-Marne, par un habitant du département ; et autres menées des autorités administratives pour exclure différentes personnes des élections, et notamment M. de Clermont.*

Comme fidèle serviteur du roi, membre de la dernière Chambre des députés français, et même comme simple individu, il est de mon devoir de faire connaître ce qui se passe ici, et de rendre plainte contre l'écrit séditieux ci-joint, portant le nom de Michelin, imprimeur de la préfecture à Melun, dans lequel se trouve cette phrase :

« *Le roi a senti qu'une Chambre qui voulait attenter au pacte de famille, n'avait point rempli le vœu de ses commettants : il en a ordonné la dissolution.* »

Cette phrase est injurieuse pour le roi, pour tous les membres de la dernière Chambre des députés, qu'elle calomnie et qu'elle signale comme des traîtres et des parjures à la vindicte publique.

Il n'y a rien de semblable dans l'ordonnance du roi du 5 septembre dernier, et ce n'est point ainsi qu'on doit employer le nom du roi, pour répandre des calomnies sur une Chambre que Sa Majesté a qualifiée d'introuvable.

Quant à ce qui se passe relativement aux élections, M. le préfet a évidemment violé et la Charte et la liberté qu'elle assure.

Il a ordonné aux sous-préfets de faire nommer pour candidats dans les collèges d'arrondissements tels et tels, d'employer toute leur influence pour empêcher qu'on ne présente comme candidats messieurs tels et tels, comme trop royalistes, et notamment moi.

M. le préfet a mandé chez lui des employés du gouvernement électeurs, notamment M. Le Blanc, receveur des domaines à Provins, auquel il a intimé les mêmes ordres, en se servant du nom du roi et de celui de ses ministres ; le menaçant de perdre sa place si j'étais nommé. M. Barrairon a écrit dans le même sens.

Ces faits sont publics, ils irritent tous les esprits, et cela au moment où va s'ouvrir la session du collége électoral à Melun. M. le préfet a déjà indiqué les députés qu'il veut qu'on nomme. De tels moyens ne sont ni constitutionnels, ni conformes aux vœux et aux intérêts du roi : ils mettent la couronne en danger.

Attaqué personnellement par une violation manifeste de la Charte, j'aurais droit de poursuivre juridiquement cet outrage fait à la liberté concédée. Je renonce à tout ce qui m'est personnel : que la légitimité n'éprouve point d'atteinte, que l'État soit heureux et tranquille, mes vœux seront accomplis.

Mais quant à l'imprimé contre lequel je rends plainte, il crie vengeance et demande justice.

Je suis, etc.

Signé le marquis DE CLERMONT MONT-SAINT-JEAN.

N° 6.

Écrit dénoncé dans la lettre précédente.

Aux électeurs du département de Seine-et-Marne.

Les lois d'un peuple sont rarement applicables à un autre ; de même les institutions d'un siècle peuvent ne pas entièrement convenir au siècle qui le suit. On demanda à Solon si les lois qu'il avait données aux Athéniens étaient les meilleures. « Je leur ai donné, répondit-il, les meilleures de celles qu'ils pouvaient souffrir. » Parole admirable, et qui a été la règle du Solon de la France.

La Charte que le roi nous a donnée n'est pas seulement l'expression de la volonté souveraine, elle est celle de nos besoins et de nos vœux. Elle consacre à la fois le principe de la monarchie et celui d'une sage liberté. Elle est la conclusion des dissensions qui, depuis vingt-cinq ans, ont agité notre patrie. Elle nous préserve pour toujours des fléaux qui n'ont cessé de signaler l'époque désastreuse de notre révolution, l'anarchie et le despotisme.

Ce ne serait pas en vain que l'esprit de parti chercherait à révoquer en doute le mérite d'un pareil bienfait; il reçoit son prix et de la main dont il sort, et des droits qu'il établit. Ouvrage de la légitimité, il a le caractère de la durée comme les préceptes divins. Dicté par la modération, dans le but de la tranquillité, on ne saurait le changer ou l'altérer sans sortir de la modération et de la tranquillité. Ce qu'un peuple a obtenu en ce genre devient sa propriété irrévocable, et la volonté générale y adhère si fortement, que ce n'est point sans de violentes secousses et de cruels déchirements que l'on parviendrait à l'en dessaisir.

Le roi dont toutes les actions tendent à l'utilité publique, et qui par conséquent est l'organe et l'arbitre de la volonté générale, a senti qu'une Chambre qui avait voulu attenter au pacte de famille n'avait point rempli le vœu de ses commettants. Il en a ordonné la dissolution, et a convoqué de nouveaux députés. Cet acte important a raffermi sur sa base la Charte constitutionnelle ébranlée par quelques atteintes, et consacré le grand principe de l'inviolabilité de la loi fondamentale. Bien plus, il nous assure cette paix intérieure que nous ne pouvons obtenir que dans le calme des passions et qu'à force de sagesse.

Les collèges électoraux vont s'assembler pour remplir la plus importante des missions. Dans une circonstance aussi solennelle, le premier devoir d'un électeur doit-être de réfléchir sur la nature de ses fonctions.

Un électeur, comme un député, est un fondé de pouvoirs. Ainsi, il doit apporter dans l'assemblée dont il fait partie une connaissance approfondie des vœux de ces concitoyens. Il doit ne consulter que sa conscience ; mais sa conscience ne sera véritablement éclairée que quand il aura étudié l'esprit public. Qu'il fasse abnégation de tout intérêt personnel, et dût-il, comme Aristide le Juste, graver sur la coquille du paysan son propre ostracisme, il aura fait son devoir, s'il a exprimé la volonté de ses commettants. Le roi lui-même n'a-t-il pas donné l'exemple de cette sublime renonciation, en se dépouillant d'une portion de son autorité pour en agrandir le domaine de nos priviléges ? et quel audacieux voudrait prétendre plus sage et plus juste que le roi ? Et si ce prince s'est conduit ainsi, c'est parce qu'il a appelé l'expérience au secours de la théorie des lois.

Nos vœux sont de jouir des institutions libérales de la Charte ; nos besoins sont la modération et la tranquillité. Les passions sont de mauvais conseillers : nous en avons fait la triste expérience; il faut qu'elles s'éteignent, et que la raison, l'amour du bien public, l'oubli des dissensions et des erreurs, soient désormais les vertus de ceux que nous associerons au gouvernement. *Le roi et la Charte*, ces deux noms renferment tout ce que veulent les Français. Le roi présente ce que la légitimité a de plus imposant, tout ce que le bienfait a de plus sacré ; la Charte est inséparable de lui, parce qu'elle est le lien qui unit le roi et son peuple : vouloir séparer l'un de l'autre, c'est vouloir annuler le plus sain des contrats, bannir la bonne foi de la terre, isoler le père de ses enfants.

Ainsi un électeur doit faire tous ses efforts pour arriver à l'assemblée exempt de passions et de préjugés : son opinion se sera formée d'avance de l'opinion des hommes sages et éclairés de toutes les classes. S'il appartient à l'une d'elles, il sortira de sa sphère pour connaître le vœu des autres, parce que la représentation législative n'est pas celle d'une corporation ou d'une classe en particulier, mais bien l'expression de la volonté générale, et que le plus grand écueil que nous ayons rencontré dans les assemblées délibérantes a été l'esprit de corps et de parti.

C'est après cette étude réfléchie que celui qui est appelé par ses concitoyens à donner son suffrage, saura distinguer les hommes dignes de siéger dans l'assemblée de nos députés. Déjà la voix publique les désigne, en même temps qu'elle fait connaître ceux qui sont jugés inhabiles à remplir d'aussi importantes fonctions.

Ainsi l'anarchiste qui, pendant nos discordes civiles, a appelé la proscription sur la tête de ses concitoyens; celui qui, dans les assemblées tumultueuses qui se sont succédé, s'est fait remarquer par l'éxagération de ses opinions et de ses discours, et c'est l'ennemi du roi et le partisan de la démagogie, n'est pas celui sur lequel doivent se réunir les suffrages.

Celui qui veut la constitution sans le roi, qui rêve encore la république, ou dont les vœux impies appellent un usurpateur quel qu'il soit, et que rien n'a pu guérir de cette maladie anarchique, ne saurait être encore le député que nous cherchons.

Ne serait-ce pas une sorte d'opposition aux volontés du roi, que de donner sa voix à celui qui veut le roi sans la Charte, le rétablissement de priviléges détruits et oubliés, l'anéantissement des institutions libérales; qui aspire à reculer l'opinion d'un demi-siècle, et à replacer la France sous un ordre de choses dont les éléments n'existent plus?

Le fonctionnaire qui a abusé de son autorité pour rendre suspects au gouvernement des habitants paisibles; qui n'a pardonné ni à l'erreur, ni à la faiblesse; qui s'est érigé en persécuteur, et ne s'est cru envoyé que pour être un ministre de vengeances; celui-là n'est point digne de siéger dans l'assemblée de nos représentants.

Celui qui, se disant l'ami du roi, condamne la modération et la traite de malveillance; qui frappe d'anathème toute une province où les habitants obéissent aux lois, payent les impôts, cultivent paisiblement leurs champs, et adorent dans le fond de leur cœur les vertus d'un roi juste et bienfaisant auquel ils doivent leur repos; qui se tourmente et s'agite pour trouver d'invisibles ennemis; qui jette la méfiance et le soupçon sur les magistrats les plus fidèles; celui-là, dis-je, n'aura point la voix d'un ami du roi et de la Charte.

L'ambitieux, quel que soit sa conduite passée, quelles que soient ses opinions, qui n'aspire à siéger dans la Chambre des députés que par des vues d'intérêt personnel; qui ne voit dans cette dignité qu'un moyen de parvenir à de plus hautes fonctions, et serait disposé à trahir les intérêts de ses commettants et à vendre ses opinions à l'intrigue, doit être écarté d'un poste où l'amour du bien public doit être le seul guide.

Un député doit vouloir la légitimité de la Charte, être exempt de passions, avoir un grand dévouement à la chose publique, et n'être imbu ni des erreurs révolutionnaires, ni des préjugés anticonstitutionnels. Il faut qu'il ait un cœur droit, un esprit juste, un amour ardent pour le bien de l'État, et qu'il sacrifie, au besoin, ses propres intérêts à la prospérité publique. Si, à ces qualités essentielles, il joint l'expérience des affaires et des talents distingués, il apportera dans les grandes discussions d'importantes lumières. Mais le dévouement au roi, le bon sens et la modération doivent passer avant tout; car les talents sans la vertu ne sont souvent que des poisons.

Ils existent parmi nous, ces hommes dignes de confiance et d'estime, et j'oserais les nommer en toute autre circonstance. Dans celle qui nous occupe, il est permis à tout ami de son pays d'exercer sur ses concitoyens une influence morale, de faire un appel à la concorde, de proclamer des vérités utiles au bonheur de tous : mais la brigue doit être écartée de nos *comices;* l'honnête homme n'a pas besoin de tels moyens, et la corruption des voix ne peut produire que le choix d'hommes corrompus.

Le magistrat qui a vieilli irréprochable dans de pénibles travaux; l'administrateur éclairé qui est resté fidèle au roi, à ses devoirs et aux règles de la modération; le propriétaire dont les intérêts sont si étroitement liés à ceux de l'ordre public; le commerçant qui vivifie les canaux de l'industrie, et a fait un honorable usage de sa fortune; celui qui, comptant d'illustres aïeux, et portant un nom recommandable, a cependant suivi la marche de son siècle, et soumis à l'empire de la raison et de la justice ses affections héréditaires, sont également dignes de nos suffrages. C'est dans le but du maintien de la légitimité et de la Charte que la représentation doit être formée; et la légitimité et la Charte ne peuvent être respectées et maintenues que par des hommes éloignés des excès opposés, et capables d'apporter dans la discussion le calme et l'impartialité qu'exigent les intérêts de la France. Aucune classe n'est exclue de cet honneur, ou plutôt toutes les classes de la société ne doivent former qu'une seule et même famille, ayant un but et des droits communs.

Electeurs! le bonheur de notre pays est en vos mains; du choix que vous allez faire dépendront notre prospérité, notre repos et notre avenir. Est-il un sujet plus imposant de méditations? Quels regrets, si vos délégués ne répondaient point dignement à votre attente! Quelle responsabilité vous auriez à encourir à l'égard de vos concitoyens, si leur espoir et leurs vœux étaient déçus! Mais vous entendrez la voix de la patrie qui vous adresse ces paroles, désormais le ralliement des Français : *Le roi et la Charte, modération et justice* ; et ces mêmes paroles seront le mandat que vous donnerez à vos délégués.

Un habitant du département [1].

N° 4 (49).

PRÉFECTURE DU PAS-DE-CALAIS.

Colléges électoraux.

Arras, 27 septembre 1816.

Votre qualité d'électeur est un titre bien important dans un moment où les colléges tiennent dans leurs mains les destinées de la France.

Veuillez, Monsieur, réfléchir à l'esprit qui a dicté l'ordonnance du 5 septembre. Le roi a-t-il dissous la Chambre pour la recomposer entièrement des mêmes éléments? Non sans doute.

Je suis autorisé à le dire, à le répéter, à l'écrire, le roi verra avec mécontentement siéger dans la nouvelle Chambre ceux des députés qui se sont signalés dans la dernière session par un attachement prononcé à la majorité opposée au gouvernement.

A votre arrivée à Arras, Monsieur, faites-moi l'honneur de venir chez moi; moi seul puis vous faire connaître la pensée du roi, ses véritables intentions. Ne négligez pas surtout de vous rendre à un devoir aussi sacré que celui de venir voter; le roi, la Charte, la France, le réclament.

J'ai l'honneur, etc.

Signé Malouet.

N° 7 (64).

Copie de la lettre écrite par M. de Forbin aux ministres de l'intérieur, de la police et de la justice.

Avignon, 25 septembre 1816.

Monseigneur,

J'ai l'honneur d'informer Votre Excellence d'un fait qui, bien qu'il me soit personnel, peut acquérir quelque gravité par les circonstances où nous nous trouvons, et par la forme actuelle de notre gouvernement.

Depuis quelques jours un bruit sourd s'était répandu à Avignon et dans tout le département de Vaucluse, que le préfet, nouvellement arrivé de Paris, avait apporté des *ordres* et des instructions pour les électeurs; que ces ordres portaient des *exclusions nominatives* et des demandes formelles. Un grand nombre de personnes dignes de foi assuraient que le préfet leur avait communiqué ces *ordres;* qu'il leur avait dit en termes formels d'écarter des élections M. de Forbin, et de faire nommer M. de Liautaud. Plu-

---

[1] Melun, chez Michelin, imprimeur de la préfecture.

sieurs fonctionnaires publics avaient été fortement menacés par M. le préfet, s'ils donnaient leurs voix dans un sens contraire. On parlait de lettres adressées aux présidents des colléges d'arrondissement, qui contenaient ces instructions d'une exclusion formelle; on parlait de lettres pareilles adressées par les sous-préfets aux maires de leurs arrondissements; on colportait des copies de lettres, des originaux même; la surprise était grande, la mesure paraissait nouvelle. Sujet soumis et dévoué, prêt à obéir au nom du roi au premier ordre, je ne pouvais croire à de pareilles assertions.

D'un côté, je considérais et les lois fondamentales du royaume, et les instructions générales et particulières que j'avais reçues en pareilles circonstances; je repassais dans ma mémoire ce que j'avais vu dans d'autres temps; tout m'obligeait à repousser une pareille idée : d'un autre côté, je pensais que, quelles que fussent les intentions de Sa Majesté, elle me les aurait fait connaître par mes chefs ordinaires, et un seul mot aurait suffi. Le préfet, me disais-je, s'il en eût reçu l'ordre, se serait empressé de me le dire à moi-même d'une manière officicielle : il l'écrit à d'autres, pourquoi ne pas l'écrire à moi-même? Il me semblait que l'auguste nom du roi était compromis dans le public : tout enfin s'accordait et me forçait à douter, malgré l'évidence de ces manœuvres et de ces assertions; mais j'ai appris d'une manière positive que M. Desjardins, secrétaire particulier de M. le préfet, s'est transporté, hier 24, veille des élections d'arrondissement, dans la ville de Cavaillon. Là, dans la mairie, en présence du *maire*, il a fait *convoquer* les électeurs d'arrondissement, et leur a lu publiquement une lettre de M. le préfet, dans laquelle il leur annonça qu'il avait ordre d'éloigner des élections M. de Forbin, et qu'il désirait la nomination de M. de Liautaud; la publicité d'une pareille démarche, le nom auguste qui y était invoqué, a frappé les esprits d'étonnement; il s'en est suivi une explication assez vive de la part d'un électeur avec M. Desjardins, qui a révoqué en doute une pareille assertion; le secrétaire a insisté, et l'on s'est retiré. La même opération a eu lieu de la part de la même personne dans plusieurs communes du département. Les lettres du préfet, celles du sous-préfet de Carpentras, ses menaces publiques, ses violences circulent dans toutes les mains, dans toutes les bouches, font l'objet de toutes les conversations; et j'ai acquis les preuves les plus légales et les plus complètes à ce sujet.

Ici doit se terminer, Monseigneur, le récit des faits qui viennent de se passer dans le département de Vaucluse, et comme sujet, comme citoyen, je dois m'abstenir de toutes réflexions; j'ignore jusqu'à quel point peuvent s'étendre les droits et l'autorité d'un préfet, concernant l'influence sur les élections, l'exclusion des droits civils envers un citoyen, etc., etc. Je laisse à la profonde sagesse de Votre Excellence, à sa justice et à son respect pour les lois, de peser les faits ci-dessus, leur gravité et leurs conséquences.

J'ai l'honneur d'être avec respect, etc.

De Forbin.

N° 8 (59).

Mémoire sur les élections du département du Lot, à la Chambre des députés.

Les élections du Lot ont présenté un résultat si peu avantageux, qu'il devient nécessaire, pour l'honneur de ce département, de prouver au roi, à la famille royale, à la Chambre des pairs, à celle des députés et à la France entière, que les habitants de cette province sont éminemment royalistes.

Les électeurs soussignés réclament contre les violences, les séductions et les menaces qui ont été employées, soit dans les colléges d'arrondissement, soit dans celui du département, par les autorités civiles et judiciaires.

Le préfet du Lot a toujours protégé, depuis son arrivée dans ce département, les hommes coupables. L'influence révolutionnaire y régit tout depuis vingt-cinq ans, et presque aucune épuration n'y a été faite.

Les sous-préfets, devenus ses agents, professent les mêmes principes ; presque tous les membres des trois tribunaux, dont deux n'ont pas encore reçu l'institution royale, à cause de leur félonie dans les Cent-Jours, n'ont connu que la volonté de cet administrateur et leur ambition particulière.

Dans le mois d'août, M. de Lezai Marnézia fit une tournée dans son département; il caressa avec affectation tous les intérêts révolutionnaires; il fut reçu avec allégresse par les ennemis du roi, et surtout dans les villes de Gourdon et Souillac. Dans celle de Saint-Céré, ils lui élevèrent un arc de triomphe avec une couronne tricolore, en proclamant que c'était un des leurs. La preuve de ce fait existe dans un procès en police correctionnelle devant le tribunal de Figeac, intenté par les soins et la fidélité du commandant de la garde nationale de Saint-Céré.

C'est dans cette situation que l'ordonnance du 5 septembre a trouvé le département du Lot, et c'est sous ces malheureux auspices que les collèges électoraux ont été convoqués.

Aussitôt des libelles diffamatoires contre la Chambre des députés ont été abondamment distribués, entre autres un extrait du *Journal-Général*, des lettres du préfet aux électeurs et aux maires; des propos révolutionnaires ont été propagés par les autorités civiles et judiciaires.

Le sous-préfet de Figeac et le procureur du roi mandent chez eux les électeurs; ils emploient les menaces et les séductions; ils osent dire que les députés veulent faire revenir les dîmes et les droits féodaux, que le roi n'en veut plus; et, dans leur délire révolutionnaire, ils proscrivent les nobles, et offrent en contradiction M. le comte de Lezai Marnézia pour candidat. Les preuves sont authentiques, et seront fournies en cas de déni.

A Figeac, des moyens aussi vils que méprisables ne procurent aucun résultat. Deux députés sont nommés candidats, avec deux propriétaires.

A Gourdon, les intrigues réussissent; aucun député n'est nommé. A leurs places figurent le préfet, M. Barrairon, directeur général des domaines; Verninac, ex-ambassadeur, gendre d'un régicide; et Calmon, administrateur des domaines.

A Cahors, même résultat et des candidats nouveaux.

En 1815, le préfet provisoire, d'après des instructions ministérielles, et en vertu d'une ordonnance royale, avait adjoint au collège de département quarante électeurs, dont vingt pour remplir le nombre désigné par l'ordonnance, et vingt pour compléter le collège, en raison de décès. Le préfet, pour réduire les adjonctions faites au nombre indiqué par l'ordonnance, a éliminé à son choix, sans suivre aucune trace certaine, les individus qui lui ont paru suspects. Il a retranché les plus forts propriétaires, les chevaliers de Saint-Louis, sans établir aucune proportion entre les arrondissements, et il a conservé les hommes dont il croyait plus aisément pouvoir disposer, ou dont il a présumé l'absence. Les noms des adjoints conservés et éliminés ne furent point connus ni proclamés, et plusieurs de ces derniers arrivèrent à Cahors pour voter, et n'apprirent que là leur élimination.

Toutes les manœuvres employées dans les arrondissements furent renouvelées au chef-lieu.

On ajouta aux pamphlets une prétendue lettre des ministres, qui, au nom du roi, désignait nominativement deux députés comme indignes d'être élus.

Le chef d'escadron de la gendarmerie, homme aussi fidèle que surveillant, fut envoyé, par ordre du préfet et du général, le jour même des élections, à Figeac, pour se concerter avec le maire, le procureur du roi et le sous-préfet; et ces trois fonctionnaires étaient à Cahors depuis deux jours, à la connaissance du préfet. Il lui fut enjoint de faire arrêter un homme qui était enfermé depuis six mois, et de poursuivre d'autres individus contre lesquels le procureur du roi n'avait jamais voulu décerner le mandat d'amener comme n'existant pas de preuves suffisantes. S. Exc. le ministre de la guerre peut éclarcir les faits, en communiquant les rapports du chef d'escadron. Il est à observer que le colonel de la gendarmerie était, à cette époque, consigné aux arrêts, et le lieutenant en congé.

Le grand-vicaire, chargé de l'administration du diocèse, l'évêque absent, fut mandé par le préfet, qui blâma sévèrement sa conduite et celle de quelques ecclésiastiques qui étaient à Cahors, disait cet administrateur, pour intriguer. Dans le même instant la ville de Cahors était encombrée par les agents du préfet, par les sous-préfets, par tous les employés des domaines du département, et par plusieurs autres des départements de Lot-et-Garonne et de Tarn-et-Garonne.

Un juge de paix fut menacé de perdre sa place, s'il votait pour les députés.

On offrit des emplois, soit dans les gardes nationales, soit ailleurs, pour des votes pour le préfet. On promit la réintégration d'un homme destitué, pour un vote.

Le premier scrutin ouvert (parmi les candidats) présenta 91 votants pour un ex-député; 86 pour M. Barrairon; 85 pour le préfet, et 78 pour un autre député.

M. Lapergue se présenta, dans ce scrutin, pour un électeur du même nom, et signa sous le n° 130. M. Rossignol avait voté de même pour la formation du bureau.

Au second scrutin formé le lendemain, MM. le préfet et Barrairon furent proclamés députés.

Au troisième scrutin, un ex-député eut le plus grand nombre de voix.

Au quatrième scrutin, M. Moizen fut proclamé député.

On suspendit alors la séance pendant deux heures, pour mieux combiner les projets. Il restait un ballottage entre un ex-député et un candidat. Les apparences étaient en faveur du député. Les chefs du parti mirent deux bulletins de plus dans la boîte, et le scrutin fut déclaré nul. La séance, quoiqu'il ne fût que trois heures et demie, fut renvoyée au lendemain, malgré les réclamations de quelques électeurs. Plusieurs d'entre eux, croyant l'opération finie, s'étaient retirés dans leurs foyers avant l'ouverture du scrutin.

Le lendemain, la tactique changea, ne pouvant empêcher la nomination d'un ex-député, on donna l'ordre de ne plus voter. Les bons et fidèles serviteurs du roi votèrent au nobre de 95; plusieurs n'osèrent s'y rendre. Les signatures font foi. Parmi elles on distingue celle de trois députés de 1815, et les personnes les plus recommandables. On n'y voit point, comme dans les autres scrutins, des noms odieux à la légitimité. Le préfet et le sous-préfet veillaient ceux qui entraient pour voter. Plusieurs électeurs, mandés et menacés, n'osèrent remplir leurs fonctions.

Le scrutin reste ouvert deux jours, et il est brûlé comme ne contenant pas la moitié, plus un, des suffrages de tous les membres du collège.

Le département n'a que trois députés au lieu de quatre. Il est à observer que, pendant toute la tenue des séances du collège, le secrétaire intime du préfet a resté constamment dans la salle, malgré les réclamations de plusieurs électeurs.

Voilà le récit exact des opérations des colléges du Lot. Les signataires, fidèles à l'honneur et au roi, certifient les faits exposés, et ils offrent les preuves.

Dans ces temps de délire et de passion, on a vu l'amalgame honteux des administrateurs du roi avec ses ennemis les plus prononcés. Cette association funeste d'un préfet et de sous-préfets avec les agents de la tyrannie de 93, avec les signataires de la protestation du camp de la Villette, avec des hommes mis en surveillance et destitués, a ouvert, mais trop tard, les yeux aux électeurs, séduits par le nom du roi pris à témoin par ses ennemis.

Les électeurs, pénétrés de respect et de confiance dans la Chambre des députés, sollicitent la cassation des élections du Lot, et motivent leur demande sur les faits exposés, sur l'influence toujours dangereuse qu'exerce un préfet dans son département, qui seule démontrerait le vice d'une nomination pareille, en écartant toute liberté de suffrage. (Suivent les signatures, au nombre de 48 [1].)

[1] Ce Mémoire a été imprimé dans le Moniteur du 10 novembre dernier.

N° 9.

Instructions sur les élections.

(Les deux pièces qu'on va lire ci-dessous, et qui sont citées dans le n° précédent, se trouvent aussi dans *le Moniteur* du 10 novembre. Les originaux de ces deux pièces, imprimés à Cahors, sortent des presses de Ramel, imprimeur de la préfecture.)

Sous le rapport des élections, ce que le roi veut, ses mandataires doivent le vouloir. Il n'y a pas deux sortes d'intérêts dans l'État; et pour faire disparaître jusqu'à l'ombre des partis, qui ne sauraient subsister sans menacer son existence, il ne faut que des députés dont les intentions soient de marcher d'accord avec le roi, avec la Charte, avec la nation, dont les destinées reposent en quelque sorte entre leurs mains. Les députés qui se sont constamment écartés de ces principes tutélaires ne sauraient donc être désignés, ni obtenir une faveur qui tournerait au préjudice de la chose publique.

Point de grâce pour la malveillance qui se déclarerait par des actes ostensibles, qui afficherait de coupables espérances, qui croirait trouver, dans un grand acte de politique et de justice, une occasion favorable de trouble et de désordre.

Il faut s'opposer à la publication de ces correspondances empressées, et toujours marquées au coin de l'exagération, que les membres des sociétés secrètes sont en possession de faire parvenir sous le manteau du royalisme.

Dans l'ordonnance du roi, les électeurs ne verront que sa volonté, les besoins du roi et la Charte.

Le roi attend des électeurs qu'ils dirigent tous leurs efforts pour éloigner des élections les ennemis du trône et de la légitimité, qui voudraient renverser l'un et écarter l'autre, et les amis insensés qui l'ébranleraient, en voulant le servir autrement que le roi veut l'être; qui, dans leur aveuglement, veulent dicter des lois à sa sagesse, et prétendent gouverner pour lui. Le roi ne veut aucune exagération; il attend des choix des collèges électoraux des députés qui apportent à la nouvelle Chambre les principes de modération qui sont la règle de son gouvernement et de sa politique; qui n'appartiennent à aucune société secrète; qui n'écoutent d'autres intérêts que ceux de l'État et du trône; qui n'apportent aucune arrière-pensée, et respectent avec franchise la Charte, comme ils aiment le roi avec amour.

Paris, le 19 septembre 1816.

Le ministre secrétaire d'État au département de la police,

Signé DECAZES.

Pour ampliation :

Le préfet du Lot,
Signé LEZAI MARNEZIA

M. le préfet du Lot à MM. les fonctionnaires administratifs du ressort, et à ses administrés.

Le roi, qui sait être fort, comme il est bon et juste, a, par son ordonnance du 5 septembre, dissous la Chambre des députés, et raffermi la Charte sur des bases désormais inébranlables.

L'énergie de cette mesure a eu pour effet de terrasser toutes les folles prétentions, de garantir tous les droits, de contenir chacun dans sa place; elle a doublé les forces du roi, elle lui a rallié tous les esprits qui hésitaient encore, elle lui a donné la preuve que, pour que la nation entière fût à lui, il suffisait de la convaincre qu'il était tout à elle.

Cependant, tandis que la France reconnaissante rend hommage à cet acte de haute sagesse de Sa Majesté, je suis informé que quelques hommes aigris, soit par un faux zèle, soit par le renversement de je ne sais quelles espérances, se permettent d'indécentes observations, cherchent à décréditer l'autorité, calomnient les intentions du roi et de son gouvernement, et portent l'audace de leurs propos jusqu'à l'irrévérence pour la personne sacrée de Sa Majesté.

Mon devoir est de faire respecter l'autorité royale et les lois de l'État; je le ferai contre tous les genres de malveillance, sous quelque nom, sous quelques couleurs qu'ils se déguisent.

Ces nouveaux ennemis de la France, rares sans doute, qui, au nom du roi, conspirent contre sa cause et cherchent à le séparer de son peuple, pour l'intérêt de leur vanité et de leurs prétentions, ne sont pas moins séditieux que les autres ennemis qui, pour la satisfaction d'une ambition coupable, prétendraient éterniser l'esclavage de la France.

Tous sont également dignes d'être réprimés.

J'appelle sur tous les genres de malveillance et sur leurs menées la vigilance du magistrat, des vrais amis du roi et de la monarchie paternelle. Après tant d'exagérations diverses, la modération triomphe enfin; prouvons qu'au lieu de mériter le reproche de faiblesse, c'est en elle que consiste la véritable force.

Cahors, le 16 septembre 1816.

Le préfet du département du Lot,
Signé LEZAI MARNEZIA.

N° 10.

(Pièce également mentionnée dans le Mémoire n° 8.)

Lettre d'un électeur du département de... à M. ***, député de la dernière Chambre.

MONSIEUR,

La lettre que vous m'avez fait l'honneur de m'écrire, pour me demander ma voix aux prochaines élections, m'a été remise par M. le curé de......, qui a pris soin de la commenter avec tout le zèle et toute l'onction que vous lui connaissez. Son neveu, que vous avez fait nommer juge, l'accompagnait, et m'a dit, sans beaucoup de détours, qu'incertain sur la manière dont il doit prononcer dans une affaire qu'un chicaneur très-connu m'a suscitée, il est disposé à vous consulter et à s'en rapporter à vos lumières. J'aime à croire que l'oncle et le neveu sont allés fort au delà de vos intentions, l'un par ses longs discours, l'autre par ses insinuations singulières. Je trouve tout simple qu'ayant été député, vous désiriez être réélu; je m'étonne peu que vous me demandiez ma voix; mais il me paraît étrange qu'on essaye de me circonvenir, et qu'on veuille m'inquiéter sur des intérêts auxquels je ne puis songer quand il s'agit de l'intérêt public. La franchise et la loyauté me guideront toujours; c'est pourquoi je ne fais nulle difficulté de vous répondre que vous n'aurez pas ma voix, et de vous exposer les raisons sur lesquelles se fonde mon refus.

Je veux la tranquillité, Monsieur; il me semble que le repos doit avoir autant de charme pour un Français, que la santé pour un homme longtemps malade à peine convalescent. Dites-moi si la majorité de la Chambre des députés a fait beaucoup pour la tranquillité publique. Le roi a donné l'exemple de toutes les vertus conciliantes; la Chambre des pairs a reçu de ses membres l'éclat qui semblait n'appartenir qu'aux vieilles institutions; les Français, ou du moins la presque totalité d'entre eux, ne demandaient qu'à respirer de tant d'orages; mais vous et vos amis vous avez voulu voir d'une autre manière. Vous avez paru méconnaître cet axiome incontestable, que la violence produit les révolutions, et que la modération les termine; vous semblez vous être plu à rappeler tous les souvenirs funestes, et à remettre en question ce qui était décidé; vos discours imprudents ont attisé les haines et répandu les alarmes. De bonne foi, Monsieur, devez-vous être surpris si, pour amener le repos, je préfère d'autres hommes à ceux qui l'ont repoussé malgré le vœu du roi, de la Chambre des pairs et de la presque totalité des Français?

Une partie de la Chambre des députés n'a montré ni calme ni modération. Que serait-ce si l'on recomposait sa majorité des mêmes éléments; si vous et vos amis vous reparaissiez à la tribune, aigris par les souffrances de l'amour-propre, ardents à vous venger de la joie générale qu'excite l'ordonnance du 5 septembre, tout fiers d'un triomphe remporté sur la volonté du roi, en regardant la France comme un patrimoine qu'on ne peut arracher de vos mains? Vous auriez eu ma voix l'année dernière, que je me garderais de vous la donner cette année.

Il faut des députés sages dans leurs opinions, calmes dans leurs discours, dignes de s'associer à cette bonté touchante qui siége sur le trône. Depuis trop longtemps les exagérés de diverses couleurs envahissent nos Chambres de députés; voyons enfin quelle pourrait être l'influence d'une assemblée modérée. Après tant d'expériences, je n'aperçois pas le danger d'essayer encore celle-ci.

Sujet fidèle, dévoué au meilleur des rois, puis-je vous donner mon suffrage, quand vous avez refusé de suivre ses principes et tenté d'affaiblir son autorité? Oubliant dans quelle sphère élevée est placé le monarque, il n'a pas tenu à vous que des sentiments de haine et de vengeance ne parvinssent jusqu'à lui! Si, pour juger ses principes, il ne suffisait pas de votre cœur, vous pouviez consulter l'histoire de Louis XVIII, qui, dans une situation semblable à celle de Henri IV, suit l'exemple de son aïeul. L'un et l'autre ont avec douleur frappé quelques coupables, et déployé leur clémence pour ramener des sujets égarés. Louis, en ces jours déplorables, pardonne à des rebelles, comme Henri fit grâce.

Vous n'avez pas moins méconnu l'autorité que les principes du monarque. Je ne puis, en quelques lignes, tracer l'histoire de votre session; mais pensez-vous affermir l'autorité royale, quand vous dénaturiez les projets de loi, quand vous les étouffiez sous les amendements, et que vous cherchiez avec tant d'ardeur à substituer des volontés irréfléchies aux propositions émanées du trône? Vous sembliez avides de réunir en vos mains tous les pouvoirs, et vous paraissiez près de renouveler cette Assemblée constituante qui s'arrogea le droit de gouverner. Quoi! vous n'avez pas senti combien il importe que le roi jouisse pleinement du pouvoir qu'il s'est réservé, en faisant à son peuple des concessions si nombreuses! Tant de légèreté suffirait pour m'interdire de vous donner mon suffrage.

Aux dernières élections, vous parliez de la Charte comme d'une superfétation politique, et vous annonciez assez hautement le projet de nous reporter à 1788. Vous osiez alors mettre en doute la force des lois constitutionnelles, l'irrévocabilité d'une promesse sacrée; l'ordonnance du 5 septembre doit commencer à vous détromper.

Sans discuter avec vous les avantages de la Charte, elle existe; on ne peut l'ébranler sans alarmer la France, et sa destruction serait une révolution nouvelle ajoutée à tant d'autres. Il suffit donc de vouloir la tranquillité pour vouloir le maintien du gouvernement tel qu'il est. Ne nous livrons point à des discussions métaphysiques; portons nos regards autour de nous. Le commerce et l'industrie languissent; la sécurité seule pourra les ranimer, et la sécurité des peuples est le fruit de la stabilité des lois. Que des députés jaloux de conserver, non d'innover, viennent s'unir de cœur aux volontés du roi, et bientôt notre sol paisible s'enrichira des prodiges de l'activité française. Mais si l'on s'aperçoit que les députés regrettent des privilèges dont l'éclat a flatté leur enfance; si l'on voit qu'ils aimeraient à recouvrer des propriétés qui ont fui de leurs mains, et circulé dans une multitude de familles; si l'on croit qu'ils traitent le gouvernement constitutionnel comme un gouvernement provisoire, les inquiétudes subsisteront dans les esprits, toute entreprise manufacturière ou commerciale sera différée, et les capitaux resserrés laisseront s'anéantir l'industrie. Voilà des vérités simples et palpables. Indépendamment des observations précédentes sur les députés, peut-on confier le soin de maintenir la Charte aux hommes qui l'ont si souvent attaquée pendant votre session? Montriez-vous du respect pour la Charte, quand vous vous éleviez avec tant de chaleur contre l'article qui prescrit le renouvellement par cinquième?

Le département que nous habitons, Monsieur, a d'autant plus besoin de sages députés, qu'il y règne moins d'union et de calme que dans beaucoup d'autres. J'en connais plusieurs où nulle division n'existe : *le roi et la Charte* y rallient tous les cœurs. Mais parmi nous, je vois encore s'agiter deux partis : une poignée d'hommes regrettent les priviléges, fatiguent de leurs prétentions tout ce qui les environne; et, s'ils avaient autant de pouvoir que d'orgueil, leur domination serait bientôt cruelle. D'autres hommes, presque tous de la lie du peuple, craignent les Bourbons, comme l'oiseau de nuit craint la lumière. Prompts à inventer ou à croire des fables absurdes, ils prédisent sans cesse des révolutions prochaines. Entre ces deux partis sont des hommes nombreux, paisibles, pleins d'honneur et dévoués au gouvernement; c'est dans leurs rangs que nos députés seront choisis, si mes vœux se réalisent : je dirai plus, c'est parmi eux qu'il faut prendre les différents fonctionnaires pour sauver les deux partis de leurs propres fureurs.

Un gouvernement ne peut être bien servi que par des hommes qui lui soient dévoués. Notre gouvernement est constitutionnel. Si Louis-XVIII eût rétabli l'ancien régime, vous seriez très-propre à seconder ses vues; mais Sa Majesté ayant jugé qu'après tant de bouleversements la France ne trouvera le repos que sous une monarchie tempérée, je vote pour des hommes dévoués au roi et à la Charte.

Voilà, Monsieur, quelques-unes des raisons qui ne me permettent pas de vous donner ma voix.

Je n'en ai pas moins l'honneur d'être, ***.

(Extrait du *Journal-Général*, du 25 septembre.)

N° 11.

(Extrait du *Moniteur*, du 11 novembre.)

Désaveu de la pièce n° 9.

Paris, 10 novembre 1816.

Il a été donné lecture hier à la Chambre des députés d'une pièce intitulée *Instructions sur les Élections*, et dont l'impression paraît avoir été ordonnée par M. le préfet du Lot.

La copie que nous avons donnée de ces instructions dans notre numéro d'hier n'est qu'un extrait inexact sous beaucoup de rapports. Plusieurs phrases ont été supprimées, d'autres ont subi des altérations qui sont de nature à en changer le sens. Par exemple, le premier paragraphe de l'extrait qui a paru dans *le Moniteur* se termine ainsi : « *Les députés qui se sont constamment écartés de ces principes tutélaires ne sauraient donc être désignés, ni obtenir une faveur qui tournerait au préjudice de la chose publique.* » Dans l'original de ces instructions, que nous avons sous les yeux, il y a : *Ne sauraient être désignés par l'autorité locale, ni se prévaloir de son influence pour obtenir une faveur qui tournerait au préjudice de la chose publique* [1]. On sent toute la différence de ces deux versions sans qu'il soit besoin de la faire ressortir. Les autorités locales

---

[1] N'est-ce pas une chose singulière que monseigneur le ministre des finances et M. le préfet de Toulouse aient commis la même faute et défiguré de la même manière le texte de la circulaire de M. le comte Decazes? *Voyez* le n° 1 et le n° 3 (à l'extrait des Instructions) qui parlent aussi des désignations à faire par les *autorités locales*.

devaient protection à tous ; mais il n'était ni juste ni convenable qu'elles employassent l'influence qu'elles pouvaient avoir en faveur des hommes qui s'étaient montrés constamment opposés au système politique suivi par le gouvernement.

Au surplus, ces instructions adressées confidentiellement aux préfets n'étaient point destinées à l'impression ; elles avaient pour objet de régler la conduite des dépositaires de l'autorité publique dans les départements, de les éclairer sur les véritables intentions du gouvernement, et en même temps de leur prescrire les mesures propres à assurer la tranquillité et l'indépendance des colléges électoraux. Sous ce rapport, l'esprit qui a dicté ces instructions se trouve tout entier dans ces mots qui font partie d'un des paragraphes omis dans l'extrait qui a paru hier : *Surveillance, activité, mais liberté entière.*

(Extrait du *Journal-Général*, du 10 novembre.)

N° 12.

(Extrait du *Journal-Général*, du 10 novembre.)

Désaveu de la pièce n° 10.

Il est de notre devoir de dire que la lettre dont il est ici question était l'ouvrage d'un des rédacteurs de ce journal, qu'elle renfermait l'expression de son opinion très-indépendante, et que monseigneur le ministre de la police générale, pensant que cette opinion était énoncée en termes faits pour offenser les membres de la majorité de l'ancienne Chambre, crut devoir arrêter l'envoi du numéro à la poste, bien qu'une note du rédacteur du journal adoucît et restreignît beaucoup le sens des expressions dont s'était servi l'auteur de la lettre. Il est surprenant que l'on ait argumenté, contre la validité des élections du département du Lot, d'un numéro du journal qui n'a pu circuler que dans Paris [1].

N° 13 (67).

Pièce à l'appui d'un fait mentionné dans le Mémoire n° 6.

Je, Jean-François de Saunhac de Belcastel, premier vicaire général, président du chapitre de Cahors, gouvernant et administrant le diocèse en l'absence de monseigneur l'évêque, déclare, sur la demande qui m'en est faite, et pour rendre hommage à la vérité, qu'ayant été invité par M. le comte Lezai Marnézia, préfet du département du Lot, de passer chez lui le samedi 5 octobre courant, entre onze heures et midi, et que, m'y étant réellement rendu, ce magistrat commença par me reprocher d'avoir parlé favorablement des députés de ce département à la dernière Chambre, à ceux de MM. les électeurs de 1816 que des affaires ecclésiastiques, ou le plaisir de me voir, avaient conduits chez moi depuis que les élections étaient commencées ; qu'il me porta ensuite plainte sur la présence de plusieurs ecclésiastiques de la campagne, qu'il prétendait être venus en ville pour faire porter les voix sur MM. lesdits députés, me disant que le roi ne voulait point qu'ils fussent réélus ; et ajoutant avoir reçu dix instructions différentes qui contenaient cette exclusion, particulièrement une, dont il me lut quelques lignes, que je ne trouvai point avoir le sens qu'il lui donnait, laquelle il me présenta comme signée du roi lui-même, sans cependant me faire voir la signature de Sa Majesté. Je déclare ensuite que M. le comte Lezai Marnézia, se trouvant embarrassé pour détruire les observations que je lui fis contre la réalité de l'exclusion royale des anciens députés, et

---

[1] M. le rédacteur aurait raison si la pièce, qui n'a pu circuler que dans Paris, n'avait été réimprimée à Cahors, chez Ramel, imprimeur de la préfecture. Je possède l'original de cette réimpression.

voulant cependant la soutenir, me dit que Sa Majesté s'y était déterminée par le motif de leur trop grande exaltation dans la dernière session, et que notre conversation se termina par ma réponse que je ne voyais dans l'ordonnance du 5 septembre dernier qu'un motif, celui de rétablir les membres de la Chambre des députés à l'âge et au nombre prescrit par la Charte; et qu'on ne pouvait, sans vouloir se jeter dans l'arbitraire, en supposer d'autre que celui exprimé par le roi lui-même à toute la France dans son ordonnance, qui ne laissait même pas présumer la plus légère défense de renommer ceux des anciens députés que les collèges électoraux jugeraient propres à consolider l'autorité royale et la légitimité. Je déclare enfin être parfaitement convaincu que la très-grande majorité de MM. les électeurs du département du Lot, laissés à leurs propres et véritables sentiments, comme dans l'entière liberté de leur choix, eussent, par attachement pour leur roi et son auguste dynastie, réélu leurs quatre députés à la dernière Chambre, comme leur étant connus par leur sagesse, leur véritable dévouement au trône, et leur fidélité aux Bourbons.

Cahors, le 26 octobre 1816.

Signé l'abbé DE SAUNHAC, vicaire général.

Vu pour légalisation de la signature de M. l'abbé de Saunhac, vicaire général.

Cahors, le 26 octobre 1816.

Le maire de la ville,

Signé ISAAC DELVINCOURT, adjoint.

N° 14 (60)

Pièce à l'appui du Mémoire n° 8.

Je soussigné certifie que, le 2 du présent mois, M. de Lezai Marnézia, alors préfet du département du Lot, me fit prévenir de me rendre chez lui vers midi; que, m'y étant rendu, il me reprocha d'avoir improuvé sa circulaire aux électeurs, d'avoir en cela manqué de respect à l'autorité, et de m'être donné même des mouvements pour influencer les élections; sur quoi je répondis que cela ne me regardait pas; mais que, du reste, si on laissait les choix libres, MM. les électeurs du collège du département étaient incapables de choisir des députés autres que ceux qui sont attachés au roi et à son auguste famille; et je lui ajoutai que les choix faits en 1815 justifiaient mon opinion; et je lui dis même que ce qu'il y avait d'alarmant pour les vrais amis du roi, c'était de voir cette réunion de jacobins qui avaient assiégé le collège d'arrondissement. Le préfet m'observa alors que cela ne me regardait pas, qu'il fallait laisser agir l'autorité, et que l'intention du gouvernement était de ne pas permettre que les anciens députés fussent réélus. En foi de quoi me suis signé, à Cahors, le 22 octobre 1816.

Signé CALMEJANE, avoué licencié.

Vu pour légalisation de la signature ci-dessus.

Cahors, 26 octobre 1816.

Le maire de la ville,

Signé ISAAC DELVINCOURT, adjoint.

N° 15 (59 *bis*).

Nouveau Mémoire en confirmation du Mémoire n° 8.

A MONSIEUR LE PRÉSIDENT DE LA CHAMBRE DES DÉPUTÉS ET A MESSIEURS LES MEMBRES QUI LA COMPOSENT.

Messieurs, les instructions, les proclamations et les lettres circulaires, contenues dans les imprimés joints à une pétition qui a dû être présentée à la Chambre, suffiront a vos yeux pour vous convaincre des desseins de M. le préfet Lezai Marnézia, et de la part active qu'il a prise dans ces mêmes résultats.

Une infinité de faits graves qui ont précédé et accompagné les élections viennent à l'appui de cette vérité, et leur preuve se fera aisément sur les lieux si vous la jugez nécessaire. Elle vous convaincra, Messieurs, qu'on a gagné une partie des électeurs, en leur faisant accroire que le roi ne voulait pas d'anciens députés; qu'ils étaient ses ennemis; qu'ils avaient voulu rétablir la dîme et les rentes, et dépouiller les acquéreurs des biens nationaux;

Que les personnes honnêtes qui se permettaient de raisonner sur le véritable sens de l'ordonnance du 5 septembre étaient mandées à la préfecture, grondées sur leur prétendue indiscrétion, et menacées;

Que d'autres personnes revêtues d'un caractère respectable avaient été chassées de la ville, sous le faux prétexte qu'elles s'y étaient rendues pour diriger les votes sur les anciens députés;

Quant au collège de l'arrondissement de Cahors, un des anciens députés ayant obtenu le plus grand nombre de suffrages lors de la sortie du premier candidat, un électeur du canton de Castelnau se rendit sur la place où un certain nombre d'électeurs se trouvaient réunis, et qu'il leur dit à haute voix que le préfet l'avait chargé de leur déclarer que s'ils persistaient à donner leurs suffrages à ce député, il dissoudrait l'assemblée, parce que le roi ne voulait pas des anciens députés, et que le préfet dut à cet orateur des halles une seconde candidature;

Qu'il avait été fait un appel à tous les ennemis du gouvernement pour accréditer cette insigne fausseté, et proclamer d'avance ceux qu'il fallait choisir en abusant du nom du roi;

Que les chefs de file de cette honorable clientèle étaient des sous-préfets, des magistrats, des conseillers de préfecture, des juges de paix et d'anciens fonctionnaires destitués ou occupant les premières places;

Que pour avoir la force armée à leur disposition, ils en écartèrent les deux chefs supérieurs de la gendarmerie, l'un en le mettant aux arrêts, sous un prétexte déguisé, tandis que son véritable tort était d'avoir dit dans un cercle que le préfet n'était pas éligible dans ce département; et l'autre, en l'envoyant, sur la réquisition du préfet, à l'extrémité du département, soit pour y arrêter des prévenus de vol et d'assassinat remontant à des époques reculées, dont l'un était d'ailleurs constitué prisonnier depuis six mois, et dont les autres jouissaient de leur liberté sur le refus du procureur du roi de décerner de mandat contre eux, soit pour prévenir les troubles dont la ville de Figeac était, disait-on, menacée, tandis que cette ville jouissait de la plus parfaite tranquillité, quoique le préfet eût appelé et retînt près de lui le sous-préfet, et que le procureur du roi et le maire fussent absents, ainsi que le tout doit résulter plus amplement du procès-verbal de cet officier supérieur envoyé au ministre de la guerre;

Qu'au premier tour de scrutin, deux anciens députés avaient obtenu la presque majorité des suffrages : que le secrétaire intime du préfet, quoiqu'il ne fût pas électeur, resta constamment dans l'assemblée et auprès du secrétaire de cette assemblée; que la séance ne fut renvoyée au lendemain que pour avoir le temps de faire arriver des électeurs qui, à cause de leur félonie, n'avaient osé d'abord se présenter ou pour gagner ceux qui leur avaient résisté;

Qu'après les trois premiers députés pris dans le parti qui s'opposa constamment à l'élection des anciens, la majeure partie de l'assemblée s'étant hautement prononcée pour l'un des quatre anciens députés, le scrutin fut déclaré nul au moyen de deux billets en sus du nombre des votants qui furent trouvés dans la boîte;

Que la séance ayant été renvoyée au lendemain pour continuer l'opération, on ne vit plus dans la salle que la partie saine de cette assemblée, à l'exception de trois électeurs qui refusèrent de voter, et de deux autres à double face qui, pour n'avoir pas l'air d'être de la coalition, votèrent, ainsi que le tout doit résulter de la liste des votants signataires, qui est restée au pouvoir du président, comparée avec celle de la totalité des électeurs;

Que le scrutin est resté ouvert pendant deux jours sans qu'aucun électeur de ce parti se soit présenté pour compléter la majorité requise, quoiqu'ils se montrassent dans la cour de la préfecture, dans les promenades, à la comédie, et qu'ils n'aient quitté la ville qu'après que le délai pour voter a été expiré ;

Qu'enfin leur conduite à la comédie, et l'inertie du préfet à cette occasion, ont dû affliger tous les sujets fidèles au roi, puisque après s'être inutilement opposé au chant d'une cantate dont le refrain est *Vive le roi! vive la France!* ils accompagnèrent ce refrain de coups de sifflets.

Mais tous ces faits, et beaucoup d'autres que nous passons sous silence, nous paraissent de surérogation pour faire ressortir les nullités intervenues dans les délibérations de cette assemblée, et venger par ce moyen l'outrage fait à ce département, en ramenant par séduction, par menaces et par violence, la majeure partie des électeurs aux écarts déplorables de 1793. Nous allons nous borner à articuler les nullités prises en majeure partie dans les actes de cette assemblée, et sur autres pièces jointes à l'une des pétitions présentées à la Chambre dans l'intérêt de ce département.

Le premier moyen de nullité dérive de la séduction et de la violence que le préfet et ses agents ont exercées sur une classe d'électeurs qui leur étaient subordonnés, tant au moyen de la tournée dans le département, qu'au moyen des circulaires, des instructions, des proclamations qu'il a fait répandre à pleines mains, et dont une partie est remise sous les yeux de la Chambre.

Le second moyen de nullité est pris de ce que, durant les élections, le secrétaire intime du préfet a été constamment présent, et s'est tenu à côté du secrétaire de l'assemblée, quoiqu'il ne fût pas électeur, malgré que plusieurs électeurs aient demandé au bureau de l'en faire sortir.

Les soussignés, mettant tout intérêt personnel et tout sujet de ressentiment à l'écart, réclament pour le respect dû à la loi, pour le maintien de l'ordre et pour l'honneur du département, l'annulation de l'assemblée électorale du département du Lot.

Cahors, ce 11 octobre 1816.

(*Suivent* 41 *signatures*[1].)

[1] Les quarante et une signatures de ce Mémoire, qui n'a pas été présenté à la Chambre des députés, jointes aux quarante-huit du Mémoire sous le n° 8, forment quatre-vingt-neuf signatures.

FIN DES MÉLANGES POLITIQUES.

MÉLANGES LITTÉRAIRES

NOTICES NÉCROLOGIQUES

SUR LA MORT DE M. DE LA HARPE.

Février 1803.

La littérature vient de perdre presque à la fois M. de Saint-Lambert et M. de La Harpe. Le premier était âgé de plus de quatre-vingt-quatre ans; son lit de mort a été entouré de nombreux amis; il a devancé dans la tombe ceux qui firent le bonheur de sa vie; ses opinions, toujours les mêmes, l'ont mis à l'abri des outrages dont on a accablé les derniers ans de l'auteur de *Philoctète* et du *Cours de Littérature :* on ne pourra donc pas dire de M. de Saint-Lambert :

Malheur à qui le ciel accorde de longs jours!

Tandis que l'auteur des *Saisons* mourait au milieu de toutes les consolations de la philosophie, M. de La Harpe expirait au milieu de toutes les consolations de la religion. L'un fut visité des hommes à son dernier soupir; l'autre fut visité *de Dieu,* selon la belle et tendre expression du christianisme pour peindre la mort du fidèle. M. de La Harpe quitta ce monde le vendredi 11 février 1803, entre sept et huit heures du matin. Il conserva toute sa tête jusqu'à son dernier moment. Il put sentir avec reconnaissance ce que le ciel faisait pour lui; plus heureux que M. de Saint-Lambert, qui ignora les derniers soins que lui rendait la terre.

M. de La Harpe a montré le plus grand courage et la piété la plus sincère pendant sa longue maladie. Il se fit lire plusieurs fois les prières des agonisants. M. de Fontanes se présenta un jour au milieu de cette triste cérémonie : « Mon ami, lui dit le mourant en lui tendant une main desséchée, je remercie le ciel de m'avoir laissé l'esprit assez libre pour sentir combien cela est consolant et beau ; » c'est à la fois le dernier regard du chrétien et de l'homme de lettres.

Les obsèques de M. de La Harpe furent célébrées le dimanche matin à Notre-Dame. Il s'était retiré depuis quelques années dans le cloître de cette cathédrale, comme s'il avait voulu se réfugier, loin d'un monde peu charitable, à l'ombre de la maison du Dieu de miséricorde. Ceux qui ont vu les restes de cet auteur célèbre renfermés dans un chétif cercueil ont pu sentir le néant des grandeurs littéraires, comme de toutes les autres grandeurs ; heureusement c'est dans la mort que le chrétien triomphe, et sa gloire commence quand toutes les autres gloires finissent.

On eût dit que la présence du cercueil de cet homme, qui avait si bien senti les beautés de l'Écriture, rendait encore plus belles les prières que le christianisme a consacrées à la mort. Tous ces cris d'espérance : *Requiem dabo tibi, dicit Dominus :* — JE VOUS DONNERAI LE REPOS, DIT LE SEIGNEUR ; — *Expectabo, Domine, donec veniat immutatio mea : vocabis me, et ego respondebo tibi : operi manuum tuarum porriges dexteram :* — J'ATTENDS, SEIGNEUR, QUE MON CHANGEMENT ARRIVE : VOUS M'APPELLEREZ, ET JE VOUS RÉPONDRAI : VOUS TENDREZ VOTRE DROITE A L'OUVRAGE DE VOS MAINS ; l'épître de saint Paul : *O mort, où est ton aiguillon ?* l'évangile de saint Jean : *Le temps viendra que tous ceux qui sont dans les sépulcres entendront la voix du Fils de Dieu ;* tous ces soupirs de la religion, toutes ces paroles prophétiques attendrissaient profondément les cœurs. Quand les prêtres ont chanté à la communion : *Ut requiescant a laboribus suis,* DÈS A PRÉSENT ILS SE REPOSENT SUR LEURS TRAVAUX, les larmes sont venues aux yeux de tous les amis de M. de La Harpe.

Le convoi est parti à une heure pour le cimetière de la barrière de Vaugirard. Nous avons sincèrement regretté de ne pas voir marcher à la tête du cortége cette croix qui nous afflige et nous console, et par laquelle un Dieu compatissant a voulu se rapprocher de nos misères. Lorsqu'on est arrivé au cimetière, on a déposé le cercueil au bord de la fosse, sur le petit monceau de terre qui devait bientôt le recouvrir. M. de Fontanes a prononcé alors un discours noble et simple sur l'ami qu'il venait de perdre. Il y avait dans l'organe de l'orateur attendri, dans les tourbillons de neige qui tombaient du ciel, et qui blanchissaient le drap mortuaire du cercueil, dans le vent qui soulevait ce drap mortuaire, comme pour laisser passer les paroles de l'amitié jusqu'à l'oreille de la mort ; il y avait, disons-nous, dans ce concours de circonstances, quelque chose de touchant et de lugubre.

On va maintenant entendre parler M. de Fontanes lui-même [1], interprète bien plus digne que nous d'honorer la mémoire de M. de La Harpe. Nous ferons observer seulement que l'orateur s'est trompé lorsqu'il a dit que la mort éteint toutes les haines. Les restes de M. de La Harpe n'étaient pas encore recouverts de terre ; nous pleurions encore autour de son cercueil, près de sa fosse ouverte ; et dans le moment même où M. de Fontanes nous assurait que toutes les injustices allaient s'ensevelir dans cette tombe, que tout le monde partageait nos regrets, un journal insultait aux cendres d'un homme illustre : on l'accusait d'avoir déshonoré le commencement de sa carrière par ses neuf dernières années. Nous appliquerons aux auteurs de cet article les paroles de l'Écriture que M. de La Harpe a citées à la fin de son dernier morceau sur l'Encyclopédie, et qui sont aussi les *dernières paroles* que ce grand critique a fait entendre au public : *Malheur à vous qui appelez mal ce qui est bien, et bien ce qui est mal !*

DISCOURS

PRONONCÉ

PAR M. DE FONTANES, DEVANT L'INSTITUT,

AUX FUNÉRAILLES DE M. DE LA HARPE.

« Les lettres et la France regrettent aujourd'hui un poëte, un orateur, un critique illustre... La Harpe avait à peine vingt-cinq ans, et son premier essai dramatique l'annonça comme le plus digne élève des grands maîtres de la scène française. L'héritage de leur gloire n'a point dégénéré dans ses mains, car il nous a transmis fidèlement leurs préceptes et leurs exemples. Il loua les grands hommes des plus beaux siècles de l'éloquence et de la poésie, et leur esprit comme leur langage se retrouva toujours dans celui d'un disciple qu'ils avaient formé ; c'est en leur nom qu'il attaqua, jusqu'au dernier moment, les fausses doctrines littéraires ; et, dans ce genre de combat, sa vie entière ne fut qu'un long dévouement au triomphe des vrais principes. Mais si ce dévouement courageux fit sa gloire, il n'a pas fait son bonheur. Je ne puis dissimuler que la franchise de son caractère et la rigueur impartiale de ses censures éloignèrent trop souvent de son nom et de ses travaux la bienveillance et même l'équité ; il n'arrachait

---

[1] *Voyez* ci-après le *Discours de M. de Fontanes.*

que l'estime où tant d'autres auraient obtenu l'enthousiasme. Souvent les clameurs de ses ennemis parlèrent plus haut que le bruit de ses succès et de sa renommée : mais à l'aspect de ce tombeau, tous les ennemis sont désarmés. Ici les haines finissent, et la vérité seule demeure.

« Les talents de La Harpe ne seront plus enfin contestés; tous les amis des lettres, quelles que soient leurs opinions, partagent maintenant notre deuil et nos regrets. Les circonstances où la mort le frappe rendent sa perte encore plus douloureuse ; il expire dans un âge où la pensée n'a rien perdu de sa vigueur, et lorsque son talent s'était agrandi dans un autre ordre d'idées qu'il devait aux spectacles extraordinaires dont le monde est témoin depuis douze ans. Il laisse malheureusement imparfaits quelques ouvrages dont il attendait sa plus solide gloire, et qui seraient devenus ses premiers titres dans la postérité. Ses mains mourantes se sont détachées avec peine du dernier monument qu'il élevait ; ceux qui en connaissent quelques parties avouent que le talent poétique de l'auteur, grâce aux inspirations religieuses, n'eut jamais autant d'éclat, de force et d'originalité. On sait qu'il avait embrassé avec toute l'énergie de son caractère ces opinions utiles et consolantes sur lesquelles repose tout le système social ; elles ont enrichi non-seulement ses pensées et son style de beautés nouvelles, mais elles ont encore adouci les souffrances de ses derniers jours. Le Dieu qu'adoraient Fénelon et Racine a consolé sur le lit de mort leur éloquent panégyriste et l'héritier de leurs leçons. Les amis qui l'ont vu dans ce moment où l'homme ne déguise plus rien, savent quelle était la vérité de ses sentiments ; ils ont pu juger aussi combien son cœur, malgré la calomnie, renfermait de droiture et de bonté. Déjà même des sentiments plus doux étaient entrés dans ce cœur trop méconnu et si souvent abreuvé d'amertume; les injustices se réparaient; nous étions prêts à le revoir dans ce sanctuaire des lettres et du goût, dont il était le plus ferme soutien ; lui-même se félicitait naguère encore de cette réunion si désirée : mais la mort a trompé nos vœux et les siens ; puissent au moins se conserver à jamais les traditions des grands modèles qu'il sut interpréter avec une raison si éloquente! Puissent-elles, mes chers collègues, en formant de bons écrivains qui le remplacent, donner un nouvel éclat à cette Académie française qu'illustrèrent tant de noms fameux depuis cent cinquante ans, et que vient de rétablir un grand homme si supérieur à celui qui l'a fondée!

SUR LA MORT DE M. DE SAINT-MARCELLIN.

Février 1819.

M. de Saint-Marcellin, à peine âgé de vingt-huit ans, blessé à mort le premier de ce mois, a expiré le 3, entre neuf et dix heures du soir. Il avait fait l'apprentissage des armes dans la campagne de 1812, en Russie. Il donna les premières preuves de sa valeur dans le combat qui eut pour résultat la prise du village de Borodino et de la grande redoute qui couvrait le centre de l'armée russe. Le rapport du prince Eugène au major général sur cette journée se termine par cette phrase : « Mon aide de camp de Sève et le jeune Fontanes de Saint-Marcellin méritent d'être cités dans ce rapport. »

M. de Saint-Marcellin s'était précipité dans les retranchements de l'ennemi, et avait eu le crâne fendu de trois coups de sabre.

Après le combat, il se présenta en cet état à un hôpital encombré de quatre mille blessés, où il n'y avait que trois chirurgiens dénués de linge, de médicaments et de charpie; il ne put même obtenir d'y être reçu. Il s'en retournait, baigné dans son sang, lorsqu'il rencontra Buonaparte : « Je vais mourir, lui dit-il; accordez-moi la croix d'honneur, non pour me récompenser, mais pour consoler ma famille. » Buonaparte lui donna sa propre croix.

M. de Saint-Marcellin, jeté sur des fourgons, arriva à moitié mort à Moscou ; il y séjourna quelque temps, et fut assez heureux pour trouver le moyen de revenir en France, où nous l'avons vu, pendant plus de dix-huit mois, porter une large blessure à la tête.

La France ayant rappelé son roi légitime, M. de Saint-Marcellin fut fidèle aux nouveaux serments qu'il avait faits. Il était aide de camp du général Dupont à l'époque du 20 mars. Il se trouvait à Orléans avec son général, lorsque des soldats séduits quittèrent la cocarde blanche ; M. de Saint-Marcellin osa la garder : circonstance que peut avoir connue M. le maréchal Gouvion de Saint-Cyr, qui fit reprendre la cocarde blanche aux troupes égarées. Rentré à Paris, M. de Saint-Marcellin eut une altercation politique avec un officier, se battit, blessa son adversaire, et partit du champ clos pour aller rejoindre ceux à qui il avait engagé sa foi.

Nommé capitaine à Gand, il sollicita l'honneur d'accompagner le général Donnadieu, chargé pour le roi d'une mission importante. Débarqué à Bordeaux, il fut arrêté et remis aux mains de deux gendarmes qui devaient le conduire à Paris pour y être fusillé. En passant par Angoulême, il échappa à ses gardes, excita un mouvement royaliste dans la ville et rentra dans Paris avec le roi.

M. de Saint-Marcellin fut alors envoyé comme chef de bataillon dans un régiment de ligne à Orléans. Blessé de nouveau, il fut obligé de revenir à Paris. Depuis ce moment, il consacra ses loisirs aux lettres : il avait de qui tenir. Il donna quelques ouvrages à nos différents théâtres lyriques. Compris comme chef d'escadron dans la nouvelle organisation de l'état-major de l'armée, il avait refusé dernièrement un service actif qui l'eût éloigné de Paris. La Providence voulait le rappeler à elle. Pour des raisons faciles à deviner, l'administration avait subitement, dit-on, changé en rigueur sa bienveillance politique. On assure que M. de Saint-Marcellin allait perdre sa place de chef d'escadron quand la mort est venue épargner aux ennemis des royalistes une destitution de plus, et rayer elle-même ce brave militaire du tableau d'où elle efface également et les chefs et les soldats.

M. de Saint-Marcellin n'a point démenti, à ses derniers moments, ce courage français qui porte à traiter la vie comme la chose la plus indifférente en soi, et l'affaire la moins importante de la journée. Il ne dit ni à ses parents ni à ses amis qu'il devait se battre, et il s'occupa tout le matin d'un bal qui devait avoir lieu le soir chez M. le marquis de Fontanes. A trois heures, il se déroba aux apprêts du plaisir pour aller à la mort. Arrivé sur le champ de bataille, le sort ayant donné le premier feu à son adversaire, il se met tranquillement au blanc, reçoit le coup mortel et tombe en disant : « Je devais pourtant danser ce soir. » Rapporté sans connaissance chez M. de Fontanes, on sait qu'il y rentra à la lueur des flambeaux déjà allumés pour la fête. Lorsqu'il revint à lui, on lui demanda le nom de son adversaire : « Cela ne se dit pas, répondit-il en souriant; seulement c'est un homme qui tire bien. » M. de Saint-Marcellin ne se fit jamais d'illusion sur son état ; il sentit qu'il était perdu, mais il n'en convenait pas, et il ne cessait de dire à ses parents et à ses amis en pleurs : « Soyez tranquilles, ce n'est rien. » Il n'a fait entendre aucune plainte ; il n'a témoigné ni regrets de la vie, ni haine, ni même humeur contre celui qui la lui arrachait ; il est mort avec le sang-froid d'un vieux soldat et la facilité d'un jeune homme. Ajoutons qu'il est mort en chrétien.

Les lettres et l'armée perdent dans M. de Saint-Marcellin une de leurs plus brillantes espérances. On remarque dans les premiers essais échappés à sa plume une gaieté de bon goût appuyée sur un fonds de raison et sur des sentiments nobles. Lorsqu'il parle d'honneur, on voit qu'il le sent, et quand il rit, on s'aperçoit qu'il méprise. Sa destinée paraissait devoir être heureuse dans un ordre de choses différent de celui qui existe aujourd'hui;

mais aussitôt qu'il est entré dans la ligne des devoirs légitimes, il a été atteint par cette fatalité qui semble s'attacher aux pas de tout ce qui est devenu ou resté fidèle. Est-ce une raison pour renoncer à une cause sainte et juste? Bien loin de là, c'est une raison pour s'y attacher : les hommes généreux sont tentés par les périls, et l'honneur est une divinité à laquelle on s'attache par les sacrifices mêmes qu'on lui fait.

Devons-nous plaindre ou féliciter M. de Saint-Marcellin? Il n'était pas fait pour vivre dans ces temps d'ingratitude et d'injustice. Le sang lui bouillait dans les veines ; son cœur se révoltait quand il voyait récompenser la trahison et punir la fidélité. Son indignation avait l'éclat de son courage, et il ne faisait pas plus de difficulté de montrer ses sentiments que de tirer son épée : avec une pareille disposition d'âme, nous ne l'eussions pas gardé longtemps. D'ailleurs nous marchons si vite, le système adopté nous prépare de tels événements, que Saint-Marcellin n'a peut-être perdu que des orages : il s'est hâté d'arriver au lieu de son repos, et du moins il n'entend plus le bruit de nos divisions.

Mille raisons nous commandaient de payer ce tribut d'éloges à la mémoire de Saint-Marcellin ; mais il y en a surtout une qu'une vieille amitié sentira. Cette amitié a été éprouvée par la bonne et la mauvaise fortune ; elle nous retrouvera toujours, et particulièrement quand il s'agira de la consoler : *Ille dies utramque duxit ruinam*.

SUR LA MORT DE M. DE FONTANES.

Mars 1821.

A M. LE RÉDACTEUR DU *Journal des Débats*.

Monsieur,

Il est de mon devoir de répondre à l'appel que vous avez fait à l'amitié dans votre journal du 19 de ce mois. J'y répondrai mal, car ce n'est pas quand on a le cœur brisé qu'on peut écrire. L'école à jamais célèbre fondée par Boileau, Racine et Fénelon, finit en M. de Fontanes ; notre gloire littéraire expire avec la monarchie de Louis XIV.

Mon illustre ami laisse entre les mains de sa veuve inconsolable et de sa jeune et malheureuse fille les manuscrits les plus précieux ; et telle était son indifférence pour sa renommée, qu'il se refusait à les publier. Ces manuscrits consistent en un Recueil d'odes et de poëmes admirables, en des Mélanges littéraires écrits dans cette prose où le bon goût ne nuit point à l'imagination, l'élégance au naturel ; la correction à l'éloquence, et la chasteté du style à la hardiesse de la pensée.

Devais-je être appelé si tôt à parler des derniers ouvrages de l'écrivain supérieur qui annonça mes premiers essais ! Personne (si ce n'est un de ses vieux amis, qui est aussi le mien, M. Joubert) n'a mieux connu que moi cette bonhomie, cette simplicité, cette absence de toute envie, qui distinguent les vrais talents, et qui faisaient le fond du caractère de M. de Fontanes. Singulière fatalité ! notre amitié commença dans la terre étrangère, et c'est dans la terre étrangère que j'apprends la mort du compagnon de mon exil !

Comme homme public, M. de Fontanes a rendu à son pays des services inappréciables : il maintint la dignité de la parole, sous l'empire du maître qui commandait un silence servile ; il éleva dans les doctrines de nos pères des enfants qu'on voulait séparer du passé pour bouleverser l'avenir. Vous aussi, Monsieur, vous avez admiré, aimé ce beau génie, cet excellent homme, qui peut-être est déjà oublié dans la ville où tout s'oublie.

Mais le temps de la mémoire reviendra ; la postérité reconnaissante voudra savoir quel fut ce dernier héritier du grand siècle, dont elle lira les pages immortelles. Je suis incapable aujourd'hui d'entrer dans de longs détails sur la personne et les travaux de mon ami ; la perte que je fais est irréparable, et je la sentirai le reste de ma vie. Au moment même où votre journal est arrivé, j'écrivais à M. de Fontanes : je ne lui écrirai plus ! Pardonnez, Monsieur, si je borne ma lettre à ce peu de mots que je vois à peine en les traçant.

J'ai l'honneur, etc.

CHATEAUBRIAND.

Berlin, 31 mars.

SUR M. LE GÉNÉRAL NANSOUTY.

Février 1815.

Nansouty (Étienne-Antoine-Marie Champion, comte de), né à Bordeaux le 30 mai 1768, descendait d'une famille noble originaire de Bourgogne, qui se distingua dans la double carrière des armes et de la magistrature. On trouve, au seizième siècle, un seigneur de Nansouty, qui contribua puissamment à faire rentrer la Bourgogne sous l'autorité légitime. Pour récom-

SOLON.

Ballin del et sc.

Gilquin et Dupain, imp. r. de la Calandre, 19, Paris.   Publié par DUFOUR, MULAT et BOULANGER

penser ses services, Henri IV l'admit dans son conseil ; il accorda la même faveur à son fils, et ordonna que le château de Nansouty, à moitié détruit par les troubles de la Ligue, fût réparé aux frais du trésor. L'histoire remarquera que, dans notre siècle, si fécond en vertus guerrières, les anciennes races militaires ne dégénèrent point de leur valeur : chevaleresques à la Vendée, héroïques à l'armée de Condé, aussi brillantes et plus heureuses dans les légions de la république et de l'empire, elles ont fourni des généraux habiles, des maréchaux célèbres ; Buonaparte même est sorti de leurs rangs. Envoyé à l'âge de dix ans à l'école royale et militaire de Brienne, Étienne de Nansouty passa le 21 octobre 1779 à l'école militaire de Paris. Il obtint une sous-lieutenance d'infanterie le 30 mai 1785, et Monsieur, aujourd'hui le roi, le créa chevalier novice du Mont-Carmel. La croix de cet ordre ne s'accordait qu'à l'élève de l'école militaire qui, pendant deux ans, avait été le premier dans toutes les classes, et qui s'était autant distingué par sa conduite que par ses études. Étienne de Nansouty était destiné à recevoir ses premiers et ses derniers honneurs de la main de son roi. Conduit au régiment de Bourgogne par son père, qui avait laissé des souvenirs honorables dans son régiment, il obtint, en 1788, par la protection du maréchal de Beauvau, un brevet de capitaine de remplacement au régiment de Franche-Comté, cavalerie ; il parut à peine à ce corps, et entra le 24 mai de la même année dans le sixième régiment de hussards, commandé par le duc de Lauzun, depuis duc de Biron, personnage trop petit pour la révolution, mais qui vivra pourtant, parce qu'il réunit quelque chose des aventures et des malheurs dont son premier et son dernier nom rappellent le souvenir. Étienne de Nansouty se trouva mêlé à Nancy dans l'affaire du régiment de Châteauvieux, et courut des dangers en restant fidèle aux ordres du roi. La révolution commençait par accréditer ses doctrines ; elle mit d'abord quelque discernement dans ses choix. Étienne de Nansouty, malgré sa jeunesse, fut désigné par les officiers et les soldats pour commander une compagnie de son régiment : chaque régiment, devenu une espèce de république militaire, avait acquis ce droit d'élection. La guerre ayant éclaté, le capitaine Nansouty y fut successivement nommé lieutenant-colonel du 9e régiment de cavalerie (4 avril 1792), chef de brigade, ou colonel du même régiment (19 brumaire an II, 1793), général de brigade, ou maréchal de camp (17 fructidor an VII), général de division, ou lieutenant général (3 germinal an XI, 1803), et enfin colonel des dragons (11 janvier 1813) ; tous grades qu'il acquit avec son épée. Il apprit en Allemagne avec le général Moreau, et en Portugal avec le général Leclerc, ce qui fait les succès et les revers à la guerre ; il commandait la grosse cavalerie sous les ordres du général Mortier, à la conquête du Hanovre. Nommé premier chambellan de madame Joséphine Buonaparte, alors impératrice, il donna bientôt sa démission d'une place peu compatible avec l'indépendance d'un soldat : il ne voulut ramper ni sous les crimes ni sous les honneurs de la révolution. Retourné aux camps, il attacha son nom à la plupart de ces grandes journées où nos soldats prodiguèrent leur sang pour faire oublier celui qu'on avait versé sur les échafauds. Il se battit à Wertinghen et à Ulm, acheva la victoire à Austerlitz, commença celle de Wagram, se trouva au feu à l'affaire de Friedland, et fut blessé à la Moskowa ; la cavalerie de l'armée et de la garde l'avait pour chef à la bataille de Leipzig ; et ce fut lui qui, dans le défilé de Hanau, rouvrit à nos étendards, le chemin de la France. Dans la campagne de 1814, où Buonaparte manifesta pour la dernière fois son génie (car l'homme extraordinaire finit en lui au 20 mars, et Waterloo, placé hors des limites assignées à sa puissance, ne compte plus que dans sa destinée), nos soldats étaient rentrés dans la cause de la monarchie, accompagnés plutôt que repoussés par l'Europe, qui les suivait comme à la trace de leurs victoires. Après douze siècles, notre gloire militaire, débordée sur toutes les nations, se retira vers sa source ; on se disputait la capitale des Gaules dans les lieux mêmes d'où les premiers Franks avaient marché à sa conquête. L'éclat de nos armes faisait sortir de l'obscurité les hameaux de l'Ile-de-France, comme il avait donné un nom aux villages inconnus des Arabes et des Moscovites : les derniers boulets de cette guerre de vingt-cinq années, qui nous avait soumis Berlin, Vienne, Moscou, Lisbonne, Madrid, Naples et Rome, vinrent tomber sur les boulevards de Paris. Le général Nansouty assiste à tous les combats livrés aux bords de la Marne et de la Seine, comme il s'était trouvé aux batailles données sur les rives du Borysthène et du Tage ; il protége la retraite à Brienne, ouvre l'attaque à Montmirail, à Berry-au-Bac, à Craonne, et voit enfin la couronne impériale tomber à Fontainebleau, dans ce même palais où Buonaparte avait retenu prisonnier le pontife qui l'avait marqué du sceau des rois. Ainsi s'écroula, après trente années, ce prodigieux édifice de gloire, de folies et de crimes, qu'on appelle *la révolution*. Les conquêtes utiles de Louis XIV existent entières ; et de l'Europe envahie, il ne restait à la république et à l'empire que le camp des Cosaques autour du Louvre. Pendant la campagne de France, le général Nansouty ressentit les atteintes de la maladie à laquelle il devait bientôt succomber. Il manquait souvent des secours que son état exigeait ; mais il voulut rester à cheval tant qu'il y eut un champ de bataille ; il avait vécu sous la tente au milieu des triomphes et loin de nos malheurs ; lorsque le bruit des armes cessa, il fit parvenir à l'autorité cette adhésion, remarquable par sa simplicité : « J'ai l'honneur de prévenir le gouvernement provisoire de ma soumission à la maison de Bourbon. » Cette adhésion entraîna celle d'une grande partie de l'armée : en déterminant ses compagnons d'armes à rejoindre le drapeau blanc, le général Nansouty obtint pour sa patrie sa dernière et sa plus belle victoire. Les souverains de l'Europe, réunis à Paris en 1814, lui donnèrent des témoignages d'estime d'autant plus flatteurs, que, si la faveur était venue quelquefois le trouver, il ne l'avait jamais recherchée ; mais un suffrage que le cœur d'un Français ambitionnera toujours lui était réservé : Monsieur l'accueillit avec bonté ; Louis XVIII l'honora de sa confiance ; le général parcourut la Bourgogne en qualité de commissaire du roi, et fut nommé, au retour de cette mission, capitaine-lieutenant de la première compagnie de mousquetaires. Le général Nansouty, un des meilleurs officiers de cavalerie que les guerres de la révolution aient produits, était brave, humain, désintéressé, et conservait au milieu de la rudesse des camps, la politesse de nos anciennes mœurs. Il sauva constamment la vie aux émigrés que le sort des armes jetait entre ses mains ; il épargna au Tyrol les horreurs du pillage, et fit distribuer aux hôpitaux une somme considérable, que les autorités du pays avaient voulu lui faire accepter par reconnaissance. Logé à Moscou, avec des soldats affamés, dans le palais du prince Kourakin, on trouva, après son départ, les scellés intacts et tels qu'ils avaient été apposés sur les armoires par les ordres du prince. S'il avait souvent gémi des maux que la guerre avait fait souffrir sous ses yeux aux peuples étrangers, il fut plus sensible encore à ces mêmes maux quand il les vit retomber sur sa patrie. « On ne se figure pas, disait-il, ce que c'est que d'entendre de malheureux paysans se plaindre en français. » A une affaire près de Fontainebleau, Buonaparte lui commande d'enlever un retranchement d'où l'ennemi faisait un feu épouvantable ; des files entières de cavaliers tombent dans cette entreprise désespérée et inutile. Tout à coup le général Nansouty arrête les escadrons et s'avance seul hors des rangs : Buonaparte lui envoie demander la raison de cet ordre, et pourquoi il cesse de marcher sur la redoute : « Dites-lui que j'y vais seul, répondit le général : il n'y a là qu'à mourir. » Le général Nansouty ne vit point les nouveaux malheurs de la France : une maladie dangereuse l'emporta le 12 février 1815. Il expira dans ces sentiments religieux qui font de la mort la plus simple une grande action, et qui, donnant de la noblesse aux moindres faits d'une vie chrétienne, les élèvent à la dignité de l'histoire. Le comte de Nansouty avait épousé, en 1802, Adélaïde de Vergennes, et, après avoir pu disposer d'une partie des dépouilles de l'Europe, il laissa un fils sans fortune, qu'il a recommandé, en mourant, aux bontés d'un roi qui a connu l'adversité.

FIN DES NOTICES NÉCROLOGIQUES.

LES QUATRE STUARTS

JACQUES Ier.

De 1603 à 1625.

Il naquit sans doute dans la Grande-Bretagne en 1603, à l'avénement de Jacques Ier, plusieurs individus qui ne moururent qu'en 1688, à la chute de Jacques II : ainsi tout l'empire des Stuarts en Angleterre ne fut pas plus long que la vie d'un vieil homme. Quatre-vingt-cinq ans suffirent à la disparition totale de quatre rois qui montèrent sur le trône d'Élisabeth, avec la fatalité, les préjugés et les malheurs attachés à leur race.

Jacques, comme beaucoup de princes dévots, fut gouverné par des favoris : tandis qu'avec sa plume il combattait pour le droit divin, il laissait le sceptre à Buckingham, qui usait et abusait du droit politique; le favori prenait les vices de la royauté dont le monarque retenait les vertus. Souvent les princes se plaisent à déléguer le pouvoir à un ministre dont ils reconnaissent eux-mêmes l'indignité; imitant Dieu, dont ils se disent l'image, ils ont l'orgueil de créer quelque chose de rien.

Jacques expira sans violence dans le lit de la femme qui avait tué Marie d'Écosse ; de cette noble Marie, qui, selon une tradition, créa son bourreau gentilhomme ou chevalier ; de cette belle veuve de François de France, laquelle désira avoir *la tête tranchée avec une épée à la française*, raconte Étienne Pasquier. *Le bourreau montra la tête séparée du corps*, dit Pierre de L'Estoile; *et comme en cette montre la coiffure chut en terre, on vit que l'ennui avait rendu toute chauve cette pauvre reine de quarante-cinq ans, après une prison de dix-huit.* Mais Jacques n'en travailla pas moins à établir les principes qui devaient amener la fin tragique de Charles Ier : il mourut toujours tremblant entre l'épée qui l'avait effrayé dans le ventre de sa mère, et le glaive qui devait tomber sur la tête de son fils. Son règne ne fut que l'espace qui sépara les deux échafauds de Fortheringay et de White-Hall; espace obscur où s'éteignirent Bacon et Shakspeare.

Jacques était auteur, et auteur non sans mérite. Son *Basilicon Doron*, qui servit de modèle à l'*Eikon Basiliké*, renfermait cette inutile leçon pour Charles son fils : « Ne vous en rapportez point à des gens qui ont des intérêts à vous cacher les besoins de vos sujets, afin de vous tenir dans la dépendance, et qui ne portent jamais au souverain les plaintes publiques que comme des révoltes, donnant aux larmes du peuple les noms de désobéissance et de rébellion. »

CHARLES Ier.

DEPUIS L'AVÈNEMENT DE CHARLES Ier A LA COURONNE JUSQU'A LA CONVOCATION DU LONG PARLEMENT.

De 1625 à 1640.

Charles parvint à la puissance suprême, rempli des idées romanesques de Buckingham et des maximes de l'absolu Jacques Ier. Mais Jacques n'avait défendu le droit divin que par la controverse; sa vanité littéraire et sa modération naturelle avaient permis la réplique : de là était née la liberté des opinions politiques; la liberté des opinions religieuses était déjà sortie de la lutte entre l'esprit catholique et l'esprit protestant.

De très-bonne foi dans ses doctrines, Charles tenait des traditions paternelles que les priviléges de la couronne sont inaliénables; que le roi régnant n'en est que l'usufruitier; qu'il les doit transmettre intacts à son successeur.

La nation au contraire, commençant à douter de l'étendue de ces priviléges, soutenait que le trône en avait usurpé une partie sur elle. Les premiers symptômes de division éclatèrent lorsque Charles voulut continuer la guerre allumée dans le Palatinat; le parlement refusa l'argent demandé : avant d'accorder le subside, il prétendit obtenir la réparation des griefs dont il se plaignait; il sollicitait surtout l'éloignement d'un insolent favori. Charles crut son autorité attaquée; il s'entêta à soutenir Buckingham, cassa le parlement, et leva, en vertu de certaines vieilles lois, des taxes arbitraires. Le reste de son règne s'écoula dans le même esprit.

Charles fit des efforts pour gouverner sans parlement, mais la nécessité salutaire de la monarchie représentative, nécessité qui oblige le prince à la modération afin d'opérer la levée paisible de l'impôt, ramenait de force la couronne au principe constitutionnel. Plus le roi avait agi selon le bon plaisir, plus on exigeait de lui de garantie : il cédait ou s'emportait de nouveau, et ses concessions et ses emportements finissaient toujours par la reconnaissance de quelques droits.

Dans ce conflit, de grands talents se formèrent, les limites de différents pouvoirs se tracèrent, le chaos politique se débrouilla : à travers beaucoup de passions on entrevit beaucoup de vérités, et quand les passions s'évanouirent, les vérités restèrent.

Buckingham, mignon de Jacques, et qui troubla les premières années du règne de Charles Ier, a fait plus de bruit dans l'histoire passée qu'il n'en fera dans l'histoire à venir, parce qu'il ne se rattache ni à quelque grand mouvement de l'esprit humain, ni à quelque grand vice ou à quelque grande vertu dans la chaîne de la morale.

Buckingham était un de ces hommes comme il y en a tant, prodigue, débauché, d'une beauté fade, d'un orgueil démesuré, d'un esprit étroit et fou ; un de ces hommes tout physiques, où la chair et le sang dominent l'intelligence. Le favori se croyait un général, et n'était qu'un soldat. Fanfaron de galanterie à la cour d'Espagne, insolent dans ses prétentions d'amour à la cour de France, et peut-être à celle d'Angleterre, il affectait des triomphes que souvent il n'avait pas obtenus.

Il est néanmoins remarquable que Buckingham brava impunément Richelieu, et que ces terribles parlementaires qui, quelque temps après traînèrent à l'échafaud un grand homme, Strafford, souffrirent, bien qu'en l'accusant, les insolences d'un courtisan vulgaire. C'est qu'on pardonne plutôt à la puissance qu'au génie : reste à savoir encore si d'un côté Richelieu ne méprisa pas un aventurier, et si de l'autre il n'y avait pas dans le caractère impérieux et déréglé de Buckingham quelque chose qui sympathisât avec le caractère national anglais.

Cet homme fut assassiné (1628) de la main d'un autre homme qui n'était le vengeur de rien : Felton poignarda un extravagant patricien par une extravagance plébéienne.

Buckingham laissa deux fils : le cadet périt au milieu de la guerre civile dans le parti de Charles Ier : l'aîné, devenu gendre de Fairfax, fut, sous Charles II, le chef de ce conseil connu sous le nom de la *Cabale*. Célèbre héréditairement par sa passion pour les femmes, il tua en duel le comte de Shrewsbury, tandis que la femme du comte, déguisée en page, tenait la bride du cheval de ce second Buckingham. Aussi désordonné que son père, mais d'un esprit brillant et cultivé, il écrivit des lettres, des poëmes, des satires, et travailla avec Butler à une comédie qui changea le goût du théâtre anglais.

Depuis l'avénement de Charles Ier au trône d'Angleterre jusqu'à la mort du duc de Buckingham, trois parlements avaient été convoqués : le premier ne vota qu'une somme insuffisante pour la continuation de la guerre continentale en faveur des protestants, et le second se montra infecté de l'esprit puritain. Déjà l'Angleterre était partagée en deux grandes factions appelées le parti de la cour et le parti de la campagne.

Charles, après avoir cassé le second parlement, ne tarda pas à être obligé d'en convoquer un troisième (17 mars 1628). Ce parlement posa la première pierre de la liberté constitutionnelle anglaise, en faisant passer la fameuse *pétition des droits*, bill qui tendait, en vertu des principes de la grande charte, à régler les pouvoirs de la couronne. Les communes furent rendues intraitables par leur victoire; et après des scènes violentes où quelques députés en vinrent aux mains, le roi se vit forcé de les renvoyer.

Buckingham assassiné, le troisième parlement dissous, douze années s'écoulèrent sans qu'aucun autre parlement fût appelé. Le conseil de Charles se composait alors de ministres qui présentaient un contraste et un mélange de mérite et d'incapacité.

Le garde des sceaux, sir Thomas Coventry, joignait à beaucoup d'érudition une éloquence simple et la science des affaires; mais son caractère intègre manquait de cette chaleur qui crée des amis, et de ces passions qui font des disciples. Peu appuyé à la cour, il vit le mal s'accroître sans en avertir son maître : « Il eut le bonheur de mourir, dit Clarendon, dans un temps où tout honnête homme aurait désiré quitter la vie. »

Sir Richard Weston, premier lord de la trésorerie, avait montré, dans un rang inférieur, un esprit et un courage qui l'abandonnèrent au degré plus élevé du pouvoir : hautain et timide, prompt à l'insulte, prompt à trembler devant l'insulté, il ne laissa à sa famille qu'indigence et malheur.

Des vertus, du génie même et une grâce particulière faisaient remarquer le comte de Pembroke : on ne lui a reproché que sa passion pour les femmes, à laquelle il sacrifia des moments qu'il aurait dû donner aux adversités de son pays.

Le comte de Montgomery n'avait réussi à la cour que par sa belle figure et ses talents pour la chasse : on ne l'eût pas aperçu dans un temps ordinaire. Sa médiocrité fut reprochée à Charles : dans les révolutions on fait un crime aux rois de ne pas s'entourer d'hommes égaux aux circonstances.

Un esprit agréable, un savoir universel, étaient le partage du comte de Dorset : il brilla également à la chambre des communes et dans la chambre héréditaire. Malheureusement son caractère fougueux le précipita dans des excès. Brave et passionné, il prodigua son temps à des amours sans honneur et son sang à des combats sans gloire.

Le comte de Carlisle ne profita de la faveur que pour jouir des plaisirs. Il avait aux affaires un talent naturel qu'il n'employa jamais. Il mourut insouciant, sans avoir été atteint de l'orage qu'il écouta de loin.

Flatteur de Charles dans la prospérité, lord Holland l'abandonna dans l'infortune : lâcheté vulgaire, commune à tant d'âmes vulgaires : il devint un des boute-feux du parlement. Quand les factions commencent, elles saisissent au hasard leurs chefs ; elles plongent ensuite dans l'abîme les singes qu'elles avaient pris pour des hommes.

Enfin, l'archevêque de Cantorbéry ferme la liste des conseillers de Charles, dans les temps qui précédèrent les troubles. Il parut à la cour avec cette roideur de caractère qui le rendit incapable de se plier aux circonstances. Haï des grands dont il méprisait l'art et les mœurs, il n'eut pour se soutenir que l'autorité d'une vie sainte et la renommée d'une intégrité poussée jusqu'à la rudesse. De même qu'il dédaigna de s'abaisser devant la faveur des courtisans, il s'opposa aux excès du peuple, et de la persécution des intrigues il tomba dans la proscription des révolutions.

Charles, appuyé de ce conseil, régna l'espace de douze ans avec une autorité illimitée ; il n'en fit pas un mauvais usage sous le rapport administratif, mais il cherchait en théorie ce qui était devenu impossible en pratique, une monarchie absolue. Du gouvernement absolu au gouvernement arbitraire, la conversion est facile : l'absolu est la tyrannie de la loi : l'arbitraire est la tyrannie de l'homme.

Si l'Angleterre avait voulu souffrir la levée d'un impôt d'ailleurs fort modéré, elle eût vécu sous un assez doux despotisme. Charles avait des vertus domestiques, du courage, de la modération, de la probité ; mais on lui disputait, la loi à la main, tous ses actes ; ils pouvaient être bons, mais ils n'étaient pas légaux. Une seule résistance amenait l'emploi de la force et un scandale. Au défaut du pouvoir parlementaire, les conseillers du monarque suscitèrent le pouvoir de la chambre étoilée dont on augmenta les attributions : fatal auxiliaire de la couronne.

Le jugement rendu contre Hampden (1636) pour n'avoir pas voulu se soumettre à la taxe du *ship-money*, remua de plus en plus les esprits : une commotion religieuse ébranla l'Écosse. Par ce concours de circonstances, qui produit le renouvellement des empires, le peuple d'Écosse et celui d'Angleterre inclinaient au puritanisme au moment même où les évêques voulaient faire triompher l'Église anglicane, et prétendaient introduire quelque chose de la pompe catholique dans le culte protestant.

La nouvelle liturgie est repoussée (1637) à Édimbourg. La foule s'écrie : Le *pape*! le *pape*! l'*antechrist*! le royaume se soulève et le *covenant* est signé.

C'est pourtant de cet acte fanatique, mystique, inintelligible, exprimant dans un jargon barbare les idées les plus rétrécies, que sont émanées la liberté, la tolérance et la civilisation constitutionnelle d'Angleterre. C'est ainsi que des horribles comités de 1793 est pour ainsi dire sorti le pacte de notre nouvelle monarchie. Chaque trouble politique chez un peuple est fondé sur une vérité qui survit à ce trouble. Souvent cette vérité est confusément enveloppée dans des mots sauvages et dans des actions atroces; mais dans les grands changements des États, les mots et les actions passent : le fait politique et moral qui reste d'une révolution est toute cette révolution. Quand celle-ci ne réussit pas, c'est qu'elle a été tentée ou trop tôt ou trop tard, en deçà ou au delà de l'époque où elle eût trouvé les choses et les hommes au degré de maturité propre à sa fructification.

Une assemblée générale de la nation écossaise succéda aux premiers troubles d'Édimbourg. L'épiscopat fut aboli (1638), et l'on commença des levées pour soutenir des opinions avec des soldats.

Sir Thomas Wentworth, membre du troisième parlement, avait fortement provoqué dans ce parlement la fameuse *pétition des droits;* mais lorsque le fondement de l'indépendance constitutionnelle eut été posé, Wentworth devint le soutien de la prérogative royale attaquée, comme il avait été le défenseur de la liberté populaire méconnue. Charles l'avait nommé pair d'Angleterre et vice-roi d'Irlande. Ce monarque, dans les circonstances difficiles où il se trouva engagé, consulta le nouveau lord Wentworth. Ce sujet fidèle donna à son souverain des conseils énergiques. Que sert de recommander la force à la faiblesse ?

Dans toute révolution, il y a toujours quelques moments où rien ne semblerait plus facile que de l'arrêter; mais les hommes sont toujours faits de sorte, les choses arrangées de manière, qu'on ne profite jamais de ces moments. Au lieu de résister, Charles fit lui-même un *covenant,* comme Henri III avait fait une ligue. Les covenantaires écossais traitèrent de *satanique* le covenant du roi. Après d'inutiles concessions, le roi réunit des troupes; lord Wentworth lui fournit de l'argent et pouvait lui amener une seconde armée : il ne s'agissait que d'avancer; Charles recula : il conclut une trêve (17 juin 1639), lorsqu'il était assuré d'une victoire.

Bientôt les Écossais reprirent les armes. Lord Wentworth, créé comte de Strafford, voulait qu'on portât la guerre dans le cœur du royaume rebelle, et qu'on assemblât un parlement anglais : Charles ne suivit que la moitié de ce conseil.

On aurait pu croire que ce quatrième parlement, rassemblé après un intervalle de douze années, éclaterait en justes reproches : Strafford le ménagea avec tant d'habileté, que les communes se montrèrent d'abord assez dociles. Elles étaient divisées en trois partis : les amis du roi, les partisans de la monarchie constitutionnelle et les puritains : ceux-ci voulaient un changement radical dans les lois et la religion de l'État ; ces trois partis furent cependant au moment de se réunir pour voter les subsides. La trahison du secrétaire d'État, sir Henry Vane, que protégeait la reine, perdit tout.

Le roi et le parlement, également trompés par ce ministre, se crurent brouillés, lorsqu'ils s'entendaient. Charles, avec sa précipitation accoutumée, s'imaginant qu'on lui allait refuser les subsides, fit pour la dernière fois usage d'une prérogative dont il avait abusé. Il cassa encore ce quatrième parlement (5 mai 1640), lequel devait être suivi de l'assemblée qui brisa à son tour la couronne.

A l'instigation des puritains, les Écossais, ayant envahi de nouveau l'Angleterre, surprirent les troupes du roi à Newborn. Charles, arrivé à York pour repousser les Écossais, manda un grand conseil des pairs. Il lui déclara tout à coup que la reine désirait la réunion d'un cinquième parlement.

Arrêtons-nous ici pour parler de cette reine dont l'influence fut si grande sur la destinée de Charles Ier son mari, et sur celle de Jacques II son fils.

HENRIETTE-MARIE DE FRANCE.

Sixième enfant et troisième fille de Henri IV, Henriette-Marie naquit le 25 novembre 1609, six mois avant l'assassinat de son père, et mourut vingt ans après le meurtre de son mari. Elle fut tenue sur les fonts de baptême par le nonce, qui devint pape sous le nom d'Urbain VIII. Elle épousa Charles, roi d'Angleterre (11 mai 1625). Le contrat de mariage, rédigé sous les yeux du pape, contenait des clauses favorables à la religion catholique. Henriette-Marie arriva en Angleterre avec les instructions de la mère Madeleine de Saint-Joseph, carmélite, et sous la conduite du père Bérulle accompagné de douze prêtres de la nouvelle congrégation de l'Oratoire : ceux-ci, renvoyés en France, furent remplacés par douze capucins. Rien ne pouvait être plus fatal à Charles Ier que le hasard de cette union catholique, d'ailleurs si noble, dans le siècle du fanatisme puritain. La haine populaire se tourna d'abord contre la reine et rejaillit sur le roi.

Il est impossible de pénétrer aujourd'hui dans le secret des raisons qui firent agir Henriette-Marie au commencement des troubles de la Grande-Bretagne : on la trouve placée dans l'intérêt parlementaire jusqu'au moment de l'explosion de la guerre civile; elle protége sir Henry Vane, qui brouilla le roi et le quatrième parlement; elle demande la convocation de ce long parlement qui conduisit Charles à l'échafaud; elle arrache au roi la confirmation de l'arrêt qui frappa Strafford; ce fut par sa protection que le conseil du roi se remplit des ennemis ou des adversaires de la couronne.

Henriette-Marie était-elle en mésintelligence domestique avec le roi, comme le prétendaient les parlementaires? Bossuet laissa entendre quelque chose d'une division secrète. « Dieu, dit-il, avait préparé un charme innocent au roi d'Angleterre dans les agréments infinis de la reine son épouse. Comme elle possédait son affection, car *les nuages qui avaient paru au commencement furent bientôt dissipés,* etc.

Il n'y a plus aujourd'hui de doute sur le genre de division qui régna un moment entre Charles et Henriette-Marie : élevée dans une monarchie absolue, dans une religion dont le principe est inflexible, dans une cour où l'on passe tout aux femmes, dans un pays où l'humeur est mobile et légère, Henriette fut d'abord un enfant capricieux, qui prétendit à la fois faire dominer sa volonté, sa religion et son humeur. Les prêtres, les femmes et les gentilshommes qu'elle avait amenés avec elle voulaient, les uns exercer leur culte dans tout son éclat, les autres établir leurs modes et se moquer des usages d'une *cour barbare.* Charles, accablé de toutes ces querelles, renvoya en France la suite de la reine. Il se plaint de la conduite d'Henriette-Marie dans des instructions pour la cour de France datées du 12 juillet 1626.

« Le roi de France et sa mère n'ignorent pas, dit-il[1], les aigreurs et les dégoûts qui ont eu lieu entre ma femme et moi, et tout le monde sait que je les ai supportés jusqu'ici avec beaucoup de patience, croyant et espérant toujours que les choses iraient mieux, parce qu'elle était fort jeune, et que cela venait plutôt des mauvais et artificieux conseils de ses domestiques, qui n'avaient que leur propre intérêt en vue, que de sa propre inclination. En effet, lorsque je me rendis à Douvres pour la recevoir, je ne pouvais pas attendre plus de marques de respect et d'affection qu'elle n'en fit paraître en cette occasion. La première chose qu'elle me dit fut que, comme elle était jeune et qu'elle venait dans un pays étranger dont elle ignorait les coutumes, elle pourrait ainsi commettre quantité d'erreurs, et qu'elle me priait de ne point me fâcher contre elle pour les fautes où elle pourrait tomber par ignorance, jusqu'à ce que je l'eusse instruite de la manière de les éviter.... Mais elle n'a jamais tenu sa parole. Peu de temps après son arrivée, madame de Saint-Georges... mit ma femme de si mauvaise humeur contre moi, que depuis ce temps-là on ne peut pas dire qu'elle en ait usé envers moi deux jours de suite avec les égards que j'ai mérités d'elle...

« Je ne prendrai pas la peine de m'arrêter à quantité de petites négligences, comme le soin qu'elle prend d'éviter ma compagnie, si bien que, lorsque j'ai à lui parler de quelque chose, il faut que je m'adresse d'abord à ses domestiques, autrement je suis assuré d'avoir un refus; son peu d'application à l'anglais et d'égards pour la nation en général. Je passerai

---

[1] Je me sers de la traduction de l'excellente édition des *Mémoires de Ludlow,* dans la collection des *Mémoires relatifs à la révolution d'Angleterre,* par M. GUIZOT.

de même sous silence l'affront qu'elle me fit avant que j'allasse à cette dernière et malheureuse assemblée du parlement ; on n'en a déjà que trop discouru, et vous en avez l'auteur sous vos yeux en France..... Après avoir donc supporté si longtemps avec patience les chagrins que je reçois de ce qui devait faire ma plus grande consolation, je ne saurais plus souffrir autour de ma femme ceux qui sont la cause de sa mauvaise humeur, et qui l'animent contre moi ; je devrais les éloigner, quand ce ne serait que pour une seule chose, pour l'avoir engagée à aller en dévotion à Tiburn [1]. »

On ne peut donc attribuer la mésintelligence de Charles et d'Henriette qu'à une sorte d'incompatibilité d'humeur entre les deux époux. Si le temps et l'adversité l'affaiblirent, la vie de Charles ne fut pas assez longue pour la faire entièrement disparaître. Charles avait quelque chose de doux, de facile et d'affectueux dans le caractère ; sa femme était plus impérieuse, et l'on s'apercevait qu'elle avait un certain mépris pour la faiblesse de Charles. La reine était charmante : quoiqu'elle fût née d'un sang et dans une cour qui n'abondait pas en austères vertus, les républicains même n'osèrent calomnier ses mœurs. Nous avons des portraits d'elle laissés par lord Kensington, par Ellis et Howell. Un des historiens français de sa vie nous la dépeint ainsi au moment de son mariage : « Elle n'avait pas encore seize ans. Sa taille était médiocre, mais bien proportionnée. Elle avait le teint parfaitement beau, le visage long, les yeux grands, noirs, doux, vifs et brillants, les cheveux noirs, les dents belles, la bouche, le nez et le front grands, mais bien faits, l'air fort spirituel, une extrême délicatesse dans les traits, et quelque chose de noble et de grand dans toute sa personne. C'était, de

---

[1] Ce document, trouvé avec les lettres de la reine et du roi dans la cassette de Charles, perdue sur le champ de bataille de Naseby, est évidemment falsifié. On ne conçoit pas d'abord comment un document semblable a été conservé par Charles depuis l'année 1626 jusqu'à l'année 1645 parmi les papiers récents et une correspondance toute relative à la guerre civile. Ensuite ces paroles, *je passerai sous silence l'affront qu'elle me fit avant que j'allasse à cette dernière et malheureuse assemblée du parlement*, si elles signifient quelque chose, présentent un grossier anachronisme. Henriette-Marie débarqua à Douvres, le 11 juin 1625 ; le roi Charles, nouvellement parvenu au trône, ouvrit son premier parlement le 18 du même mois, et en prononça la dissolution le 12 août. Il convoqua un second parlement en 1626 ; et ce parlement orageux, à cause de l'accusation de Buckingham, fut cassé au mois de juin de cette même année. Charles *n'alla point à cette dernière et malheureuse assemblée du parlement*. Il est évident que les faussaires, ne faisant point attention aux dates, ont voulu parler du long parlement où Charles se transporta en effet le 4 janvier 1642, pour faire arrêter six membres de la Chambre des communes, lesquels avaient été avertis des projets du roi par la trahison de la comtesse de Carlisle, jadis maîtresse de Strafford, ensuite attachée à Pym et favorite de la reine. Enfin le roi parle de ce document des dévotions de la reine à Tiburn : l'esprit de fanatisme accusait Henriette-Marie d'être allée prier devant la potence à laquelle avaient été pendus quelques prêtres catholiques. Or il est démontré par les pièces diplomatiques anglaises que cette imputation était dénuée de tout fondement. Charles ne pouvait pas écrire ce que son gouvernement même ne croyait pas.

toutes les princesses ses sœurs, celle qui ressemblait le plus à Henri IV son père : elle avait comme lui le cœur élevé, magnanime, intrépide, rempli de tendresse et de charité, l'esprit doux et agréable, entrant dans les douleurs d'autrui et compatissant aux peines de tout le monde. »

Les historiens anglais la représentent petite et brune, mais remarquable par la beauté de ses traits et l'élégance de ses manières.

Charles aimait Henriette avec passion : il ne paraît pas qu'elle éprouvât pour lui le même degré de tendresse ; et pourtant tandis qu'il ne lui témoignait aucune inquiétude, c'était elle qui se plaignait et qui semblait un peu jalouse. Dans les lettres de Charles, imprimées par ordre du parlement, respire le sentiment le plus touchant d'amour pour Henriette.

Le 13 février 1643, il lui mande : « Je n'avais pas éprouvé jusqu'ici combien il est quelquefois heureux d'ignorer, car je n'ai appris le danger que tu as couru en mer par la violence de la tempête, que lorsque j'avais déjà la certitude que tu en étais heureusement échappée... L'effroi que m'a causé ce danger ne se calmera pas jusqu'à ce que j'aie eu le bonheur de te voir, car ce n'est pas à mes yeux la moindre de mes infortunes que tu aies couru pour moi un si grand péril, et tu m'as témoigné en ceci tant d'affection, qu'il n'y a chose au monde qui me puisse jamais acquitter, et des paroles beaucoup moins que toute autre chose ; mais mon cœur est si rempli de tendresse pour toi et d'une impatience passionnée de reconnaissance envers toi, que je n'ai pu m'empêcher de t'en dire quelques mots, laissant à ton noble cœur le soin de deviner le reste [1]. »

Il lui écrit d'Oxford, le 2 janvier 1645 : « En déchiffrant la lettre qui arriva hier, je fus bien surpris d'y trouver que tu te plains de ma négligence à t'écrire... Je n'ai jamais manqué aucune occasion de te donner de mes nouvelles... Si tu n'as point la patience de t'interdire un jugement défavorable sur mes actions jusqu'à ce que je t'en aie marqué les véritables motifs, tu cours souvent risque d'avoir le double chagrin d'être attristée par de faux rapports et d'y avoir cru trop vite. Ne m'estime qu'autant que tu me verras suivre les principes que tu me connais. »

Charles lui écrit du même lieu, le 9 avril de la même année : « Je te gronderais un peu, si je pouvais te gronder, sur ce que tu prends trop tôt l'alarme. Songe, je te prie, puisque je t'aime plus que toute autre chose au monde, et que ma satisfaction est inséparablement unie avec la tienne, si toutes mes actions ne doivent avoir pour but de te servir et de te plaire... L'habitude de ta société m'a rendu difficile à contenter ; mais ce n'est pas une raison pour que tu m'en plaignes moins, toi le seul remède à cette maladie. Le but de tout ceci est de te prier de me consoler par tes lettres le

[1] *Note des Mémoires de Ludlow*, collect. GUIZOT.

plus souvent qu'il te sera possible. Et ne crois-tu pas que les détails de ta santé soient des sujets agréables pour moi, quand même tu n'aurais pas autre chose à m'écrire? N'en doute pas, ma chère âme, ta tendresse est aussi nécessaire à la consolation de mon cœur que ton secours à mes affaires. »

Lorsqu'on songe que Charles épanchait ainsi son cœur au milieu des horreurs de la guerre civile, au moment de tomber entre les mains de ses ennemis, on est profondément attendri.

La reine, un an auparavant, lui écrivait d'York, le 30 mars, ces paroles un peu rudes : « Souvenez-vous de ce que je vous ai écrit dans mes trois dernières lettres, et ayez plus de soin de moi que vous n'en avez eu jusqu'ici, ou faites semblant du moins d'en prendre davantage, afin qu'on ne s'aperçoive pas de votre négligence à mon égard. »

Charles crut devoir déclarer, en mourant, à sa jeune fille, la princesse Élisabeth, qu'*il avait toujours été fidèle* à la reine, et la lettre d'adieux qu'il écrivit à celle-ci se terminait par ces mots : « Je meurs satisfait, puisque mes enfants sont auprès de vous. Votre vertu et votre tendresse me répondent du soin que vous aurez de leur conduite. Je ne puis vous laisser des gages plus chers et plus précieux de mon amour. Je bénis le ciel de faire tomber sa colère sur moi seul. Mon cœur est plein pour vous de la même tendresse que vous y avez toujours vue. Je vais mourir sans crainte, me sentant fortifié par le souvenir de la fermeté d'âme que vous m'avez fait paraître dans nos périls communs. Adieu, Madame, soyez persuadée que jusqu'au dernier moment de ma vie je ne ferai rien qui soit indigne de l'honneur que j'ai d'être votre époux [1]. »

Cette dernière lettre de Charles, qui n'est pas assez connue, montre que ses sentiments intimes étaient aussi nobles, et peut-être encore plus touchants que ceux qu'il fit éclater sur l'échafaud.

On peut reprocher à Henriette-Marie du penchant à l'intrigue, penchant qu'elle tenait du sang des Médicis; elle se livra aussi à des moines sans prudence, et à des favorites qui la trahirent. Elle avait le courage du sang; le courage politique lui manquait quelquefois; et quand les orages populaires grondaient, quoique femme de tête et de cœur, elle donnait des conseils pusillanimes. Bienfaisante et magnanime, elle fit souvent accorder la liberté et la vie à ses ennemis. Elle ne voulait pas même connaître le nom de ses calomniateurs. « Si ces personnes me haïssent, disait-elle, leur haine ne durera peut-être pas toujours, et s'il leur reste quelque sentiment d'honneur, ils auront honte de tourmenter une femme qui prend si peu de précaution pour se défendre. » Les infortunes d'Henriette-Marie avaient été, pour ainsi dire, prédites par François de Sales, qui reste à

---

[1] *Vie de Henriette-Marie.*

notre histoire au triple titre de saint, d'homme illustre et d'ami de Henri IV.

Quoi qu'il en soit des altercations religieuses et domestiques qui troublèrent la paix intérieure de Charles et de Henriette ; quoi qu'il en soit des causes qui amenèrent la liaison, jusqu'à présent inexplicable, de la reine et des premiers parlementaires, quand les malheurs de Charles éclatèrent, la fille du Béarnais retrouva comme lui dans la guerre civile le courage et la vertu.

Lorsqu'en 1625 elle alla recevoir la couronne de la Grande-Bretagne, la reine Marie de Médicis sa mère, la reine Anne d'Autriche sa belle-sœur, l'accompagnèrent jusqu'à Amiens. Toutes les villes sur son passage lui rendaient des honneurs extraordinaires : par une pompe digne de la royauté chrétiennne, *les prisons étaient ouvertes à son arrivée, et elle voyait devant elle une infinité de malheureux qui la remerciaient de leur liberté et la comblaient de bénédictions* [1]. Les trois reines se quittèrent à Amiens. Vingt vaisseaux qui attendaient Henriette de France à Boulogne la transportèrent à Douvres ; elle y fut reçue au bruit de l'artillerie et aux acclamations du peuple. Il y eut des combats à la barrière, des jeux et des courses de bagues.

Quand la reine d'Angleterre revint en France, en 1644, elle y rentra en fugitive ; les prisons ne s'ouvraient plus par le charme de son sceptre ; elle se dérobait elle-même aux prisons. Voyageant d'un royaume à l'autre, échappant à des tempêtes pour arriver à des combats, quittant des combats pour retrouver des tempêtes, Henriette était saisie par la fatalité qui poursuivait les Stuarts. On vit cette courageuse femme, canonnée jusque dans la maison qui lui servait d'abri contre les flots, obligée de passer la nuit dans un fossé où les boulets la couvraient de terre. Une autre fois, le vaisseau qui la portait étant près de périr, elle dit aux matelots ce mot qui rappelle celui de César : « Une reine ne se noie pas. »

Libre d'esprit au milieu de tous les dangers, elle écrivait au roi, de Newark, le 27 juin 1643 : « Tout ce qu'il y avait actuellement de troupes à Nottingham s'est rendu à Leicester et à Derby, ce qui nous fait croire qu'elles ont dessein de nous couper le passage... J'emmène avec moi trois mille hommes d'infanterie, trente compagnies de cavalerie ou de dragons, six pièces d'artillerie et deux mortiers. Henri Germyn, en qualité de colonel de mes gardes, commande toutes ces forces ; il a sous lui sir Alexandre Lesley qui commande l'infanterie, Gérard la cavalerie, et Robert Legg l'artillerie. Sa Majesté est madame la généralissime, pleine d'ardeur et d'activité ; et en cas que l'on en vienne à une bataille, j'aurai à commander cent cinquante chariots de bagages [2]. »

---

[1] *Vie de Henriette-Marie.* — [2] *Note des Mémoires de Ludlow,* collect. Guizot.

Après de nouveaux revers, privée de presque toute assistance dans la petite ville d'Exeter que le comte d'Essex se préparait à assiéger, elle mit au monde, le 16 juin 1644, sa dernière fille.

A peine accouchée, elle fut forcée de fuir de nouveau, n'ayant pour tout aide que son confesseur, un gentilhomme et une de ses femmes, *qui avaient de la peine à la soutenir à cause de son extrême faiblesse.* Elle avait été obligée d'abandonner à Exeter sa fille nouvellement née : c'était cette princesse prisonnière dix-sept jours après sa naissance, cette princesse frappée par la mort à Saint-Cloud dans toute la fleur de la beauté et de la jeunesse, cette duchesse d'Orléans, cette seconde Henriette que la gloire de Bossuet devait atteindre comme la première.

Une cabane déserte, à l'entrée d'un bois, s'offrit à la fuite d'Henriette-Marie. Elle y demeura cachée pendant deux jours. Elle entendit défiler les troupes du comte d'Essex qui parlaient de porter à Londres *la tête de la reine*, laquelle tête avait été mise à prix pour une somme de 6,000 liv. sterl.

Henriette, arrivée à Plymouth à travers mille périls, s'embarque pour l'île de Jersey ; l'amiral Batty la poursuit. Alors, comme la femme de saint Louis, elle fait promettre à un capitaine de la tuer et de la jeter dans la mer avant qu'elle tombât aux mains de ces infidèles d'une nouvelle sorte. Elle aborde avec quelques matelots parmi des rochers sur la côte de la Basse-Bretagne ; les paysans, prenant ces étrangers pour des pirates, s'arment contre eux ; Henriette-Marie se fait reconnaître, part pour Paris, arrive au Louvre, et tombe dans de nouveaux malheurs.

Outragée par des libelles jusque sur le continent, elle tombait des mains de la populace féroce de Londres dans celles de la populace insolente de Paris. Ballottée entre deux guerres civiles, sur les bords de la Tamise elle rencontre les crimes sérieux des révolutions, sur les rivages de la Seine les pasquinades sanglantes de la Fronde ; là le drame de liberté, ici sa parodie. Les bouchers et les boulangers d'Angleterre veulent tuer Henriette-Marie dans le palais des Stuarts ; les bouchers et les boulangers de France lui refusent des aliments dans le palais des Bourbons, oubliant que leurs pères avaient été nourris par celui dont ils dédaignaient de nourrir la fille.

« Cinq ou six jours avant que le roi sortît de Paris, dit le cardinal de Retz, j'allai chez la reine d'Angleterre, que je trouvai dans la chambre de Mademoiselle, sa fille, qui a été depuis madame d'Orléans. Elle me dit d'abord : Vous voyez, je viens tenir compagnie à Henriette ; la pauvre enfant n'a pu se lever aujourd'hui faute de feu.... La postérité aura peine à croire qu'une petite-fille de Henri le Grand ait manqué d'un fagot pour se lever au mois de janvier dans le Louvre et sous les yeux d'une cour de France. »

Elle était souvent obligée de se promener des *après-dînées entières dans les galeries du Louvre pour s'échauffer....* Elle appréhendait non-seulement les insultes du peuple de Paris, mais la dureté de ses créanciers.... Les Parisiens ne la pouvaient souffrir, et un jour que le roi Charles II, son fils, se promenait sur une terrasse qui donnait du côté de la rivière, quelques mariniers lui firent des menaces, ce qui l'obligea de se retirer de peur de les aigrir davantage par sa présence [1].

Triste et extraordinaire complication et ressemblance de destinée! Henriette-Marie, en 1639, avait reçu à White-Hall sa mère exilée, Marie de Médicis. Les habitants de Londres, déjà soulevés contre la reine d'Angleterre, se portèrent à des excès contre l'ancienne reine de France. La fille de Henri IV, qui se défendait à peine contre la haine publique, fut obligée de demander une garde pour protéger la veuve de Henri IV : et Anne d'Autriche fut impuissante, à son tour, dans Paris, pour mettre à l'abri la sœur fugitive de Louis XIII et la tante de Louis le Grand.

Une fausse nouvelle parvint d'abord à la reine d'Angleterre sur la catastrophe du 30 janvier 1649 ; le bruit courut que Charles Ier avait été délivré sur l'échafaud par le peuple ; mais la lettre d'adieu de l'infortuné monarque, qui fut remise à Henriette le 9 février, dans le couvent des carmélites à Paris, la tira d'erreur ; elle s'évanouit. Le lendemain, madame de Motteville la vint complimenter de la part de la reine régente. Le malheur donnait le droit à la reine d'Angleterre de faire des leçons : elle chargea madame de Motteville de dire à Anne d'Autriche « que le roi son seigneur (Charles Ier) ne s'était perdu que pour n'avoir jamais su la vérité.... Que le plus grand des maux qui pouvaient arriver aux rois, et celui qui seul dévorait leurs empires, était d'ignorer la vérité. »

Cette insistance d'Henriette n'expliquerait-elle pas son premier penchant pour les parlementaires, et son antipathie pour Strafford, dont elle trouvait peut-être l'esprit trop absolu? Elle ajouta dans cette conversation, « qu'il fallait prendre garde à irriter les peuples. » Si Charles Ier ne s'était perdu que pour n'avoir pas connu la vérité, au dire de la reine, cette reine ne partageait donc pas l'entêtement du roi sur l'étendue de la prérogative? Elle aimait les parlements : lorsqu'elle songea à quitter l'Angleterre avec Marie de Médicis sa mère, les deux chambres lui présentèrent une humble pétition pour la supplier de ne pas s'éloigner. Henriette répondit en anglais par un gracieux discours qu'elle resterait, et qu'il n'y avait point de sacrifice que le peuple ne pût attendre d'elle [2].

Après la mort de son mari, elle se donna le surnom de *reine malheureuse*, et elle porta le deuil toute sa vie.

L'épreuve la plus rude que cette reine eut à soutenir fut de solliciter un

---

[1] *Vie de Henriette-Marie.* — [2] *Journaux du P.*, IV, 314.

douaire de veuve auprès de l'homme qui l'avait faite veuve : Cromwell répondit au cardinal Mazarin qu'Henriette de France n'avait jamais été reconnue reine d'Angleterre. Cette réponse sauvage, qui transformait en concubine d'un prince étranger la fille d'un de nos plus grands rois, étonne moins que la demande même de cette petite-fille de Jeanne d'Albret. Lorsque Henriette apprit ce refus, elle dit noblement : « Ce n'est pas à moi, c'est à la France que cet outrage s'adresse. » Telle était, en effet, l'abjection où la politique d'un ministre sans honneur avait alors réduit notre patrie. Mazarin était descendu jusqu'à se faire l'espion de Cromwell auprès de la famille royale exilée : ce fait résulte d'une lettre de Cromwell, qui n'était lui-même qu'un grand espion couronné et armé.

Quelque temps auparavant, Henriette-Marie avait été forcée de demander au parlement de Paris ce qu'elle appelait une *aumône*.

Retirée à Chaillot, chez des sœurs de la Visitation établies dans une maison bâtie par Catherine de Médicis, Henriette devint bigote : il est assez curieux de lire que Port-Royal lui avait offert de l'argent et un asile. Dans les histoires de sa vie, tristes sont ces petits contes de religieux et de religieuses, ces conseils de nonnes qui parlent des plus grands événements dont elles entendent à peine le bruit, qui jugent du fond de leurs cellules les choses de la politique, et qui, immobiles dans leurs saints déserts, ne s'aperçoivent pas même que le monde marche et passe au pied des murs de leur cloître. Henriette-Marie essaya de rendre ses enfants à l'Église romaine. Charles II, indifférent à tout principe, préféra sa couronne à sa foi : il ne se fit catholique qu'en mourant, lorsqu'il n'avait plus rien à perdre des biens de la terre. Le duc de Glocester et la princesse d'Orange restèrent zélés protestants; le duc d'York seul (Jacques II) reçut des impressions qui le devaient ramener un jour à Paris, pour y mourir dépouillé comme sa mère. La princesse Henriette, depuis duchesse d'Orléans, fut élevée dans la religion romaine.

A la restauration de Charles II, la veuve de Charles Ier passa en Angleterre et ne put se résoudre à y demeurer. Elle ne connaissait plus personne; elle allait pleurant dans les palais de White-Hall, de Saint-James et de Windsor, poursuivie qu'elle était par quelques souvenirs. Après avoir vu mourir deux de ses enfants (la princesse d'Orange, veuve de vingt-six ans, et le duc de Glocester), elle s'embarqua avec sa fille Henriette, pour revenir en France. Son vaisseau échoua; Henriette fut saisie d'une rougeole dangereuse, et resta, soignée par sa mère, un mois entier à bord du vaisseau. La compagne éprouvée de l'infortuné Charles maria Henriette au duc d'Orléans, et reçut à Chaillot le bref de la béatification de saint François de Sales : dernières grandeurs de la terre et du ciel qui la visitèrent dans la solitude.

Vers l'an 1663, Henriette-Marie fit un dernier voyage à Londres. Enfin, rentrée pour toujours dans sa patrie, elle tomba malade à Sainte-Colombe, petite maison de campagne située à peu de distance de la Seine. Un grain d'opium qu'elle prit la plongea dans un sommeil dont elle ne se réveilla plus. Elle expira vers minuit, le 10 septembre 1669. Un historien a dit qu'*elle avait fait un saint usage de ses maux*. Bien que son corps fût porté à Saint-Denis et son cœur à la Visitation de Chaillot, elle serait morte oubliée, si Bossuet ne s'était emparé de ce grand débris de la fortune pour le façonner à la manière de son génie.

Le grand orateur, en envoyant l'oraison funèbre de la reine d'Angleterre et de madame Henriette à l'abbé de Rancé, lui écrivait : « J'ai laissé ordre de vous faire passer deux oraisons funèbres qui, parce qu'elles font voir le néant du monde, peuvent avoir place parmi les livres d'un solitaire, et qu'en tout cas il peut regarder comme deux têtes de mort assez touchantes. »

DE L'OUVERTURE DU LONG PARLEMENT.

AU COMMENCEMENT DE LA GUERRE CIVILE.

De 1640 à 1647.

Ce fut donc par l'avis de la reine que Charles Ier annonça au conseil des pairs réunis à York la convocation d'un parlement.

Pour ne s'occuper que des affaires intérieures, il se fallait débarrasser des Écossais. En vain Strafford s'opposa au traité déshonorant que l'on conclut avec eux; en vain il montra, par une action hardie, combien il était facile de les vaincre ; le roi n'écouta rien, et se hâta de revenir à Londres. Le quatrième parlement avait été dissous le 5 mai 1640, et le 3 novembre de la même année s'ouvrit cette cinquième assemblée, si fameuse dans l'histoire sous le nom du *long parlement*.

Charles avait passé douze années sans appeler les communes; il s'était hâté, après ce laps de temps, de les disperser de nouveau; on ne s'étonne donc pas de voir, par une réaction naturelle, les communes irritées établir le bill des parlements triennaux, enlever au roi le pouvoir de proroger ces parlements et de les dissoudre ; par ce seul acte, la monarchie constitutionnelle était changée en une démocratie royale. Le monarque qui avait tant combattu pour la *prérogative*, lorsqu'elle n'était pas virtuellement attaquée, l'abandonna au moment même où on lui porta les plus rudes coups.

Désespérant d'être utile à un prince si faible, Strafford avait voulu se retirer du ministère; Charles retint le conseiller fidèle qui, ne le pouvant plus servir, se dévoua.

Un dessein tout à fait digne du caractère déterminé de Strafford avait été conçu : le ministre voulait dénoncer au parlement même les membres de ce parlement qui avaient appelé l'armée écossaise en Angleterre. Les preuves de l'appel existaient; mais ceux que Strafford prétendait accabler le devancèrent. Pym présenta, au nom des communes, à la barre de la chambre des pairs, une accusation de haute trahison contre Strafford, qui fut immédiatement saisi et envoyé à la Tour.

Charles alors, croyant adoucir les communes, consentit à tout ce qu'elles voulurent entreprendre contre l'autorité de la couronne; mais en renonçant, comme on vient de le dire, au pouvoir de dissoudre le parlement, il se priva du moyen le plus sûr de sauver son ami.

Les chefs du parti étaient, dans la chambre des lords, le duc de Bedford, lord Say, lord Mandeville et le comte d'Essex.

Le duc de Bedford jouissait d'un revenu immense, qui provenait en grande partie des confiscations dont la couronne avait doté sa famille. Il avait ce commun bon sens que le vulgaire prend pour la sagesse : orgueilleux d'une richesse de mauvaise origine, et d'une raison suffisante pour vaquer aux intérêts ordinaires de la vie; regardant les bienfaits des cours, non comme une faveur, mais comme un tribut payé à sa puissance, Bedford, si zélé pour le régime légal, et dont les biens étaient les iniques présents de l'arbitraire, se réservait, au jour du malheur, le droit d'être ingrat.

Lord Say, violent puritain, n'avait qu'une fortune médiocre. Son ambition était démesurée, son esprit fin, son caractère réservé : les royalistes n'avaient pas d'ennemi plus dangereux.

Sans talents réels, avec de l'urbanité et quelque chose de sincère, lord Mandeville gagna l'affection et la confiance des communes.

Quant au comte d'Essex, dupe des chefs populaires qui flattaient sa vanité, c'était un de ces hommes à l'esprit étroit et faux, pour qui l'expérience est nulle; un de ces hommes qui voient le bonheur de l'espèce dans le malheur de l'individu, toujours prêts à recommencer les mêmes fautes, toujours s'ébahissant de ce qui arrive ; personnages qui sont les niais d'un parti, comme d'autres en sont les trafiquants ou les héros.

Dans la chambre des communes, Pym était chargé de toutes les propositions de lois; il n'avait d'autre talent que celui des affaires, auxquelles il semblait donner du poids par une parole lourde et un ton dogmatique; il ne manquait pas de conscience, et son jugement était droit. Il ne désirait qu'une amélioration dans le gouvernement : chef des réformateurs à la naissance des troubles, il se trouva loin derrière eux quand la révolution eut fait des progrès.

Hampden vint à point pour aider au renversement d'un empire : passé tout à coup d'une vie dissipée aux mœurs les plus sévères, cachant sous les dehors de l'affabilité des desseins vastes, il est probable qu'il conçut l'idée d'une république, quand on ne songeait encore qu'aux priviléges parlementaires.

Hampden prenait une partie de sa force dans la flexibilité de ses talents : son éloquence et son esprit étaient à volonté concis ou diffus, clairs ou embarrassés ; et cette obscurité, dont il était le maître, lui donnait plus de puissance en le rattachant aux défauts de son siècle. Tantôt il résumait les débats du parlement avec une précision admirable, quand ces débats menaient au triomphe de son opinion ; tantôt il embrouillait la question de manière à la faire ajourner, si elle paraissait se résoudre contre son avis. Poli et modeste avec art, paraissant se défier de son jugement et céder à celui d'autrui, il finissait toujours par emporter ce qu'il désirait. Intrépide à l'armée, profond dans la connaissance des hommes, lui seul devina Cromwell, alors que la foule n'apercevait encore rien dans ce destructeur du trône des Stuarts. Sylla pénétra de même l'âme de César : les aigles voient de loin et de haut. On a cru pourtant qu'Hampden fut tenté par la proposition à lui faite d'être gouverneur du prince de Galles, s'il voulait, avec Pym et Hollis, s'engager à sauver Strafford [1].

Sombre, vindicatif, implacable, Saint-John formait, avec Pym et Hampden, le triumvirat qui dominait la nation. Ces trois hommes se servaient encore du fanatisme de Fiennes et des talents de sir Henry Vane.

Celui-ci joignait à une dissimulation profonde un esprit prompt et une parole mordante : dans la laideur bizarre de sa physionomie on croyait lire des destinées extraordinaires. Emporté par une imagination inquiète et ardente, libertin à Londres, puritain à Genève, séditieux à Boston, Vane excitait partout des troubles ; il enflammait les esprits pour des principes dont il se jouait. Après avoir traîné une vie d'aventures sur tous les rivages, il revint dans son pays, où la révolution semblait attirer et demander son fatal génie.

Strafford ayant été mis en accusation, le parlement crut qu'il était temps de recourir aux grandes mesures populaires. On fit sortir des prisons et promener en triomphe trois écrivains condamnés pour des libelles. Dans les temps de troubles, la licence de la presse est souvent confondue avec la liberté de la presse, et l'on se sert ensuite de la crainte qu'inspire la première pour enchaîner la seconde : Milton prit la plume en faveur de celle-ci. On trouve pour la première fois le grand nom de l'Homère anglais confondu parmi ceux des pamphlétaires du temps, comme on lit le nom

---

[1] Whitelocke.

d'Olivier Cromwell sur la liste des colonels ou des capitaines de cavalerie de l'armée parlementaire.

Des pétitions étaient colportées de maison en maison, et revêtues de la signature d'honnêtes citoyens dont la bonne foi était surprise. Quiconque, à la chambre basse, se montrait modéré perdait son siége : on trouvait cent causes de nullité à son élection ; et quiconque entrait violemment dans les idées du jour restait député, sa nomination fût-elle entachée de tous les vices.

Le pouvoir passé entièrement aux communes, il fut aisé de prévoir la mort de Strafford.

Cet homme n'eut qu'un défaut, et ce défaut le perdit : il méprisait trop les conseils et les obstacles. Fait par la nature pour commander, la moindre contradiction lui était insupportable. L'empire appartient sans doute aux talents, la souveraineté réside dans le génie ; mais c'est un malheur quand le sentiment d'une supériorité incontestable est révélé à celui qui la possède dans une seconde place, alors qu'il lui est impossible d'atteindre à la première. Ce qui serait grandeur et puissance légitime au plus haut degré de l'ordre social, devient, un degré plus bas, orgueil et tyrannie.

Amené devant la chambre des pairs, Strafford sans assistance, sans préparation, sans connaître même les accusations dont il était chargé, luttant seul contre la faiblesse du roi, la fougue des communes, le torrent de l'inimitié populaire, Strafford se défendait avec tant de présence d'esprit, que ses juges n'osèrent d'abord prononcer la sentence.

Toutes les paroles de l'illustre infortuné furent calmes, dignes, pathétiques et modestes. Son discours, qui nous est resté, n'est point souillé du jargon de l'époque. Strafford, dans son adversité, se montra aussi supérieur aux Pym et aux Fiennes par la beauté du génie que par la grandeur de l'âme. La conclusion de sa défense, citée partout, arracha des pleurs à ses ennemis.

« Milords, j'ai retenu ici vos seigneuries beaucoup plus longtemps que je ne l'aurais dû ; je serais inexcusable si je n'avais parlé pour l'intérêt de ces gages qu'une sainte, maintenant dans le ciel, m'a laissés (il montrait ses enfants, et ses pleurs l'interrompirent) ; ce que je perds moi-même n'est rien ; mais, je l'avoue, ce que mes indiscrétions vont faire perdre à mes enfants m'affecte profondément : je vous prie de me pardonner cette faiblesse. J'aurais voulu dire quelque chose de plus, mais j'en suis incapable à présent : ainsi je me tairai...

« Et maintenant, milords, je remercie Dieu de m'avoir instruit, par sa grâce, de l'extrême vanité des biens de la terre, comparés à l'importance de notre salut éternel. En toute humilité et en toute paix d'esprit, milords, je me soumets à votre sentence. Que cet équitable jugement soit pour la vie ou pour la mort, je me reposerai plein de gratitude et d'amour dans les bras du grand Auteur de mon existence. »

Socrate fut moins soumis : il accusa ses juges à la fin de son apologie. Il est temps, leur dit-il, que je me retire, vous, *pour vivre*, moi, pour mourir. »

Ce ne fut qu'à force de menaces que l'on parvint à faire condamner Strafford dans la chambre des pairs : malgré ces violences, dix-neuf voix sur quarante-six l'osèrent encore absoudre.

L'accusé, dans sa défense, avait surtout foudroyé Pym, l'accusateur, réduit à balbutier une misérable réplique. L'animosité des communes contre Strafford n'était peut-être si grande que parce que le noble pair avait fait partie de la chambre populaire, et qu'il s'était montré lui-même ardent adversaire de la couronne. Les chefs plébéiens le regardaient comme un déserteur. L'envie s'attachait aussi à l'élévation du ministre de Charles : le mérite oublié plaît ; récompensé, il offusque. Enfin, il faut dire encore que les partis ont un merveilleux instinct pour découvrir et pour perdre les hommes de taille à les combattre. Dans les grandes révolutions, le talent qui heurte de front ces révolutions est écrasé ; le talent qui les suit peut seul s'en rendre maître : il les domine, lorsque ayant épuisé leurs forces, elles n'ont plus pour elles le poids des masses et l'énergie des premiers mouvements. Mais cette sorte de talent complice appartient à des personnages plus grands par la tête que par le cœur, car ils sont longtemps obligés de se cacher dans le crime pour s'emparer de la puissance.

Charles dans son palais, tremblant pour les jours de la reine, nomma une commission chargée de ratifier *tous* les bills portés à la sanction royale. Parmi ces bills se trouvait celui qui condamnait Strafford : dernière et misérable faiblesse d'un prince qui cherchait à couvrir son ingratitude à ses propres yeux, en comprenant dans un acte *général* de l'autorité suprême l'acte *particulier* qui donnait la mort à un ami ! On sait que le monarque fut déterminé à permettre l'exécution de la sentence par la chose même qui l'aurait dû affermir dans la résolution de s'y opposer. Le magnanime Strafford écrivit une lettre à Charles pour dégager la conscience de son roi, et lui donner la permission de le faire mourir.

« Ma vie, lui mandait-il, ne vaut pas les soins que Votre Majesté prend pour me la conserver : je vous la donne avec empressement en échange des bontés dont vous m'avez comblé, et comme un gage de réconciliation entre vous et votre peuple. Jetez seulement un regard de compassion sur mon pauvre fils et sur ses trois sœurs. »

De tous les conseillers de la couronne, Juxon, évêque de Londres, eut seul le courage de dire au roi qu'il ne devait pas souscrire à la condamnation, s'il ne trouvait pas Strafford coupable. Exemple frappant de la justice divine! ce fut ce même Juxon, cet équitable et courageux prélat, qui assista Charles Ier à l'échafaud.

Lorsque Strafford apprit que son supplice avait été autorisé, il se leva avec étonnement de son siège, et s'écria dans le langage de l'Écriture : « Ne mettez point votre confiance dans la parole des princes ni dans les enfants des hommes. » Strafford avait-il cru au courage du roi ? un reste d'amour de la vie s'était-il caché au fond du cœur d'un grand homme ?

Charles n'apaisa point les esprits en laissant verser le sang de son ministre : une lâcheté n'a jamais sauvé personne. Les princes de la terre, que des fautes ou des crimes exposent souvent à perdre la couronne, feraient mieux de la compromettre quelquefois pour des causes saintes.

Au surplus l'infortuné Stuart ne cessa de se reprocher sa faiblesse : condamné à son tour, il déclara que sa mort était un juste talion de celle de Strafford. Cette confession publique, prononcée à haute voix sur l'échafaud, est une des plus hautes leçons de l'histoire : la postérité n'a pas absous l'ami, mais elle a pardonné au monarque en faveur de la sincérité du repentir et de la grandeur de l'expiation.

Strafford s'était certainement rendu coupable d'actes arbitraires en Irlande ; mais l'Irlande avait été gouvernée de tout temps par l'autorité militaire et par des lois exceptionnelles. D'ailleurs les limites des priviléges de la couronne et des droits du parlement étaient encore si confuses, que l'on se pouvait ranger du côté d'un de ces deux pouvoirs d'après des antécédents d'une égale autorité. Cinquante ans plus tard, Strafford eût été sévèrement mais justement condamné ; à l'époque de l'arrêt prononcé sur lui, les lois qu'on lui appliquait étaient ou non faites, ou contestées, ou détruites par d'autres lois. Le bill d'*attainder* renferma implicitement le délit et la peine ; la sentence fut à la fois un jugement et une loi, laquelle loi avait un effet rétroactif : il y eut donc violence et iniquité.

Strafford se prépara au supplice avec le plus grand calme [1]. Le 23 mai 1641, au matin, on le conduisit au lieu de l'exécution : en passant au pied de la tour où l'archevêque Laud, accusé comme lui, était renfermé, il éleva la voix et pria le prélat de le bénir. Le vieillard parut à la fenêtre ; ses cheveux étaient blancs ; des larmes baignaient son visage ; deux ecclésiastiques le soutenaient. Strafford se mit à genoux : Laud passa ses mains à travers les barreaux ; il essaya de donner une bénédiction que l'âge, l'infortune et la douleur ne lui permirent pas d'achever ; il défaillit dans les bras de ses deux assistants.

Strafford se releva, prit la route de l'échafaud où le vieil évêque le de-

---

[1] J'invite à lire, dans la collection des lettres de Strafford, la lettre qu'il écrivit à son fils avant d'aller à l'échafaud.

vait suivre. Le ministre de Charles marcha au supplice d'un air serein, au milieu des insultes de la populace. Avant de poser le front sur le billot, il prononça ces paroles : « Je crains qu'une révolution qui commence par verser le sang ne finisse par les plus grandes calamités, et ne rende malheureux ceux qui l'entreprennent. » Il livra sa tête et passa à l'éternité (1641).

La révolution précipite son cours ; le roi part pour l'Écosse ; la conspiration irlandaise éclate et est suivie d'un des plus horribles massacres dont il soit fait mention dans l'histoire ; les chefs du parti puritain saisissent cette occasion pour hâter la marche des événements. Charles revient de l'Écosse ; le parlement lui présente des remontrances séditieuses et fait emprisonner les évêques.

Irrité de tant d'affronts, le roi va lui-même accuser de haute trahison dans la chambre des communes les six membres les plus fameux de la faction puritaine. Ceux-ci, prévenus de cette imprudente démarche par une indiscrétion de la reine, se réfugient dans la cité. Une insurrection éclate ; les bruits les plus absurdes se répandent : tantôt c'est la rivière que les *cavaliers* doivent faire sauter en l'air par l'explosion d'une mine ; tantôt ce sont ces mêmes *cavaliers* (les royalistes) qui viennent mettre le feu à la demeure des *têtes rondes* (les parlementaires). Menacée d'un décret d'accusation, la reine force le roi à donner sa sanction à la loi qui privait les évêques du droit de voter. Henriette quitte l'Angleterre ; Charles se retire à York, après avoir refusé d'apposer sa signature au bill relatif à la milice ; bill qui tendait à mettre le pouvoir militaire aux mains de la chambre élective : de part et d'autre on se prépare à la guerre.

On remarque dans la conduite du roi, depuis son avénement au trône jusqu'à l'époque de la guerre civile, cette incertitude qui prépare les catastrophes. Entêté de la *prérogative*, il se la laissa d'abord arracher par lambeaux, et la livra ensuite toute à la fois ; il était brave : il pouvait en appeler à l'épée, et il ne recourut aux armes que quand ses ennemis eurent acquis le pouvoir de résister ; toutes les voies constitutionnelles lui étaient ouvertes pour agir au nom de la constitution, même contre le parlement, et il n'entra point dans ces voies. Enfin, Charles lutta inutilement contre la force des choses ; son temps l'avait devancé : ce n'était pas sa nation seule qui l'entraînait, c'était le genre humain ; il voulut ce qui n'était plus possible. La liberté conquise s'alla perdre d'abord dans le despotisme militaire, qui la dépouilla de son anarchie ; mais enlevée aux pères, elle fut substituée aux fils, et resta en dernier résultat à l'Angleterre.

Dans les combats de plume qui précédèrent des combats plus sanglants, le parti de Charles eut presque toujours raison par le fond et par la forme : ce parti posa très-nettement les questions relatives aux formes du gouvernement ; il prouva que la constitution anglaise était composée de monarchie, d'aristocratie et de démocratie (c'était la première fois que l'on s'exprimait ainsi; il prouva que les demandes du parlement tendaient à dénaturer la constitution monarchique et à jeter la Grande-Bretagne dans l'état populaire, le pire de tous les états. Falkland et Clarendon écrivaient pour le roi; tous deux étaient ennemis déclarés des mesures arbitraires de la cour.

Pourquoi un parti si raisonnable dans ses doctrines ne fut-il pas écouté? C'est qu'on ne le crut pas sincère, et qu'ensuite il était froid; il se trouvait placé du côté d'un pouvoir qui tendait à conserver, tandis que les passions étaient du côté d'un pouvoir qui voulait détruire. Enfin ce parti était dépassé dans ses sentiments de liberté par les puritains, qui marchaient à la république. Plus tard on retourna aux principes de Clarendon et de Falkland, mais il fallut dévorer vingt ans de calamités. Ainsi nous sommes revenus en 1814 aux doctrines de 1789 : nous aurions pu nous épargner le luxe de nos maux.

Cependant (il est triste de le dire), les crimes et les misères des révolutions ne sont pas toujours des trésors de la colère divine, dépensés en vain chez les peuples. Ces crimes et ces misères profitent quelquefois aux générations subséquentes par l'énergie qu'ils leur donnent, les préjugés qu'ils leur enlèvent, les haines dont ils les délivrent, les lumières dont ils les éclairent. Ces crimes et ces misères, considérées comme leçons de Dieu, instruisent les nations, les rendent circonspectes, les affermissent dans des principes de liberté raisonnables; principes qu'elles seraient toujours tentées de regarder comme insuffisants, si l'expérience douloureuse d'une liberté sous une autre forme n'avait été faite.

Falkland a laissé un de ces souvenirs mêlés de mélancolie et d'admiration qui attendrissent l'âme. Il était doué du triple génie des lettres, des armes et de la politique. Il fut fidèle aux Muses sous la tente, à la liberté dans le palais des rois, dévoué à un monarque infortuné, sans méconnaître les fautes de ce monarque. Accablé des maux de son pays, fatigué du poids de l'existence, il se laissa aller à une tristesse qui se faisait remarquer jusque dans la négligence de ses vêtements. Il chercha et trouva la mort à la bataille de Naseby : on devina son dessein de quitter la vie au changement de ses habits : il s'était paré comme pour un jour de fête.

Le chancelier Clarendon, qui, de son côté, servit si bien Charles Ier, vint, dans la suite, mourir à Rouen, exilé par Charles II, qui lui devait en partie sa couronne. Sous le règne de ce dernier prince, on condamna à être brûlé par la main du bourreau le mémoire justificatif du vertueux magistrat dont les écrits, mêlés à ceux de Falkland, avaient fait triompher la cause royale.

L'étendard royal planté à Nottingham donna, dit Hume, le signal de la discorde et de la guerre civile à toute la nation. Clarendon remarque que les parlementaires avaient commis le premier acte d'hostilité en s'emparant des magasins de Hull. L'observation est juste, mais le parlement avait agi dans ses intérêts : lorsque, dans les troubles des empires, on en est venu à l'emploi de la force, il s'agit moins de la première attaque que de la dernière victoire.

La fortune se déclara d'abord pour le roi : la reine lui amena des secours. Il assembla à Oxford les membres du parlement qui lui étaient demeurés fidèles, afin de combattre le parlement de Londres : ainsi, sous la Ligue, nous avions le parlement de Tours et celui de Paris; « mais depuis, dit Bossuet, des retours soudains, des changements inouïs, la rébellion longtemps retenue, à la fin tout à fait maîtresse ; nul frein à la licence, les lois abolies, la majesté violée par des attentats jusqu'alors inconnus, l'usurpation et la tyrannie sous le nom de liberté. »

CROMWELL.

Tous ces revers tinrent à un homme : non que Cromwell fût l'adversaire de Charles (dans ce cas encore la lutte eût été trop inégale), mais Cromwell était la destinée visible du moment. Charles, le prince Rupert, les partisans du roi, remportaient-ils quelque avantage, cet avantage devenait inutile par la présence de Cromwell. Moins les talents de cet homme étaient éclatants, plus il paraissait surnaturel : bouffon et trivial dans ses jeux, lourd et ténébreux dans son esprit, embarrassé dans sa parole, ses actions avaient la rapidité et l'effet de la foudre. Il y avait quelque chose d'invincible dans son génie, comme dans les idées nouvelles dont il était le champion.

Olivier Cromwell, fils de Robert Cromwell et d'Élisabeth Stewart, naquit à Huntingdon, le 24 avril v. s., la dernière année du seizième siècle. Robert eut dix enfants, et Olivier fut le second de ses fils. Les frères d'Olivier moururent en bas âge. Milton a exalté et d'autres ont ravalé la famille du Protecteur ; il a dit lui-même, dans un de ses discours, qu'il n'était ni bien ni mal né, ce qui était modeste, car sa naissance était bonne, et ses alliances surtout remarquables. Les premiers biographes de Cromwell, particulièrement les premiers biographes français, l'envoient servir d'abord sur le continent, et le font comparaître devant le cardinal de Richelieu, qui prédit la grandeur future du jeune Anglais : ces fables sont aujourd'hui abandonnées. Cromwell reçut les premiers rudiments des lettres à Huntingdon, sous un docteur Thomas Beard, ministre dans cette petite ville.

Le docteur fut un mauvais maître, quoiqu'il composât des pièces de théâtre pour ses écoliers; Cromwell ne sut jamais correctement l'orthographe.

Envoyé à Cambridge au collége de Sydney-Sussex (23 avril 1616), il étudia sous Richard Howlet, apprit un peu de latin : Valler veut qu'il sût bien l'histoire grecque et romaine. Il aimait les livres, écrivait facilement de mauvaise prose et de méchants vers.

Son père étant mort, sa mère le rappela auprès d'elle. Pendant deux années, Olivier fut la terreur de la ville d'Huntingdon par ses excès. Envoyé à Lincoln-Inn pour s'instruire dans les lois, au lieu de s'y appliquer, il se plongea dans la débauche. Revenu de Londres en province, il se maria à Élisabeth Bourchier, fille de sir James Bourchier, du comté d'Essex. Elle était laide et assez vaine de naissance : une seule lettre d'elle, qui nous reste, montre qu'elle avait reçu l'éducation la plus négligée [1].

Cromwell, qui n'avait que vingt et un ans au moment de son mariage, changea subitement de mœurs, entra dans la secte puritaine, et fut saisi de l'enthousiasme religieux, tantôt feint, tantôt vrai, qu'il conserva toute sa vie. Nous verrons plus tard les contrastes de son caractère.

Une succession ayant donné quelque aisance à Cromwell, il devint *gentleman farmer* dans l'île d'Ély, et fut élu membre du troisième parlement de Charles en 1628. Il ne se fit remarquer que par son ardeur religieuse et par ses déclamations contre les évêques de Winchester et de Winton. Sa voix était aigre et passionnée, ses manières rustiques, ses vêtements sales et négligés. Cromwell était d'une taille ordinaire (cinq pieds cinq pouces environ) ; il avait les épaules larges, la tête grosse et le visage enflammé.

Après la dissolution du parlement de 1628, Cromwell disparaît ; on ne le retrouve qu'à la convocation du parlement de 1640. On sait seulement que les censures et l'intolérance de la chambre étoilée, ayant déterminé beaucoup de citoyens à passer à la Nouvelle-Angleterre, Hampden et son cousin Olivier Cromwell résolurent de s'expatrier. Ils avaient choisi pour le lieu de leur résidence, dans des pays sauvages, une petite ville puritaine, fondée en 1635, sous le nom de Say-Brook, par lord Brook et lord Say. Cromwell et Hampden étaient déjà à bord d'un vaisseau sur la Tamise, lorsque cette proclamation les contraignit de débarquer : « Il est défendu à tous marchands, maîtres et propriétaires de vaisseaux de mettre en mer un vaisseau ou des vaisseaux avec des passagers, avant d'en avoir obtenu licence spéciale de quelques-uns des lords du conseil privé de Sa Majesté, chargés des plantations d'outre-mer. »

---

[1] Il ne faut pourtant pas confondre les fautes d'orthographe et de langue, dans les manuscrits de la première partie du dix-septième siècle, avec l'orthographe et les langues de cette époque qui n'étaient pas fixées et variaient encore dans chaque pays, selon les provinces.

Hampden et Cromwell, au lieu de s'aller ensevelir dans les déserts de l'Amérique, furent retenus en Angleterre par les ordres de Charles Ier : il n'y a pas dans les annales des hommes un exemple plus frappant de la fatalité.

Obligé de rester en Angleterre par la volonté du roi qu'il devait conduire à l'échafaud, Cromwell, ne sachant où jeter son inquiétude, s'opposa au desséchement très-utile des marais de Cambridge, de Huntingdon, Northampton et Lincoln ; desséchement entrepris par le comte de Bedford. Les personnages puissants qu'il attaquait lui donnèrent le surnom dérisoire de *lord des marais*; mais le parti populaire et puritain, à cause même de cette attaque contre de nobles hommes, choisirent Cromwell membre de la chambre des communes pour Cambridge, au parlement du 5 mai 1640. Ce quatrième parlement ayant été subitement dissous, l'obscur député reparut enfin, la même année, dans ce long parlement qui devait faire sa puissance et qu'il devait détruire.

La révolution qui commençait sa marche ne se trompait pas sur son chef, bien que ce chef fût encore le membre le plus ignoré de ces fameuses communes. Au premier cri de la guerre civile, le génie du Protecteur s'éveilla. Volontaire d'abord, et puis colonel parlementaire, Cromwell leva un régiment de fanatiques qu'il soumit à la plus sévère discipline : le moine devient facilement soldat. Pour vaincre le principe d'honneur qui animait les *cavaliers*, Cromwel enrôla à son service le principe religieux qui enflammait les *têtes rondes*. Il fut bientôt l'âme de tout : il refondit et reconstitua l'armée ; et sachant se faire exempter des bills qu'il inspirait au parlement, il restait pouvoir arbitraire au milieu d'une faction toute démocratique.

DU COMMENCEMENT
DE LA GUERRE CIVILE A LA CAPTIVITÉ DU ROI.

De 1642 à 1647.

Cromwell s'éleva principalement en adoptant un parti ; il se plaça à la tête des *indépendants*, secte sortie du sein des puritains, et dont l'exagération fit la force. Les membres *indépendants* du parlement devinrent les tribuns de la république : les généraux et les officiers de l'armée furent remplacés par des généraux et des officiers *indépendants*. On établit auprès de chaque corps des commissaires qui contre-carraient les mesures des capitaines modérés ; l'esprit des troupes s'exalta jusqu'au plus haut degré du fanatisme.

En vain Charles, auquel il restait encore une ombre de puissance, voulut traiter à Huxbridge : la négociation fut rompue et la guerre renouvelée. Montross obtint quelques succès inutiles en Écosse. « Le comte de Montross, Écossais et chef de la maison de Graham, dit le cardinal de Retz, est le seul homme du monde qui m'ait jamais rappelé l'idée de certains héros que l'on ne voit plus que dans les Vies de Plutarque ; il avait soutenu le parti du roi d'Angleterre dans son pays, avec une grandeur d'âme qui n'en avait point de pareilles en ce siècle. »

Montross n'était point un homme de Plutarque ; c'était un de ces hommes qui restent d'un siècle qui finit dans un siècle qui commence : leurs anciennes vertus sont aussi belles que les vertus nouvelles, mais elles sont stériles ; plantées dans un sol usé, les mœurs nationales ne les fécondent plus.

Tandis qu'on s'égorgeait dans les champs de l'Angleterre, les membres des communes livraient des batailles à Londres, abattaient des têtes sans exposer les leurs. L'archevêque Laud, prisonnier depuis plus de trois ans, fut tiré de son cachot, par la vengeance de Prynne, pour aller au supplice (10 janvier 1645). Ce prélat inflexible avait fait beaucoup de mal à Charles, en l'entêtant de la suprématie épiscopale, en persuadant au roi d'entreprendre ce qu'il n'avait pas la force d'accomplir. Laud, courbé sur son bâton pastoral, était naturellement si près du terme de sa course, qu'on aurait pu se dispenser de hâter le pas du vieux voyageur. « Agé de soixante-seize ans, vénérable par ses vertus... il regarda la mort sans tomber dans la pusillanimité des vieillards qui, du bord de leur tombeau, font des vœux au ciel pour en obtenir quelques malheureux moments qu'ils veulent attacher au grand nombre de leurs années [1]. »

Battu de toutes parts, défait complétement à Naseby (juin 1645), Charles crut trouver un asile parmi ses véritables compatriotes : il quitta Oxford où il s'était réfugié, et s'alla rendre à l'armée écossaise, avec les chefs de laquelle il avait secrètement traité. On le conduisit à Newcastle, où s'ouvrirent de nouvelles négociations. Des commissaires du gouvernement anglais arrivèrent : tout le monde pressait Charles d'accepter les conditions proposées : les Écossais ou les *saints* (c'est ainsi qu'ils se nommaient), les *presbytériens* effrayés des *indépendants*, l'ambassadeur de France, Bellièvre, la reine même absente, mais se faisant entendre par l'intermédiaire de Montreuil. Charles refusa l'arrangement, parce qu'il blessait les principes de sa croyance. A cette époque la foi était partout, excepté chez un petit nombre de libertins et de philosophes ; elle imprimait aux fautes et quelquefois aux crimes des divers partis quelque chose de grave, de moral

---

[1] *Vie de Henriette de France.*

même, si l'on ose dire, en donnant à la victime de la politique la conscience du martyr, et à l'erreur la conviction de la vérité.

Un ministre écossais, prêchant devant Charles, commença le psaume 51 : *Pourquoi, tyran, te vantes-tu de ton iniquité?* Charles se leva et entonna le psaume 56 : *Seigneur, prends pitié de moi, car les hommes me veulent dévorer.* Le peuple attendri continua le cantique avec le souverain tombé : l'un et l'autre ne s'entendaient plus qu'à travers la religion.

Ces marques de pitié s'évanouirent; les *saints* d'Écosse en vinrent à un marché avec les *justes* d'Angleterre, et l'armée covenantaire livra Charles au parlement anglais, pour la somme de 800,000 livres sterling. « Les gardes fidèles de nos rois, dit Bossuet, trahirent le leur. » Lorsque Charles fut instruit de la convention, il prononça ces belles et dédaigneuses paroles : « J'aime mieux être au pouvoir de ceux qui m'ont acheté chèrement que de ceux qui m'ont lâchement vendu. »

Prisonnier des hommes qui allaient bientôt l'immoler, Charles fut conduit au château de Holmby (9 février 1647). Il reçut partout des témoignages de respect : la foule accourait sur son passage; on lui amenait des malades afin qu'il les touchât pour les rendre à la santé; vertu qu'il était censé posséder comme *roi de France,* comme héritier de saint Louis. Plus Charles était malheureux, plus on le croyait doué de cette vertu bienfaisante : étrange mélange de puissance et d'impuissance! On supposait au royal captif une force surnaturelle, et il n'avait pas celle de briser ses chaînes; il pouvait fermer toutes les plaies, excepté les siennes. Ce n'était pas sa main, c'était son sang qui devait guérir cette maladie de liberté dont l'Angleterre était travaillée.

Les *presbytériens,* libres de crainte du côté du roi, essayèrent de licencier l'armée où dominaient les *indépendants;* les *indépendants* l'emportèrent : ils formèrent entre eux dans leurs camps une espèce de parlement militaire aux ordres de Cromwell. Les officiers composaient la chambre haute, les soldats, qu'on nommait *agitateurs,* la chambre basse : c'est ainsi que la constitution républicaine de Rome passa aux légions de l'Empire. Soixante-deux membres indépendants du vrai parlement, ayant à leur tête les orateurs, allèrent rejoindre l'armée militaire, prêchante et délibérante, laquelle vint à Londres et chassa qui bon lui plut de Westminster. En même temps, le cornette Joyce, qui jadis tailleur avait quitté l'aiguille pour l'épée, enleva le roi du château d'Holmby, le conduisit prisonnier de l'armée à Newmarket, et de là à Hamptoncourt.

Les hommes qui se jettent les premiers dans les révolutions sont partis d'un point de repos; ils ont été formés par une éducation et par une société qui ne sont point celles que les révolutions produisent. Dans les plus violentes actions de ces hommes, il y a quelque chose du passé, quelque chose qui n'est pas d'accord avec leurs actions, c'est-à-dire des impressions, des souvenirs, des habitudes qui appartiennent à un autre ordre de temps. Ces athlètes expirent successivement dans la lice à des distances inégales, selon le degré de leurs forces, ou, s'arrêtant tout à coup, refusent d'avancer. Mais auprès d'eux sont nés d'autres hommes, factieux, engendrés par les factions ; aucune impression, aucun souvenir, aucune habitude ne contrarie ceux-ci dans les faits du présent ; ils accomplissent par nature ce que leurs devanciers avaient entrepris par passion : aussi vont-ils beaucoup au delà de ces premiers révolutionnaires qu'ils immolent et remplacent.

DEPUIS LA CAPTIVITÉ DU ROI

jusqu'a

L'ÉTABLISSEMENT DE LA RÉPUBLIQUE.

De 1647 à 1649.

Près d'une moitié de la propriété anglaise avait été séquestrée par le parlement, sous le prétexte de l'attachement que les propriétaires conservaient aux opinions royalistes. Le clergé anglican était errant dans les bois ; des victimes entassées dans les pontons, sur la Tamise, périssaient de maladie, et quelquefois de faim. On avait établi des comités investis du droit de vie et de mort, lesquels, sans forme de procès, dépouillaient les citoyens. Ces comités exerçaient des vengeances, vendaient la justice, et protégeaient le crime.

Tous ces maux rendirent l'entreprise de l'armée contre le parlement extrêmement populaire, car, dans le mouvement des ambitions et dans le ressentiment des misères publiques, on n'examina pas jusqu'à quel point le succès de la révolution n'avait pas tenu à des rigueurs que l'humanité, l'équité et la morale ne pouvaient d'ailleurs justifier.

Après avoir chassé les *presbytériens* du parlement, l'armée entama, à l'exemple de ce même parlement, des négociations avec le roi.

Cromwell pensa-t-il d'abord à se réunir à Charles? on l'a cru. John Cromwell, un de ses cousins, lui avait entendu dire à Hamptoncourt : « Le roi est injustement traité, mais voici ce qui lui fera rendre justice ; » il montrait son épée. Il est certain qu'Ireton et Cromwell eurent des pourparlers fréquents à Hamptoncourt avec les agents du roi. Charles offrait, dit-on, à Cromwell l'ordre de la Jarretière et le titre de comte d'Essex ; mais

Cromwell prévit tant d'opposition de la part des *agitateurs* et des *niveleurs*, qu'il se décida à les suivre. L'esprit républicain, en forçant un simple citoyen à refuser un cordon, lui donna une couronne : Cromwell fût redevenu sujet obscur, mais vertueux ; la liberté lui imposa le crime, le despotisme et la gloire.

Cromwell jouait vraisemblablement un double jeu ; si les négociations avec Charles réussissaient, elles le menaient à la fortune ; si elles échouaient, il trouvait, en abandonnant le roi, d'autres honneurs : d'un côté la prudence et l'intérêt lui conseillaient de se rapprocher de Charles ; de l'autre, sa haine plébéienne et son ambition démesurée l'en écartaient. Ainsi s'expliquerait mieux l'ambiguïté de la conduite de Cromwell, que par la profonde hypocrisie d'une trahison non interrompue, et inébranlablement décidée d'avance à se porter aux derniers excès.

Dans ces négociations tant de fois reprises et rompues avec les divers partis, Charles lui-même fut généralement accusé de fausseté. Il avait le tort de trop écrire et de trop parler : ses billets, ses lettres, ses déclarations, ses propos, finissaient par être connus de ses ennemis, qui, à cet effet, se servaient souvent de moyens peu honorables. Après la bataille de Naseby (14 juin 1645), on trouva dans une cassette perdue des lettres et des papiers importants : ils furent lus dans une assemblée populaire à Guild-Hall, et publiés ensuite avec des notes, par ordre du parlement, sous ce titre : *Le Portefeuille du roi ouvert*, etc. Ces papiers et ces lettres (du roi et de la reine) prouvaient trop que Charles ne regardait pas sa parole comme engagée, qu'il songeait à appeler des armées étrangères, et qu'il était toujours entêté des maximes du pouvoir absolu [1].

C'est encore ainsi qu'avant de quitter Oxford pour se livrer aux Écossais, il avait écrit à Digby que si les *presbytériens* ou les *indépendants* ne se joignaient à lui, ils s'égorgeraient les uns les autres, et qu'alors il deviendrait roi.

Lorsque saisi à Holmby par l'armée, Charles fut conduit à Hamptoncourt, il adressa à la reine une lettre dans laquelle, après s'être expliqué sur sa position, il ajoutait : « En temps et lieu je saurai agir comme il le

[1] J'ai déjà cité ces papiers et ces lettres. Malgré la candeur des *saints*, et les *certifiés conformes*, il ne m'est pas prouvé que le texte soit religieusement conservé. Outre les raisons matérielles et morales que je pourrais apporter de mon opinion, je remarquerai que ce fût Cromwell, le plus grand des fourbes, qui vainquit les scrupules des parlementaires et les détermina à faire publier ces documents. Sous le Directoire, n'a-t-on pas falsifié et interpolé les *Mémoires* même de Cléry? Sous Buonaparte même on employait ces odieux moyens, bien indignes de son génie et de sa puissance. Pendant les Cent-Jours, ne publia-t-on pas à Paris les lettres altérées de monseigneur le duc d'Angoulême à S. A. R. madame la duchesse d'Angoulême, et jusqu'à une fausse édition de mon *Rapport fait au roi dans son conseil à Gand?* Les partis sont sans conscience : tout leur est bon pour réussir.

faudra avec ces coquins-là. Je leur donnerai un cordon de chanvre au lieu d'une jarretière de soie. » Ireton et Cromwell, qui traitaient avec le roi, retirèrent cette lettre des panneaux d'une selle où elle avait été renfermée. Comme homme, Charles était naturellement sincère ; comme roi, l'orgueil du sang et du pouvoir le rendait méprisant et trompeur. Montross, allant au supplice, employa plus noblement cette image des cordons. « Le feu roi, dit-il, m'a fait l'honneur de me gratifier de l'ordre de la Jarretière ; mais la corde rend ma position plus illustre. »

Les *niveleurs*, à la politique desquels Cromwell dut sa puissance, étaient une autre faction engendrée par les *indépendants*, et poussant les principes de ceux-ci à leur dernière conséquence.

Effrayé par des menaces, ne pouvant s'entendre avec l'armée et le parlement qui traitaient séparément avec lui, le roi eut la faiblesse de s'échapper de Hamptoncourt, laissant sur sa table une déclaration adressée aux deux chambres, et divers papiers. Huntingdon prétend que Cromwell avait écrit une lettre au gouverneur de Hamptoncourt pour l'avertir du danger de Charles.

Ce prince croyait sa cause bien abandonnée, puisqu'il n'essaya pas de s'enfoncer dans l'Angleterre et d'y retrouver son parti, quoiqu'il eût un moment la pensée de se retirer à Berwick. Après avoir marché toute la nuit, accompagné seulement du valet de chambre Legg, et de deux gentilshommes, Ashburnham et Berckley, il arriva sur la côte ; il ne vit qu'une mer déserte. Celui qui commande à l'abîme, et qui le mit à sec pour laisser passer son peuple, n'avait pas même permis qu'une barque de pêcheur se présentât pour ouvrir un chemin par les flots au monarque fugitif. Charles alla frapper à la porte du château du Tichfield, où la comtesse douairière de Southampton lui donna l'hospitalité ; il prit ensuite le parti désespéré de solliciter la protection du gouverneur de l'île de Wight, le colonel Hammond, créature de Cromwell.

Prévenu par Jacques Ashburnham et par Berckley, Hammond refusa de promettre sa protection à Charles, et demanda à être conduit vers lui. Le roi, apprenant l'arrivée inattendue du gouverneur, se crut encore une fois victime d'une de ces trahisons dont il avait l'habitude. Il s'écria : « Jacques, tu m'as perdu ! » Ashburnham fondant en larmes proposa à Charles de poignarder Hammond qui attendait à la porte. Charles refusa de consentir à l'assassinat d'Hammond, assassinat qui l'eût peut-être sauvé.

Le roi devint une seconde fois prisonnier de la faction militaire, au château de Carisbrook. Cromwell, qui par ses tergiversations était devenu suspect au parlement et aux soldats, assembla les officiers : dans un conseil secret il fut résolu, quand l'armée aurait achevé de s'emparer de tous les pouvoirs, de mettre le roi en jugement pour crime de tyrannie ; crime que cette indépendante armée employait à son profit, le regardant sans doute comme un de ses priviléges ou l'une de ses libertés.

Or le parlement, tout mutilé qu'il était déjà, essayait de résister encore; il continuait de traiter avec le roi. Lorsque les commissaires de cette assemblée devenue impuissante furent introduits au château de Carisbrook, ils demeurèrent frappés de respect à la vue de cette tête blanchie et *découronnée*, comme l'appelle Charles dans quelques vers qui nous restent de lui. Les débats entre les commissaires et le roi s'ouvrirent sur des points de discipline religieuse, et l'on ne s'entendit point : tel était le génie de l'époque; on sacrifiait tout à l'entêtement d'une controverse. Cependant les libertés publiques, et notamment la liberté de la presse, pour lesquelles on prétendait tout faire, étaient sacrifiées aux partis tour à tour triomphants.

Des brochures intitulées, *Cause de l'armée, Accord du peuple*, étaient déclarées, par les parlementaires, attentatoires à l'autorité du gouvernement; la force militaire, de son côté, obtenait, sur la demande du général Fairfax, que tout écrit serait soumis à la censure, et que le censeur serait désigné par le général. Les *factions*, même les *factions républicaines*, n'ont jamais voulu la liberté de la presse : c'est le plus grand éloge que l'on puisse faire de cette liberté.

Cependant les *niveleurs* poussèrent si loin leur politique de théorie, qu'ils donnèrent des craintes sérieuses à Cromwell. Il se présente tout à coup à l'un de leurs rassemblements avec le régiment *rouge* qu'il commandait, et dont les soldats étaient surnommés *côtes de fer*. Il tue deux démagogues de sa main, en fait pendre quelques autres, dissipe le reste. Que disaient les lois de ces homicides arbitraires, dans ce temps de liberté légale ? Rien.

Les Écossais, honteux d'avoir livré leur maître, courent aux armes; Cromwell les bat, et fait prisonnier leur général, le duc d'Hamilton; des royalistes, obligés de capituler dans la ville de Colchester, sont exposés au marché comme un troupeau de nègres, et encaqués pour la Nouvelle-Angleterre : Charles II, rendu à sa puissance, oublia de les racheter : l'ingratitude des rois fit de la postérité de ces infortunés prisonniers des hommes libres, sur le même sol où ils avaient été vendus comme esclaves des rois.

L'armée victorieuse demanda, d'abord en termes couverts, et ensuite patemment, le jugement du roi. Diverses garnisons du royaume appuyèrent cette demande. Louis XVI fut victime de la violence d'un corps politique. Charles Ier ne succomba qu'à l'animosité de la faction militaire : ses accusateurs, une partie de ses juges, et jusqu'à ses bourreaux, furent des officiers.

Épouvanté de tant de démarches audacieuses, le parlement presse les négociations avec l'auguste prisonnier, afin d'opposer le pouvoir de la couronne au pouvoir de la soldatesque : pour toute réponse, Cromwell marche sur Londres.

En même temps l'ordre est expédié au colonel Hammond, dans l'île de Wight, d'aller rejoindre le général Fairfax et de remettre la garde de la personne du roi au colonel Ewers.

Le parlement défend à Hammond d'obéir ; Hammond se serait soumis aux ordres de l'autorité civile ; mais trouvant les soldats de la garnison disposés à la révolte, il partit pour le camp, où on l'arrêta. Le roi fut saisi, conduit de l'île de Wight au château de Hurst, et bientôt à Windsor. Charles avait envoyé son *ultimatum* aux communes, et avait promis à Hammond d'attendre vingt jours dans l'île de Wight la réponse définitive du parlement ; il ne tenta donc point de s'échapper, ce qu'il aurait pu faire aisément : sa fidélité à sa parole le conduisit à l'échafaud ; l'honneur du prince fit le crime de la nation.

Les *indépendants* avaient précédemment expulsé de la Chambre élective les presbytériens les plus probes ; ils en allaient être chassés à leur tour. Ce fut la seule circonstance où ces fameuses communes montrèrent leur courage : à la face de l'armée qui assiégeait les portes de Westminster, elles déclarèrent que les conditions venues de l'île de Wight étaient suffisantes et qu'on pouvait conclure un traité avec le roi. Les grandes résolutions tardives ne réussissent presque jamais, parce que n'appartenant ni à l'inspiration de la vertu, ni à l'impulsion du caractère, elles ne sont que le résultat d'une position désespérée qui fait un moment surmonter la peur ; alors, ou l'on manque du courage suffisant pour soutenir ces résolutions, ou des moyens nécessaires pour les exécuter.

L'équitable histoire doit remarquer que ce vote des communes fut principalement l'ouvrage de Prynne, de ce presbytérien si persécuté par le parti de la couronne et de l'épiscopat, de cet homme qui, pour l'indépendance de ces opinions, avait subi deux fois la mutilation, trois fois l'exposition au pilori, huit années de prison et des amendes considérables.

Le lendemain de la résolution parlementaire, le colonel Pride, charretier par état, arrêta quarante-sept membres des communes lorsqu'ils se présentèrent aux portes de Westminster. Le jour suivant, l'entrée de la chambre fut refusée à quatre-vingt-dix-huit autres ; Prynne déclara qu'il ne se retirerait jamais volontairement, et l'on fut obligé de l'entraîner de force. Après diverses épurations, le long parlement se trouva réduit à soixante-dix-huit membres, et bientôt à cinquante-trois par des retraites volontaires : trois cent quarante votants avaient été présents à la délibération relative aux négociations avec le roi. La poignée de séditieux conservée par la dérision des soldats retint le nom de parlement : le mépris populaire y ajouta le surnom de *rump* qui lui est resté.

Le *rump* rejeta tout projet d'accommodement avec Charles ; il parla aussi de forger un de ces plans de républiques qui ébaudissent les dupes, et dont les fripons profitent. Le bill pour mettre Charles en jugement, et pour ériger à cet effet une cour de justice, fut proposé et voté dans la prétendue chambre des communes. La chambre haute, dont il n'existait plus que l'ombre, et qui ne comptait que seize pairs dans son sein, rejeta à l'unanimité le double bill. Le *rump* rendit aussitôt cet arrêt : « Attendu que les membres des communes sont les véritables représentants du peuple, de qui après Dieu émane tout pouvoir, la loi naît des communes, et n'a besoin pour être obligatoire ni du concours des pairs, ni de celui du roi. »

Un acte fut passé, autorisant cent quarante-cinq juges nommés dans cet acte, ou trente seulement parmi eux, à se former en haute cour, afin de faire le procès à Charles Stuart, roi d'Angleterre. Coke fut l'avocat général, et Bradshaw eut la présidence de cette cour dont Cromwell faisait partie. Il ne se trouva, à l'ouverture de la procédure, que soixante-six membres, et soixante seulement au prononcé de la sentence.

Le roi fut conduit de Windsor au palais de Saint-James, et de là à la barre de la cour qui siégeait au bout de la grande salle de Westminster. Le président Bradshaw était assis dans un fauteuil de velours cramoisi, et les soixante-six commissaires, rangés des deux côtés du président, sur des banquettes recouvertes d'écarlate : un autre fauteuil, en face du président, avait été préparé pour l'*accusé*. Lorsqu'on annonça l'arrivée du roi, Cromwell se précipita à une fenêtre pour le voir, et s'en retira tout aussi vite, pâle comme la mort.

Charles entra d'un pas ferme, le chapeau sur la tête, une canne à la main ; il s'assit d'abord, puis se leva et promena sur ses juges un regard assuré ; c'était le 20 janvier 1649, jour qui devait avoir son anniversaire : le 20 janvier 1793, fut lue à Louis XVI, prisonnier au Temple, la sentence de mort.

Amené quatre fois devant ses meurtriers, Charles montra une noblesse, une patience, un sang-froid, un courage qui effacèrent le souvenir de ses faiblesses. Il déclina la compétence de la cour, et, la tête couverte, parla en roi.

Bradshaw opposa à Charles la souveraineté du peuple ; il accusa le prince d'avoir violé la loi, opprimé les libertés publiques et versé le sang anglais. Cette controverse politique n'était qu'une plaidoirie dérisoire devant la mort séant au tribunal. On entendit des témoins qui prouvèrent que le roi avait commandé ses troupes dans diverses affaires : en France, on n'aurait pas tué un roi pour s'être battu.

Lady Fairfax montra la généreuse audace particulière aux femmes : de la tribune où elle assistait au procès, elle osa contredire les commissaires. On la menaça de faire tirer les soldats sur les tribunes.

Les juges, se reconnaissant bourreaux, avaient déposé une épée sur la table à laquelle étaient assis les deux secrétaires du tribunal. Charles, passant devant cette table, toucha le glaive du bout de la canne qu'il tenait à la main, et dit : « Il ne me fait pas peur. » Il disait vrai.

Il avait pareillement touché avec cette canne l'épaule de l'avocat général Coke en lui adressant le cri parlementaire : *Hear! hear!* (écoutez! écoutez!) lorsque Coke commença la plaidoirie. La pomme d'argent de la canne tomba. Amis et ennemis en conclurent que le roi serait décapité.

Charles, entendant autour de lui les exclamations : « Justice! justice! Exécution! exécution! » sourit de pitié.

Un misérable, peut-être un des juges, lui crache au visage : il s'essuie tranquillement. « Les pauvres soldats! dit-il ensuite à Herbert (le Cléry du devancier de Louis XVI), les pauvres soldats ne m'en veulent pas ; ils sont excités à ces insultes par leurs chefs, qu'ils traiteraient de la même manière pour un peu d'argent. » Un de ces soldats, qui lui témoignait quelque commisération, fut rudement frappé par un officier. « La punition me semble passer l'offense, » dit Charles.

La religion soutenait le monarque : il pensait partager ses ignominies avec le Roi des rois, et cette comparaison élevait son âme au-dessus des misères de la vie. Il ne s'attendrit qu'en entendant le peuple s'écrier derrière les gardes : « Que Dieu préserve Votre Majesté ! » Ce ne sont pas les outrages, ce sont les marques de bonté qui brisent le cœur des malheureux.

Dans les intervalles des séances, les commissaires se retiraient pour délibérer entre eux dans la *chambre peinte*. C'est ce qui arriva surtout le troisième jour du jugement, lorsque le roi proposa de s'expliquer devant un comité composé de lords et de membres des communes, ayant à faire, disait-il, une proposition propre à rendre la paix à son peuple. Bradshaw repoussa la demande du roi : le colonel Downes, un des juges, réclama ; la cour alla délibérer dans la chambre voisine ; Cromwell l'emporta sur le colonel : il fut décidé qu'on n'admettrait point la proposition du roi. Charles avait dessein, du moins on l'a cru, de déclarer qu'il abdiquait la couronne en faveur du prince de Galles.

Avant et pendant l'instruction du procès, on essaya, par toutes sortes de jongleries, d'échauffer l'esprit du peuple.

Un prédicateur annonça en chaire « qu'il venait d'avoir une révélation ; que pour assurer le bonheur du peuple, il était urgent d'abolir la monarchie ; que le roi était visiblement Barrabas, et l'armée le Christ ; qu'il ne fallait pas imiter les Juifs, délivrer le voleur au lieu du juste; que plus de cinq mille *saints* étaient dans l'armée, et des saints tels qu'il n'y en avait pas de plus grands dans le paradis; qu'ainsi justice devait être faite du grand Barrabas de Windsor. » Ce prédicant, venu de la Nouvelle-Angleterre, s'appelait Peters; singulière ressemblance de nom avec cet autre Peters qui contribua à la perte de Jacques second.

On vit dans ce moment critique ce que l'on a vu trop souvent : la probité commune, suffisante dans le temps de calme, insuffisante au moment du péril. Cette espèce d'honnêtes gens qui avaient voulu la révolution de bonne foi, manquèrent d'énergie pour la retenir dans de justes bornes. Whitelocke, de ce troupeau des faibles, déclara qu'on rejetait la *sale besogne* du procès fait au roi sur l'armée; chose naturelle, selon lui, puisque l'armée avait demandé l'accusation. Whitelocke avait raison; mais l'armée n'entendait pas la chose comme cela : elle prétendait rendre les parlementaires exécuteurs de ses hautes œuvres. Whitelocke, commissaire du sceau, s'alla cacher à la campagne avec son collègue Weddrington; Elsing, clerc du parlement, résigna sa charge.

John Cromwell, alors au service de Hollande, vint en Angleterre de la part du prince de Galles et du prince d'Orange pour tâcher de sauver le roi. Introduit avec beaucoup de peine auprès d'Olivier son cousin, il chercha à l'effrayer de l'énormité du crime prêt à se commettre; il lui représenta, à lui Olivier Cromwell, qu'il l'avait vu jadis à Hamptoncourt dans des opinions plus loyales. Olivier répliqua que les temps étaient changés, qu'il avait jeûné et prié pour Charles, mais que le ciel n'avait point encore donné de réponse. John s'emporta, et alla fermer la porte; Olivier crut que son cousin le voulait poignarder : « Retournez à votre auberge, lui dit-il, et ne vous couchez qu'après avoir entendu parler de moi. » A une heure du matin, un messager d'Olivier vint dire à John que le conseil des officiers avait *cherché le Seigneur*, et que le Seigneur voulait que le roi mourût. Dans une autre occasion on avait entendu Cromwell s'écrier : « Il s'agit de ma tête ou de celle du roi; mon choix est fait. »

L'ordre pour l'exécution de l'arrêt de mort fut signé dans la *salle peinte* par une soixantaine de membres qui le scellèrent de leurs sceaux; l'original de cet ordre existe : plusieurs noms des signataires sont écrits de manière à ce qu'on ne les puisse lire; d'autres sont effacés et remplacés par des noms en interligne.

La lâcheté du présent et la crainte de l'avenir avaient commandé ces viles précautions d'une conscience épouvantée.

Cromwell apposa son nom à l'ordre d'exécution avec ces bouffonneries qu'il avait coutume de mêler aux actions les plus sérieuses; soit qu'il fût ou qu'il voulût avoir l'air d'être au-dessus de ces actions, soit que son caractère se composât du burlesque et du grand, l'un servant de délassement à l'autre.

On avait vu Cromwell dans sa première jeunesse si mauvais sujet, que les maîtres des tavernes fermaient leur porte lorsqu'il passait dans les rues d'Huntingdon. Une fois, chez un de ses oncles, il obligea les assistants à fuir d'un bal par le choix d'un parfum dont il avait frotté ses gants et ses habits. Plus tard, s'occupant d'une constitution pour l'Angleterre, il jeta un coussin à la tête de Ludlow, qui lui lança un autre coussin dans les jambes comme il s'enfuyait. Des *saints* le surprirent un jour occupé à boire. « Ils croient, dit-il à ses joyeux amis, que nous *cherchons le Seigneur,* et nous cherchons un tire-bouchon. » Le tire-bouchon était tombé.

Cromwell donc, en signant l'ordre de l'exécution de Charles I*er*, barbouilla d'encre le visage de Henri Martyn, qui signait après lui ; le régicide Martyn rendit jeu pour jeu à son camarade de forfait : cette encre était du sang ; elle leur laissa la marque qu'on voyait au front de Caïn.

Le colonel Ingoldsby, parent d'Olivier, nommé commissaire à la haute cour, où il ne siégea pas, entra par hasard dans la *chambre peinte* au moment de la signature ; Cromwell le presse de joindre son nom aux noms déjà inscrits ; le colonel s'y refuse. Les commissaires se saisissent d'Ingoldsby ; Cromwell lui met de force la plume entre les doigts avec de grands éclats de rire, et, lui conduisant la main, le contraint de tracer le mot *Ingoldsby*.

Au surplus, cette nargue abominable se retrouve souvent dans l'histoire. Les plus grands révolutionnaires de France étaient bavards, indiscrets, et affectaient de verser le sang avec la même indifférence que l'eau. Une conscience paralysée et une conscience vertueuse produisent la même paix ; elles portent légèrement la vie, avec cette différence : l'une ne sent pas le fardeau du remords, l'autre le poids de l'adversité.

Cromwell joua auprès de Fairfax une autre comédie : celui-ci voulait, avec son régiment, tenter de délivrer le roi. Cromwell, secondé d'Ireton, s'efforça de persuader à Fairfax que le Seigneur avait rejeté Charles. Ils l'engagèrent à implorer le ciel pour en obtenir un oracle, cachant toutefois à leur honorable dupe qu'ils avaient déjà signé l'ordre de l'exécution.

Le colonel Harrison, aussi simple que Fairfax, mais dans d'autres idées que lui, fut laissé par le gendre et le beau-père auprès de Fairfax : il fit durer les prières jusqu'au moment où la nouvelle arriva que la tête du roi était tombée.

Les lords Richmond, Lindsay, Southampton, Herforth, jadis ministres de Charles, demandèrent à subir la mort pour leur maître, comme seuls responsables, selon l'esprit de la constitution, des actes de la couronne. Les factions ne reconnurent point cette noble responsabilité ; le crime donna un bill d'indemnité aux ministres. L'Écosse menaça ; la France et l'Espagne firent des représentations, assez froides à la vérité; la Hollande agit plus vivement, en vain.

Charles avait écouté sa sentence sans donner d'autre signe d'émotion qu'une contraction dédaigneuse des lèvres, lorsqu'il s'entendit déclarer tyran, traître, meurtrier, ennemi de la république, et condamné comme tel à avoir la tête tranchée. Les soixante-treize commissaires restant des cent quarante-quatre nommés, se levèrent tous en signe d'adhésion à l'arrêt, qui fut lu à haute voix. Charles témoigna le désir de parler après la lecture; on lui interdit la parole; il n'était plus vivant aux yeux de la loi.

Pendant les trois jours accordés au prisonnier pour se préparer à la mort, le seul bruit de la terre qui lui parvint dans sa solitude, fut celui des ouvriers qui dressaient l'échafaud. Deux enfants de Charles restaient entre les mains des républicains, la princesse Élisabeth et le duc de Glocester, âgé de trois ans; on les lui amena. Il prit ce dernier sur ses genoux et lui dit : « Ils vont couper la tête à ton père; peut-être te voudront-ils faire roi; mais tu ne peux pas être roi tant que tes frères aînés, Charles et Jacques, seront vivants. » L'enfant répondit : « Je me laisserai plutôt mettre en pièces. » Le père embrassa bientôt l'orphelin, en répandant des larmes de tendresse. Cromwell, qui se réservait la couronne, voulait faire du duc de Glocester un marchand de boutons. Le jeune roi Louis XVII, et sa sainte et noble sœur, reçurent depuis, dans le Temple, les bénédictions de Louis XVI.

Un comité nommé par la haute cour avait choisi le lieu de l'exécution ; l'échafaud fut bâti devant le palais de White-Hall, et élevé au niveau de la salle des *banquets*. En conséquence de cette disposition, Charles se devait trouver de plain-pied avec son trône nouveau, lorsqu'il sortirait par les fenêtres. La main de Dieu avait écrit sur la muraille de cette salle des festins la ruine de l'empire des Stuarts [1].

Le roi avait demandé l'assistance de l'évêque Juxon, vertueux défenseur de Strafford; elle lui fut accordée à la sollicitation de Peters, ce prédicant fanatique qui ressemblait assez aux curés de Paris sous la Ligue. Herbert, qui ne quittait point son maître, couchait sur un grabat auprès de son lit.

Dans la nuit du 29 au 30 janvier, le roi dormit profondément jusqu'à quatre heures du matin. Alors il réveilla Herbert et lui dit : « Le jour de mon second mariage est arrivé; il me faut des vêtements dignes de la pompe. » Il indiqua les habits qu'il voulait porter; il mit deux chemises à cause de la rigueur de la saison : « Si je tremblais, dit-il, mes ennemis l'attribueraient à la peur. »

Charles s'était aperçu qu'Herbert avait eu un sommeil agité; il lui en demanda la cause : « J'ai rêvé, dit le serviteur, que je voyais entrer l'arche-

---

[1] Quelques Mémoires disent qu'on avait pratiqué une ouverture dans le mur.

vêque Laud dans votre chambre; vous lui avez ordonné de s'approcher de vous, et vous lui avez parlé d'un air triste. L'archevêque a poussé un profond soupir, et s'est retiré en se prosternant. » Charles, frappé de ce songe, répliqua : « L'archevêque est mort : s'il était vivant, je lui aurais dit quelque chose qui l'aurait fait soupirer. »

Le monarque passa quelques heures en prières avec l'évêque, et reçut la communion de la main de ce véritable ami de Dieu. Le républicain Ludlow travestit cette scène pathétique : il raconte que Juxon, appelé par Charles, mit en hâte son attirail épiscopal, et que le prélat, n'ayant rien de préparé sur la matière, lut à son pénitent un de ses vieux sermons. Les Mémoires de Cléry, falsifiés par ordre des intéressés, altèrent les paroles du roi-martyr, et tournent en moquerie les actions de la vertu et du malheur.

Herbert rentra dans la chambre du roi, et bientôt le colonel Hacker vint annoncer qu'il était temps de partir pour White-Hall.

Charles vêtu de deuil, le collier de Saint-Georges sur la poitrine, un chapeau orné d'un panache noir sur la tête (ainsi Falkland s'était paré pour mourir), sortit à pied du palais de Saint-James, le 30 janvier 1649 (vieux style), vers les huit heures du matin. Il traversa le parc entre deux détachements de soldats : ses serviteurs et ses geôliers, le colonel Thomlinson lui-même, chef de sa garde funèbre, l'accompagnaient tête nue; le respect était égal à la grandeur de la victime.

Le roi entra dans son palais de White-Hall : on lui avait préparé un dîner; il ne prit qu'un peu de pain et de vin, encore par le conseil de Juxon. Deux heures s'écoulèrent avant qu'il fût appelé au supplice : on n'a pu que former des conjectures sur ce délai mystérieux.

Les ambassadeurs de Hollande n'étaient arrivés à Londres que le 25 janvier; ils n'eurent audience des communes que le 29 au soir, la veille même de la catastrophe.

Seymour était avec eux; il apportait deux lettres du prince de Galles, l'une adressée au roi, l'autre à Fairfax, et de plus un blanc-seing du prince : Seymour avait ordre de déclarer que les parlementaires pouvaient écrire sur ce blanc-seing toutes les conditions qu'ils jugeraient à propos d'imposer pour le rachat de la vie du prisonnier; le nom de l'héritier de la couronne qui se trouverait au bas de ces conditions deviendrait le garant de leur acceptation pleine et entière. Cet incident put jeter de l'incertitude dans les esprits; et s'il fût arrivé quelques jours plus tôt, il aurait peut-être sauvé le roi. Quoi qu'il en soit, il est certain qu'on délibéra au pied de l'échafaud; le sacrifice fut suspendu deux heures par une raison qu'on ignore. On trouve une preuve singulière de l'hésitation des conjurés jusqu'au dernier moment.

Fairfax était à White-Hall pendant l'exécution; il avait refusé d'être du nombre des juges; il s'était opposé à l'arrêt, et lady Fairfax encore plus que lui; il avait menacé de soulever les soldats de son régiment; il ne fut trompé, comme nous l'avons vu, que par les jongleries de Cromwell. Herbert le rencontra entouré de quelques officiers dans un corridor de White-Hall; Fairfax, l'apercevant, lui dit aussitôt: « Comment se porte le roi? » La question parut étonnante à Herbert. Fairfax croyait donc qu'on négociait? il ignorait donc où en étaient les choses? La droiture sans les lumières a les résultats de la méchanceté : si elle n'accomplit pas les faits, elle les laisse accomplir, et sa conscience même lui est un piége.

Peut-être aussi le retard provint-il de la difficulté de trouver des bourreaux et de les habiller pour la scène. Le jugement des régicides fait voir qu'on ne se servit pas de l'exécuteur ordinaire; que tous les soldats d'un régiment, appelés sous serment secret à cette œuvre, dénièrent leurs bras, et que Hulet (officier accusé au procès d'avoir été le bourreau) soutint, dans sa défense, qu'on l'avait retenu prisonnier à White-Hall pour avoir refusé la hache d'honneur des régicides.

Le colonel Thomlinson eut l'humanité de permettre à Seymour de donner à Charles la lettre de son fils. Seymour reçut les dernières instructions du roi pour le prince de Galles. A peine s'était-il retiré que le colonel Hacker entra : il venait annoncer au monarque le dernier moment.

Charles suivit sans hésiter le colonel. Il traversa, accompagné de Juxon, une longue galerie bordée de soldats : ceux-ci étaient bien changés; leur contenance annonçait la part qu'ils prenaient enfin à une si haute infortune. Le roi sortit par l'extrémité de la galerie, et se trouva soudain sur l'échafaud : dix heures et demie sonnaient.

L'échafaud était tapissé de noir. Deux bourreaux masqués, mystérieux fantômes qui augmentaient la terreur de la catastrophe, se tenaient debout auprès du billot sur lequel on voyait briller la hache : tous les deux étaient uniformément vêtus d'un habit de boucher, espèce de sarrau étroit de laine blanche : l'un, à cheveux et à barbe noirs, portait un chapeau retroussé; l'autre avait une longue barbe grise; sa tête était couverte d'une perruque également grise, dont les poils épars pendaient sur son masque. Quatre anneaux de fer étaient scellés dans l'échafaud; on y devait passer des cordes pour forcer le roi à poser la tête sur le billot, en cas qu'il eût fait résistance [1], comme les anciens sacrificateurs attachaient le taureau à l'autel. Des régiments de cavalerie et d'infanterie, en casaques rouges, environnaient l'échafaud : un peuple innombrable, placé hors de la portée de la voix de son souverain, se pressait en silence au delà des troupes.

Charles, du haut du monument funèbre, dominait ce formidable spec-

---

[1] *Regicide's trial.*

tacle : il y avait dans ses regards quelque chose d'intrépide et de serein. Ne se pouvant faire entendre de la foule, il parla de toutes sortes d'affaires aux personnes qui l'environnaient. Il ne se montrait ni effrayé ni pressé de mourir ; on l'eût pris pour un homme occupé dans sa chambre de l'action la plus commune, tandis que ses serviteurs préparent le lit de son repos.

On vendit le soir, dans les rues de Londres, une relation populaire des derniers moments du roi : elle abonde en ces petits détails où se plaisent les Anglais. Dans ces portraits faits sur le modèle vivant, il y a une naïveté, une nature que toutes les copies du monde ne peuvent reproduire. Voici cette relation : on y remarquera la liberté d'esprit de Charles, les discours de ce prince mêlés de controverse religieuse et politique : le royal orateur semblait oublier qu'il était là pour mourir ; seulement ses parenthèses relatives à la hache montraient qu'il se souvenait de tout. On sera encore frappé, dans ce récit, de la douleur des assistants et du respect même du bourreau : Hulet, le masque à la barbe grise, ne porta le coup que par l'ordre de celui qui seul avait le droit de le commander.

Nous nous servons de la traduction française de cette pièce, faite en 1649, et qui est aussi naïve que l'original.

RELATION VÉRITABLE
DE LA
MORT DU ROI DE LA GRANDE-BRETAGNE

AVEC LA HARANGUE FAITE PAR SA MAJESTÉ SUR L'ÉCHAFAUD IMMÉDIATEMENT AVANT SON EXÉCUTION.

« Le vingt-neuvième jour de janvier, sur les dix heures du matin, le roi fut conduit de Saint-James, à pied, par dedans le parc, au milieu d'un régiment d'infanterie, tambour battant et enseignes déployées, avec sa garde ordinaire, armée de pertuisanes, quelques-uns de ses gentilshommes devant et après lui la tête nue ; le sieur Juxon, docteur en théologie, ci-devant évêque de Londres, le suivait, et le colonel Thomlinson, qui avait la charge de Sa Majesté parlant à lui la tête nue, depuis le parc de Saint-James, au travers de la galerie de White-Hall, jusques en la chambre de son cabinet[1], où il couchait ordinairement et faisait ses prières : où étant arrivé il refusa de dîner, pour autant que (ayant communié une heure avant) il avait bu ensuite un verre de vin et mangé un morceau de pain.

[1] Le roi avait demandé le cabinet et la petite chambre prochaine. (*Cette note est les suivantes sont de l'auteur de la relation.*)

« De là il fut accompagné par ledit sieur Juxon, le colonel Thomlinson et quelques autres officiers qui avaient charge de le suivre, et de sa garde du corps, environné de mousquetaires depuis la salle à banqueter joignant laquelle l'échafaud [1] était dressé, tendu de deuil, avec la hache et le chouquet au milieu. Plusieurs compagnies de cavalerie et d'infanterie étaient rangées aux deux côtés de l'échafaud, avec confusion de peuple pour voir ce spectacle. Le roi étant monté sur l'échafaud jeta les yeux attentivement sur la hache et le chouquet, et demanda au colonel Hacker s'il n'y en avait point de plus haut, puis parla comme il s'ensuit, adressant ses paroles particulièrement au colonel Thomlinson :

« J'ai fort peu de chose à dire, c'est pourquoi je m'adresse à vous, et
« vous dirai que je me tairais fort volontiers, si je ne craignais que mon si-
« lence ne donnât sujet à quelques-uns de croire que je subis la faute
« comme je fais le supplice; mais je crois que pour m'acquitter envers Dieu
« et mon pays, je dois me justifier comme bon chrétien et bon roi, et fina-
« lement comme homme de bien.

« Je commencerai premièrement par mon innocence; et en vérité je
« crois qu'il ne m'est pas nécessaire de vous entretenir longtemps sur ce
« sujet. Tout le monde sait que je n'ai jamais commencé la guerre avec les
« deux chambres du parlement, et j'appelle Dieu à témoin (auquel je dois
« bientôt rendre compte) que je n'ai jamais eu intention d'usurper sur
« leurs priviléges; au contraire ils commencèrent eux-mêmes en se saisis-
« sant des arsenaux; ils confessent qu'ils m'appartiennent, mais ils ju-
« gèrent qu'il était nécessaire de me les ôter; et pour le faire court, si
« quelqu'un veut regarder les dates des commissions de leurs députés et
« des miens comme des déclarations, il verra évidemment qu'ils ont com-
« mencé ces malheureux désordres, et non pas moi : de sorte que j'espère
« que Dieu vengera mon innocence. . . . . . . Non, je ne le veux pas!
« j'ai de la charité; à Dieu ne plaise que j'en impute la faute aux deux
« chambres du parlement; il n'est pas besoin ni de l'une ni de l'autre;
« j'espère qu'ils sont exempts de ce crime, car je crois que les mauvais mi-
« nistres d'entre eux et moi ont été les causes principales de tout ce sang
« répandu. Tellement que, par manière de parler, comme je m'en trouve
« exempt, j'espère (et prie Dieu qu'ainsi soit) qu'ils le soient aussi. Néan-
« moins à Dieu ne plaise que je sois si mauvais chrétien que je ne confesse
« que les jugements de Dieu sont justes contre moi; car souventes fois il
« punit justement par une injuste vengeance; cela se voit ordinairement.
« *Je dirai seulement qu'un injuste arrêt* [2] *que j'ai souffert être exécuté,*

---

[1] C'était proche ou en ce lieu-là même que fut tué un bourgeois et trente blessés; premier sang de cette dernière guerre. — [2] L'arrêt de mort du comte Strafford.

« est puni à présent par un autre injuste donné contre moi-même. Ce que
« j'ai dit jusqu'ici est pour vous faire voir mon innocence.

« Maintenant, pour vous faire voir que je suis un bon chrétien, voilà un
« honnête homme (montrant au doigt le sieur Juxon), lequel portera té-
« moignage que j'ai pardonné à tout le monde, et en particulier à ceux qui
« sont auteurs de ma mort ; quels y sont, Dieu le sait ; je prie Dieu de leur
« pardonner. Mais ce n'est pas tout ; il faut que ma charité passe plus
« avant : je souhaite qu'ils se repentent ; car véritablement ils ont commis
« un grand péché en cette occurrence. Je prie Dieu avec saint Étienne
« qu'ils n'en reçoivent pas la punition ; non-seulement cela, mais encore
« qu'ils puissent prendre la vraie voie d'établir la paix dans le royaume ;
« car la charité me recommande non-seulement de pardonner aux per-
« sonnes particulières, mais aussi de tâcher jusqu'à mon dernier soupir de
« mettre la paix dans le royaume. Ainsi, Messieurs, je le souhaite de
« toute mon âme, et espère qu'il y a quelques-uns ici [1] qui le feront con-
« naître plus loin, afin d'aider à la pacification du royaume.

« Maintenant, Messieurs, il vous faut faire voir comme vous êtes en un
« mauvais chemin, et vous remettre en un meilleur. Premièrement, pour
« vous montrer que vous vous détournez de la justice, je vous dirai que tout
« ce que vous avez jamais fait, à ce que j'en ai pu concevoir, a été par
« voie de conquête ; certainement c'est une fort mauvaise voie : car une
« conquête, Messieurs, n'est jamais juste, s'il n'y a quelque bonne et légi-
« time cause, soit pour quelque tort reçu, ou en ayant droit légitime ; et
« alors si vous outrepassez cela, la première contestation que vous en avez
« rend votre cause injuste à la fin, quoiqu'elle fût juste au commencement ;
« mais si ce n'est que par conquête, c'est une grande volerie, comme un
« pirate reprocha un jour à Alexandre qu'il était le grand voleur ; et pour
« lui, qu'il se contentât d'avoir le nom de petit. De sorte, Messieurs, que
« je trouve la voie que vous prenez fort mauvaise à présent. Messieurs,
« pour vous mettre en un bon chemin, soyez assurés que vous ne ferez ja-
« mais bien, et que Dieu ne vous assistera jamais, que vous ne donniez à
« Dieu ce qui appartient à Dieu, et au roi ce qui appartient au roi (je veux
« dire à mes successeurs) et au peuple. Je suis autant pour le peuple qu'au-
« cun de vous. Il faut donner à Dieu ce qui appartient à Dieu, en réglant
« son Église droitement (selon l'Écriture), laquelle est à présent en dé-
« sordre. Pour vous en dire la voie en détail présentement, je ne le puis
« faire ; je vous dirai seulement qu'il serait bon d'assembler un synode na-
« tional, où chacun pourrait disputer avec toute liberté, et que les opinions
« qui paraîtraient évidemment bonnes fussent suivies.

[1] Se tournant vers quelques gentilshommes qui écrivaient ce qu'il disait.

« Quant au roi, en vérité, je ne veux pas. . . . . . Puis se tournant vers un gentilhomme qui touchait la hache, dit : « Ne gâtez pas la « hache [1]. Quant au roi, les lois du royaume vous en instruisent claire- « ment, et partant, d'autant que cela me touche en particulier, je ne vous « en dis qu'un mot en passant.

« Pour le peuple, certainement je désire autant sa liberté et franchise que « qui que ce soit ; mais il faut que je vous dise qu'elle consiste à être con- « servée par les lois, par lesquelles ils soient assurés de leur vie et de leurs « biens : ce n'est pas qu'il faille qu'ils aient part au gouvernement, Mes- « sieurs, cela ne leur appartient pas. Un souverain et un sujet sont bien « différents l'un de l'autre, et partant jusqu'à ce que vous fassiez cela (je « veux dire que vous mettiez le peuple en cette sorte de liberté), certai- « nement ils n'en auront jamais.

« Messieurs, c'est pour ce sujet que je suis ici. Si j'eusse voulu donner « lieu à un arbitrage, afin de changer les lois suivant la puissance du « glaive, j'eusse pu éviter ceci, et partant je vous dis (et prie Dieu qu'il « en détourne son châtiment de dessus vous) que je suis martyrisé pour le « peuple.

« Véritablement, Messieurs, je ne vous tiendrai pas plus longtemps ; je « vous dirai seulement que j'eusse bien pu demander quelque peu de temps « pour mettre ceci en meilleur ordre, et le digérer mieux ; pourtant j'es- « père que vous m'excuserez.

« J'ai déchargé ma conscience ; je prie Dieu que vous preniez les voies « les plus propres pour le bien du royaume et votre propre salut. »

« Alors le sieur Juxon dit au roi : « Plaît-il à Votre Majesté (encore que « l'affection qu'elle a pour la religion soit assez connue) de dire quelque « chose pour la satisfaction du peuple ? »

« — Je vous remercie de tout mon cœur, Monseigneur, parce que je l'a- « vais presque oublié. Certainement, Messieurs, je crois que ma con- « science et ma religion sont fort bien connues de tout le monde, et partant « je déclare devant vous tous que je meurs chrétien, professant la religion « de l'Église anglicane, en l'état que mon père me l'a laissée, et je crois « que cet honnête homme (en montrant le sieur Juxon) le témoignera. »

« Puis, se tournant vers les officiers, dit : « Messieurs, excusez-moi en « ceci, ma cause est juste et mon Dieu est bon ; je n'en dirai pas davan- « tage. »

« Puis il dit au colonel Hacker : « Ayez soin, s'il vous plaît, que l'on ne « me fasse point languir. »

« Et alors un gentilhomme approchant auprès de la hache, le roi lui

---

[1] Voulant dire qu'il n'en gâtât pas le tranchant.

dit : « Prenez garde à la hache, je vous prie ; prenez garde à la hache. »

« Ensuite de quoi, le roi parlant à l'exécuteur, dit : « Je ferai ma prière « fort courte, et lorsque j'étendrai les bras. . . . . . . »

« Puis le roi demanda son bonnet de nuit au sieur Juxon, et l'ayant mis sur sa tête, il dit à l'exécuteur : « Mes cheveux vous empêchent-ils ? » Lequel le pria de les mettre sous son bonnet ; ce que le roi fit étant aidé de l'évêque et de l'exécuteur. Puis le roi, se tournant derechef vers le sieur Juxon, dit : « Ma cause est juste, et mon Dieu est bon. »

« LE SIEUR JUXON : « Il n'y a plus qu'un pas, mais ce pas est fâcheux ; il « est fort court, et pouvez considérer qu'il vous portera bien loin prompte-« ment ; il vous transportera de la terre au ciel, et là vous trouverez beau-« coup de joie et de réconfort. »

« LE ROI : « Je vais d'une couronne corruptible à une incorruptible, où il « ne peut pas y avoir de trouble ; non, aucun trouble du monde. »

« JUXON : « Vous changez une couronne temporelle à une éternelle ; un « fort bon change. »

« Le roi dit à l'exécuteur : « Mes cheveux sont-ils bien ? » Le roi ôta son manteau, et donna son cordon bleu, qui est l'ordre de Saint-Georges, audit sieur Juxon, disant : « Souvenez-vous. . . . . . . »

« Puis le roi ôta son pourpoint, et étant en chemisette, remit son manteau sur ses épaules ; puis, regardant le chouquet, dit à l'exécuteur : « Il « vous le faut bien attacher. »

« L'EXÉCUTEUR : « Il est bien attaché. »

« LE ROI : « On le pouvait faire un peu plus haut. »

« L'EXÉCUTEUR : « Il ne saurait être plus haut, sire. »

« LE ROI : « Quand j'étendrai les bras ainsi, alors. . . . . . . » Après quoi ayant dit deux ou trois paroles tout bas, debout, les mains et les yeux levés en haut, s'agenouilla incontinent, mit son col sur le chouquet ; et lors l'exécuteur remettant encore ses cheveux sous son bonnet, le roi dit (pensant qu'il allait frapper) : « Attendez le signe. »

« L'EXÉCUTEUR : « Je le ferai s'il plaît à Votre Majesté. »

« Et une petite pause après, le roi étendit les bras. L'exécuteur sépara la tête de son corps d'un seul coup, et quand la tête du roi fut tranchée, l'exécuteur la prit dans sa main et la montra aux spectateurs, et son corps fut mis en un coffre couvert, pour ce sujet, de velours noir. Le corps du roi est à présent dans sa chambre à White-Hall. »

Sic transit gloria mundi.

(Fin de la relation.)

Clarendon raconte que le corps du roi, qui se voyait le soir de l'exécution *dans sa chambre à White-Hall*, ne put être retrouvé à la restauration de

Charles II. Cependant Herbert avait positivement écrit que l'inhumation avait eu lieu à Windsor, dans le caveau du chœur de la chapelle de Saint-Georges, où reposaient les restes de Henri VIII et de Jeanne Seymour. Les ouvriers travaillant dans cette chapelle, en 1813, ouvrirent par hasard le caveau. Le prince régent, aujourd'hui Georges IV, ordonna des recherches ; on découvrit un cercueil de plomb ; sur ce cercueil était une plaque portant ces mots : Charles Roi ; ce qui était conforme en tout au récit d'Herbert.

Une entaille fut pratiquée dans le couvercle, et, après l'enlèvement d'une toile imprégnée d'une matière grasse, on vit apparaître le visage d'un mort, dont les traits brouillés et confus ressemblaient au portrait de Charles Ier. D'après le procès-verbal de sir Henry Halford, la tête du cadavre, séparée du tronc, avait les yeux à demi ouverts, et l'on put teindre un mouchoir blanc d'un sang encore assez liquide. Ce témoin extraordinaire, de retour de la tombe après le meurtre de Louis XVI, est venu déposer des fautes des rois, des excès des peuples, de la marche du temps, de l'enchaînement des événements et de la complicité du crime de 1649 avec celui de 1793.

Une omission frappe dans la relation populaire de l'exécution de Charles : cette relation ne parle point du masque des bourreaux. Ludlow, le régicide, se tait aussi sur ce fait. La petite feuille dont il s'agit ne put être vendue dans les rues de Londres qu'après avoir passé à la *censure* des hommes de la *liberté*. Or, des bourreaux sous le masque étaient ou une affreuse saturnale, ou l'aveu qu'un meurtre avait été accompli sur une tête qu'aucune créature à visage d'homme n'avait le droit de toucher.

Pour arriver à la fatale exécution, Cromwell avait eu besoin de ces ris et de ces larmes qui, se contrariant en lui, déjouaient leur mutuelle hypocrisie ; il redevint franc après le coup : il se fit ouvrir le cercueil, et s'assura, en touchant la tête de son roi, qu'elle était véritablement séparée du corps ; il remarqua qu'un homme aussi bien constitué aurait pu vivre de longues années. Le terrible Cromwell, obscur et inconnu comme le destin, en avait dans ce moment l'orgueil inexorable : il se délectait dans la victoire par lui remportée sur un monarque et sur la nature.

Les meurtriers, ses compagnons, ne partageaient pas dans ce moment son assurance et sa joie. Tous s'étaient hâtés de quitter la scène sanglante. Le principal bourreau, Hulet, capitaine au régiment de cavalerie du colonel Hewson, se jeta, pour traverser la Tamise, dans le bateau d'un marinier appelé Smith : celui-ci fut contraint par des mousquetaires de le prendre à son bord. S'étant éloigné du rivage, Smith dit au sinistre passager : « Êtes-vous le bourreau qui a coupé la tête du roi ? — Non, répondit Hulet, vrai comme je suis un pécheur devant Dieu. » Et il tremblait de tout son corps. Smith, toujours ramant, reprit : « Êtes-vous le bourreau qui a coupé la tête du roi? » Hulet nia de nouveau, raconta qu'on l'avait retenu prisonnier à White-Hall, mais qu'on s'était emparé de ses *instruments*. Smith lui dit : « Je coulerai bas mon bateau si vous ne me dites la vérité. » La tête du roi avait été payée 100 livres sterl. à Hulet. « Je prouverai que c'est toi qui as porté le coup, » lui dit l'avocat général Turner, lors du procès des régicides, « et je t'arracherai ton masque [1]. »

LA RÉPUBLIQUE ET LE PROTECTORAT.

De 1649 à 1658.

Deux effets furent produits en Angleterre par l'exécution de Charles.

D'une part, les hommes de bien furent consternés ; il y eut des douleurs profondes, des morts subites causées par ces douleurs ; et comme la nation était religieuse, il y eut aussi des remords. L'*Eikon Basiliké* fit regretter Charles Ier, de même que le testament de Louis XVI a fait admirer ce dernier roi. L'*Eikon Basiliké* n'était point de Charles : le docteur Gauden en est aujourd'hui reconnu l'auteur. Milton eut l'odieuse commission d'éclaircir ce point de critique : toute la sublimité de son génie, appuyée sur la vérité du fait, ne put néanmoins triompher d'une imposture, ouvrage d'un esprit commun, mais fondée sur la vérité du malheur.

Que reste-t-il aujourd'hui de toutes ces douleurs en Angleterre ? Une cérémonie établie par Charles second, et qui se célèbre le 30 janvier de chaque année. On est censé jeûner, et l'on ne jeûne point ; les spectacles sont fermés, et l'on se divertit dans les salons et dans les tavernes; la bourse est aussi fermée, au grand ennui des spéculateurs, qui se soucient fort peu de trouver sur le chemin de leur fortune ou de leur ruine la tête d'un roi. Les siècles n'adoptent point ces legs de deuil ; ils ont assez de maux à pleurer, sans se charger de verser encore des larmes héréditaires.

D'une autre part, la confusion se répandit dans les trois royaumes, après la mort de Charles Ier. Chacun avait un plan de république et de religion. Les millenaires, ou les hommes de la cinquième monarchie, demandaient la loi agraire et l'abolition de toute forme de gouvernement, afin d'attendre le gouvernement prochain du Christ; il n'y avait d'après eux d'autre charte que l'Écriture. Les antoniens prétendaient que la loi morale était détruite, que chacun se devait conduire désormais par ses propres principes, et non

---

[1] *Regicide's trial.*

plus d'après les anciennes notions de justice et d'humanité ; ils réclamaient la liberté de tout faire : la fornication, l'ivrognerie, le blasphème, sont, disaient-ils, selon les voies du Seigneur, puisque c'est le Seigneur qui parle en nous. Ils n'étaient pas loin de devenir Turcs, et se plaisaient à la lecture du Coran nouvellement traduit. Les quakers, et surtout les quakeresses, passaient aussi pour une secte mahométane. Des politiques, s'élevant contre toute espèce de culte, voulaient que le pouvoir ne reconnût aucune religion particulière ; d'autres prétendaient refondre les lois civiles et effacer complétement le passé. Dépouillés de leurs biens et de leurs honneurs, les épiscopaux gémissaient dans l'oppression, et les presbytériens voyaient le fruit d'une révolution qu'ils avaient semée, recueilli par les indépendants, les agitateurs et les niveleurs.

Ces niveleurs étaient de plusieurs espèces : les uns, les *fouilleurs* et *déracineurs*, s'emparaient des bruyères et des champs en friche ; les autres, les *guerriers* et les *turbulents*, soulevaient les soldats ou devenaient voleurs de grands chemins : tous demandaient la dissolution du long parlement et la convocation d'un parlement nouveau. Dans cette désorganisation complète de la société, au milieu des potences et des échafauds qui s'élevaient pour punir le crime et la vertu, on n'avait aucun parti arrêté : par une sorte de bonne foi que l'anarchie laissait libre, il était très-commun d'entendre des républicains parler de mettre Charles second à la tête de la république, et des royalistes déclarer qu'une république était peut-être ce qu'il y avait de mieux.

Il restait cependant à Londres deux principes de gouvernement et d'administration : le *rump*, et le conseil des officiers qui avaient déjà subjugué le *rump*.

On examina d'abord si la Chambre des pairs faisait partie intégrante du pouvoir législatif : malgré l'opinion de Cromwell qui, dans ses intérêts, voulait garder la pairie, il fut décidé que la Chambre héréditaire était inutile et dangereuse ; sa suppression fut décrétée. La monarchie éprouva le même sort : le maire de Londres refusa de proclamer l'acte d'abolition de la royauté.

Le royaume d'Angleterre se trouvant transformé en république, un nouveau grand sceau fut gravé ; il représentait d'un côté la Chambre des communes, avec cette inscription : *Le grand sceau de la république d'Angleterre ;* sur le revers on voyait une croix et une harpe, armes de l'Angleterre et de l'Irlande, avec ces mots : *Dieu avec nous ;* dans l'exergue on lisait : *L'an premier de la liberté, par la grâce de Dieu*, 1649. C'est une mauvaise date pour la liberté que celle d'un crime.

Cinq membres des communes furent chargés (Ludlow en était un) de composer un conseil de Quarante, auquel serait dévolu le pouvoir exécutif.

Ce comité des Cinq présenta trente-cinq candidats; on leur adjoignit le comité des Cinq. Celui-ci fut en outre chargé d'examiner la conduite des parlementaires qui n'avaient pas siégé à Westminster durant le procès du roi.

Il était convenable d'immoler des victimes en l'honneur des funérailles du prince : le duc d'Hamilton, le earl de Holland et lord Capell, prisonniers, furent décapités; le premier contre le droit des gens, les deux derniers contre le droit de la guerre. Tous les partis regrettèrent lord Capell; Cromwell fit de lui un éloge magnifique, mais il prétendit qu'on le devait sacrifier à cause même de sa vertu. Le noble pair, étant sur l'échafaud, s'adressa à l'exécuteur : « Avez-vous coupé la tête de mon maître ? — Oui, » répondit l'exécuteur. « Où est l'instrument qui porta le coup ? » Le bourreau lui montra la hache. « Êtes-vous sûr que ce soit la même ? » reprit lord Capell. Sur sa réponse affirmative, le royaliste prit la hache, la baisa avec respect, la rendit au meurtrier public, en lui disant : « Misérable ! n'étais-tu pas effrayé ? » Le bourreau répartit : « Ils me forcèrent de faire mon métier. J'eus trente livres sterl. pour ma peine. »

Eh bien ! le bourreau mentait, il se vantait d'une victoire qui n'était pas la sienne; il n'avait souillé ni sanctifié ses mains et sa hache dans le sang de son roi. Cet homme, qui se nommait Brandon, n'était que le bourreau ordinaire; on ne l'avait point appelé (ou peut-être avait-il refusé par frayeur son ministère) à la grande exécution. La peur cessant, la vanité revint; Brandon songea à sauver ses droits et son *honneur* : le soir même de la mort de Charles, Brandon tint dans un cabaret le propos qu'il redit à lord Capell, se parant du crime qu'il n'avait pas commis [1].

Lord Capell livra sa tête après avoir déclaré qu'il mourait pour Charles Ier, pour son fils Charles II et pour tous les héritiers légitimes de la couronne.

Le *rump*, feignant de céder à l'opinion publique, s'occupa en apparence de sa dissolution, et rechercha les principes d'après lesquels un parlement nouveau pourrait être élu. Le *rump* n'était pas sincère; il ne songeait qu'à se perpétuer en attendant les événements, grands débrouilleurs de la politique.

Cependant le comte d'Ormond, lord Inchiquin et le général Preston avaient soulevé l'Irlande, où Monk, qui défendait Dundalk pour le parlement, avait capitulé.

Cromwell, malgré les prétentions de Lambert et de Fairfax, fut nommé au gouvernement militaire et civil d'Irlande. Il partit accompagné d'Ireton, son gendre, après avoir cherché *le Seigneur* devant Harrison et expliqué les Écritures.

---

[1] *Trial of twenty-nine regicides*, p. 33.

Il aborde à l'île dévouée avec dix-sept mille vétérans et une garde particulière de quatre-vingts hommes, tous officiers. Trédall est emporté d'assaut; Cromwell monte lui-même à la brèche : tout périt du côté des Irlandais. Le commandant, sir Arthur Ashton, est tué. Ce vieux militaire avait une jambe artificielle; elle passait pour être d'or : les soldats républicains se disputèrent cette jambe royaliste, qui n'était que le trésor de bois de l'honneur et de la fidélité.

Wexford est saccagé, Cavan rendu par les soldats; les officiers sont fusillés. Kilkenny, Youghall, Cork, Kingsale, Clonmel, Dungarvan et Carrick se soumettent. Cromwell et Ireton portent à l'Irlande, comme ils l'avaient annoncé, l'extermination et l'enfer.

Cromwell, au milieu de ses victoires, est rappelé pour repousser les Écossais : ceux-ci s'étaient décidés à reconnaître les droits de Charles second; et bien qu'ils eussent pendu le royaliste Montross, parce qu'il n'était pas convenantaire, ils étaient eux-mêmes royalistes. Rien de plus commun que ces inconséquences des partis dans les discordes civiles.

Les négociations entre Charles II et les Écossais avaient été plusieurs fois interrompues. Charles enfin, privé de toutes ressources, s'était rendu à Édimbourg : là il avait repris le sceptre de Marie Stuart, à la charge de publier cette déclaration déshonorante :

« Que son père avait péché en prenant femme dans une famille idolâtre;

« Que le sang versé dans les dernières guerres devait être imputé à son père;

« Qu'il avait une profonde douleur de la mauvaise éducation qu'on lui avait donnée, et des préjugés qu'on lui avait inspirés contre la cause de Dieu, et dont il reconnaissait à présent l'injustice;

« Que toute sa vie précédente n'avait été qu'un cours suivi d'inimitié contre l'œuvre de Dieu;

« Qu'il se repentait de la commission donnée à Montross, et de toutes ses actions qui avaient pu scandaliser;

« Qu'il protestait devant Dieu qu'il était à présent sincère dans cette déclaration, et qu'il s'y tiendrait jusqu'à son dernier soupir, tant en Écosse qu'en Angleterre et en Irlande. »

Cependant Charles II n'était ni sans honneur, ni sans courage. Jeune encore, il avait combattu pour son père, à la tête des forces de terre et de mer. Mais c'était bien le prince le moins fait qu'il y eût au monde pour entendre six sermons de presbytériens par jour. Lorsque, accablé de ces prédications, il cherchait quelque distraction, il ne pouvait sortir d'Édimbourg sans passer sur les membres mutilés de Montross, attachés aux portes de la ville. Montross, en mourant, avait souhaité que son corps fût mis en autant de morceaux qu'il y avait de villes dans les trois royaumes, afin qu'on rencontrât partout des témoins de sa fidélité. Un de ses bras fut exposé sur un gibet à Aberdeen ; les habitants l'enlevèrent secrètement et le cachèrent : après la restauration, ils le mirent dans une cassette couverte de velours cramoisi brodé d'or, et le portèrent en triomphe dans toute leur ville.

Cromwell marcha contre les Écossais à la tête de dix-huit mille hommes. Il les attaqua à Dunbar, et les défit (3 septembre 1650). L'année suivante, après avoir conquis une partie de l'Écosse, il s'attacha aux pas de Charles II, qui s'était avancé en Angleterre avec une armée : il l'atteignit à Worcester. Le génie si fatal au père n'est pas moins fatal au fils ; le combat se livre le 3 septembre 1651, jour anniversaire de la bataille de Dunbar : deux mille royalistes sont tués ; huit mille prisonniers sont encore vendus comme esclaves. On retrouve cette habitude de trafiquer des hommes jusque sous Jacques II.

Le jeune roi fuit seul, se coupe les cheveux, de peur, comme Absalon ou comme les rois chevelus, d'être reconnu au bel ornement de sa tête. Ce prince nous a laissé le récit de ses aventures : son déguisement en bûcheron ; sa tentative pour entrer dans le pays de Galles avec le pauvre Pendrell ; sa journée passée avec le colonel Careless au haut du chêne qui retint le nom de chêne royal ; ses aventures chez un gentilhomme appelé Lane, dans le comté de Strafford ; son voyage à Bristol, voyage qu'il fit à cheval menant en croupe la fille de son hôte ; son arrivée chez M. Norton ; sa rencontre d'un des chapelains de la cour qui regardait jouer aux quilles, et d'un vieux serviteur qui le nomma en fondant en larmes ; son passage chez le colonel Windham ; le danger qu'il courut par la sagacité du maréchal qui, visitant les pieds des chevaux, affirma qu'un de ces chevaux avait été ferré dans le Nord ; enfin l'embarquement de Charles à Brighthelmstone, et son débarquement en Normandie, firent, de ce moment de la vie de ce prince, un moment de gloire romanesque qui lutta avec la gloire historique de Cromwell. Ludlow se contente de dire que Charles s'enfuit avec une mistress Lane.

Cromwell revint triompher à Londres. Le parlement envoya une députation au-devant de lui.

Le général fit présent à chaque commissaire d'un cheval et de deux prisonniers : toujours même mépris des hommes parmi ces républicains. Les historiens n'ont pas remarqué ce trait de mœurs qui distingue les Anglais d'alors de tous les peuples chrétiens de l'Europe civilisée, et les rapproche des peuples de l'Orient. Monk, laissé en Écosse par Cromwell, l'acheva de soumettre. Le royaume de Marie Stuart fut réuni par acte du *rump* à l'Angleterre, ce que n'avaient pu faire les plus puissants monarques de la Grande-Bretagne.

Autant le corps législatif était méprisé, autant le conseil exécutif avait montré de vigueur et de talent : c'est ce qu'on a vu en France, sous les fameux comités émanés de la Convention. Les terres du clergé avaient été mises en vente ainsi que les domaines de la couronne, et ceux-ci tant en Angleterre qu'en Écosse. Les propriétés nationales, proposées d'abord au prix de dix années de leur affermage annuel, s'élevèrent avec les succès de la république aux taux de quinze, seize et dix-sept années de leur revenu net : on vendait les bois à part. Les royalistes dont les biens avaient été séquestrés ou confisqués en obtenaient le retour ou la main-levée moyennant une finance plus ou moins forte payée argent comptant. Une taxe de 120 mille livres sterling par mois suffisait, avec ces différentes sommes, au besoin des services de l'État.

Toutes les puissances de l'Europe, et l'Espagne la première, avaient reconnu la république. L'Irlande était domptée, l'Écosse soumise et réunie à l'Angleterre ; une flotte, commandée par le fameux Robert Blake, devenu amiral de colonel qu'il était, gardait les mers autour des îles Britanniques ; une autre, sous le pavillon d'Édouard Popham, croisait sur les côtes du Portugal. Les Indes occidentales, les Barbades et la Virginie, soulevées d'abord, furent réduites à l'obéissance. Le fameux acte de navigation proposé par le conseil d'État au parlement en 1651, rendu exécutoire le 1er décembre de cette même année, n'est point, comme on l'a écrit mille fois, l'ouvrage de l'administration de Cromwell, mais de la république avant l'établissement du protectorat. Cet acte fit éclater la guerre entre la Hollande et la Grande-Bretagne en 1652. Blake, Aiskew, Monk et Dean soutinrent en onze combats, depuis le 17 mai 1652, vieux style, jusqu'au 10 août 1653, l'honneur du pavillon anglais contre Tromp, Ruyter, Van Galen et de Witte.

Les classes populaires que les révolutions font monter à la surface des sociétés donnent un moment aux vieux peuples une énergie extraordinaire ; mais ces classes, chez qui l'ignorance et la pauvreté ont conservé la vigueur, se corrompent vite au pouvoir, parce qu'elles y arrivent avec des besoins violents et des appétits longtemps excités par la misère et l'envie ; elles prennent et exagèrent les vices des grands qu'elles remplacent, sans avoir l'éducation qui du moins tempère ces vices. Une nation ainsi renouvelée par l'invasion d'une sorte de barbares indigènes, ne conserve que peu de jours son énergie ; n'étant plus jeune par nature, elle n'est jeune que par accident ; or, les mœurs ne se renouvellent pas comme les pouvoirs, et tant que les premières ne sont pas changées, il n'y a rien de durable.

Cromwell s'aperçut que ce reste d'assemblée, soumis d'abord et humilié, commençait à être jaloux du pouvoir que lui, Cromwell, avait acquis. L'autorité dictatoriale des camps avait dégoûté le futur usurpateur de l'autorité légale : son ambition, comme son caractère et son génie, le poussait à la souveraine puissance.

Il avait manœuvré longtemps entre les divers partis, tour à tour presbytérien, niveleur et même royaliste, mais s'appuyant toujours sur l'armée où l'esprit républicain dominait, autant que cet esprit peut exister au milieu des armes. Les officiers voulaient l'égalité et la liberté, avec la fortune, les honneurs et le pouvoir absolu : c'est ainsi que sous la tente, depuis les légions romaines jusqu'aux Mamelouks, on a toujours compris la république.

Cromwell, après ses victoires, ayant repris son siége au parlement (16 septembre 1651), pressa la rédaction du bill pour mettre fin à ce parlement interminable : il ne le put obtenir qu'à la majorité de deux voix, quarante-neuf contre quarante-sept ; encore l'exécution du bill fut-elle remise au 3 novembre 1654.

Ce bill procédait à la réforme radicale parlementaire, si souvent et si inutilement demandée depuis. La chambre des communes devait être composée à l'avenir de quatre cents membres, sans compter les députés de l'Irlande et de l'Écosse. Les bourgs pourris disparaissaient ; on ne donnait le droit d'élire qu'aux villes et aux bourgs principaux ; deux cents livres sterling en meubles ou immeubles étaient la propriété exigée du citoyen pour l'exercice du droit électoral.

Cromwell ne désirait la dissolution du *rump* que dans l'espoir d'obtenir le suprême pouvoir, au moyen de députés choisis par son influence et dévoués à ses intérêts. Afin de préparer les idées à un changement de choses, il avait encouragé des discussions sur l'excellence du gouvernement monarchique ; mais n'ayant pu amener le *rump* à prononcer la dissolution, il prit un chemin plus court pour y parvenir.

Le rusé général avait eu l'adresse de remplir toutes les places de ses créatures : les soldats lui étaient dévoués. Depuis la bataille de Worcester, qu'il appela, dans sa lettre au parlement, la *victoire couronnante*, il dissimulait à peine ses projets. La modération, besoin de tout homme qui, près d'arriver au pouvoir, s'y veut maintenir, était devenue l'arme de Cromwell : il avait fait publier une amnistie générale, et se montrait favorable aux royalistes ; il les trouvait par principe moins opposés que les autres partis à l'autorité d'un seul, et à son tour il avait besoin de fidélité.

Les communes, qui se sentaient attaquées, essayèrent de se défendre : tantôt elles se plaignaient des calomnies que Cromwell faisait semer contre elles ; tantôt elles songeaient encore à se perpétuer d'une manière moins directe, en procédant à l'élection des places vacantes au parlement. Cromwell ne s'endormait pas ; il présidait à des assemblées, à des colloques, à des traités entre les partis, et trompait tout le monde. Le colonel Harrison, franc républicain, mais aveugle d'esprit, prétendait toujours que le général, loin de se vouloir faire roi, ne songeait qu'à préparer le règne de Jésus. « Que Jésus vienne donc vite, répondit le major Streater, ou il arrivera trop tard. » Cromwell, de son côté, déclarait que le psaume cx° l'encourageait à mettre la nation en république ; et à cette fin il engageait le comité d'officiers à présenter des pétitions qui devaient amener, par l'opposition des parlementaires, la destruction de la république. Une de ces pétitions demandait le payement des arrérages de l'armée et la réforme des abus ; une autre sollicitait la dissolution immédiate du parlement et la nomination d'un conseil pour gouverner l'État jusqu'à la prochaine convocation du parlement nouveau. Emportées par le ressentiment, les communes déclarèrent que quiconque présenterait à l'avenir de pareilles doléances serait coupable de haute trahison. On vint apprendre cette résolution à Cromwell, qui s'y attendait. Il s'écria, animé d'une feinte colère, au milieu des officiers : « Major général Vernon ! je me vois forcé de faire une chose qui me fait dresser les cheveux sur la tête. » Il prend trois cents soldats, marche à Westminster, laisse les trois cents soldats en dehors, et pénètre seul dans la chambre : il était député.

Il écoute un moment en silence la délibération, puis appelant Harrison, membre comme lui de l'assemblée, il lui dit à l'oreille : « Il est temps de dissoudre le parlement. » Harrison répondit : « C'est une dangereuse affaire, songez-y bien. »

Cromwell attend encore ; puis, se levant tout à coup, il accable les communes d'outrages, les accuse de servitude, de cruauté, d'injustice : « Cédez la place, s'écrie-t-il en fureur ; le Seigneur en a fini avec vous ! il a choisi d'autres instruments de ses œuvres. » Sir Peters Wentworth veut répondre ; Cromwell l'interrompt : « Je ferai cesser ce bavardage. Vous n'êtes pas un parlement ; je vous dis que vous n'êtes pas un parlement. »

Le général frappe du pied : les portes s'ouvrent ; deux files de mousquetaires, conduits par le lieutenant-colonel Worsley, entrent dans la chambre, et se placent à droite et à gauche de leur chef. Vane veut élever la voix : « O sir Henry Vane ! sir Henry Vane ! dit Cromwell : le Seigneur me délivre de sir Henry Vane ! » Désignant alors tour à tour quelques-uns des membres présents : « Toi, dit-il, tu es un ivrogne ; toi, un débauché (c'était Martyn, ce régicide dont il avait barbouillé le visage d'encre) ; toi, un adultère ; toi, un voleur. » Ce qui était vrai. Harrison fait descendre l'orateur de son fauteuil en lui tendant la main. Le troupeau épouvanté sort pêle-mêle ; tous ces hommes s'enfuient sans oser tirer l'épée que la plupart portaient au côté. « Vous m'avez forcé à cela, disait Cromwell ; j'avais prié le Seigneur nuit et jour de me faire mourir plutôt que de me charger de cette commission. »

Alors, montrant du doigt aux soldats la masse d'armes : « Emportez ce jouet [1]. » Il sort le dernier, fait fermer les portes, met les clefs dans sa poche et se retire à White-Hall. Le lendemain on trouva suspendu à la porte de la chambre des communes un écriteau ainsi conçu : *Chambre à louer, non meublée*. Ainsi fut chassé de Westminster le parlement : la liberté y resta.

Remarquons les justices du ciel : ces députés qui avaient tué leur prince légitime, prétendant qu'il avait violé les droits du peuple ; ces députés qui avaient eux-mêmes précipité violemment de leurs siéges un grand nombre de leurs collègues, furent dispersés par un de leurs complices, bien autrement coupable que Charles envers les droits de la nation. Mais souvent ce que l'on conteste à la légitimité, on l'accorde à l'usurpation : les hommes dans leur orgueil se consolent de l'esclavage lorsqu'ils ont eux-mêmes choisi leur maître parmi leurs égaux.

Buonaparte à Saint-Cloud fit sauter les républicains par les fenêtres, avec moins de fermeté et moins de décision politique que Cromwell n'en mit à dissoudre le long parlement. L'Angleterre républicaine accepta le joug : les tempêtes avaient enfanté leur roi ; elles s'y soumirent.

La véritable république ne dura en Angleterre que quatre ans et trois mois, à compter de la mort du roi (30 janvier 1649), jusqu'à la dislocation totale du *rump* (20 avril 1653). Cette courte république ne fut pas sans gloire au dehors, ni même sans vertu, sans liberté et sans justice au dedans. Les membres des communes s'exclurent, il est vrai, mutuellement de l'assemblée législative ; mais ils ne se décimèrent point, ne s'assassinèrent point tour à tour comme les conventionnels. La république française exista douze années, de 1792 à 1804, à l'érection de l'empire, temps de gloire et de conquêtes au dehors, mais de crimes, d'oppression et d'iniquités au dedans. Cette différence entre deux révolutions qui ont cependant produit, en dernier résultat, la même liberté, vient du sentiment religieux qui animait les novateurs de la Grande-Bretagne, et des principes d'irréligion qu'affichaient les artisans de nos discordes. Quelques vertus peuvent exister dans la superstition, il n'y en a point dans l'impiété. Les révolutionnaires anglais, fanatiques, connurent le repentir ; les révolutionnaires français, athées, ont tous été sans remords : ils étaient insensibles à la fois comme la matière et comme le néant.

[1] Whitelocke dit : *Cette marotte.*

LE PROTECTORAT.

De 1653 à 1658.

Il était facile à Cromwell de convoquer un parlement libre ; il ne le voulut pas : il cherchait le pouvoir, non la liberté. L'Angleterre d'ailleurs était lasse de parlements ; après l'anarchie on respirait pour le despotisme. Le conseil des officiers qui avait présenté la pétition décisive s'arrogea le droit d'élection ; il choisit (toujours à la suggestion de Cromwell) dans le parti millénaire les hommes les plus obscurs, les plus ignorants, les plus fanatiques : cent quarante-quatre personnages, ainsi triés, furent revêtus du pouvoir souverain. Le major général Lambert, qui se disait républicain et qui n'était que servile ; Harrison, sincère démocrate et d'un esprit borné, prêtaient les mains à toutes ces violences. Harrison, sectaire de la *cinquième monarchie*, demandait seulement que le nouveau conseil fût composé de soixante-dix membres, pour mieux ressembler au sanhédrin des Juifs. Dans le club législatif des cent quarante *saints*, il fallait avoir de longs noms composés et tirés de l'Écriture, comme dans nos clubs on s'appelait *Scœvola* et *Brutus*. Des deux frères Barebone, l'un, le corroyeur, s'appelait *Loue-Dieu* ; l'autre, *si Christ n'était pas mort pour vous, vous seriez damné, Barebone*. Ce Barebone, dont le nom signifie en français *décharné*, donna son nom aux cent quarante-quatre : au parlement *croupion* succéda le parlement *damné Barebone*, ou le *damné décharné*.

Sur une liste de jurés du comté de Sussex on voit les noms de White d'Emer, *combats pour la bonne cause de la foi* ; de Pimple de Whitam, *tué le péché* ; de Harding de Lewes, *plein de la grâce*. Lorsque les *saints* entraient en séance à Westminster, ils récitaient des prières, cherchaient le Seigneur des journées entières, et expliquaient l'Écriture : cela fait, ils s'occupaient des affaires dont ils se croyaient saisis. Cromwell ouvrit la session des *décharnés* par un discours qu'il accompagna de pieuses larmes, remerciant le ciel d'avoir assez vécu pour assister au commencement du règne des *saints* sur la terre. Au fond de toutes ces folies, les nouvelles mœurs se formaient, et les institutions prenaient racine. Ces caractères n'étaient si ridicules que parce qu'ils étaient originaux ; or, tout ce qui est fortement constitué a un principe de vie. Les courtisans de Charles second purent rire, mais ces fanatiques de bonne foi laissèrent une arrière-postérité qui a fait raison des courtisans.

Whitelocke prétend que quelques hommes éclairés et d'un rang élevé se trouvaient dans le parlement Barebone. Ludlow représente les *décharnés* comme un troupeau d'honnêtes niais, ressemblant assez à nos théophilanthropes. Whitelocke était un parlementaire timide, qui avait fui de peur de condamner Charles Ier, et qui se rangeait toujours du parti du plus fort ; Ludlow était un parlementaire décidé, meurtrier du roi et ennemi de Cromwell.

Cinq mois s'étaient à peine écoulés lorsque les cent quarante-quatre *saints*, ne pouvant plus gouverner au milieu de la risée publique, chargèrent Rouse, leur orateur, créature de Cromwell, de remettre l'autorité entre les mains de celui qui les en avait revêtus. Cromwell l'avait prévu : il accepta en gémissant le poids de l'autorité souveraine.

Quelques pauvres d'esprit qui n'étaient pas de la faction militaire s'obstinèrent à siéger, malgré la désertion de l'orateur et du sergent qui avait emporté la masse. Le capitaine White entra dans la chambre, et demanda à ces saints entêtés ce qu'ils faisaient là (12 décembre 1653). « Nous cherchons le Seigneur, » répondirent-ils. « Allez donc ailleurs, s'écria White ; le Seigneur n'a pas fréquenté ce lieu depuis longues années ; » et il les fit chasser par ses sbires. Le véritable principe républicain existait pourtant alors dans l'armée anglaise plus que dans les autorités civiles ; mais il ne peut y avoir d'alliance durable entre le pouvoir constitutionnel et l'autorité militaire : quand la liberté se réfugie à l'autel de la victoire, elle y est bientôt immolée ; on la sacrifie pour obtenir le vent de la fortune.

Tous les différents partis, excepté celui des *saints* et celui des républicains véritables, le parti du roi, le parti de l'épiscopat, le parti militaire, le parti des gens de loi qui avaient craint la réforme des coutumes et la simplification du code de procédure ; tous les intérêts, toutes les ambitions, toutes les corruptions, toutes les lassitudes applaudissaient aux entreprises de Cromwell : il fut complimenté par l'armée, la flotte, les autorités civiles. On attendait avec anxiété et curiosité ce qu'il allait faire du pouvoir : sa fabrique était toute prête et ses ouvriers à l'œuvre.

Le conseil des officiers est convoqué. Le major général Lambert lit un écrit intitulé : *Instrument du gouvernement*. C'était une constitution qui plaçait la puissance législative dans un parlement et dans un *protécteur*. Il y était statué que les membres de ce parlement seraient choisis par le peuple ; qu'ils siégeraient tous les ans cinq mois selon le bon plaisir du *protecteur* ; que le *protecteur* aurait le *veto* suspensif ; qu'il nommerait à tous les emplois civils et militaires ; que dans l'intervalle des sessions, la nation serait gouvernée par le *protecteur* et par un conseil composé de vingt et un membres au plus de treize au moins.

On supplia Cromwell d'accepter le protectorat : il se rendit gracieusement aux vœux de ses peuples. Le maire et les aldermen de Londres furent requis de se trouver à une parade d'installation à la salle de Westminster. Le Protecteur prêta serment à l'*instrument de gouvernement* qui était son œuvre. Le général Lambert, un genou en terre, lui présenta une épée dans le fourreau ; les commissaires lui remirent les sceaux ; le maire de Londres lui donna une épée nue, et le sujet des Stuarts alla, monarque absolu des trois royaumes, coucher dans le palais du roi qu'il avait assassiné.

Le premier parlement convoqué par Cromwell ne répondit pas à son attente : il s'y manifesta un esprit de liberté que l'oppression militaire n'avait pu étouffer. En vain le Protecteur, à l'ouverture de ce parlement, parla des excès de cette liberté, déclama contre ce qui lui avait donné la puissance, les agitateurs, les niveleurs, les millénaires et les diverses autres sectes ; en vain il s'éleva contre une égalité chimérique, et loua la division des classes en nobles, gentilshommes et bourgeois : son discours était raisonnable au fond, d'accord même avec l'opinion nationale, encore arrêtée aux principes de l'ancienne société ; mais ce n'était pas là la question pour les communes. Elles ne s'occupèrent que du pouvoir du Protecteur, et de la mauvaise origine de ce pouvoir. Le parlement ne voyait pas qu'il était aussi illégitime que le protectorat ; l'un et l'autre n'existaient qu'en vertu d'une prétendue constitution faite par qui n'avait pas eu le droit de la faire.

Cromwell en péril n'hésita pas : violer la représentation nationale était devenu, depuis l'épuration du long parlement, une sorte de jurisprudence politique. Le Protecteur plaça des gardes à la porte de Westminster ; ils avaient ordre de ne laisser entrer que les députés consentant à souscrire un engagement en vertu duquel ils reconnaîtraient l'autorité du parlement et *d'un seul*. Cent trente membres signèrent tout d'abord ; plusieurs autres membres s'empressèrent ensuite d'imiter la turpitude de leurs collègues. Rien n'est plus rempli d'émulation que la bassesse : il y a des espèces de vils héros que les succès de la lâcheté empêchent de dormir.

Cromwell, devenu Protecteur, prit le titre d'Altesse. Des médailles furent frappées en son honneur ; l'une le représentait en buste avec cette inscription : *Oliverius Dei gratia, reipublicæ Angliæ, Scotiæ et Hiberniæ Protector ;* au revers était l'écusson d'Angleterre ; autour on lisait ces mots, gravés depuis sur les monnaies du temps : *Pax quæritur bello.* D'autres médailles offrent un grand olivier, à l'ombre duquel s'élèvent deux petits oliviers, symboles du Protecteur et de ses deux fils. L'inscription porte : *Non deficient olivarii.* La flatterie ne parlait pas aussi bien latin qu'au temps de Tibère.

Lorsque les officiers vinrent complimenter Cromwell sur sa modestie à n'avoir accepté que le titre de *Protecteur,* il porta la main à son épée : « Elle m'a élevé, leur dit-il ; si je veux monter plus haut, elle me maintiendra au rang qu'il me plaira d'occuper. »

Quelles que soient néanmoins la pusillanimité des hommes et la crainte du pouvoir, il est impossible d'éteindre, dans une assemblée délibérante, tout principe vital. Les membres des communes, malgré leur engagement signé, tout en examinant avec modération l'*instrument de gouvernement*, se réservèrent la nomination du successeur de Cromwell; ils rejetèrent le principe du protectorat héréditaire, à la majorité de deux cents voix contre soixante.

Les cinq mois de la session expirés, Cromwell rassembla le parlement (22 janvier 1655) dans la *chambre peinte*. Il se répandit en outrages, traita les députés de parricides pour lui avoir contesté son autorité, à lui régicide; il leur déclara que si la république devait souffrir, meilleur était qu'elle fût dépendante des riches que des pauvres, qui, selon Salomon, lorsqu'ils oppriment, ne laissent rien après eux. Cromwell avait été blessé de la discussion relative à l'hérédité du protectorat : il voulait dissimuler sur ce point; mais entraîné, comme le sont tous les hommes, à parler de la chose même où il se sentait faible, il déclama lui-même contre le protectorat héréditaire, laissant par là aux principaux officiers, et particulièrement au major général Lambert, l'espoir de lui succéder.

Le parlement dissous, Cromwell en convoqua un autre pour lever, disait-il, l'argent nécessaire au service de l'armée et de la flotte, pour confirmer l'*instrument de gouvernement*, et enfin pour légaliser l'autorité des *majors généraux*. Ces majors étaient des commissaires militaires, chargés de lever sur les biens des royalistes, à cause de quelques mouvements insurrectionnels, une contribution arbitraire d'un dixième de la valeur de ces biens. Cromwell corrompit autant qu'il le put les élections, et cassa celles qui lui étaient le moins favorables.

De tout cela sortit enfin un parlement qui, sous le nom d'*humble pétition et avis*, invitait le Protecteur à prendre le titre de roi et à former *une autre chambre*, c'est-à-dire une espèce de chambre des pairs, composée de soixante-dix membres à la nomination de Cromwell.

Cromwell se crut obligé de refuser la couronne par un long et obscur discours, où l'on découvrait à la fois ses regrets de repousser le diadème, et sa satisfaction de remettre au théâtre la parade de César. Il avait plusieurs fois fait traiter devant lui la question du *meilleur gouvernement*; c'était à peu près à la même époque que le grand Corneille écrivait la scène de Cinna.

Buonaparte n'hésita pas à se couronner, soit qu'ayant plus de gloire il eût plus d'audace, soit que la France, plus malheureuse dans sa révolution que l'Angleterre ne l'avait été dans la sienne, craignît moins de perdre la liberté.

Le nouveau parlement confirma et conféra de nouveau à Cromwell le titre de Protecteur avec la faculté de nommer son successeur, ce qui, par le fait, rendait le protectorat héréditaire. Ce parlement fut encore renvoyé à cause des alarmes qu'il inspira à son maître ; peut-être Cromwell en voulait-il secrètement à ces députés trop naïfs, de ne lui avoir pas mis de force la couronne sur la tête. L'usurpation se livrait ainsi à ces fréquentes dissolutions qui avaient perdu la légitimité ; mais le bras de Cromwell était autrement puissant que celui de Charles ; ce bras pouvait soutenir debout des ruines qu'une force ordinaire n'aurait pu empêcher de tomber.

Mettez à part l'illégalité des mesures de Cromwell, illégalité dont, après tout, il était peut-être obligé d'user pour maintenir son illégale puissance, l'usurpation de ce grand homme fut glorieuse. Au dedans il fit régner l'ordre : comme beaucoup de despotes, il était ami de la justice en tout ce qui ne touchait pas à sa personne, et la justice sert à consoler les peuples de la perte de la liberté. Le fanatique, le régicide Cromwell, parvenu au pouvoir, fut tolérant en religion et en politique ; il fit passer le bill de la liberté de culte et de conscience ; il employa des royalistes avoués : Hale, magistrat intègre, zélé partisan des Stuarts, fut placé à la tête de la magistrature ; Monk, qui commanda les armées et les flottes du Protecteur, était un royaliste fait jadis prisonnier sur le champ de bataille par les parlementaires : il s'en souvint lors de la restauration.

Cromwell aimait et protégeait la noblesse anglaise. Cette noblesse ne périt point, comme de nos jours la noblesse française, parce qu'elle ne sépara pas tout à fait sa cause de la cause générale, et qu'en même temps la révolution de 1640, entreprise en faveur de la liberté, et non de l'égalité, n'était point dirigée contre l'aristocratie. Les Falkland, les Strafford, les Clarendon avaient été membres de l'opposition dans ces fameux parlements qui contribuèrent à restreindre les priviléges excessifs de la couronne : il y eut une chambre des pairs jusqu'à la mort de Charles Ier. Essex, Denbigh, Manchester, Fairfax, et tant d'autres, se distinguèrent dans le service parlementaire de terre et de mer ; une foule de lords entrèrent dans l'administration, se firent élire membres des communes aux parlements de la république et du protectorat, parurent dans les conseils, et jusqu'à la cour de Cromwell. Il n'y eut point d'émigration systématique ; quelques individus nobles périrent, mais le corps patricien, ayant suivi et même devancé le mouvement de la nation, resta tout entier dans cette nation.

L'administration de Cromwell fut active, vigilante, vigoureuse, mais trop fondée sur la corruption de la police, pour qui Cromwell avait un penchant décidé, et à laquelle il sacrifiait des sommes considérables. Tous les services étaient payés régulièrement un mois d'avance ; de grosses pensions, accordées à des hommes considérables, créaient des intérêts, si elles ne pouvaient créer des devoirs.

Au dehors, Cromwell acheva d'humilier la Hollande et de faire reconnaître la supériorité du pavillon anglais; les nations étrangères recherchèrent l'alliance du Protecteur. Richelieu avait favorisé les premiers troubles de l'Angleterre ; il les avait pris pour des orages passagers qui, en occupant chez eux des ennemis, donnaient du repos à la France : il ne s'était pas aperçu qu'il s'agissait d'une révolution qui, en accroissant la vigueur d'un peuple, ne laisserait à Mazarin que des mépris à dévorer ; nourriture d'ailleurs analogue au tempérament du cardinal.

Dunkerque fut par Mazarin livré à Cromwell; Blake prit la Jamaïque ; l'Espagne fut contrainte d'offrir de grandes réparations. On a remarqué que Cromwell s'abandonna à sa passion religieuse plus qu'il ne suivit une saine politique, en s'alliant avec la France contre l'Espagne. Cette remarque faite après coup n'a rien de profond aujourd'hui ; il est curieux seulement de la trouver dans les *Mémoires de Ludlow*. Ludlow, il est vrai, vit les triomphes de Louis XIV, et survécut longtemps à Cromwell, dont il était l'ennemi.

Le Protecteur traita l'Irlande domptée en pays de conquête. Les malheureux Irlandais furent transportés par milliers aux colonies; un grand nombre périt dans les supplices. Des lois draconiennes et étrangères remplacèrent ces vieilles coutumes nées du sol, dont l'autorité se perpétuait par traditions devant quelque image de la Vierge sur une bruyère, au son d'une musette. Les terres furent vendues : on donnait mille acres de terrain pour 1,500 liv. sterling dans le canton de Dublin, pour 1,000 dans celui de Kilkenny, pour 800 dans le comté de Wexford, et pour 600 dans les divers comtés de la province de Leinster. Des colonies militaires eurent en partage les terres situées aux environs de Slogo, de Colko et de Collcl. Les naturels du sol devinrent les serfs des soldats anglais dans le Connaught.

Olivier étendit son autorité protectrice jusque sur les Vaudois, dans les montagnes de la Suisse. Le frère de l'ambassadeur de Portugal à Londres tua un Anglais; Cromwell le fit décapiter. Le fier usurpateur signant un traité, mit son nom au-dessus de celui de Louis XIV. En 1657, il envoya son portrait à la reine Christine, avec un distique qui disait que le front de Cromwell *n'était pas toujours l'épouvante-roi.*

C'est de cet orgueil du Protecteur qu'est née la superbe affectée par nos voisins pendant un siècle et demi, et qui n'a disparu qu'avec les victoires de notre révolution : elles nous ont remis au niveau de la révolution anglaise.

Pourtant Cromwell ne fut pas heureux; toute sa puissance ne put empêcher la vérité de faire entendre sa voix. Quand il descendait en lui-même, il trouvait toujours qu'il avait tué le roi ou la liberté; il lui fallait opter entre l'un ou l'autre remords.

Le Protecteur racontait que dans son enfance une femme lui était apparue ; elle lui avait annoncé, comme les magiciennes de Macbeth, qu'il serait roi. La conscience de Cromwell lui présenta, lorsqu'il était encore innocent, la vision de la royauté ; quand il devint coupable, elle lui en envoya le fantôme. Placé entre les royalistes et les républicains qui le menaçaient également, Olivier était peu satisfait du titre équivoque dont la légitimité et la liberté l'avaient obligé de se contenter. Plusieurs conspirations des *cavaliers* éclatèrent : celles de Bagnal, fils de lady Terringham, de Penruddock, du capitaine Grove, du docteur Hervet et de sir Henry Slingsby. Quelques hommes de la *cinquième monarchie* s'agitèrent aussi : un cornette, nommé Day, était de l'assemblée républicaine de Coleman-Street, où l'on traitait Cromwell de coquin et de traître. Quelques régicides suspects furent enfermés dans ce château de Carisbrook, qui avait servi de prison à Charles Ier. Les juges, et surtout les jurés, contrariaient le despotisme du Protecteur, qui retrouvait la liberté retranchée derrière cette barrière. Olivier était alors obligé de chercher les tribunaux naturels à son gouvernement, les conseils de guerre et les commissions.

Les brochures politiques, une pétition signée de plusieurs officiers, un libelle intitulé le *Memento,* surtout le fameux écrit *Killing no murder* (tuer n'est pas assassiner), achevèrent de troubler le repos de Cromwell. Le colonel Titus, sous le nom de *William Allen,* était l'auteur du dernier pamphlet. Dans une dédicace ironique adressée à *Son Altesse Olivier Cromwell,* Titus invitait Son Altesse à mourir pour le bonheur et la délivrance des Anglais ; il lui disait que sa mort était le vœu général, la prière commune de tous les partis, qui ne s'entendaient que sur ce point. Titus signait W. A., *de présent votre esclave et vassal.*

Enfin la famille de Cromwell était pour lui un autre sujet de tourment et d'angoisse.

Il rencontrait parmi les siens deux espèces d'oppositions aussi violentes l'une que l'autre : ses trois sœurs épousèrent trois hommes qui tous trois votèrent la mort de Charles Ier. Il eut deux fils et quatre filles. Richard, protecteur après lui, était royaliste ; Henry, lord-lieutenant d'Irlande, partageait une partie des talents et des opinions de son père, mais avec plus de modération que lui.

Sa fille aînée, lady Briget, était républicaine ; elle fut mariée d'abord au fameux Ireton, et après la mort de celui-ci au lieutenant général Fleetwood. Lady Élisabeth, sa seconde fille et sa fille chérie, avait épousé lord Claypole, homme ennemi de la tyrannie : lady Élisabeth était ardente royaliste.

Lady Marie, dont l'opinion est peu connue, épousa lord Falconbridge, qui fut actif dans la restauration. Enfin lady Francis, la plus jeune des filles du Protecteur, se maria clandestinement, en apparence, à Robert Rich, petit-fils du comte de Warwick. Robert ne vécut que trois mois, et sa veuve épousa sir John Russel.

La destinée de cette dernière fille de Cromwell fut assez singulière. Lord Broghill avait eu la pensée de la donner en mariage à Charles II. Lady Francis consentait à cet étrange projet; Cromwell, assez tenté, ne le repoussait qu'en disant : « Charles II est trop damnablement débauché pour me pardonner la mort de son père. » Il est difficile de juger si Charles n'aurait pas, par politique ou par légèreté, approuvé cette union parricide. L'affaire manqua; lady Francis s'éprit d'inclination pour Jerry White, tout à la fois chapelain et bouffon de Cromwell, lequel White, surpris aux genoux de lady Francis par le Protecteur, fut obligé, pour se sauver, d'épouser une des femmes de chambre de sa maîtresse. Le mariage, d'abord clandestin de lady Francis avec Robert Rich, fut ensuite célébré publiquement (11 novembre 1657). Le Protecteur se souvenant, à ce mariage, des jeux de sa première jeunesse, arracha la perruque de son gendre, et répandit des confitures liquides sur les robes des femmes : du moins, cette fois, on put rester dans la salle du bal.

Ainsi Cromwell, dans sa famille, trouvait tantôt des républicains et des républicaines qui détestaient sa grandeur; tantôt des royalistes qui lui reprochaient ses crimes. Lady Claypole ne le laissait pas respirer; Richard s'était jeté aux pieds de son père pour obtenir la vie de Charles Ier. La femme du Protecteur, bien que vaine, portait avec crainte sa fortune : décemment traitée, mais peu aimée de son mari, elle aurait voulu qu'on s'arrangeât avec le souverain légitime. Enfin la mère de Cromwell, qu'il chérissait et respectait, l'avait aussi supplié de sauver le roi : elle tremblait pour les jours de son Olivier; elle le voulait voir une fois le jour au moins, et si elle entendait l'explosion d'une arme à feu, elle s'écriait : « Mon fils est mort ! »

Ces tracasseries intérieures et de tous les moments, qui troublent la vie d'un homme bien plus que les grands événements politiques, ne se pouvaient perdre dans les distractions que cherchait Cromwell : il s'était attaché à lady Dysert, duchesse de Lauderdale; les *saints* se scandalisèrent. On trouvait aussi que Cromwell faisait de trop longues prières avec mistress Lambert. Plusieurs bâtards, qui se sont peut-être vantés faussement de leur naissance, ont prouvé que ce rigide Cromwell, ce sévère ennemi de la débauche et de la licence, ce prophète qui communiquait directement avec Dieu, était tombé dans la faiblesse commune à presque tous les grands hommes, d'autant plus attaqués et plus fragiles qu'ils ont plus de gloire.

Tous les monarques avaient renoncé à divertir leur orgueil du spectacle de la dégradation humaine, blessés peut-être encore qu'ils étaient de quelques vérités cachées sous de basses bouffonneries; ils n'entretenaient plus dans leur cour ces misérables appelés *fous*. Cromwell en avait quatre, soit que ce tueur de rois aimât à s'environner de ce qui avait dégradé les rois, régicide encore envers leur mémoire; soit que, n'osant porter leur sceptre, il affectât d'imiter leurs mœurs; soit enfin qu'il trouvât dans son penchant naturel aux scènes grotesques un rapport avec ces joies royales. Mais tous les bouffons de la terre n'auraient pu chasser du cœur de Cromwell la tristesse qui s'y était glissée. Sa cour, ou plutôt sa maison, était à la fois une espèce de caserne et un séminaire, où quelques pompes bruyantes venaient, deux ou trois fois l'an, dérider le front des prédicants et des vieux soldats. Depuis la publication du pamphlet *Killing no murder*, on ne vit plus Cromwell sourire; il se sentait abandonné par l'esprit de la révolution, d'où lui était venue sa grandeur. Cette révolution qui l'avait pris pour guide ne le voulait plus pour maître; sa mission était accomplie; sa nation et son siècle n'avaient plus besoin de lui : le temps ne s'arrête point pour admirer la gloire; il s'en sert et passe outre [1].

Ce grand renégat de l'indépendance soupçonnait jusqu'à ses gardes, qu'il faisait relever trois et quatre fois par jour, et dont lui-même, déguisé, épiait les propos. Il passait sa vie à entendre les rapports de ses nombreux espions; il n'osait plus se montrer en public que revêtu d'une cuirasse cachée sous ses habits, misérable cilice de la peur. Il portait des pistolets chargés dans ses poches. Un jour qu'il essayait un attelage de chevaux frisons, il tomba, et l'un de ses pistolets partit. Quand il voyageait, c'était avec une rapidité extrême : on n'apprenait qu'il avait passé en un lieu que quand il n'y était plus. Dans ce palais de White-Hall, témoin de la grande immolation, Cromwell errait la nuit, comme un sceptre poursuivi par un autre spectre; il ne couchait presque jamais deux fois de suite dans la même chambre, tourmenté en cette demeure par ses remords, comme la veuve de Charles y fut dans la suite désolée par ses souvenirs.

La mort de lady Claypole vint ajouter à la noire mélancolie de Cromwell : cette femme, encore jeune, consumée à Hamptoncourt d'une douloureuse maladie, succomba en accablant son père de reproches, et en l'appelant pour ainsi dire après elle.

Il ne tarda pas à la suivre; depuis quelque temps il souffrait d'une humeur à la jambe : la fièvre le prit dans le même château où sa fille avait rendu le dernier soupir; on le transporta à Londres. Fidèle à son caractère, Cromwell déclara qu'il avait eu des révélations, qu'il guérirait pour être utile à son pays. Les chapelains de White-Hall annonçaient le prochain ré-

---

[1] Cette dernière phrase se retrouve dans mon Discours non prononcé sur la liberté de la presse; je l'avais enlevée à ce passage des *Quatre Stuarts*; je l'ai laissée ici à sa première place.

tablissement du prophète : il mourut pourtant. Il expira dans sa cinquante-neuvième année, le 3 septembre 1658, anniversaire des victoires de Dunbar, de Worcester, et de l'ouverture du premier parlement protectoral.

« Cromwell allait ravager toute la chrétienté, dit Pascal; la famille royale était perdue et la sienne à jamais puissante, sans un petit grain de sable qui se mit dans son urètre ; Rome même allait trembler sous lui ; mais ce petit gravier, qui n'était rien ailleurs, mis dans cet endroit, le voilà mort, sa famille abaissée et le roi rétabli. »

Il n'y a de vrai dans cette remarque de Pascal que le néant de la gloire et de la nature humaine. Une de ces tempêtes qui précèdent, accompagnent ou suivent les équinoxes, éclata au moment de la mort du Protecteur : le poëte Waller, qui chantait tout le monde, annonça en fort beaux vers que les derniers soupirs de Cromwell avaient ébranlé l'île des Bretons; que l'Océan s'était soulevé en perdant son maître; que Cromwell comme Romulus avait disparu dans un orage. Les faits se réduisaient à une fièvre et à un coup de vent.

Cromwell eut quelque chose de Hildebrand, de Louis XI et de Buonaparte ; il eut du prêtre, du tyran et du grand homme ; son génie remplaça pour son pays la liberté. Il y avait trop de puissance en Cromwell pour qu'il pût créer une autre puissance ; il tua toutes les institutions qu'il trouva ou qu'il voulut donner.

La plupart des souverains de l'Europe mirent des crêpes funèbres pour pleurer la mort d'un régicide : Louis XIV porta le deuil de Cromwell auprès de la veuve de Charles Iᵉʳ. Une couronne, même usurpée, absout-elle d'un crime ?

Ce nom de Cromwell, qui produisait la lâcheté européenne, faisait passer en Angleterre le pouvoir absolu entre les mains du faible Richard : tant il y a de puissance dans la gloire ! Cromwell laissa l'empire à son fils ; mais ces génies en qui commence un autre ordre de choses, soit en bien, soit en mal, sont solitaires ; ils ne se perpétuent que par leurs œuvres, jamais par leurs races.

Le Protecteur vécut l'âge des hommes de sa nature : leur règne le plus court est ordinairement de neuf à dix ans, et le plus long de vingt à vingt-deux. Ces calculs historiques, que rien ne semble démentir, reposent sans doute sur quelque vérité naturelle : il se peut faire que la force physique d'un homme placé au plus haut point des révolutions se trouve épuisée dans une période de trois ou quatre lustres.

Achevons de suite, en anticipant même un peu sur les faits, ce qui a rapport à Cromwell.

Thurloe déclarait que Cromwell était monté au ciel, embaumé des larmes de son peuple : Cromwell, plus franc au moment où la grande vérité, la mort, se présente aux hommes, avait dit : « Plusieurs m'ont trop estimé, d'autres souhaitent ma fin. » La bassesse de la flatterie qui survit à l'objet de l'adulation n'est que l'excuse d'une conscience infirme : on exalte un maître qui n'est plus, pour justifier par l'admiration la servilité passée.

Richard fit de magnifiques funérailles à son père. Le corps embaumé du Protecteur fut exposé pendant deux mois au palais de Sommerset, dans une salle tendue de velours noir, et où l'on ne comptait pas moins de mille flambeaux. Portant un vêtement de brocart d'or fourré d'hermine, une figure en cire, l'épée au côté, un sceptre dans la main droite, un globe dans la gauche, représentait le Protecteur ; elle était couchée sur un lit funèbre. Une épitaphe racontait en abrégé l'histoire de Cromwell et de sa famille. « Il mourut, disait l'épitaphe, avec grande assurancce et sérénité d'âme, dans son lit. » Paroles qui s'appliquaient mieux à Charles Ier, excepté les trois dernières.

La figure en cire fut ensuite mise debout sur une estrade, comme pour annoncer une résurrection, ou, comme disaient les *indépendants*, indignés de ces pompes *papistes*, pour représenter le passage d'une âme du purgatoire dans le paradis. Le 23 novembre, l'image de cire fut couchée de nouveau, mais dans un beau cercueil qu'enlevèrent dix gentilshommes pour le placer sur un char ; le tout s'en alla en pompe à Westminster : lord Claypole menait le cheval de Cromwell. Le cercueil fut déposé dans la chapelle de Henri VII. On ne voit plus aujourd'hui l'effigie de Cromwell à Westminster, mais celle de Monk : on y cherche vainement aussi les cendres du Protecteur.

On se plut à dire et à écrire, au moment de la restauration de Charles II, que Cromwell, prévoyant les outrages qu'on pourrait faire à ses restes, avait ordonné qu'on précipitât son corps dans la Tamise, ou qu'on l'enterrât sur le champ de bataille de Naseby, à neuf pieds de profondeur : Barkstead, régicide, lieutenant de la Tour, et protégé de Cromwell, aurait, disait-on, fait exécuter cet ordre par son fils. On racontait enfin que les corps de Charles Ier et de Cromwell, échangés, avaient été transportés de l'un à l'autre tombeau, de sorte que Charles II, dans sa vengeance, aurait pendu au gibet le corps de son propre père, au lieu de celui de l'assassin de son père. Ces noires imaginations anglaises disparaissent devant les faits : si l'on ne vit que l'image de cire du Protecteur à la pompe funèbre, c'est que l'état des chairs, malgré l'embaumement, obligea de porter le cadavre à Westminster avant la cérémonie publique : l'enterrement précéda les funérailles. Le corps de Charles Ier, retrouvé de nos jours à Windsor, prouve que le meurtrier n'était pas allé dormir dans la couche du meurtri, et que satisfait de lui avoir ravi la couronne, il lui laissa son cercueil.

S'il fallait des témoignages de plus, nous dirions que l'on conserve la plaque de cuivre doré trouvée sur la poitrine de Cromwell lors de l'ouverture de sa tombe à Westminster. Cette plaque, renfermée dans une boîte de plomb, fut remise à Norfolk, sergent d'armes de la chambre des communes. Elle porte cette inscription :

Oliverius Protector reipublicæ Angliæ, Scotiæ et Hiberniæ, natus 25° aprilis anno 1599°, inauguratus 16° decembris 1653°, mortuus 3° septembris anno 1658°, hic situs est.

Une autre preuve de l'exhumation nous reste : la redoutable histoire a gardé dans *le trésor de ses chartes* la quittance du maçon qui brisa, par ordre, le sépulcre du Protecteur, et qui reçut une somme de 15 schellings pour sa besogne. Nous donnerons cette quittance dans la langue originale, afin que les fautes mêmes de l'ignorant ouvrier attestent l'authenticité de la pièce.

May the 4th day, 1661, rec^d then in full, of the worshipful serjent Norforke, fiveteen shillinges, for taking up the corpes of *Cromell*, et *Ierson* et *Brasaw*,
Rec. by me JOHN LEWIS.

« Mai le 4me jour, 1661, reçu alors en totalité, du respectable sergent Norforke, quinze schellings, pour enlever le corps de *Cromell*, et *Ierson* et *Brasaw*. »
« Reçu par moi JOHN LEWIS. »

On voit par la date de cette pièce, 4 mai 1661, que John Lewis avait fait un long crédit au gouvernement : les os de Cromwell furent exposés à Tyburn le 30 janvier de la même année.

La France garde aussi quelques quittances des assassins du 2 septembre 1792, lesquels déclarent avoir reçu 5 francs *pour avoir travaillé pour le peuple*. Sur l'une de ces quittances est demeurée la trace des doigts sanglants du signataire.

Enfin voici la pièce officielle qui rend compte de l'exhumation. Nous la traduisons littéralement :

Janvier 30 (1661), vieux style.

« Les odieuses carcasses de O. Cromwell, H. Ireton et J. Bradshaw, traînées sur des claies jusqu'à Tyburn, et étant arrachées de leur cercueil : là, pendues aux différents angles de ce triple arbre (*triple tree*) jusqu'au coucher du soleil ; alors descendues décapitées, et leurs troncs infects jetés dans un trou profond au-dessous de la potence. Leurs têtes furent après cela exposées sur des pieux au sommet de Westminster-Hall. »

Il est donc certain qu'Olivier mort fut déposé à Westminster : il n'y resta pas longtemps. Qu'avait-on à craindre de lui ? Son squelette pouvait-il emporter les têtes des squelettes couronnés, s'emparer de la poussière des rois, usurper leur néant ? Quoi qu'il en soit, le 30 janvier 1661, anniversaire du régicide, les restes du Protecteur pendillèrent au haut d'un gibet.

Cromwell avait visité Stuart dans son cercueil ; il l'avait touché de sa main ; il s'était assuré que le chef était séparé du tronc : Charles II vint en son temps, et appuyé aussi d'une chambre des communes, il rendit aux os du Protecteur la visite faite à ceux de Charles Ier; vengeance malavisée, car, si d'un côté on ne peut empêcher de vivre ce qui est immortel, de l'autre on ne donne pas la mort à la mort.

Les dispendieuses funérailles qui n'ajoutaient rien à la grandeur de l'homme, et qui ne légitimaient pas l'usurpateur, ruinèrent Richard Cromwell; il fut obligé de demander aux communes un bill suspensif des lois, afin de n'être pas arrêté pour les dettes contractées à l'occasion des obsèques de son père. L'Angleterre, qui ne paya pas l'enterrement de celui qu'elle avait reconnu pour maître, s'est chargée depuis des frais d'inhumation d'un simple ministre des finances.

Que devint la famille de Cromwell?

Richard eut un fils et deux filles; le fils ne vécut pas. Henry habita une petite ferme, où Charles II entra un jour par hasard, en revenant de la chasse. Il est possible qu'un héritier direct d'Olivier Cromwell par Henry soit maintenant quelque paysan irlandais inconnu, catholique peut-être, vivant de pommes de terre dans les tourbières d'Ulster, attaquant de nuit les Orangistes, et se débattant contre les lois atroces du Protecteur. Il est possible encore que ce descendant inconnu de Cromwell ait été un Franklin ou un Washington en Amérique.

Lady Claypole mourut sans enfants. Nous savons, par une mauvaise plaisanterie d'un chapelain de Cromwell, que lady Falconbridge fut également privée de postérité. Restent lady Rich, depuis lady John Russel, et lady Ireton, qui épousa en secondes noces le général Fleetwood. Nous trouvons une mistress Cook de Newington en Middlesex, petite-fille du général Fleetwood, qui communiqua une lettre de Cromwell à William Harris, biographe du Protecteur.

La famille de Buonaparte ne se perdra pas comme celle de Cromwell : le perfectionnement de l'administration civile ne permettrait plus cette disparition. D'ailleurs rien ne se ressemble sous ce rapport dans la position et la destinée des deux hommes.

Le Protecteur ne sortit point de son île : les troubles de 1640 commencèrent et finirent dans la Grande-Bretagne. Nos discordes se sont mêlées à celles du monde entier; elles ont bouleversé les nations, renversé les trônes. Ce qui distingue les derniers mouvements politiques de la France de tous les mouvements politiques connus, c'est qu'ils furent à la fois un affranchissement pour nous et un esclavage pour nos voisins, une révolution et une conquête. Demandez aux Arabes de la Libye et de la mer Morte; demandez aux nababs des Indes le nom de Cromwell, ils l'ignorent. Demandez-leur le nom de Napoléon, ils vous le diront comme celui d'Alexandre.

Cromwell immola Charles Ier et prit sa place; Buonaparte, retournant dix siècles en arrière, ne s'empara que de la couronne de Charlemagne ; il fit et défit des rois, mais n'en tua point.

Cromwell prit à femme Élisabeth Bourchier ; il eut pour principal gendre un procureur : tous les enfants d'Élisabeth Bourchier retombèrent dans l'état obscur de leur mère, quand leur père fameux disparut.

Buonaparte épousa la fille des Césars, maria ses sœurs à des souverains qu'il avait créés, et ses frères à des princesses dont il avait protégé la race. Il n'appartint jamais à aucune assemblée législative ; il ne fut jamais, comme Cromwell, un tribun populaire ; moins coupable que lui envers la liberté, puisqu'il avait pris moins d'engagements avec elle, il se crut libre d'écrire son nom avec son épée dans la généalogie des rois : les siècles à venir se sont chargés de fournir ses titres de noblesse.

RICHARD CROMWELL.

De 1658 à 1660.

Richard, devenu protecteur, était un homme commun ; il ne sut que faire de la gloire et des crimes de son père. L'armée, depuis longtemps domptée par son chef, reprit l'empire. L'oncle de Richard, Desborough, son beau-frère Fleetwood, se mirent avec le général Lambert à la tête des officiers, et forcèrent le faible Protecteur de dissoudre le parlement qui seul le soutenait.

Chaque jour amena un nouvel embarras, une nouvelle peine : Richard, qui s'oubliait et qu'on oubliait ; qui détestait le joug militaire et qui n'avait pas la force de le rompre ; qui n'était ni républicain ni royaliste ; qui ne se souciait de rien ; qui laissait les gardes lui dérober son dîner, et l'Angleterre aller toute seule ; Richard abdiqua le protectorat (22 avril 1659).

De tous les soucis du trône, le plus grand pour lui fut de sortir de White-Hall, non qu'il tînt au palais, mais parce qu'il fallait faire un mouvement pour en sortir. Il n'emporta que deux grandes malles remplies des *adresses* et des *congratulations* qu'on lui avait présentées pendant son petit règne : on lui disait dans ces félicitations, à la gloire de tous les hommes puissants et à l'usage de tous les hommes serviles, que Dieu lui *avait donné*, à lui Richard, *l'autorité pour le bonheur des trois royaumes*. Quelques amis lui demandèrent ce que ces malles renfermaient de si précieux : « Le bonheur du bon peuple anglais, » répondit-il en riant. Longtemps après, retiré à la campagne, il s'amusait, après boire, à lire à ses voisins quelques pièces de ces archives de la bassesse humaine et des caprices de la fortune. Cette moquerie philosophique ne le rendait pas un fils digne de son père, mais le consolait. Son frère Henry, lord-lieutenant d'Irlande, projeta de remettre cette île entre les mains du roi; mais quoique plus ferme et plus habile que Richard, il céda au torrent qui emportait sa famille, revint à Londres, et tomba presque aussi obscurément que Richard.

Le conseil des officiers, demeuré maître, rappela, sous la présidence du républicain Lenthal, le *rump* parlement, et, dans le jargon des partis, les principes du *rump* se nommèrent *la vieille bonne cause*. Il ne se trouva qu'une quarantaine de députés à la première réunion, encore fallut-il aller chercher en prison deux de ces législateurs enfermés pour dettes. Cette momie estropiée, arrachée de son tombeau, crut un moment qu'elle était puissante, parce qu'elle se souvenait d'avoir fait juger un roi. A peine ressuscitée, elle attaqua l'autorité militaire qui lui avait rendu la vie; mais le *rump* était sans force, car il était placé entre les royalistes unis aux presbytériens qui voulaient le retour de la monarchie légitime, et les officiers indociles au joug de l'autorité civile.

Le général Lambert, ayant marché contre un parti royaliste qui s'était levé trop tôt, le dispersa. Lâche régicide, courtisan disgracié de Cromwell, Lambert, qui s'était toujours flatté d'hériter d'une puissance trop pesante pour lui, osa tout après sa misérable victoire. Il fit présenter au *rump* une de ces humbles pétitions gonflées de menaces, dont la révolution avait introduit l'usage. Le *rump* s'emporta, destitua Lambert et Desborough, et abolit le généralat. Lambert, selon l'usage de la *bonne vieille cause*, bloqua si étroitement Westminster avec ses satellites, qu'un seul membre du prétendu parlement, Pierre Wentworth, y put entrer. Sur ces entrefaites, Bradshaw, le fameux président de la commission qui jugea Charles, mourut; Monk, qui gouvernait l'Écosse, et qui, sans s'en ouvrir à personne, méditait le rétablissement de la monarchie, entra en Angleterre avec douze mille vieux soldats : il s'avança vers Londres.

Le comité des officiers s'adresse à lui; le parlement, qui ne siégeait plus, le sollicite. Monk se déclare républicain et l'ennemi de Stuart en venant le couronner. Il prend parti contre les officiers pour la cause constitutionnelle, installe le *rump* de nouveau; mais en même temps il y fait rentrer les membres presbytériens, exclus par violence avant la mort de Charles Ier : de ce seul fait résultait le triomphe certain des royalistes. Le long parlement, après avoir ordonné des élections générales, prononça sa dissolution, et mit fin lui-même à sa trop longue existence, dans laquelle se trouvait déjà la lacune des années du protectorat. Le peuple brûla en réjouissance, sur les places publiques, des monceaux de croupions de divers animaux. Quelques vrais républicains, comme Vane et Ludlow, s'enfuirent; d'autres étaient destitués, non par le fait de Monk, mais par les proscriptions dont ils s'étaient frappés les uns les autres. Le régiment d'Haslerig fut donné par Monk à lord Falconbridge, qui, quoique gendre de Cromwell, servit Charles II. Le colonel Hutchinson, dont la femme nous a laissé des Mémoires pleins d'intérêt, se retira en province. Lambert, à la restauration, s'avoua coupable, obtint grâce de la vie, et vécut trente ans relégué dans l'île de Guernesey, sous le double poids du régicide et du mépris.

Le nouveau parlement, divisé, selon l'ancienne forme, en deux chambres, s'assembla le 25 avril 1660 : les communes, sous la présidence d'Harbotele-Green-Stone, ancien membre exclu du long parlement pour avoir dénoncé l'ambition de Cromwell; la chambre des pairs, sous la présidence de lord Manchester, qui jadis avait fait la guerre à Charles Ier.

Un commissaire de Charles II, Grenville, s'était entendu avec Monk. De retour des Pays-Bas, Grenville apporta la déclaration royale de Charles : elle ne promettait rien ; ce n'était pas une charte. Charles ne faisait ni la part aux conquêtes du temps, ni les concessions nécessaires aux mœurs, aux idées, à la possession et aux droits acquis ; dès lors une seconde révolution devenait inévitable, et le prince légataire du trône déshéritait sa famille. On reprocha à Monk de n'avoir obtenu aucune garantie pour la monarchie constitutionnelle : à l'immortel honneur des royalistes, ce fut un royaliste de la chambre des communes qui réclama les libertés de la nation; ce fut sir Mathew Hale, ce juge si intègre et si estimé, que Cromwell l'avait employé malgré le dévouement connu de Hale à ses souverains légitimes. Monk répondit que si on délibérait, il ne répondait pas de la paix de l'Angleterre : « Que craignez-vous? dit-il, le roi n'a ni or pour vous acheter, ni armée pour vous conquérir. »

On n'écouta plus aucune représentation ; on avait soif de repos après de si longs troubles. Des commissaires du parlement allèrent déposer aux pieds du souverain, à Bréda, les vœux et les présents du peuple des trois royaumes. Charles II monta sur un vaisseau de la flotte anglaise à La Haye, et débarqua à Douvres le 26 mai 1660 : il embrassa Monk, qui l'attendait sur le rivage ; et, voyant une foule immense ivre de joie, il dit gracieusement : « Où sont donc mes ennemis? » Monk jouait alors le plus grand rôle : quel petit personnage aujourd'hui que ce Monk, auprès de Cromwell, bien que sa figure en cire à la Curtius soit dans une armoire à Westminster !

Le fils de Charles Ier fit son entrée dans Londres le 29 mai, anniversaire de sa naissance, ce qui parut d'un bon augure. Il accomplissait sa trentième année ; il était jeune, spirituel, affable ; il reparaissait sur une terre où naguère il n'avait trouvé d'abri que dans les branches d'un chêne ; il était roi, il avait été malheureux : on l'adora. Qui l'aurait cru? c'était le peuple de la *bonne vieille cause* qui poussait des cris d'allégresse à cette descente des nains dans l'île des géants !

Les corps politiques commencent les révolutions, les corps politiques les terminent : une assemblée délibérante, souvent même illégale et sans droits réels, a plus de puissance pour rappeler un souverain au trône que ne l'aurait une armée. Sans un arrêt du parlement de la Ligue, qui déclara la couronne de France incommunicable à tout autre prince qu'à un prince français, Henri IV n'aurait jamais régné. Il y a dans la loi une force invincible, et c'est de la loi que les monarques doivent tirer leur vraie puissance.

CHARLES II

De 1660 à 1665.

S'il était possible de supposer que la corruption des mœurs répandue par Charles II en Angleterre fût un calcul de sa politique, il faudrait ranger ce prince au nombre des plus abominables monarques ; mais il est probable qu'il ne suivit que le penchant de ses inclinations et la légèreté de son caractère. Assez souvent les hommes se font un plan de vertu, rarement un système de vice : la faiblesse emprunte un appui pour marcher ferme : elle n'a pas besoin de secours pour l'aider à tomber. Entre son père décapité et son frère qui devait perdre la couronne, Charles ne se sentit jamais bien assuré au pouvoir. Il voulut du moins achever dans les plaisirs une vie commencée dans les souffrances.

Les fêtes de la restauration passées, les illuminations éteintes, vinrent les supplices. Charles s'était déchargé sur le parlement de toute responsabilité de cette nature, et celui-ci n'épargna pas les réactions et les vengeances. Cromwell fut exhumé ; Richard son fils émigra au continent : à la vérité, il fuyait moins devant son roi que devant ses créanciers. Il alla se faire insulter par le prince de Conti, qui, ne le connaissant pas, lui demanda ce qu'était devenu ce *sot et poltron de Richard ?*

Se souvient-on aujourd'hui qu'il exista un Thomas *Cromwell*, comte d'Essex, et qui, favori d'Henri VIII, fut décapité par le bon plaisir du tyran son maître ? Olivier *Cromwell* tue son nom chez les hommes qui le précédèrent, et le fait vivre chez les hommes qui l'ont suivi et le suivront : une grande gloire obscurcit le passé et illumine l'avenir.

Une commission de trente-quatre membres s'assembla, le 9 octobre 1660, à Hichs's-Hall, pour commencer le procès des régicides : vingt et un jurés composaient le grand jury. On remarque dans la liste des juges plusieurs fauteurs de la révolution, entre autres Monk, qui, humble serviteur du régicide Cromwell, était devenu chevalier de la Jarretière et duc d'Albermale. Lorsqu'au tirage de la grande loterie des révolutions, chacun ouvre son billet, il se fait une amère et ironique distribution des dons de la fortune : un homme se couvre d'honneurs et de cordons, un homme monte à l'échafaud ; tous deux ont fait la même chose, ont risqué le même enjeu. Pierre est plongé dans la richesse, c'était un ennemi ; Paul dans la misère, c'était un ami. Celui-ci est récompensé de sa trahison, celui-là puni de sa fidélité.

Le pauvre Harrison, traduit devant ses juges, leur dit : « Plusieurs d'entre vous, mes juges, furent *actifs* avec moi dans les choses qui se sont passées en Angleterre. . . . . . Ce qui a été fait l'a été par l'ordre du parlement, alors la suprême autorité. »

L'excuse était de bonne foi, mais mauvaise. Il suffirait qu'un pouvoir *légal* nous commandât une action injuste, pour que nous fussions obligés de la commettre. La loi morale l'emporte en certains cas sur la loi politique ; autrement on pourrait supposer une société constituée de sorte que le crime y fût le droit commun. Enfin le *rump* n'était pas le *vrai* parlement, le parlement *légal*.

Harrison était un homme simple d'esprit et de cœur, une espèce de fou fanatique de la *cinquième monarchie;* franc républicain, il s'était séparé de Cromwell, oppresseur de la liberté. Ce fut à propos d'Harrison qu'un juge appliqua au peuple anglais le bel apologue de l'enfant devenu muet, qui recouvre la parole en apercevant le meurtrier de son père [1]. Tout criminel qu'il était, Harrison était plus estimable que beaucoup d'autres hommes ; mais il y a des fatalités dans la vie : tel, d'un caractère noble et pur, tombe dans une impardonnable erreur ; chacun le repousse : tel, vil et corrompu par nature, n'a point eu l'occasion de faillir ; chacun le recherche. L'un est condamné au tribunal des hommes ; l'autre au tribunal de Dieu.

On découvrit au procès des juges de Charles Ier, que les deux bourreaux masqués étaient un nommé Walker et un nommé Hulet, tous deux militaires : Hulet était capitaine. *Gardland*, qui occupait le fauteuil dans le *meeting* régicide, fut accusé par un témoin d'avoir craché à la figure du roi ; Axtell, monstre de cruauté, qui tuait, dit le procès, les Irlandais comme *la vermine;* Axtell, anabaptiste et agitateur, fut convaincu d'avoir obligé les soldats de crier *justice*, *exécution!* de les avoir pressés de tirer sur la tribune de lady Fairfax, de leur avoir fait brûler de la poudre au vi-

---

[1] J'ai cité ce passage du procès de Harisson dans le chapitre II des *Réflexions politiques*.

sage de l'auguste prisonnier. Tous ces hommes soutinrent que leur cause était *celle de Dieu*. Thomas Scott montra le plus de fermeté. Il avait déclaré dans le parlement « qu'il ne se repentirait jamais d'avoir jugé le roi, et qu'il voulait que l'on gravât sur sa tombe : *Ci-gît Thomas Scott, qui condamna le feu roi à mort.* » Il ne démentit point ce langage au milieu des plus cruels supplices. La sentence prononcée à tous était ainsi conçue :

« Vous serez traîné sur une claie au lieu de l'exécution ; là pendu, et étant encore en vie, on coupera la corde. Vous serez mutilé (*your privy member to be cut off*); on vous arrachera les entrailles (et vous vivant); elles seront brûlées devant vos yeux. Votre tête sera coupée, vos membres divisés en quatre quartiers. Votre tête et vos membres seront mis à la disposition du roi, et Dieu ait merci de votre âme ! »

De quatre-vingts régicides qui restaient en Angleterre au moment de la restauration, cinquante et un se présentèrent à la proclamation du roi, se reconnurent coupables, et jouirent de l'amnistie ; vingt-neuf furent mis en jugement ; dix soutinrent qu'ils n'étaient pas criminels, et volèrent martyrs au supplice. Le prédicant Hugh Peters partagea leur sort. John Jones, à la potence, déclara le roi innocent de sa mort ; Charles II ne faisait, selon la conscience de Jones, que remplir les devoirs d'un bon fils envers un père.

C'est ainsi que des exhumations et des exécutions ouvrirent un règne que des échafauds devaient clore. Vingt-deux années de débauche passèrent sous des fourches patibulaires ; dernières années de joie à la façon des Stuarts, et qui avaient l'air d'une orgie funèbre.

Dans les premiers jours de la restauration, on chercha comment on pourrait jamais être assez esclave pour expier le crime d'indépendance : c'était une émulation domestique qui débarrassait le maître des actes de rigueur ; le clergé et le parlement se chargeaient de tout. Les communes passèrent un acte afin d'établir ou de rétablir la doctrine de l'obéissance passive. Le bill des convocations triennales fut aboli : une espèce de long parlement royal dura dix-sept années pour la corruption, l'impiété et la servitude, comme le long parlement républicain en avait existé vingt pour le rigorisme, le fanatisme et la liberté. Tout prit le caractère d'une monarchie absolue dans une monarchie représentative : on copia la cour de Louis XIV sans en avoir la grandeur ; on cabala pour être ministre ; il y eut des influences de maîtresse à Windsor comme à Versailles ; les intérêts publics étaient traités comme des intérêts privés ; ce ne furent plus les révolutions, mais les intrigues qui élevèrent les échafauds.

La peste et un vaste incendie ne troublèrent point la vie voluptueuse de Charles. A l'instigation de la France et par les séductions d'Henriette, duchesse d'Orléans, il fit la guerre à la Hollande, dans l'unique but de détourner au profit de ses plaisirs les subsides du parlement.

Les malheureux *cavaliers*, ces royalistes qui avaient tout sacrifié à la cause des Stuarts, oubliés maintenant, languissaient dans la misère ; les *têtes rondes* jouissaient des biens et des honneurs qu'ils avaient acquis, en s'armant contre la famille légitime. Waller, conspirateur poltron sous le long parlement, poëte adulateur de l'usurpation heureuse, faisait les délices de la légitimité restaurée, tandis que le fidèle et courageux Butler mourait de faim. Charles savait pourtant par cœur et se plaisait à répéter les vers d'*Hudibras*. Cette satire pleine de verve contre les personnages de la révolution charmait une cour où brillaient la débauche de Rochester et la grâce de Grammont : le ridicule était une espèce de vengeance tout à fait à l'usage des courtisans. Au surplus les républiques sont-elles plus reconnaissantes que les monarchies ? Charles II a-t-il oublié ses amis plus que ne l'ont fait les autres rois ? Il y a des infirmités qui appartiennent aux couronnes, quels que soient d'ailleurs les qualités et les défauts des hommes couronnés. « Entrez dans la basse cour du château (de Henri IV), » dit l'ingénieuse duchesse de Rohan dans son apologie ironique, « vous oyrez des officiers crier : *Il y a vingt-cinq et trente ans que je fais service au roi sans pouvoir estre payé de mes gages : en voilà un qui lui faisoit la guerre il n'y a que trois jours, qui vient de recevoir une telle gratification.* Montez les degrés, entrez jusque dans son antichambre, vous oyrez les gentilshommes qui diront : *Quelle espérance y a-t-il à servir ce prince ? j'ai mis ma vie tant de fois pour son service, j'ai esté blessé, j'ai esté prisonnier, j'y ai perdu mon fils, mon frère ou mon parent ; au partir de là il ne me connoît plus, il me rabroue si je lui demande la moindre récompense....* Tout beau, Messieurs, aurez-vous tantost tout dit ? Écoutez-moi un peu à mon tour ; sachez que ce prince est doué de vertus surnaturelles ; il dit en bon langage : *Mes amis, offensez-moi, je vous aimerai ; servez-moi, je vous haïrai...* O valeureux prince, et généreux courage, qui ne se rend qu'aux généreux, qui ne se laisse forcer que par la seule force ! »

Quelques souvenirs, quelques ambitions privées, quelques rêveries particulières à des esprits faux qui s'imaginaient pouvoir faire revivre le passé, fermentèrent dans un coin, sous la protection de Jacques, alors duc d'York et catholique de religion. Ces ambitions, ces rêveries, ces souvenirs pris mal à propos pour une opinion possible ou applicable, donnèrent à la nation la crainte d'un règne opposé au culte établi et à la liberté des peuples. La correspondance diplomatique nous apprend le rôle odieux que joua Louis XIV alors, et la funeste influence qu'il exerça sur la destinée de Charles et de Jacques : en même temps qu'il encourageait le souverain à l'arbitraire, il poussait les sujets à l'indépendance, dans la petite vue de tout brouiller et de rendre l'Angleterre impuissante au dehors. Les ministres de Charles et les membres les plus remarquables de l'opposition du parlement étaient pensionnaires du grand roi.

L'église épiscopale se mêlait de toutes les transactions : proscrite durant les derniers troubles par des fanatiques, l'intérêt et la vengeance l'avaient rendue à son tour fanatique. Infecté de cet esprit de réaction, le parlement voulait l'uniformité du culte, et persécutait également catholiques et presbytériens, bien qu'un bon nombre des membres de ce parlement n'eût aucune croyance. Sous le règne de Charles Ier, la politique n'avait été que l'instrument de la religion ; sous le règne de Charles II, la religion ne fut que l'instrument de la politique. Les principes avaient changé de place, et par la manière dont ils s'étaient coordonnés, ils conduisaient plus directement à la liberté civile, tout en opprimant la liberté de conscience. Les indépendants avaient disparu : la cour était déiste ou athée.

En 1673, le parlement passa l'acte du test ; précaution prise dans l'avenir contre le duc d'York, comme papiste. Effet miraculeux, et toutefois naturel de la marche des siècles ! ce fameux acte, qui servit à précipiter les Stuarts et qui devint la sauvegarde d'une nouvelle dynastie, s'abolit au moment même où je trace ces mots. L'abolition n'est pas encore pleine et entière, mais elle ne peut tarder à le devenir. Si la race des Stuarts n'était pas éteinte, elle ne trouverait plus dans sa religion d'obstacle à remonter sur le trône : en trouverait-elle dans sa politique ? Tout est là aujourd'hui pour les peuples et pour les rois.

Une prétendue conspiration découverte par l'infâme Titus Oates compromit la reine, dont le parlement alla jusqu'à demander l'exil, et envoya au gibet quelques jésuites. Shaftesbury, flatteur de Cromwell et instrument de la restauration ; homme d'un esprit, d'un caractère et d'un talent assez semblables à ceux du cardinal de Retz ; Shaftesbury, père d'un fils célèbre, passait d'une intrigue à l'autre. Un bill, ouvrage de son antipathie plus que de sa conviction, fut présenté à la chambre des communes pour exclure le duc d'York de la succession à la couronne ; la chambre des pairs repoussa le bill. Les communes s'indignèrent ; Charles casse le parlement, en convoque un autre à Oxford : celui-ci, plus séditieux que l'autre, représente le bill rejeté. Charles brise de nouveau le parlement, dépouille Londres et quelques villes municipales de leurs chartes, règne jusqu'à sa mort en maître, et, par les conseils de son frère, devient cruel et persécuteur.

De là les conspirations opposées et mal conçues de Monmouth, bâtard de Charles, des lords Shaftesbury, Essex, Grey, Russel, de Sidney, et d'Hampden, petit-fils du fameux parlementaire. Ces trois derniers sont célèbres : lord Russel est la seule victime de ces temps qui ait mérité l'estime complète de la postérité. Hampden fut misérable dans le procès ; il eut de moins ce que son aïeul avait de trop. Quant au républicain Sidney, il recevait de l'argent de Louis XIV : il s'était arrangé de manière à vivre à son aise par le despotisme, et à mourir noblement pour la liberté.

L'inquiétude croissante du règne futur, les prétentions de Marie, fille du duc d'York et femme du prince d'Orange, la profonde et froide ambition de ce gendre de Jacques, autour duquel les mécontents de tous les partis commençaient à se rallier, empoisonnèrent les derniers jours d'une cour frivole. Charles mourut subitement le 16 novembre 1685 d'une apoplexie, suite assez commune de la débauche, dans le passage de l'âge mûr à la vieillesse. Les plaisirs de ce prince lui rendirent un dernier service ; ils l'enlevèrent à une nouvelle révolution, ou plutôt au dernier acte de la révolution, puisque les Stuarts n'avaient pas voulu jouer eux-mêmes ce dernier acte, et prendre à leur profit ce que Guillaume sut recueillir. Les uns ont cru que Charles II avait été empoisonné ; il est plus certain qu'il mourut catholique, si toutefois il était quelque chose en religion.

Ce fils de Charles Ier fut un de ces hommes légers, spirituels, insouciants, égoïstes, sans attachement de cœur, sans conviction d'esprit, qui se placent quelquefois entre deux périodes historiques pour finir l'une et commencer l'autre, pour amortir les ressentiments, sans être assez forts pour étouffer les principes ; un de ces princes dont le règne sert comme de passage ou de transition aux grands changements d'institutions, de mœurs et d'idées chez les peuples ; un de ces princes tout exprès créés pour remplir les espaces vides qui, dans l'ordre politique, séparent souvent la cause de l'effet.

L'intelligence humaine avait marché en raison des progrès de la science sociale. La poésie brilla du plus vif éclat. C'est l'époque de Milton, de Waller, de Dryden, de Butler, de Cowley, d'Otway, de Davenant, les uns admirateurs, les autres dépréciateurs du génie de Cromwell, et tous plus ou moins soumis à Charles. « Nourrie dans les factions, exercée par tous les fanatismes de la religion, de la liberté et de la poésie, cette âme orageuse et sublime (Milton), en perdant le spectacle du monde, devait un jour retrouver dans ses souvenirs le modèle des passions de l'enfer, et produire du fond de sa rêverie, que la réalité n'interrompait plus, deux créations également idéales, également inattendues dans ce siècle farouche, la félicité du ciel et l'innocence de la terre. » Nous empruntons cette peinture admirable à l'*Histoire de Cromwell* de M. Villemain.

Tillotson, Burnet, Shaftesbury, Hobbes, Locke et Newton avaient paru ou commençaient à paraître : les sciences, selon les temps, sont filles ou mères de la liberté.

JACQUES II.

De 1685 à 1688.

Quand les révolutions doivent s'accomplir, on voit naître ou se maintenir aux affaires les hommes qui, par leurs vertus ou leurs crimes, leur force ou leur faiblesse, conduisent ces révolutions à leur terme; on voit en même temps mourir ou s'éloigner les hommes qui pourraient arrêter la marche des événements. Charles Ier n'était que le troisième fils de Jacques Ier; si ses frères aînés avaient vécu, il ne serait pas arrivé à la couronne, son père dévot le destinait à l'Église; il se serait assis paisiblement sur le trône archiépiscopal de Cantorbéry, au lieu de monter à l'échafaud. Toute la série des événements eût été changée par l'influence personnelle des monarques qui auraient régné au lieu de Charles Ier et de ses deux fils; les Stuarts gouverneraient peut-être encore la Grande-Bretagne.

Jacques II, homme dur et faible, entêté et fanatique, n'avait pas, lorsqu'il prit en main les rênes des trois royaumes, la moindre idée de la révolution accomplie dans les esprits; il était resté en arrière de ses contemporains de plus d'un siècle. Il voulut tenter en faveur de l'Église romaine ce que son père n'avait pas pu même exécuter pour l'épiscopat : il se croyait le maître d'opérer un changement dans la religion de l'État aussi facilement que Henri VIII; mais le peuple anglais n'était plus le peuple des Tudors, et quand Jacques eût distribué à ses sujets tous les biens du clergé anglican, il n'aurait pas fait un seul catholique. Son plus grand tort fut de jurer, en parvenant à la couronne, ce qu'il n'avait pas l'intention de tenir : la foi gardée n'a pas toujours sauvé les empires; la foi mentie les a souvent perdus.

Jacques eut tout d'abord le cœur enflé par la folle rébellion du duc de Monmouth, si facilement réprimée. Monmouth, battu à Segmore, découvert après le combat dans des broussailles, conduit à Londres, présenté à Jacques, ne put sauver sa vie par les humbles soumissions que Jacques exilé a complaisamment racontées, croyant excuser sa faiblesse en divulguant celle des autres. La certitude de la mort rendit à Monmouth le courage; il se montra brave et léger comme Charles II son père; il avait toutes les grâces de la courtisane sa mère : il joua avec la hache dont il fallut cinq coups pour abattre sa belle tête. On a voulu faire de Monmouth le *Masque de fer :* c'est toujours du roman.

Jacques, naturellement cruel, trouva un bourreau : Jeffries avait commencé ses œuvres vers la fin du règne de Charles II, dans le procès où

Russel et Sidney perdirent la vie. Cet homme qui, à la suite de l'invasion de Monmouth, fit exécuter dans l'ouest de l'Angleterre plus de deux cent cinquante personnes, ne manquait pas d'un certain esprit de justice : une vertu qu'on n'aperçoit pas dans un homme de bien se fait remarquer quand elle est placée au milieu des vices.

Emporté par son zèle religieux, le monarque n'écoutait que les conseils de son confesseur, le jésuite Peters, qu'il avait entrepris de faire cardinal. Missionnaire dans sa propre cour, Jacques avait converti son ministre Sunderland, qui n'était pas plus fidèle à son nouveau dieu qu'il ne l'était à son roi. Le nonce du pape fit une entrée publique à Windsor, en habits pontificaux : ces choses qui, dans l'esprit tolérant ou indifférent de ce siècle, seraient fort innocentes aujourd'hui, étaient alors criminelles aux yeux d'un peuple instruit à regarder la communion romaine comme ennemie des libertés publiques.

Le roi, ne pouvant parvenir directement à son but, voulut l'atteindre par une voie oblique; il se fit le protecteur des quakers, et demanda la liberté de conscience pour tous ses sujets : Cromwell avait aussi recherché cette liberté, mais pour se défendre, et non pour attaquer, comme Jacques. Le roi intrigua sans succès, afin d'obtenir une majorité sur ce point dans le parlement. Ayant échoué, il publia de sa propre autorité une déclaration de liberté de conscience. Sept évêques refusèrent de la lire dans leurs églises : conduits à la Tour, puis acquittés par un jugement, leur captivité et leur élargissement devinrent un triomphe populaire. Jacques avait formé un camp qu'il exerçait à quelques milles de Londres ; il ne trouva pas les soldats plus disposés à admettre la liberté de conscience que les évêques.

Ainsi ce fut par un acte juste et généreux en principe que Jacques acheva de mécontenter la nation. On trouve aisément la double raison de cette sorte d'iniquité des faits : d'un côté il y avait fanatisme protestant; de l'autre, on sentait que la tolérance royale n'était pas sincère, et qu'elle ne demandait une liberté particulière que pour détruire la liberté générale.

Il est difficile de s'expliquer la conduite du roi. Sous le règne même de son frère, il avait vu proposer un bill d'incapacité à la possession de la couronne, incapacité fondée sur la profession de toute religion qui ne serait pas la religion de l'État : ces dispositions hostiles pouvaient sans doute avoir irrité secrètement Jacques le catholique ; mais aussi comment ne comprit-il pas que pour conserver la couronne chez un pareil peuple, il ne le fallait pas frapper à l'endroit sensible? Loin de là, au lieu de se modérer en parvenant au souverain pouvoir, Jacques abonda dans les mesures propres à le perdre.

La Hollande était depuis longtemps le foyer des intrigues des divers partis anglais : les émissaires de ces partis s'y rassemblaient sous la protection de Marie, fille aînée de Jacques, femme du prince d'Orange, homme qui n'inspire aucune admiration, et qui pourtant a fait des choses admirables. Souvent averti par Louis XIV, Jacques ne voulait rien croire : il lui fallut pourtant se rendre à l'évidence ; une dépêche du marquis d'Abbeville, ambassadeur de la Grande-Bretagne à La Haye, déroula à ses yeux tout le plan d'invasion. Abbeville tenait ses renseignements du grand pensionnaire Fagel ; le comte d'Avaux avait su beaucoup plus tôt toute l'affaire. Une flotte était équipée au Texel ; elle devait agir contre l'Angleterre, où le prince d'Orange se disait appelé par la noblesse et le clergé.

Louis XIV, dont la politique avait été désastreuse et misérable jusqu'au dénoûment, retrouva sa grandeur à la catastrophe ; il fit des offres magnanimes, et les aurait tenues ; mais il commit en même temps une faute irréparable : au lieu d'attaquer les Pays-Bas, ce qui eût arrêté le prince d'Orange, il porta la guerre ailleurs. La flotte mit à la voile ; Guillaume débarqua avec treize mille hommes à Broxholme, dans Torbay.

A son grand étonnement, il n'y trouva personne : il attendit dix jours en vain. Que fit Jacques pendant ces dix jours? Rien. Il avait une armée de vingt mille hommes, qui se fût battue d'abord, et il ne prit aucune résolution. Sunderland, son ministre, le vendait ; le prince Georges de Danemark, son gendre, et Anne, sa fille favorite, l'abandonnaient, de même que sa fille Marie et son autre gendre Guillaume. La solitude commençait à croître autour du monarque qui s'était isolé de l'opinion nationale : il demanda des conseils au comte de Bedford, père de lord Russel, décapité sous le règne précédent à la poursuite de Jacques. « J'avais un fils, répondit le vieillard, qui aurait pu vous secourir. »

Jacques ne montra de fermeté dans ce moment critique que pour sa religion : elle avait dérobé à son profit le courage naturel du prince. Jacques rappela, il est vrai, les mesures favorables aux catholiques, et toutefois, bravant l'animadversion publique, il fit baptiser son fils dans la communion romaine : le pape fut déclaré parrain de ce jeune roi, qui ne devait point porter la couronne. La conscience était la vertu de ce Jacques II, mais il ne l'appliquait qu'à un seul objet : cette vive lumière devenait pour lui des ténèbres lorsqu'elle frappait autre chose qu'un autel.

Le prince d'Orange avançait lentement vers Londres, où la seule présence de Jacques combattait l'usurpateur. Peu à peu la défection se mit dans l'armée anglaise. Le *Lilli-Ballero*, espèce d'hymne révolutionnaire, fut chanté parmi les déserteurs. « Qu'on leur donne des passe-ports en mon nom, dit Jacques, pour aller trouver le prince d'Orange ; je leur épargnerai la honte de me trahir. »

Cependant le roi prenait la plus fatale des résolutions, celle de quitter Londres. Il fit partir d'abord la reine et son jeune fils, qu'accompagnait

Lauzun, favori de la fortune, comme ses suppliants en étaient le jouet. Jacques lui-même s'embarqua sur la Tamise, y jeta le sceau de l'État ou plutôt sa couronne, que le flot ne lui rapporta jamais. Arrêté par hasard à Feversham, il revint à Londres, où le peuple le salua des plus vives acclamations : cette inconstance populaire pensa renverser l'œuvre de la patiente et coupable ambition du prince d'Orange. Ce duc d'York, si brave dans sa jeunesse sous les drapeaux de Turenne et de Condé ; si vaillant et si habile amiral sur les flottes de son frère Charles II ; ce duc d'York ne retrouvait plus comme roi son ancien courage : il ne s'agissait cependant pour lui que de rester et de regarder en face son gendre et sa fille. Guillaume lui fit ordonner de se retirer au château de Ham : le monarque, au lieu de s'indigner contre cet ordre, sollicita humblement la permission de se rendre à Rochester. Le prince d'Orange devina aisément que son beau-père, en se rapprochant de la mer, avait l'intention de s'échapper du royaume ; or c'était tout ce que désirait l'usurpateur : il s'empressa d'accorder la permission : Jacques gagna furtivement le rivage, monta sur un vaisseau qui l'attendait et que personne ne voulait prendre.

L'austère catholique qui sacrifiait un royaume à sa foi était suivi de son fils naturel, le duc de Berwick, qu'il avait eu d'Arabelle Churchill, sœur du duc de Marlborough. Marlborough devait sa fortune à Jacques ; il déserta son bienfaiteur et son maître infortuné pour se donner à un coupable heureux. Berwick et Marlborough, l'un bâtard et l'autre traître, devaient devenir deux capitaines célèbres : Marlborough ébranla l'empire de Louis XIV ; Berwick assura l'Espagne au petit-fils de ce grand roi, et ne put rendre l'Angleterre à son père, Jacques II. Berwick eut la gloire de mourir d'un coup de canon à Philipsbourg pour la France (12 juin 1734), et d'avoir mérité les éloges de Montesquieu.

Jacques aborda les champs de l'éternel exil, le 2 janvier 1689 (nouveau style), mois funeste. Il débarqua à Ambleteuse, en Picardie. Il n'avait fallu que quatre ans au dernier fils de Charles Ier pour perdre un royaume.

Une assemblée nationale convoquée à Westminster, sous le nom de *convention*, déclara, le 23 février 1689, que Jacques, second du nom, en quittant l'Angleterre, avait abdiqué ; que son fils, le prince de Galles, était un enfant supposé (impudent mensonge) ; que Marie, fille de Jacques, princesse d'Orange, était de droit l'héritière du trône délaissé : l'usurpation s'établit sur une fiction de légitimité.

Le prince d'Orange et sa femme Marie acceptèrent la succession royale non vacante à des conditions qui devinrent la constitution écrite de la Grande-Bretagne : tel fut le dernier acte et le dénoûment de la révolution de 1640 ; ainsi furent posées, après des siècles de discordes, les limites qui séparent aujourd'hui en Angleterre le juste pouvoir de la couronne, les libertés légales du peuple.

Au reste ni Jacques, ni les Anglais n'eurent aucune dignité dans cet événement mémorable : ils laissèrent tout faire à Guillaume avec une faible armée de treize mille hommes, où l'on comptait douze ou quatorze cents soldats et officiers français protestants : ceux-ci, chassés de France par la révocation de l'édit de Nantes, allèrent détrôner en Angleterre un prince catholique, allié de Louis XIV; ainsi s'enchaînent les choses humaines. Ce fut une garde hollandaise qui fit la police à Londres et qui releva les postes de White-Hall. Les historiens de la Grande-Bretagne appellent la révolution de 1688 la *glorieuse* révolution; ils se devraient contenter de l'appeler la révolution *utile* : les faits en laissent les profits, mais en refusent la gloire à l'Angleterre. Le plus léger degré de fermeté dans le roi Jacques aurait suffi pour arrêter le prince Guillaume ; presque personne dans le premier moment ne se déclara en sa faveur.

Au surplus, cette révolution, qui aurait pu être retardée, n'en était pas moins inévitable, parce qu'elle était opérée dans l'esprit de la nation. Si Jacques parut frappé de vertige au moment décisif; si pendant son règne on ne le vit occupé qu'à se créer une place de sûreté en Angleterre, ou un moyen de fuite en France; s'il se laissa trahir de toutes parts; s'il ne profita ni des avis ni des offres de Louis XIV, c'est qu'il avait la conscience que ses destins étaient accomplis. La liberté méconnue sous Jacques Ier, ensanglantée avec Charles Ier, déshonorée sous Charles II, attaquée sous Jacques II, avait pourtant été conservée dans les formes constitutionnelles, et ces formes la transmirent à la nation qui continua de féconder le sol natal après l'expulsion des Stuarts.

Ces princes ne purent jamais pardonner au peuple anglais les maux qu'il leur avait fait endurer; le peuple anglais ne put jamais oublier que ces princes avaient essayé de lui ravir ses droits : il y avait de part et d'autre trop de justes ressentiments et trop d'offenses. Toute confiance réciproque étant détruite, on se regarda en silence pendant quelques années. Les générations qui avaient souffert ensemble, également fatiguées, consentirent à achever leurs jours ensemble ; mais les générations nouvelles, qui ne sentaient pas cette lassitude; qui, ne nourrissant plus d'inimitiés, n'avaient pas besoin d'entrer dans les compromis du malheur; ces générations revendiquèrent les fruits du sang et des larmes de leurs pères : il fallait dire adieu aux choses du passé. Il ne restait dans les deux partis, à la révolution de 1688, que quelques témoins de la catastrophe de 1649 : Jacques lui-même, qui allait mourir dans l'exil, et le vieux régicide Ludlow, qui revint de l'exil pour jouir du plaisir de voir chasser un roi dont il avait condamné le père. Ludlow se trouva d'ailleurs tout aussi étranger dans Londres avec ses principes républicains, que Jacques avec ses maximes du pouvoir absolu.

Mais nous nous trompons dans ce récit : un autre personnage assista encore à l'avénement de Guillaume. Le nommé Clark, du comté d'Erford, avait eu un procès avec ses filles. Après la mort de son fils unique, il vint plaider à Londres ; il lui prit envie d'assister à une séance de la chambre haute. Un homme lui demanda s'il avait jamais rien vu de semblable. « Non pas, répondit Clark, depuis que j'ai cessé de m'asseoir dans ce fauteuil. » Il montrait le trône : c'était Richard Cromwell.

Les Stuarts auraient-ils pu régner après la restauration? Très-facilement, en faisant ce que fit Guillaume en Angleterre, ce qu'a fait Louis XVIII en France, en donnant une charte, en acceptant de la révolution ce qu'elle avait de bon, d'invincible, ce qui était accompli dans les esprits et dans le siècle, ce qui était terminé dans les mœurs, ce qu'on ne pouvait essayer de détruire, sans remonter violemment les âges, sans imprimer à la société un mouvement rétrograde, sans bouleverser de nouveau la nation. Les révolutions qui arrivent chez les peuples dans le sens naturel, c'est-à-dire dans le sens de la marche progressive du temps, peuvent être terribles, mais elles sont durables ; celles que l'on tente en sens contraire, c'est-à-dire en rebroussant le cours des choses, ne sont pas moins sanglantes ; mais, fléau d'un moment, elles ne fondent, elles ne créent rien ; tout au plus elles peuvent exterminer.

Les Stuarts ont passé, les Bourbons resteront, parce qu'en nous rapportant leur gloire, ils ont adopté les libertés récentes, douloureusement enfantées par nos malheurs. Charles II débarqua à Douvres les mains vides; il n'avait dans ses bagages que des vengeances et le pouvoir absolu : Louis XVIII s'est présenté à Calais, tenant d'une main l'ancienne loi, de l'autre la loi nouvelle avec l'oubli des injures et le pouvoir constitutionnel : il était à la fois Charles II et Guillaume III ; la légitimité déshéritait l'usurpation. Le loyal Charles X, imitant son auguste frère, n'a voulu ni changer le culte national, ni détruire ce qu'il avait juré de maintenir. Alors le drame de la révolution s'est terminé ; la France entière s'est reposée avec joie, amour et reconnaissance, sous la protection de ses anciens monarques. Tout a été renversé par la tempête autour du trône de saint Louis, et ce trône est demeuré debout : il s'élève au cœur de la France comme ces antiques et vénérables ouvrages de la patrie, comme ces vieux monuments des siècles qui dominent les édifices modernes, et au pied desquels vient se jouer la jeune postérité.

Retournons au roi Jacques : que devint-il ? « Le lendemain, jour que le roi d'Angleterre arrivait, le roi l'alla attendre à Saint-Germain dans l'appartement de la reine. Sa Majesté y fut une demi-heure ou trois quarts d'heure avant qu'il arrivât : comme il était dans la garenne, on le vint dire à Sa Majesté, et puis on vint avertir quand il arriva dans le château. Pour lors Sa Majesté quitta la reine d'Angleterre, et alla à la porte de la salle des gardes au-devant de lui. Les deux rois s'embrassèrent fort tendrement, avec cette différence que celui d'Angleterre, y conservant l'humilité d'une personne malheureuse, se baissa presque aux genoux du roi. Après cette première embrassade, au milieu de la salle des gardes, ils se reprirent encore d'amitié; et puis, se tenant la main serrée, le roi le conduisit à la reine, qui était dans son lit. Le roi d'Angleterre n'embrassa point sa femme, apparemment par respect.

« Quand la conversation eut duré un quart d'heure, le roi mena le roi d'Angleterre à l'appartement du prince de Galles. La figure du roi d'Angleterre n'avait pas imposé aux courtisans : ses discours firent encore moins d'effet que sa figure. Il conta au roi dans la chambre du prince de Galles, où il y avait quelques courtisans, le plus gros des choses qui lui étaient arrivées, et il les conta si mal, que les courtisans ne voulurent point se souvenir qu'il était Anglais, que par conséquent il parlait fort mal français, outre qu'il bégayait un peu, qu'il était fatigué, et qu'il n'est pas extraordinaire qu'un malheur aussi considérable que celui où il était diminuât une éloquence beaucoup plus parfaite que la sienne. »

Louis XIV donna une flotte au roi Jacques, et l'envoya en Irlande. Il perdit la bataille de la Boyne (juin 1690), et revint à Saint-Germain. Un parti assez nombreux voulait le rappeler au trône; il négociait, et brouillait tout par ses prétentions. Bossuet se montrait moins exigeant que lui; il soutenait qu'un roi catholique pouvait tolérer la prééminence de la religion protestante dans ses États : toutefois Bossuet laisse apercevoir, en avançant ce principe, une arrière-pensée peu digne de son génie et de sa vertu.

Jacques vit du cap de La Hogue la destruction de la seconde flotte qui le devait porter une seconde fois dans les trois royaumes. « Ma mauvaise étoile, écrivait-il à Louis XIV, a fait sentir son influence sur les armes de Votre Majesté, toujours victorieuses jusqu'à ce qu'elles aient combattu pour moi ; je vous supplie donc de ne plus prendre intérêt à un prince aussi malheureux. »

Louis XIV sentit la valeur de ces paroles, et son intérêt redoubla pour son auguste client : il arma encore en 1696 au soutien du parti jacobite. Jacques se refusa à tout complot d'assassinat sur Guillaume ; il ne voulut point non plus monter sur le trône de Pologne que son hôte royal se chargeait de lui faire obtenir. A l'époque du traité de Ryswik, Louis XIV, qui allait être forcé de reconnaître Guillaume pour roi d'Angleterre, proposa à Guillaume de reconnaître à son tour le jeune fils de Jacques pour héritier de lui Guillaume. Le prince d'Orange, qui n'avait point d'enfants, y consentait; Jacques s'y refusa. « Je me résigne à l'usurpation du prince d'Orange, dit-il, mais mon fils ne peut tenir la couronne que de moi; l'usurpation ne saurait lui donner un titre légitime. » Il y a dans tout cela de la grandeur et une sorte de politique négative magnanime. Jacques détrôné et n'étant plus qu'un simple chrétien cessait d'être un homme vulgaire. N'être frappé que des dévotions de ce prince avec les jésuites, c'est prendre la moquerie pour l'histoire.

Jacques eut la consolation et la douleur de voir quelquefois dans sa retraite les sujets fidèles à sa mauvaise fortune. « Ils se formèrent en une compagnie de soldats au service de France, dit Dalrymple; ils furent passés en revue par le roi (Jacques) à Saint-Germain-en-Laye. Le roi salua le corps par une inclination et le chapeau bas : il revint, s'inclina de nouveau et fondit en larmes. Ils se mirent à genoux, baissèrent la tête contre terre; puis se relevant tous à la fois, ils lui firent le salut militaire.... Ils étaient toujours les premiers dans une bataille et les derniers dans la retraite. Ils manquèrent souvent des choses les plus nécessaires à la vie; cependant on ne les entendit jamais se plaindre, si ce n'est des souffrances de celui qu'ils regardaient comme leur souverain. »

Il y a un fait assez peu connu : Marie Stuart avait désiré que la compagnie écossaise au service de France fût commandée par un des fils des rois d'Écosse; on trouve en effet que Charles Ier et Jacques II furent tour à tour capitaines de cette compagnie. Les jacobites, qui prirent plusieurs fois les armes ou pour Jacques ou pour le prétendant son fils, marquèrent d'un caractère touchant une vieille société expirante. Guillaume avait chassé Jacques de l'Angleterre au refrain d'une chanson révolutionnaire : on croit que le fameux *God save the king*, dont l'air est d'origine française, est un hymne religieux entonné par les jacobites en marchant au combat. La loyauté, la légitimité et la religion catholique de la vieille Angleterre, ont légué une chanson à la liberté, à l'usurpation et à la communion protestante de l'Angleterre nouvelle.

Afin de punir les montagnards écossais qui se soulevèrent dans la suite pour le fils de leur ancien maître, le gouvernement anglais ne vit pas de moyen plus sûr que de les obliger à quitter le vêtement et les usages de leurs pères : leur petit jupon et leur musette. En les dépouillant de leur ancien habit, on espéra leur enlever leur antique vertu.

Jacques passa le reste de son exil à écrire les Mémoires de sa vie : la piété lui tenait lieu de puissance; retiré dans sa conscience, empire dont il ne pouvait être chassé, ses souvenirs le faisaient vivre dans le passé; sa religion, dans l'avenir. Il avait écrit de sa propre main cette courte prière :

« Je vous remercie, ô mon Dieu! de m'avoir ôté trois royaumes, si c'était pour me rendre meilleur. »

Il mourut en paix à Saint-Germain le 16 septembre 1701.

Le prince de Galles son fils, qui porta quelque temps le nom de Jacques III, et qui quitta ce monde le 2 janvier 1766 (toujours ce mois de janvier), eut deux fils : Charles-Édouard, le prétendant, et Henri-Benoît, cardinal d'York. Le prince Édouard avait du héros, mais il n'était plus dans ce siècle des Richard Cœur de Lion, où un seul chevalier conquérait un royaume. Le prétendant aborda en Écosse au mois d'août 1745 : un lambeau de taffetas apporté de France lui servit de drapeau ; il rassembla sous ce drapeau dix mille montagnards, s'empara d'Édimbourg, passa sur le ventre de quatre mille Anglais à Preston, et s'avança jusqu'à quatorze lieues de Londres. S'il eût pris la résolution d'y marcher, on ne peut dire ce qui serait arrivé.

Obligé de faire un mouvement rétrograde devant le duc de Cumberland, le prétendant gagna néanmoins la bataille de Falkirk, mais il essuya une défaite complète à Culloden. Errant dans les bois, couvert de haillons, exténué de fatigue, mourant de faim, le souverain de droit de trois royaumes vit se renouveler en lui les aventures de son oncle, Charles second : mais il n'y eut point de restauration pour Édouard, et il ne laissa à ses amis que des échafauds.

Revenu en France, il en fut chassé par le traité d'Aix-la-Chapelle (1748). Arrêté au spectacle, conduit à Vincennes presque enchaîné, il se retira d'abord à Bouillon, ensuite à Rome : Louis XIV ne régnait plus. Le pape Grégoire le Grand renvoyait comme missionnaires dans l'île des Bretons de jeunes esclaves bretons baptisés ; douze siècles après, la Grande-Bretagne renvoyait à son tour aux souverains pontifes des rois bretons confesseurs de la foi.

L'illustre banni s'attacha à une princesse dont Alfieri a continué la généreuse renommée. Édouard éprouva ce qu'éprouvent les grands dans l'adversité : on l'abandonna. Il avait pour lui son bon droit ; mais le malheur prescrit contre la légitimité. Les petits-fils de Louis XV devaient errer en Europe comme le prétendant ; ils devaient lire cet ordre sur des poteaux en Allemagne : « Il est défendu à tous mendiants, vagabonds et *émigrés* de s'arrêter ici plus de vingt-quatre heures. »

Édouard ne pardonna jamais au gouvernement français sa lâcheté. Vers la fin de sa vie il s'abandonna à la passion du vin, passion ignoble, mais avec laquelle du moins il rendait aux hommes oubli pour oubli. Il mourut à Florence le 31 janvier 1788 (toujours ce mois de janvier), un peu plus d'un an avant le commencement de la révolution française. Nous avons vu nous-même mourir son frère, le cardinal d'York, le dernier des Stuarts, dans la capitale du monde chrétien. Les deux frères ont un mausolée commun : Rome leur devait bien une place dans la poussière de ses grandeurs évanouies.

Quand la maison de Marie d'Écosse a failli, le cercueil de l'exilé de 1688 a été retrouvé en France presque au moment où l'on retrouvait en Angleterre le cercueil de la victime de 1649. Si l'on eût dit à Louis XIV : « En moins d'un siècle, votre dépouille mortelle aura disparu ; celle du prince votre royal hôte sera tout ce qui restera de vous dans le palais où vous l'avez reçu,... » qu'aurait pensé Louis le Grand ?

Par la volonté de Dieu, les cendres d'un monarque étranger réclament vainement aujourd'hui au milieu de nous les cendres des rois de la patrie. La vieille abbaye de Dagobert a mal gardé ses trésors ; Jacques II, en se réveillant à Saint-Germain, n'a aperçu à Saint-Denis que Louis XVI. La tombe du fils de Charles 1ᵉʳ s'élève au-dessus de nos ruines : triste témoin de deux révolutions, preuve extraordinaire de la contagieuse fatalité attachée à la race des Stuarts.

FIN DES MÉLANGES LITTÉRAIRES.

TABLE DES MATIÈRES

POLITIQUE.

OPINIONS ET DISCOURS.

(Suite.)

	Pages.
Opinion sur le projet de loi relatif au recrutement de l'armée.	1
Discours sur une proposition de M. le comte de Castellane.	14
Opinion sur la liberté individuelle.	21
— sur les journaux et écrits périodiques.	26
Discours sur l'emprunt de cent millions (Chambre des députés).	30
— sur l'emprunt (Chambre des pairs).	45
Discours sur le budget du département des affaires étrangères (Chambre des députés).	51
Opinion sur l'article 4 de la loi du sacrilége (Chambre des pairs).	58
— sur la loi d'indemnité.	63
— sur l'amendement du comte Roy.	90
Développements d'un amendement à la loi d'indemnité.	96
Opinion sur la loi relative à la dette publique.	98
Discours sur l'intervention.	115
— sur les débats du parlement d'Angleterre.	122
— sur la loi des postes.	128
— contre le budget de 1828.	132
Réponse à un amendement.	150
Discours prononcé le 10 mars 1829 devant le conclave.	152
— sur la déclaration faite par la Chambre des députés, le 7 août 1830.	154
DOCUMENTS GÉNÉRAUX.	161

MÉLANGES LITTÉRAIRES.

NOTICES NÉCROLOGIQUES.

Sur la mort de M. de La Harpe (février 1803).	181
Discours prononcé par M. de Fontanes, devant l'Institut, aux funérailles de M. de La Harpe.	183

	Pages.
Sur la mort de M. de Saint-Marcellin (février 1819)............	185
Sur la mort de M. de Fontanes (mars 1821).................	187
Sur M. le général Nansouty (février 1815)................	188

LES QUATRE STUARTS.

Jacques Ier (de 1603 à 1625).....................	192
Charles Ier. Depuis l'avénement de Charles Ier à la couronne jusqu'à la convocation du long parlement (de 1625 à 1640)...............	193
Henriette-Marie de France.....................	198
De l'ouverture du long parlement au commencement de la guerre civile (1640 à 1647).............................	207
Cromwell................................	215
Du commencement de la guerre civile à la captivité du roi (de 1642 à 1647)...	217
Depuis la captivité du roi jusqu'à l'établissement de la république (de 1647 à 1649)................................	220
Relation véritable de la mort du roi de la Grande-Bretagne avec la harangue faite par Sa Majesté sur l'échafaud, immédiatement avant son exécution......	232
La république et le protectorat (de 1649 à 1658)..............	238
Le protectorat (de 1653 à 1658).....................	247
Richard Cromwell (de 1658 à 1660)...................	260
Charles II (de 1660 à 1685).......................	263
Jacques II (de 1685 à 1688).......................	269

FIN DE LA TABLE DES MÉLANGES POLITIQUES ET LITTÉRAIRES.

LAGNY. — Typographie de VIALAT.

EN VENTE CHEZ LES MÊMES ÉDITEURS

Œuvres de Chateaubriand, ancienne édition, 16 vol. grand in-8°, illustrés de 64 gravures sur acier.
Œuvres de Buffon, 10 demi-vol. in-8°, 100 gravures sur acier coloriées à la main, et le portrait de l'auteur.
Histoire de France, 6 beaux vol., 34 gravures.
Histoire de Paris depuis les premiers temps historiques, par J.-A. Dulaure, continuée jusqu'à nos jours par C. Leynadier, 8 vol., 150 gravures dont 50 coloriées à la main.
Histoire maritime de France, par M. Léon Guérin, historien titulaire de la marine, 8 vol. grand in-8°, 50 gravures sur acier ou plans.
   Les quatre derniers volumes, qui comprennent les événements maritimes depuis 1789 jusqu'en 1857, se vendent à part.
Les Héros du Christianisme à travers les Ages, magnifique ouvrage illustré de 48 splendides gravures sur acier; 4 parties de 2 vol. chaque.
Histoire de Napoléon III et de la Dynastie napoléonienne, par Paul Lacroix (Bibliophile Jacob), 4 vol., illustrés de 40 gravures inédites sur acier.
La Collection de l'Écho des Feuilletons, 17 vol., 180 gravures sur acier, et 540 gravures sur bois.
Louis XIV et son siècle, par A. Dumas, 60 gravures, 240 vignettes, 2 vol. grand in-8°.
Histoire de Louis XVI et de Marie-Antoinette, par A. Dumas, 3 vol., 40 gravures.
Monte-Cristo, par A. Dumas, 2 vol. grand in-8°, 30 gravures sur acier.
Les Mousquetaires, par A. Dumas, 1 vol. grand in-8°, 35 gravures.
Vingt ans après, par le même, 1 vol., 37 gravures.
Le Vicomte de Bragelonne, par A. Dumas, 2 très-beaux vol. grand in-8°, 60 gravures.
Mémoires d'un Médecin, par A. Dumas, comprenant : *Joseph Balsamo, le Collier de la Reine, Ange Pitou* et *la Comtesse de Charny,* 6 volumes divisés en 12 tomes, ornés de 200 gravures inédites tirées sur papier teinté chine.

EN COURS DE PUBLICATION

Histoire de la dernière guerre de Russie, par Léon Guérin, 2 vol. grand in-8° jésus divisés en 4 tomes, 12 gravures, 4 cartes et plans, le tout inédit et sur acier.
Œuvres de Chateaubriand, nouvelle et riche édition, 20 vol. grand in-8° jésus, ornés de 100 gravures inédites sur acier.
Géographie universelle de Malte-Brun, revue, rectifiée et complétement mise au niveau de l'état actuel des connaissances géographiques, par M. **Cortambert,** membre et ancien secrétaire général de la Société de Géographie, 8 forts tomes divisés en 16 vol., illustrés de 80 gravures et types coloriés; plus, de 8 cartes inédites.
Nouvelles Œuvres illustrées de A. Dumas, comprenant : *El Salteador, Maître Adam le Calabrais, Aventures de John Davys, le Page du duc de Savoie, les Mohicans de Paris, Salvator le Commissionnaire, Journal de madame Giovanni, les Compagnons de Jehu, le Capitaine Richard,* etc., etc., etc.

LAGNY. — Imprimerie de VIALAT.

www.ingramcontent.com/pod-product-compliance
Lightning Source LLC
Chambersburg PA
CBHW071256160426
43196CB00009B/1315